# O REINO E A GLÓRIA

COLEÇÃO
ESTADO de SÍTIO

**GIORGIO AGAMBEN**

# O REINO E A GLÓRIA

**UMA GENEALOGIA TEOLÓGICA
DA ECONOMIA E DO GOVERNO**

Publicado originalmente por Neri Pozza, 2007
*Il regno e la gloria. Per uma genealogia teologica dell'economia e del governo*
Copyright © Giorgio Agamben, 2007
Copyright desta edição © Boitempo Editorial, 2011

Este livro foi negociado através da Ute Korner Literary Agent, S.L., Barcelona –
www.uklitag.com e Agnese Incisa Agenzia Letteraria, Turim

|  |  |
|---|---|
| *Coordenação editorial* | Ivana Jinkings |
| *Editora-assistente* | Bibiana Leme |
| *Assistência editorial* | Carolina Malta e Livia Campos |
| *Tradução* | Selvino J. Assmann |
| *Preparação* | Mariana Echalar |
| *Revisão* | Mariana Tavares |
| *Capa* | David Amiel<br>sobre fotografia de mural representando a Nova Jerusalém (igreja de Sainte-Anne, em Cazeaux-de--Larboust, França, c. séc. XV) |
| *Diagramação* | Antonio Kehl |
| *Produção* | Livia Campos |
| *Assistência de produção* | Camila Nakazone |

CIP-BRASIL. CATALOGAÇÃO-NA-FONTE
SINDICATO NACIONAL DOS EDITORES DE LIVROS, RJ

---

A21r
Agamben, Giorgio, 1942-
  O reino e a glória : uma genealogia teológica da economia e do governo : homo sacer, II, 2 / Giorgio Agamben ; tradução Selvino J. Assmann. - São Paulo : Boitempo, 2011. (Estado de sítio) Tradução de: Il regno e la gloria : per una genealogia teologica dell'economia e del governo : homo sacer, vol. 2/2
  Apêndice
  Inclui bibliografia e índice
  ISBN 978-85-7559-141-3

  1. Religião e política. 2. Poder (Filosofia). 3. Ciência política - Filosofia. 4. Soberania. 5. Economia. I. Título. II. Série.

11-1024.                                               CDD: 322
                                                        CDU: 322

---

É vedada a reprodução de qualquer parte deste livro sem a expressa autorização da editora.

1ª edição: abril de 2011; 1ª reimpressão: dezembro de 2012;
2ª reimpressão: agosto de 2016; 3ª reimpressão: junho de 2021

BOITEMPO
Jinkings Editores Associados Ltda.
Rua Pereira Leite, 373
05442-000 São Paulo SP
Tel.: (11) 3875-7250 / 3875-7285
editor@boitempoeditorial.com.br
www.boitempoeditorial.com.br | www.blogdaboitempo.com.br
www.facebook.com/boitempo | www.twitter.com/editoraboitempo
www.youtube.com/tvboitempo | www.instagram.com/boitempo

# SUMÁRIO

*Premissa*.................................................................9

1 Os dois paradigmas.................................13
*Limiar*................................................................28

2 O mistério da economia......................31
*Limiar*................................................................65

3 Ser e agir...............................................67
*Limiar*................................................................80

4 O reino e o governo.............................83
*Limiar*..............................................................122

5 A máquina providencial.....................125
*Limiar*..............................................................157

6 Angelologia e burocracia...................161
*Limiar*..............................................................183

7 O poder e a glória..............................185
*Limiar*..............................................................215

8 Arqueologia da glória........................217
*Limiar*..............................................................276

*Apêndice, A economia dos modernos*.........283
  *1. A lei e o milagre*........................................283
  *2. A mão invisível*.........................................301

*Bibliografia*.................................................311

*Índice onomástico*.........................................319

*Lista de abreviaturas*.....................................325

*Chamamos de economia de Deus aquela administração ou governo de todas as coisas de que se serve Deus, desde a criação do mundo até a consumação dos séculos, para a Glória do seu nome e a salvação dos homens*

J. H. Maius, *Oeconomia temporum veteris Testamenti*

*Entre os cabalistas hebreus, malkuth ou o reino, a última das sephiroth, significava que Deus governa tudo irresistivelmente, mas com brandura e sem violência, de modo que o homem crê seguir sua vontade enquanto executa a de Deus. Eles diziam que o pecado de Adão havia truncatio malkuth a ceteris plantis, isto é, que Adão havia mutilado a última das sephiras, construindo para si um império dentro do império.*

G. W. Leibniz, *Essais de théodicée*

*Deve-se distinguir entre o* direito *e o* exercício *do poder supremo: eles podem, de fato, ser separados, como quando quem tem o direito não pode ou não quer tomar parte no julgamento dos litígios ou na deliberação dos negócios. Às vezes, os reis, por sua idade, já não conseguem dar conta dos negócios; às vezes, mesmo que o consigam, consideram mais oportuno limitar-se a escolher os ministros e os conselheiros, exercendo o poder através deles. Quando o* direito *e o* exercício *são separados, o governo do Estado é semelhante ao governo ordinário do mundo, em que Deus, primeiro motor de todas as coisas, produz os efeitos naturais mediante a ordem das causas segundas. Quando, ao contrário, quem tem o direito de reino quer participar de todos os julgamentos, consultas, ações públicas, e da administração, é como se Deus, para além da ordem natural, interviesse imediatamente em cada evento.*

T. Hobbes, *De cive*

*Enquanto durar o mundo, os anjos mandarão nos anjos, os homens nos homens e os demônios nos demônios; mas quando todos tiverem sido recolhidos, então cessará todo comando.*

*Glosa ordinária*, 1Cor 15, 24

*Aquer viu o anjo Metraton, a quem foi dado o poder de sentar-se para escrever os méritos de Israel. Então ele disse: "Há um ensinamento segundo o qual no alto não há nem tribunal, nem rivalidade, nem nuca, nem fadiga. Talvez – não queira Deus – haja dois poderes".*

Talmude, b Chag. 15a

*Sobre o que ele fundará a economia do Mundo que quer governar?*

B. Pascal, *Pensamentos*

# PREMISSA

Esta pesquisa propõe-se investigar os modos e os motivos pelos quais o poder foi assumindo no Ocidente a forma de uma *oikonomia*, ou seja, de um governo dos homens. Situa-se, portanto, no rastro das pesquisas de Michel Foucault sobre a genealogia da governamentalidade, mas procura, ao mesmo tempo, compreender as razões internas por que elas não chegaram a seu cumprimento. A sombra que a interrogação teórica do presente projeta sobre o passado alcança aqui, de fato, muito além dos limites cronológicos que Foucault atribuiu à sua genealogia, os primeiros séculos da teologia cristã, que viram a primeira e incerta elaboração da doutrina trinitária na forma de uma *oikonomia*. Situar o governo em seu *locus* teológico na *oikonomia* trinitária não significa tentar explicá-lo através de uma hierarquia das causas, como se à teologia coubesse necessariamente um papel genético mais originário; significa, ao contrário, mostrar de que maneira o dispositivo da *oikonomia* trinitária pode constituir um laboratório privilegiado para observar o funcionamento e a articulação – ao mesmo tempo interna e externa – da máquina governamental. E isso se deve ao fato de que nele os instrumentos – ou as polaridades – com que se articula a máquina aparecem, por assim dizer, em sua forma paradigmática.

A pesquisa sobre a genealogia – ou, como se dizia, sobre a *natureza* – do poder no Ocidente, iniciada há mais de dez anos com *Homo sacer*, chega assim a um desenlace, em todo caso decisivo. A dupla estrutura da máquina governamental, que em *Estado de exceção*\* (2003) apareceu na correlação entre *auctoritas* e *potestas*, assume aqui a forma da articulação entre Reino

---

\*  2. ed., São Paulo, Boitempo, 2007. (N. E.)

10 • O reino e a glória

e Governo e, por fim, questiona a própria relação – que no início não foi levada em conta – entre *oikonomia* e Glória, entre o poder como governo e gestão eficaz e o poder como realeza cerimonial e litúrgica, dois aspectos que curiosamente foram menosprezados tanto pelos filósofos da política quanto pelos politólogos. Também os estudos históricos sobre as insígnias e as liturgias do poder, de Peterson a Kantorowicz, de Alföldi a Schramm, omitiram-se de interrogar essa relação, deixando de lado, ainda que fossem óbvias, exatamente as perguntas: por que o poder precisa da glória? Se é essencialmente força e capacidade de ação e governo, por que assume a forma rígida, embaraçosa e "gloriosa" das cerimônias, das aclamações e dos protocolos? Qual é a relação entre economia e Glória?

Tais perguntas, que no plano das investigações políticas e sociológicas parecem não poder encontrar respostas triviais, quando devolvidas à sua dimensão teológica, permitiram vislumbrar na relação entre *oikonomia* e Glória como que a estrutura última da máquina governamental do Ocidente. A análise das doxologias e das aclamações litúrgicas, dos ministérios e dos hinos angélicos revelou-se, assim, mais útil para a compreensão da estrutura e do funcionamento do poder do que muitas análises pseudofilosóficas sobre a soberania popular, o Estado de direito ou os procedimentos comunicativos que regem a formação da opinião pública e da vontade política. Identificar na Glória o arcano central do poder e interrogar o nexo indissolúvel que o vincula ao governo e à *oikonomia* poderá parecer a alguns uma operação desusada. No entanto, um dos resultados de nossa pesquisa foi precisamente que a função das aclamações e da Glória, na forma moderna da opinião pública e do consenso, continua presente no centro dos dispositivos políticos das democracias contemporâneas. Se os meios de comunicação são tão importantes nas democracias modernas, isso não se deve apenas ao fato de permitirem o controle e o governo da opinião pública, mas também e sobretudo porque administram e dispensam a Glória, aquele aspecto aclamativo e doxológico do poder que na modernidade parecia ter desaparecido. A sociedade do espetáculo – se denominarmos assim as democracias contemporâneas – é, desse ponto de vista, uma sociedade em que o poder em seu aspecto "glorioso" se torna indiscernível com relação à *oikonomia* e ao governo. Ter identificado integralmente Glória e *oikonomia* na forma aclamativa do consenso é antes a prestação específica das democracias contemporâneas e de seu *government by consent* [governo por consentimento], cujo paradigma original não está escrito no grego de

Tucídides, mas no árido latim dos tratados medievais e barrocos sobre o governo divino do mundo.

Isso significa, porém, que o centro da máquina governamental está vazio. O trono vazio, a *hetoimasia tou thronou* que aparece nas arcadas e nas absides das basílicas paleocristás e bizantinas, talvez seja, nesse sentido, o símbolo mais carregado do poder. Aqui, o tema da pesquisa alcança seu limite e, ao mesmo tempo, sua provisória realização. E se, como já se sugeriu, em cada livro há como que um centro oculto, para alcançar o qual – ou fugir dele – o livro foi escrito, então esse centro encontra-se aqui nos últimos parágrafos do capítulo 8. Contra a ênfase ingênua na produtividade e no trabalho, que por muito tempo impediu à modernidade o acesso à política como dimensão mais própria do ser humano, a política aparece aqui restituída à sua inoperosidade central, ou seja, àquela operação que consiste em tornar inoperantes todas as obras humanas e divinas. O trono vazio, símbolo da Glória, é o que deve ser profanado para dar lugar, para além dela, a algo que, por ora, podemos apenas evocar com o nome *zoē aiōnios*, vida eterna. E só quando a quarta parte da pesquisa – dedicada à forma de vida e ao uso – for concluída, o significado decisivo da inoperosidade como práxis propriamente humana e política poderá aparecer em sua luz própria.

# 1
## OS DOIS PARADIGMAS

1.1. No início da investigação está a tentativa de reconstruir a genealogia de um paradigma que, embora raras vezes tenha sido tematizado como tal fora do âmbito estritamente teológico, exerceu influência determinante sobre o desenvolvimento e o ordenamento global da sociedade ocidental. Uma das teses que procurará demonstrar é que da teologia cristã derivam dois paradigmas políticos em sentido amplo, antinômicos, porém funcionalmente conexos: a teologia política, que fundamenta no único Deus a transcendência do poder soberano, e a teologia econômica, que substitui aquela pela ideia de uma *oikonomia*, concebida como uma ordem imanente – doméstica e não política em sentido estrito – tanto da vida divina quanto da vida humana. Do primeiro paradigma derivam a filosofia política e a teoria moderna da soberania; do segundo, a biopolítica moderna até o atual triunfo da economia e do governo sobre qualquer outro aspecto da vida social.

Por motivos que aparecerão no decurso da investigação, a história da teologia econômica, que tem um desenvolvimento imponente entre os séculos II e V da nossa era, ficou a tal ponto na sombra não só entre os historiadores das ideias, mas também entre os teólogos, que até mesmo o significado preciso do termo caiu no esquecimento. Desse modo, tanto sua evidente proximidade genética com a economia aristotélica quanto a conexão, ainda que imaginável, com o nascimento da *économie animale* e da economia política no século XVIII continuaram inquestionadas. Por isso mesmo, faz-se urgente uma investigação arqueológica que busque as razões desse esquecimento e procure chegar à origem dos acontecimentos que o produziram.

14 • O reino e a glória

ℵ Embora o problema da *oikonomia* esteja presente em inúmeras monografias sobre cada Padre (exemplar, nesse sentido, é o livro de Joseph Moingt sobre a *Théologie trinitaire de Tertullien* [Teologia trinitária de Tertuliano], que inclui um tratamento relativamente vasto dessa questão entre os séculos II e III), faltava um estudo de conjunto sobre esse tema teológico fundamental até o trabalho recente de Gerhard Richter, *Oikonomia*, publicado quando a parte histórica da presente pesquisa já estava concluída. O livro de Marie-José Mondzain, *Image, icône, économie* [Imagem, ícone, economia], limita-se a analisar as implicações do conceito nas disputas iconoclásticas entre os séculos VIII e IX. Mesmo depois do amplo estudo de Richter, cuja orientação é, apesar do título, teológica e não linguístico-filológica, ainda falta uma análise lexical adequada que complete o útil, mas já envelhecido, trabalho de Wilhelm Gass, *Das patristische Wort oikonomia* [A palavra patrística *oikonomia*], de 1874, e a dissertação de Otto Lillge, *Das patristische Wort "oikonomia": Seine Geschichte und seine Bedeutung* [A palavra patrística "oikonomia": sua história e seu significado], de 1955.

É provável que, ao menos no que diz respeito aos teólogos, esse singular silêncio se deva ao embaraço diante do que não pode deixar de aparecer como uma espécie de *pudenda origo* [origem vergonhosa] do dogma trinitário (que a primeira formulação do *theologumenon*, fundamental em todos os sentidos, da fé cristã – a trindade – apresente-se de início como um dispositivo "econômico" é, de fato, no mínimo surpreendente). O eclipse do conceito, que, como veremos, acompanha *pari passu* sua penetração e difusão em âmbitos diversos, é testemunhado pela escassa atenção que ele recebe nos cânones tridentinos: poucas linhas sob a rubrica *De dispensatione* (*dispensatio* é, ao lado de *dispositio*, a tradução latina de *oikonomia*) *et mysterio adventus Christi* [Sobre o dispositivo e o mistério do advento de Cristo]. Na teologia protestante moderna, o problema da *oikonomia* reapareceu, mas apenas como precursor obscuro e indeterminado do tema da *Heilgeschichte* [História da salvação], enquanto, antes, o contrário é que é verdade, ou seja, a teologia da "história da salvação" é uma retomada parcial e, no fim das contas, redutiva de um paradigma muito mais amplo. O resultado é que em 1967 se pôde publicar um *Festschrift* em homenagem aos 65 anos de Oscar Cullmann, *Oikonomia: Heilgeschichte als Thema der Theologie* [*Oikonomia*: história da salvação como tema da teologia], em que o termo *oikonomia* só aparece em uma das 36 contribuições.

1.2. O paradigma teológico-político foi enunciado por Schmitt, em 1922, em uma tese lapidar: "Todos os conceitos decisivos da moderna doutrina do Estado são conceitos teológicos secularizados"[1]. Se nossa hipótese de um

---

[1]    Carl Schmitt, *Politische Theologie: Vier Kapitel zur Lehre von der Souveränität* (Munique/ Leipzig, Duncker & Humblot, 1922), p. 49. [Ed. bras.: *Teologia política*, Belo Horizonte, Del Rey, 2006. A edição brasileira inclui, além da tradução do texto de

duplo paradigma é exata, tal afirmação deveria ser integrada em um sentido que estenderia sua validade para bem além dos limites do direito público, a ponto de envolver também os conceitos fundamentais da economia e a própria concepção da vida reprodutiva das sociedades humanas. Contudo, a tese segundo a qual a economia poderia ser um paradigma teológico secularizado retroage sobre a própria teologia, porque implica que a vida divina e a história da humanidade sejam concebidas desde o início desta como uma *oikonomia*, ou seja, que a teologia seja ela própria "econômica" e não se torne tal apenas em um segundo momento por meio da secularização. Que no fim o ser vivo que foi criado à imagem de Deus se revele capaz não de uma política, mas apenas de uma economia, ou seja, que em última instância a história seja um problema não político, mas "gerencial" e "governamental", não é, nessa perspectiva, senão uma consequência lógica da teologia econômica. E que no centro do anúncio evangélico, com uma inversão singular da hierarquia clássica, esteja uma *zoē aiōnios* e não um *bios* é certamente mais que um simples fato lexical. A vida eterna que o cristão reivindica reside, em última análise, sob o paradigma do *oikos* e não sob o da *polis*; a *theologia vitae* [teologia da vida], segundo a irônica *boutade* de Taubes, está sempre prestes a converter-se em uma "teozoologia"[2].

ℵ Faz-se urgente um esclarecimento preliminar sobre o significado e as implicações do termo "secularização". É fato bem conhecido que esse conceito desempenhou uma função estratégica na cultura moderna – que seja, nesse sentido, um conceito de "política das ideias", isto é, algo que "no reino das ideias sempre encontrou um adversário contra o qual lutar pelo domínio"[3]. E isso vale tanto para a secularização em sentido estritamente jurídico – que, retomando o termo (*saecularisatio*) que designava a volta de um religioso ao mundo, torna-se na Europa, no século XIX, a palavra de ordem no conflito entre o Estado e a Igreja sobre a expropriação dos bens eclesiásticos – quanto para seu uso metafórico na história das ideias. Quando Max Weber formula sua famosa tese sobre a secularização da ascese puritana na ética capitalista do trabalho, a aparente neutralidade do diagnóstico não consegue esconder sua funcionalidade na batalha pelo extravio do mundo que Weber combate contra os fanáticos e os falsos profetas. Considerações similares

---

1922 – *Teologia política I* –, a tradução do texto publicado em 1970 – *Teologia política II*. (N. T.)]

[2] Jacob Taubes, *Ad Carl Schmitt: Gegenstrebige Fügung* (Berlim, Merve, 1987), p. 41.

[3] Hermann Lübbe, *Säkularisierung: Geschichte eines ideenpolitischen Begriffs* (Friburgo, Alber, 1965), p. 20.

16 • O reino e a glória

podem ser feitas a respeito de Troeltsch. Qual é, nesse contexto, o sentido da tese de Carl Schmitt?

A estratégia de Schmitt é, em certo sentido, inversa à de Weber. Enquanto, para este, a secularização era um aspecto do processo de crescente desencantamento e desteologização do mundo moderno, para Schmitt, ela mostra, ao contrário, que a teologia continua presente e atuante no moderno de maneira eminente. Isso não implica necessariamente uma identidade de substância entre a teologia e o moderno, nem uma perfeita identidade de significado entre os conceitos teológicos e os conceitos políticos; trata-se, antes de mais nada, de uma relação estratégica particular, que marca os conceitos políticos, remetendo-os à sua origem teológica.

A secularização não é, pois, um conceito, mas uma *assinatura* no sentido dado por Foucault e Melandri[4], ou seja, algo que, em um signo ou conceito, marca-os e excede-os para remetê-los a determinada interpretação ou determinado âmbito, sem sair, porém, do semiótico, para constituir um novo significado ou um novo conceito. As assinaturas transferem e deslocam os conceitos e os signos de uma esfera para outra (nesse caso, do sagrado para o profano, e vice-versa), sem redefini--los semanticamente. Muitos conceitos aparentes da tradição filosófica são, nesse sentido, assinaturas que, assim como os "índices secretos" de que fala Benjamin, cumprem determinada e vital função estratégica, orientando por um longo tempo a interpretação dos signos em certa direção. Enquanto estabelecem relação entre tempos e âmbitos diversos, as assinaturas agem, por assim dizer, como elementos históricos em estado puro. A arqueologia de Foucault e a genealogia de Nietzsche (e, em sentido diverso, a desconstrução de Derrida e a teoria das imagens dialéticas em Benjamin) são ciências das assinaturas que caminham paralelamente à história das ideias e dos conceitos e com estas não devem ser confundidas. Caso não se tenha a capacidade de perceber as assinaturas e de seguir as mudanças e os deslocamentos que elas efetuam na tradição das ideias, a simples história dos conceitos pode, às vezes, resultar totalmente insuficiente.

Nesse sentido, a secularização atua no sistema conceitual do moderno como uma assinatura que o remete à teologia. Do mesmo modo como, de acordo com o direito canônico, o sacerdote secularizado devia levar consigo um sinal da ordem a que havia pertencido, assim também o conceito secularizado exibe como assinatura seu pertencimento passado à esfera teológica. É decisivo, a cada vez, o modo como é entendido o remeter efetuado pela assinatura teológica. Assim, a secularização também pode ser entendida (como acontece em Gogarten) como uma contribui-ção específica da fé cristã, que abre pela primeira vez ao homem o mundo em sua mundanidade e historicidade. A assinatura teológica age aqui como uma espécie de *trompe l'oeil*, em que justamente a secularização do mundo se torna a contrassenha de seu pertencimento a uma *oikonomia* divina.

---

4   Enzo Melandri, *La línea e il circolo* (Macerata, Quodlibet, 2004), p. XXXII.

1.3. Na segunda metade da década de 1960, ocorreu um debate na Alemanha sobre o problema da secularização no qual se envolveram, em modo e medida diferentes, Hans Blumenberg, Karl Löwith, Odo Marquard e Carl Schmitt. Na origem do debate estava a tese, formulada por Löwith em 1953, em seu livro *Weltgeschichte und Heilgeschehen* [História mundial e acontecimento salvífico], segundo a qual tanto a filosofia da história do idealismo alemão quanto a ideia de progresso do Iluminismo nada mais são que uma secularização da teologia da história e da escatologia cristã. Ainda que Blumenberg, ao reivindicar a "legitimidade do moderno", afirmasse decididamente o caráter ilegítimo da própria categoria da secularização, de modo que Löwith e Schmitt acabaram por encontrar-se a contragosto no mesmo campo, na realidade, como foi agudamente observado[5], a disputa foi posta em cena de maneira mais ou menos consciente para esconder o que de fato estava em jogo, que era não tanto a secularização, mas a filosofia da história e a teologia cristã que constituía sua premissa, contra as quais os aparentes adversários faziam frente comum. A escatologia da salvação, da qual falava Löwith, e da qual a filosofia do idealismo alemão era uma retomada consciente, não era senão um aspecto de um paradigma teológico mais amplo, que é precisamente a *oikonomia* divina que nos propomos investigar, e sobre cuja remoção se fundamentava o debate. Hegel estava perfeitamente consciente disso quando afirmava a equivalência entre sua tese sobre o governo racional do mundo e a doutrina teológica do plano providencial de Deus e apresentava a própria filosofia da história como uma teodiceia ("que a história do mundo [...] seja o efetivo devir do espírito [...] essa é a verdadeira teodiceia, a justificação de Deus na história"). E é em termos ainda mais explícitos que Schelling, exatamente no final da *Philosophie der Offenbarung* [Filosofia da revelação], compendiava sua filosofia na figura teológica de uma *oikonomia*: "Os antigos teólogos faziam distinção entre a *akratos theologia* [teologia pura] e a *oikonomia*. Ambas se copertencem. É para esse processo de economia doméstica (*oikonomia*) que quisemos apontar"[6]. É sinal do declínio da cultura filosófica o fato de que seme-

---

[5]  Gianni Carchia, "Elaborazione della fine: mito, gnosi, modernità", *Contro tempo*, n. 2, 1997, p. 20.

[6]  F. W. J. Schelling, *Philosophie der Offenbarung* (Frankfurt am Main, Suhrkamp, 1977), p. 325.

18 • O reino e a glória

lhante confronto com a teologia econômica tenha hoje se tornado a tal ponto improvável que o sentido dessas afirmações acabe sendo totalmente incompreensível para nós. Uma das tarefas que a presente investigação se propõe é tornar novamente inteligível a afirmação de Schelling, que até o momento permanece como letra morta.

א Conforme veremos, a distinção entre *theología* e *oikonomia*, entre o ser de Deus e sua atividade, a que Schelling se refere é de importância fundamental na teologia oriental, de Eusébio aos calcedônios. As fontes imediatas de Schelling devem ser buscadas no uso do conceito de *oikonomia* em ambiente pietista, especialmente em autores como Bengel e Oetinger, cuja influência sobre Schelling é bem documentada. É decisivo, porém, que Schelling pense sua filosofia da revelação como uma teoria da economia divina, que introduz no ser de Deus a personalidade e a ação, e o torne assim "senhor do ser"[7]. Nessa perspectiva, ele cita a passagem de Paulo (Ef 3,9) sobre "o mistério da economia", que está na origem da doutrina da *oikonomia* teológica:

> Paulo fala de um plano de Deus silenciado há séculos, mas agora tornado manifesto em Cristo, o mistério de Deus e de Cristo que se manifestou a todo o mundo pela aparição de Cristo. Esse é o ponto em que se esclarece de que modo é possível uma filosofia da revelação. Esta não deve ser entendida, como a mitologia, como um processo necessário, mas de modo plenamente livre, como decisão e ação da vontade mais livre. Pela revelação é introduzida uma nova, uma segunda criação, ela própria um ato plenamente livre.[8]

Schelling vê, portanto, a introdução dessa liberdade absoluta e anárquica na ontologia como uma retomada e um cumprimento da doutrina teológica da *oikonomia*.

1.4. De 1935 a 1970 desenrola-se uma polêmica singular entre Erik Peterson e Carl Schmitt, dois autores que, por motivos diversos, podem ser definidos como "apocalípticos da contrarrevolução"[9]. Singular não só porque os dois adversários, ambos católicos, compartilhavam pressupostos teológicos comuns, mas também porque, como indica o longo silêncio que separa as duas datas, a resposta do jurista chegou dez anos após a morte do teólogo que havia aberto o debate e, na realidade, inspirava-se, como mostra o *Nachwort* [epílogo] que a conclui, no mais recente debate sobre a

---

[7]  Ibidem, p. 172.

[8]  Ibidem, p. 253.

[9]  Jacob Taubes, *Ad Carl Schmitt*, cit., p. 19.

secularização. No entanto, a "flecha de parto"[10] lançada por Peterson devia ainda estar firmemente cravada na carne, se, conforme as próprias palavras de Schmitt, a *Politische Theologie II*, que continha a resposta tardia, pretendia "extraí-la da ferida"[11]. O que estava em jogo na polêmica era a teologia política, que Peterson punha resolutamente em questão; mas é possível que, assim como havia acontecido no debate sobre a secularização, também dessa vez a aposta declarada escondesse outra, esotérica e mais temível, que se trata justamente de trazer à luz.

Em toda obra de pensamento, e talvez em toda obra humana, há algo como um não dito. Há autores, porém, que tentam aproximar-se como podem desse não dito e evocá-lo ao menos de forma alusiva, e há outros que o deixam, ao contrário, conscientemente silenciado. A essa segunda espécie pertencem tanto Schmitt quanto Peterson. Compreender o que está reconditamente em jogo no debate significa esforçar-se para expor o não dito. Era comum aos dois adversários uma concepção teológica que se pode definir como "*catechontica*". Como católicos, não podiam deixar de professar a fé escatológica na segunda vinda de Cristo. Mas ambos (Schmitt, de maneira explícita, Peterson, de maneira tácita), referindo-se à Segunda Epístola aos Tessalonicenses, capítulo 2, afirmam que existe algo que retarda e detém o *eschaton*, ou seja, o advento do Reino e o fim do mundo. Para Schmitt, esse elemento retardador é o Império; para Peterson, a recusa dos judeus de acreditar em Cristo. Tanto para o jurista quanto para o teólogo, a história presente da humanidade é, por conseguinte, um ínterim fundado na demora do Reino. Em um caso, porém, a demora coincide com o poder soberano do império cristão ("A fé, em uma força retardadora capaz de deter o fim do mundo, lança as únicas pontes que, da paralisia escatológica de qualquer acontecer humano, conduzem a uma grandiosa potência histórica, como a do império cristão dos reis germânicos"[12]); no outro, a suspensão do reino por causa da não conversão dos judeus fundamenta a existência histórica da Igreja. O escrito de 1929 sobre a *Igreja* não deixa dúvidas: ela só pode existir

---

[10] Carl Schmitt, *Politische Theologie II: Die Legende von der Erledingung jeder Politischen Theologie* (Berlim, Duncker & Humblot, 1995), p. 10. [Ed. bras: *Teologia política*, Belo Horizonte, Del Rey, 2006.]

[11] Idem.

[12] Idem, *Der Nomos der Erde im Völkerrecht des Jus Publicum Europaeum* (Berlim, Duncker & Humblot, 1974), p. 44.

20 • O reino e a glória

porque "os judeus, como povo eleito de Deus, não creram no Senhor"[13] e, como consequência, o fim do mundo não é iminente. "Só pode haver uma Igreja", escreve Peterson, "a partir do pressuposto de que a vinda de Cristo não será imediata; em outras palavras, de que a escatologia concreta foi eliminada e, em seu lugar, temos a doutrina das coisas últimas"[14].

Assim, o que está realmente em jogo no debate não é tanto a admissibilidade ou não da teologia política, mas a natureza e a identidade do *katechon*, do poder que retarda e elimina "a escatologia concreta". Isso, porém, implica que, para ambos, seja decisiva, em última instância, exatamente a neutralização da filosofia da história orientada para a salvação. No ponto em que o plano divino da *oikonomia* havia chegado à sua conclusão com a vinda do Cristo, produziu-se um evento (a não conversão dos judeus, o império cristão) que tem o poder de manter em suspenso o *eschaton*. A exclusão da escatologia concreta transforma o tempo histórico em um tempo suspenso, no qual toda dialética é abolida e o Grande Inquisidor vela para que a parusia não se produza na história. Compreender o sentido do debate entre Peterson e Schmitt equivalerá, então, a compreender a teologia da história a que eles remetem de maneira mais ou menos tácita.

א Os dois pressupostos a que Peterson vincula a existência da Igreja (a não conversão dos judeus e a demora da parusia) estão intimamente conectados, e é precisamente essa conexão que define a especificidade do particular antissemitismo católico, do qual Peterson é representante. A existência da Igreja funda-se no perdurar da Sinagoga; contudo, na medida em que, no final, "Israel todo será salvo" (Rm 11,26) e a Igreja deve deixar de existir no Reino (o ensaio *Die Kirche* inicia-se com a citação do *dictum* irônico de Loisy: *"Jésus annonçait le royaume, et c'est l'Église qui est venue"* [Jesus anunciava o reino e quem veio foi a Igreja]), também Israel deverá desaparecer. Se não se entender essa conexão subterrânea entre os dois pressupostos, nem sequer se entenderá o verdadeiro sentido do fechamento do "*bureau* escatológico" de que falava Troeltsch já em 1925 ("o *bureau* escatológico está hoje, mais que nunca, fechado, porque os pensamentos que constituem seus fundamentos perderam suas raízes"[15]). Enquanto implica pôr radicalmente em questão a conexão entre a Igreja e Israel, a reabertura do *bureau* escatológico é um problema delicado, e não causa espanto que um pensador como Benjamin, que se situava em um cruzamento singular entre cristianismo e judaísmo, não tenha precisado esperar por Moltmann

---

[13] Erik Peterson, *Ausgewählte Schriften* (Würzburg, Echter, 1994, v. 1), p. 247.

[14] Ibidem, p. 248.

[15] Ernst Troeltsch, *Glaubenslehre: Nach Heidelberger Vorlesungen aus den Jahren 1911 und 1912* (Munique/ Leipzig, Duncker & Humblot, 1925), p. 36.

e Dodd para executá-la sem reservas e, no entanto, tenha preferido falar de messianismo, e não de escatologia.

1.5. Peterson começa sua argumentação com a citação do verso homérico (*Ilíada* 2, 204) que fecha o livro L da *Metafísica**, "ou seja, o tratado que se costuma denominar a teologia de Aristóteles"[16]: "Os existentes não querem ser mal governados: 'Não é bom que haja muitos soberanos; só um deve ser o soberano'". Segundo Peterson, o que está em questão na passagem referida é a crítica do dualismo platônico e, em especial, da teoria de Espeusipo sobre a pluralidade dos princípios, contra a qual Aristóteles quer mostrar que a natureza não é constituída, como uma tragédia ruim, de uma série de episódios, mas tem um princípio único.

> Embora o termo "monarquia" ainda não apareça em Aristóteles nesse contexto, deve-se salientar que já está presente a substância, precisamente naquela duplicidade semântica, segundo a qual, na monarquia divina, o único poder (*mia archē*) do único *princípio* último coincide com a potência do único detentor último desse poder (*archōn*).[17]

Assim, o que Peterson sugere é que o paradigma teológico do motor imóvel aristotélico seja, de qualquer maneira, o arquétipo das sucessivas justificações teológico-políticas do poder monárquico no âmbito judaico e cristão. O tratado pseudoaristotélico *De mundo*, que ele analisa logo em seguida, constitui, nesse sentido, a ponte entre a política clássica e a concepção judaica da monarquia divina. Enquanto, em Aristóteles, Deus era o princípio transcendente de todo movimento, que guia o mundo como um estrategista faz com seu exército, nesse tratado o monarca, recluso nos recintos de seu palácio, move o mundo como o titereiro maneja suas marionetes pelos fios.

> Aqui, a imagem da monarquia divina não é determinada pelo problema de se ter um ou mais princípios, mas sim pelo problema de Deus participar ou não das potestades que atuam no cosmo. O autor quer dizer: Deus é o pressuposto para que o poder [...] aja no cosmo, mas precisamente por isso ele mesmo não é potência (*dynamis*).[18]

---

\* São Paulo, Loyola, 2005. (N. E.)

[16] Erik Peterson, *Ausgewählte Schriften*, cit., v. 1, p. 25.

[17] Idem.

[18] Ibidem, p. 27.

22 • O reino e a glória

Citando um mote caro a Schmitt, Peterson sintetiza essa imagem da monarquia divina na fórmula: "*Le roi règne, mais il ne gouverne pas*"[19] [O rei reina, mas não governa].

Só em Filon algo semelhante a uma teologia política aparece claramente pela primeira vez na forma de uma teocracia. Analisando a linguagem de Filon, Peterson mostra que a teologia política é uma criação tipicamente judaica. O problema teológico-político apresenta-se para Filon "no concreto de sua situação de judeu"[20].

> Israel é uma teocracia, o único povo governado pelo *único* monarca divino. *Um só* povo, *um só* Deus [...] Dado, porém, que o *único* Deus não é somente o monarca de Israel, mas também do cosmo, por esse motivo o *único* povo – "o povo mais amado por Deus" – governado por esse monarca cósmico torna-se sacerdote e profeta para toda a humanidade.[21]

Depois de Filon, o conceito de uma monarquia divina acaba sendo acolhido pelos apologistas cristãos, que se servem dele para defender o cristianismo. De maneira breve, Peterson lê nessa perspectiva Justino, Taciano, Teófilo, Ireneu, Hipólito, Tertuliano e Orígenes. Mas é em Eusébio, teólogo da corte – ou, segundo a venenosa observação de Overbeck, *friseur* da peruca teológica do imperador Constantino –, que uma teologia política cristã encontra sua completa formulação. Eusébio estabelece uma correspondência entre a vinda de Cristo sobre a terra como salvador de todas as nações e a instauração, por parte de Augusto, de um poder imperial sobre toda a terra. Antes de Augusto, os homens viviam na poliarquia, em uma pluralidade de tiranos e de democracias, mas, "quando apareceu o Senhor e Salvador e, contemporaneamente ao seu advento, Augusto, primeiro entre os romanos, tornou-se soberano sobre as nações, desapareceu a poliarquia pluralista e a paz cobriu toda a terra"[22]. Peterson mostra como, segundo Eusébio, o processo que havia sido iniciado com Augusto chega a seu cumprimento com Constantino. "Depois da derrota de Licínio por parte de Constantino, foi restaurada a monarquia política e, ao mesmo tempo, assegurada a monarquia divina [...] ao *único* rei sobre a terra corresponde o *único* rei no céu e o *único nomos* e *Logos* soberano"[23].

---

[19] Idem.

[20] Ibidem, p. 30.

[21] Ibidem, p. 28-9.

[22] Eusébio de Cesareia, *Ps.*, 71.

[23] Erik Peterson, *Ausgewählte Schriften*, cit., v. 1, p. 50.

Peterson segue a herança de Eusébio através de João Crisóstomo, Prudêncio, Ambrósio e Jerônimo até Orósio, nos quais o paralelismo entre a unidade do império mundial e a revelação cumprida do único Deus se converte na chave para a interpretação da história.

"No mesmo ano, César, predestinado por Deus por tantos mistérios, ordenava um censo de todos os homens em cada uma das províncias do império. Então, também Deus se fez ver como homem, então ele quis sê-lo. Naquele tempo nasceu Cristo, que logo depois de seu nascimento foi registrado durante o censo romano" [...] Um único Deus, que, nos tempos em que quis revelar-se, estabeleceu esta unidade do reino, é amado e temido por todos: as mesmas leis que tem aquele que está submetido ao único Deus dominam em todo lugar.[24]

Nessa altura, com uma brusca inversão, Peterson procura demonstrar como, no momento das disputas sobre o arianismo, o paradigma teológico-político da monarquia divina entra em conflito com o desenvolvimento da teologia trinitária. A proclamação do dogma da trindade assinala, nessa perspectiva, o ocaso do "monoteísmo como problema político". Em apenas duas páginas, a teologia política, a cuja reconstrução estava integralmente dedicado o livro, acaba sendo demolida.

A doutrina da monarquia divina tinha de fracassar diante do dogma trinitário, e a interpretação da *pax augusta* diante da escatologia cristã. Dessa maneira, não só é abolido teologicamente o monoteísmo como problema político e a fé cristã é libertada de sua vinculação com o império romano, mas também se efetiva a ruptura com toda "teologia política". Só no terreno do judaísmo e do paganismo pode existir algo como uma "teologia política".[25]

A nota acrescentada a essa passagem que conclui o livro (poderíamos dizer que todo o tratado foi escrito tendo em vista esta nota) diz:

Pelo que sei, o conceito de "teologia política" foi introduzido na literatura por Carl Schmitt, *Politische Theologie*, Munique, 1922. Suas breves considerações de então não eram apresentadas de maneira sistemática. Aqui procuramos demonstrar, por um exemplo concreto, a impossibilidade teórica de uma "teologia política".[26]

א As teses de Eusébio sobre a solidariedade entre o advento de um único império mundano, o fim da poliarquia e o triunfo do único verdadeiro deus apresentam

---

[24] Ibidem, p. 55.

[25] Ibidem, p. 58-9.

[26] Ibidem, p. 81.

24 • O reino e a glória

analogias com a tese de Negri e Hardt, segundo a qual a superação dos Estados nacionais no único império global capitalista abre o caminho para o triunfo do comunismo. Enquanto a doutrina do cabeleireiro teológico de Constantino tinha um evidente sentido tático e obedecia não a um antagonismo, mas a uma aliança entre o poder global de Constantino e a Igreja, o significado da tese de Negri e Hardt certamente não pode ser lido no mesmo sentido e, por isso mesmo, continua no mínimo enigmático.

1.6. Na argumentação de Peterson, o papel estratégico essencial cabe a uma passagem de um teólogo capadócio do século IV, Gregório di Nazianzo. Segundo o drástico resumo que Peterson faz de sua obra, Gregório teria conferido ao dogma trinitário sua "última profundidade teológica", contrapondo à "monarquia de uma única pessoa" a "monarquia do Deus trino":

> Os cristãos [...] se reconhecem na monarquia de Deus; certamente não na monarquia de uma única pessoa na divindade, pois esta traz em si o germe da cisão interna [*Zwiespalt*], mas em uma monarquia do Deus trino. Tal conceito de unidade não encontra nenhuma correspondência na natureza humana. Com esse desenvolvimento, o monoteísmo como problema político é teologicamente eliminado.[27]

O que é estranho, porém, é que, em sua réplica tardia, Schmitt recorra à mesma passagem analisada por Peterson para tirar dela consequências de certo modo contrárias. Segundo o jurista, Gregório di Nazianzo teria introduzido uma espécie de teoria da guerra civil ("uma autêntica *estasiologia** teológico-política") no coração da doutrina trinitária[28] e, dessa forma, estaria ainda usando um paradigma teológico-político, que remete à oposição amigo/inimigo.

A ideia de que a elaboração da teologia trinitária seja por si só suficiente para acabar com toda concepção teológico-política de uma monarquia divina não é, de resto, de modo algum evidente. O próprio Peterson lembra, a propósito de Tertuliano, as tentativas feitas pelos apologistas cristãos a fim de conciliar a teologia trinitária com a imagem de um imperador que exerce seu

---

[27] Ibidem, p. 57-8.

* Do grego *stasis*, aparece em Tucídides com o sentido de conflitos internos de uma sociedade ou regime. Com esse sentido específico, alguns cientistas políticos do século XX cunharam o termo "estasiologia" para indicar o estudo dos partidos políticos ou mesmo das revoluções. (N. T.)

[28] Carl Schmitt, *Politische Theologie II*, cit., p. 92.

poder único através de governadores e ministros. Mas também a passagem da oração de Gregório di Nazianzo, que Peterson cita apressadamente, não parece em nada ser uma prova quando situada em seu contexto próprio.

O texto faz parte de um grupo de cinco orações que se costumam definir como "teológicas", pois constituem um verdadeiro tratado sobre a Trindade. A teologia dos capadócios, cujos principais expoentes, além de Gregório di Nazianzo, são Basílio de Cesareia e Gregório de Nissa, estava empenhada na liquidação das últimas resistências arianas e homoousianas e na elaboração da doutrina da única substância em três hipóstases distintas que se afirmou definitivamente no ano 381, com o Concílio de Constantinopla. Tratava-se de conciliar a abordagem monarquianista da divindade implícita no conceito de *homoousia* com a afirmação das três hipóstases (Pai, Filho e Espírito Santo). A dificuldade e a paradoxalidade dessa conciliação são perfeitamente evidentes no texto de Gregório, que traz o título *Peri Yiou*, "Sobre o Filho". Em tal contexto, situa-se a passagem citada por Peterson:

> Três são as mais antigas opiniões sobre Deus: a anarquia, a poliarquia e a monarquia. Com as duas primeiras, brincam as crianças dos gregos, e continuam brincando. A anarquia é de fato sem ordem; a poliarquia é na guerra civil [*stasiōdes*], nesse sentido, anárquica e sem ordem. Ambas levam ao mesmo resultado, a desordem, e esta, à dissolução. A desordem prepara a dissolução. Nós, ao contrário, honramos a monarquia; mas não a monarquia circunscrita a uma só pessoa – também o uno, se entra em guerra civil consigo mesmo [*stasiazon pros heauto*], produz multiplicidade –, mas aquela que se mantém unida por uma igual dignidade de natureza, por um acordo de pensamento, pela identidade do movimento, pela confluência em uma unidade do que provém dela, de um modo impossível à natureza gerada. Dessa maneira, mesmo que se diferencie em número, não se divide quanto à substância. Por isso, a mônada, em princípio movida na direção da díade, parou na tríade. Isto é, para nós, o Pai, o Filho e o Espírito Santo: o primeiro é gerador [*gennētōr*] e emissor [*proboleus*], ou seja, livre de paixão, fora do tempo e sem corpo...[29]

A preocupação de Gregório consiste, nesse caso, com toda a evidência, em conciliar o vocabulário metafísico da unidade da substância divina com aquele, mais concreto e quase corpóreo, da Trindade (em particular no que concerne à geração do Filho com respeito ao caráter não gerado que compete à divindade, o que havia ocasionado disputas particularmente inflamadas

---

[29] Gregório di Nazianzo, *Tutte le orazioni* (ed. C. Moreschini, Milão, Bompiani, 2000), XXIX, 2, p. 694.

26 • O reino e a glória

com os arianos e os monarquianistas). Com tal objetivo, ele recorre a um registro metafórico que é difícil não definir, com a concordância de Peterson, como político (ou teológico-político): trata-se, com efeito, de pensar a articulação trinitária das hipóstases sem introduzir em Deus uma *stasis*, uma guerra intestina. Por isso, usando livremente a terminologia estoica, Gregório concebe as três hipóstases não como substâncias, mas como modos de ser ou relações (*pros ti, pōs echon*) em uma única substância[30]. Contudo, está tão consciente da inadequação da própria tentativa e da insuficiência de qualquer exposição linguística do mistério que conclui sua oração com um extraordinário *tour de force*, apresentando o Filho por um amplo elenco de imagens antinômicas. Pouco antes, porém, Gregório oferece a chave de leitura da oração toda, afirmando, segundo uma tradição terminológica que em seu tempo já estava consolidada, que ela só pode ser entendida corretamente por quem aprendeu a distinguir em Deus entre "o discurso da natureza e o discurso da economia" (*tis men physeōs logos, tis de logos oikonomias*)[31]. Isso significa que a passagem citada por Peterson também só pode ser lida à luz dessa distinção, e causa surpresa que Peterson nem sequer a mencione.

‌‌א O *logos* da "economia" encontra, assim, em Gregório, a função específica de evitar que, através da Trindade, seja introduzida em Deus uma fratura estasiológica, ou seja, política. Dado que também uma monarquia pode ocasionar uma guerra civil, uma *stasis* interna, só o deslocamento de uma racionalidade política para uma "econômica" – no sentido que procuraremos esclarecer – pode proteger contra esse perigo.

1.7. Uma visita aos autores citados precedentemente por Peterson em sua genealogia do paradigma teológico-político da monarquia divina mostra que, tanto do ponto de vista textual quanto do conceitual, o "discurso da economia" está tão estreitamente entrelaçado com o da monarquia que sua ausência em Peterson permite inferir que tenha sido proposital. Caso exemplar é Tertuliano, mas poderíamos dizer o mesmo, como veremos, com relação a Justino, Taciano, Hipólito, Ireneu etc. Retomemos a citação tirada de *Adversus Praxean* [Contra Práxeas], com a qual Peterson inicia sua análise da tentativa dos apologistas de conciliar a doutrina tradicional da

---

[30] Ibidem, 16, p. 712.

[31] Ibidem, 18, p. 714.

monarquia divina com a Trindade: "Nós mantemos a monarquia, dizem eles, e também os latinos pronunciam essa palavra de modo tão sonoro e magistral que poderíeis acreditar que entendem tão bem a monarquia como a pronunciam"[32].

Aqui a citação se interrompe, mas no texto de Tertuliano continua assim: "Os latinos esforçam-se por repetir 'monarquia', mas a 'economia' não a querem entender nem mesmo os gregos [*sed monarchiam sonare student Latini, oikonomian intellegere nolunt etiam Graeci*]"[33]. E imediatamente antes, Tertuliano afirma:

> as pessoas simples, para não chamá-las de levianas e ignorantes [...], não compreendem que se deve crer em um único Deus, mas com sua *oikonomia* [*unicum quidem (deum) sed cum sua oeconomia*], e assustam-se porque creem que a economia e a disposição da Trindade são uma divisão da unidade.[34]

A compreensão do dogma trinitário no qual se funda a argumentação de Peterson pressupõe, portanto, uma compreensão preliminar da "linguagem da economia", e só quando tivermos explorado esse *logos* em todas as suas articulações poderemos identificar o que de fato está em jogo entre os dois amigos-adversários no debate sobre a teologia política.

---

[32] Tertuliano, *Adversus Praxean* (ed. G. Scarpat, Turim, Loescher, 1959), 3, 2.

[33] Idem.

[34] Ibidem, 3, 1.

28 • O reino e a glória

## Limiar

As relações entre dois autores como Schmitt e Peterson são mais complicadas e intrincadas do que eles mesmos gostariam de deixar transparecer. A primeira alusão a Peterson na obra de Schmitt aparece no ensaio de 1927 sobre *Referendum popolare e proposta di legge a iniziativa popolare* [Referendo popular e proposta de lei de iniciativa popular], a propósito da tese de doutorado de Peterson sobre as aclamações nos primeiros séculos da liturgia cristã, que o jurista considera "fundamental". Mas, também aqui, o que une os dois autores contém, como veremos, o germe de sua divisão.

O breve e insignificante prólogo ao livro de 1935 sobre o monoteísmo resume discretamente tanto os motivos da proximidade quanto os da discordância entre os dois autores. A redução da fé cristã a monoteísmo é apresentada como o resultado do Iluminismo, contra o qual Peterson lembra que "para os cristãos se dá um agir político unicamente a partir do pressuposto da fé em um deus unitrino", que se situa para além tanto do judaísmo quanto do paganismo, tanto do monoteísmo quanto do politeísmo. Nessa altura, o prólogo anuncia, em tom menos pretensioso, a tese final do livro sobre "a impossibilidade teológica" de uma teologia política cristã: "Mostraremos aqui, com base em um exemplo histórico, a problematicidade interna de uma teologia política que se orienta pelo monoteísmo"[35].

Mais do que a crítica do paradigma schmittiano, é decisiva nesse caso a apresentação da tese segundo a qual a doutrina trinitária é o único possível fundamento de uma política cristã. Ambos os autores pretendem fundamentar na fé cristã uma política; mas enquanto para Schmitt a teologia política fundamenta a política em sentido mundano, o "agir político" que está em questão em Peterson é, como veremos, a liturgia (remetida ao seu significado etimológico de práxis pública).

A tese segundo a qual a verdadeira política cristã é a liturgia, e segundo a qual a doutrina trinitária fundamenta a política como participação no culto glorioso dos anjos e dos santos, pode parecer surpreendente. Mas acontece que é precisamente aqui que se situa o divisor de águas que separa a "teologia política" schmittiana do "agir político" cristão de Peterson. Para Schmitt, a teologia política funda uma política em sentido próprio e a po-

---

[35] Erik Peterson, *Ausgewählte Schriften*, cit., v. 1, p. 24.

tência mundana do império cristão, que age como *katechon*; a política como ação litúrgica em Peterson exclui, ao contrário, qualquer identificação com a cidade terrena (a invocação do nome de Agostinho, "que se torna visível em cada mudança espiritual e política do Ocidente", confirma isso): ela nada mais é que a antecipação cultual da glória escatológica. Nesse sentido, a ação das potências mundanas é, para o teólogo, escatologicamente de todo irrelevante: o que age como *katechon* não é um poder político, mas apenas a recusa dos judeus de se converterem. Isso significa que, para Peterson (e sua posição coincide nesse caso com a de parcela não irrelevante da Igreja), os eventos históricos de que foi testemunha – das guerras mundiais ao totalitarismo, da revolução tecnológica à bomba atômica – são teologicamente insignificantes. Todos, com exceção de um: o extermínio dos judeus.

Se o advento escatológico do Reino só se tornará concreto e real quando os judeus tiverem se convertido, então a destruição dos judeus não pode ser indiferente para o destino da Igreja. Peterson encontrava-se provavelmente em Roma quando ocorreu, em 16 de outubro de 1943, sob o silêncio cúmplice de Pio XII, a deportação de um milhar de judeus romanos para os campos de extermínio. É lícito perguntar se, naquele momento, ele se deu conta da terrível ambiguidade de uma tese teológica que ligava a existência e a realização da Igreja à sobrevivência ou ao desaparecimento dos judeus. Talvez essa ambiguidade possa ser superada apenas se o *katechon*, o poder que, adiando o fim da história, abre o espaço da política mundana, for restituído à sua relação originária com a *oikonomía* divina e com a sua Glória.

# 2
## O MISTÉRIO DA ECONOMIA

2.1. *Oikonomia* significa "administração da casa". No tratado aristotélico (ou pseudoaristotélico) sobre a economia, lê-se que a *technē oikonomikē* se distingue da política, assim como a casa (*oikia*) se distingue da cidade (*polis*). A diferença é confirmada na *Política*, em que o político e o rei, que pertencem à esfera da *polis*, aparecem qualitativamente contrapostos ao *oikonomos* e ao *despotēs*, que se referem à esfera da casa e da família. Também em Xenofonte (autor em que a oposição entre casa e cidade é certamente menos pronunciada que em Aristóteles), o *ergon* da economia é a "boa administração da casa" [*eu oikein ton... oikon*][1]. Contudo, importa não esquecer que *oikos* não é a casa unifamiliar moderna nem simplesmente a família ampliada, mas um organismo complexo no qual se entrelaçam relações heterogêneas, que Aristóteles[2] distingue em três grupos: relações "despóticas" senhores-escravos (que costumam incluir a direção de um estabelecimento agrícola de dimensões amplas), relações "paternas" pais-filhos e relações "gâmicas" marido-mulher. O que une essas relações "econômicas" (cuja diversidade é sublinhada por Aristóteles[3]) é um paradigma que poderíamos definir como "gerencial", e não epistêmico; ou seja, trata-se de uma atividade que não está vinculada a um sistema de normas nem constitui uma ciência em sentido próprio ("O termo 'chefe de família' [*despotēs*]", escreve Aristóteles, "não denota uma ciência [*epistēmēn*], mas

---

[1]  Xenofonte, *Oec.*, 1, 2. [Ed. bras.: *Econômico*, São Paulo, Martins Fontes, 1999.]

[2]  Aristóteles, *Pol.*, 1253b. [Ed. bras.: *Política*, 3. ed., São Paulo, Martins Fontes, 2006.]

[3]  Ibidem, 1259a-b.

32 • O reino e a glória

um certo modo de ser"[4]), mas implica decisões e disposições que enfrentam problemas sempre específicos, que dizem respeito à ordem funcional (*taxis*) das diferentes partes do *oikos*.

Em uma passagem de Xenofonte, essa natureza "gerencial" da *oikonomia* é definida com clareza: ela não tem a ver apenas com a necessidade e o uso dos objetos, mas sobretudo com sua disposição ordenada (*peri... taxeōs skeuōn*[5]; o termo *skeuos* significa "utensílio, instrumento relativo a certa atividade"). A casa é comparada, nessa perspectiva, primeiro com um exército e depois com um barco:

> A mais bela e precisa ordem dos utensílios me parece tê-la visto quando embarquei, para visitá-la, em um grande barco fenício. Notei então um grande número de ferramentas bem dispostas em um espaço reduzidíssimo [...] Entendi que todas as coisas estavam colocadas de tal modo que não estorvavam umas às outras nem havia necessidade de procurá-las. Estavam, ao contrário, bem ao alcance da mão e não era difícil movê-las, de tal maneira que não se perdia tempo ao servir-se delas rapidamente. Descobri que o ajudante [*diakonon*] do timoneiro [...] conhecia tão bem o lugar de cada coisa que mesmo ausente podia dizer onde se encontrava cada objeto e em que quantidade [...] Também vi que examinava pessoalmente, no tempo livre, tudo aquilo de que precisava para a navegação.[6]

Xenofonte define essa atividade de gestão ordenada como "controle" (*episkepsis*, daí *episkopos*, "superintendente" e, mais tarde, "bispo"). "Estupefato diante de tal controle, perguntei-lhe o que estava fazendo. 'Estou controlando [*episcopō*]', respondeu."[7]

Do mesmo modo, Xenofonte compara uma casa bem "economizada" a uma dança: "Todos os objetos parecem formar um coro e o espaço entre eles parece belo porque cada coisa está em seu lugar. Da mesma maneira, um coro que dança em círculo não só é belo em si mesmo quando o observamos, mas também o espaço entre eles parece belo e puro"[8]. A *oikonomia* apresenta-se aqui como uma organização funcional, uma atividade de gestão que não se vincula senão às regras do funcionamento ordenado da casa (ou da empresa em questão).

---

4  Ibidem, 1255b.

5  Xenofonte, *Oec.*, 8, 23.

6  Ibidem, 8, 11-5.

7  Ibidem, 8, 15.

8  Ibidem, 8, 21.

O mistério da economia • 33

É esse paradigma "gerencial" que define a esfera semântica do termo *oikonomía* (assim como do verbo *oikonomein* e do substantivo *oikonomos*) e determina sua progressiva extensão analógica para além dos limites originais. Já no *Corpus Hippocraticum*[9], *hē peri ton noseonta oikonomiē* designa o conjunto das práticas e dos dispositivos que o médico deve levar a cabo com relação ao enfermo. No âmbito filosófico, quando os estoicos buscam expressar a ideia de uma força que regula e governa tudo a partir do interior, é a uma metáfora "econômica" que recorrem (*tēs tōn holōn oikonomias*[10]; *hē physis epi tōn phytōn kai epi tōn zōōn... oikonomeî*[11]). Nesse sentido amplo de "governar, ocupar-se de algo", o verbo *oikonomein* adquire o significado de "suprir às necessidades da vida, nutrir" (assim, os *Atos de Tomás* parafraseiam a expressão "vosso Pai celeste as nutre" na parábola de Mt 6,26 sobre as aves do céu com *ho theos oikonomei auta*, em que o verbo tem o mesmo significado do português "governar as bestas").

É em uma passagem de Marco Aurélio, cujas *Recordações* são contemporâneas dos primeiros apologistas cristãos, que o sentido gerencial do termo aparece com mais clareza. Ao refletir sobre a conveniência de não julgar de modo precipitado os comportamentos alheios, ele escreve: "Não se sabe com precisão se realmente são culpados. De fato, muitas coisas acontecem segundo uma economia [*kat' oikonomian ginetai*], e é necessário saber muito para dizer algo com fundamento acerca das ações dos outros"[12].

Aqui, *oikonomia*, segundo uma inflexão semântica que ficará inseparável do termo, designa uma prática e um saber não epistêmico que, em si mesmos, até podem parecer não conformes ao bem e só devem ser julgados no contexto das finalidades que perseguem.

Especialmente interessante é o uso técnico do termo *oikonomia* no âmbito retórico para designar a disposição ordenada do material de uma oração ou de um tratado ("*Hermagoras iudicium partitionem ordinem quaeque sunt elocutionis subicit oeconomiae, quae Graece appellata ex cura rerum domesticarum et hic per abusionem posita nomine Latino caret*"[13]; Cícero traduz o

---

9   Hipócrates, *Epid.*, 6, 2, 24.

10   Chrysip., fr. 937, *SVF*, II, 269.

11   Chrysip., fr. 178, *SVF*, III, 43.

12   Marco Aurélio, *Ricordi*, 11, 18, 3.

13   Quintiliano, 3, 3, 9. ["O juízo, a partição, a ordem, que pertencem cada um à eloquência, Hermágoras os subordina à *oeconomia,* que, chamada assim em grego,

34 • O reino e a glória

termo por *dispositio*, ou seja, *"rerum inventarum in ordinem distributio"*[14]). A economia é, porém, mais que uma simples disposição, pois implica, para além da ordem dos temas (*taxis*), uma escolha (*diairesis*) e uma análise (*exergasia*) dos argumentos. Nesse sentido, o termo aparece no Pseudo-Longino, precisamente em contraposição ao conceito de "sublime". "A experiência da invenção, a maneira de ordenar os fatos e sua *oikonomia* não dependem de uma passagem ou de duas, mas nós os veremos aparecer pouco a pouco do tecido inteiro da obra, enquanto o sublime, quando irrompe no momento preciso, reduz tudo a pedaços".[15]

Contudo, como é evidente na observação de Quintiliano (*"oeconomiae, quae Graece appellata ex cura rerum domesticarum et hic per abusionem posita"*), nessa progressiva extensão analógica da esfera semântica do termo, a consciência do sentido doméstico originário nunca se perdeu. Por isso, é instrutiva uma passagem de Diodoro Sículo, na qual o mesmo núcleo semântico se mostra tanto na acepção doméstica quanto na retórica:

> Deveria caber aos historiadores, quando compõem suas obras, prestar atenção sobretudo à disposição de acordo com as partes [*tês kata meros oikonomias*]. De fato, ela não só é de grande ajuda na vida privada [*en tois idiōtikois biois*], mas também é útil para compor obras históricas.[16]

É sobre essa base que, na época cristã, o termo *oikonomia* acaba transposto para o âmbito teológico, no qual, segundo a opinião comum, viria a adquirir o significado de "plano divino da salvação" (em particular, com referência à encarnação de Cristo). Tendo em conta, como vimos, que ainda é necessário fazer sobre isso uma investigação léxica, a hipótese de tal significado teológico do termo *oikonomia*, geralmente admitida como certa, deve ser bem examinada.

א Para compreender a história semântica do termo *oikonomia*, é importante não esquecer que, do ponto de vista linguístico, aquilo com que nos deparamos não é tanto uma transformação do sentido (*Sinn*) da palavra, mas uma progressiva extensão analógica de sua denotação (*Bedeutung*). Mesmo que os dicionários costumem, em casos desse tipo, distinguir e enumerar um após o outro os diferentes sentidos de um termo, os linguistas sabem perfeitamente que, na verdade, o núcleo semântico

---

a partir do cuidado das coisas domésticas e posta aqui por uso impróprio, carece de denominação em latim." (N. T.)]

[14] Cícero, *Inv.*, 1, 9. ["Distribuição ordenada das coisas descobertas." (N. T.)]

[15] Pseudo-Longino, 1, 4.

[16] Diodoro Sículo, 5, 1, 1.

O mistério da economia • 35

(o *Sinn*) permanece dentro de certos limites e até certo ponto inalterado, e é precisamente essa permanência que permite sua extensão a denotações novas e diferentes. Com o termo *oikonomia* acontece algo parecido com o que ocorre em nossos dias com o termo "empresa", que, com o consentimento mais ou menos consciente dos interessados, foi se estendendo até cobrir âmbitos que tradicionalmente nada tinham a ver com ele, como, por exemplo, a universidade.

Quando, a propósito do uso teológico do termo, os estudiosos (como Moingt em relação a Hipólito ou Markus[17]) referem-se a um pretenso "sentido tradicional" de *oikonomia* na linguagem cristã (precisamente o de "desígnio divino"), nada mais fazem que projetar sobre o plano do sentido aquela que é simplesmente uma extensão da denotação no âmbito teológico. Inclusive Richter, que nega ser possível encontrar nos diferentes contextos um único sentido teológico do termo[18], não parece distinguir corretamente entre sentido e denotação. Não há na realidade um "sentido" teológico do termo, mas um deslocamento de sua denotação para o âmbito teológico, que aos poucos começa a perceber-se como um novo sentido.

Nas páginas que seguem, nós nos ateremos ao princípio segundo o qual a hipótese de um significado teológico do termo não pode ser pressuposta, mas deve ser sempre muito bem verificada.

א Como se sabe, a distinção entre *oikos* e *polis* não aparece em Platão nos termos de uma oposição, como em Aristóteles. Nesse sentido, Aristóteles pode criticar a concepção platônica da *polis* e acusar seu mestre de ter levado demasiado longe o caráter unitário da cidade, correndo assim o risco de transformá-la em uma casa: "É evidente que se o processo de unificação é levado para além de certo ponto, já não haverá cidade alguma. Uma cidade é, por natureza, algo múltiplo, e se se torna demasiado una, será antes uma casa [*oikia*] que uma cidade".[19]

2.2. É opinião corrente[20] que Paulo foi o primeiro a atribuir ao termo *oikonomia* um significado teológico. Contudo, uma leitura mais atenta das passagens em questão não confirma essa hipótese. Tomemos 1Cor 9,16-17:

---

[17] Joseph Moingt, *Théologie trinitaire de Tertullien* (Paris, Aubier, 1966) e Robert A. Markus, "Trinitarian Theology and the Economy", *Journal of Theological Studies*, n. 9, 1958, p. 99.

[18] Gerhard Richter, *Oikonomia: Der Gebrauch des Wortes Oikonomia im Neuen Testament, bei den Kirchenvätern und in der theologischen Literatur bis ins 20. Jahrundert* (Berlim/ Nova York, de Gruyter, 2005), p. 2.

[19] Aristóteles, *Pol.*, 1261a.

[20] Wilhelm Gass, "Das Patristiche Wort 'oikonomia'", *Zeitschrift für wissenschaftliche Theologie*, 1874, p. 469; Joseph Moingt, *Théologie trinitaire de Tertullien*, cit., p. 903.

36 • O reino e a glória

Se anuncio a boa nova [*euangelizōmai*] não é para mim motivo de vaidade, uma obrigação pesa sobre mim: ai de mim se não anuncio a boa nova! Se o faço espontaneamente, tenho uma recompensa; se não o faço espontaneamente, foi-me confiada uma *oikonomia* [*oikonomian pepisteumai*, literalmente: "fui investido fiduciariamente de uma *oikonomia*"].

O sentido é aqui perspícuo e a construção com *pisteuō* não permite dúvida: *oikonomia* é a missão (como na Septuaginta, Ies, 22,21) que foi confiada a Paulo por Deus; por isso, Paulo não age livremente, como em uma *negotiorum gestio* [gestão dos negócios], mas segundo um vínculo fiduciário (*pistis*) como *apostolos* ("enviado") e *oikonomos* ("administrador encarregado"). A *oikonomia* é aqui algo que é confiado; portanto, é uma atividade e um encargo, e não um "plano salvífico" que diz respeito à mente ou à vontade divina. No mesmo sentido deve ser entendida a passagem de 1Tm 1,3-4:

Pedia-te para permaneceres em Éfeso [...] para admoestares certas pessoas a fim de que não ensinem coisas diferentes nem se ocupem com fábulas e genealogias sem fim, que antes promovem especulações do que a *oikonomia* de Deus, aquela na fé [*oikonomian theou tēn en pistei*, a boa atividade de administração que me foi confiada por Deus].

Mas o significado não muda nem mesmo nas passagens em que a aproximação de *oikonomia* ao termo *mystērion* levou os intérpretes a supor um sentido teológico de que não há nenhuma necessidade no texto. Assim, em Cl 1,24-25:

Agora me regozijo nos sofrimentos por vós e cumpro na minha carne o que falta às tribulações do messias segundo a *oikonomia* de Deus, aquela que me foi encomendada [*dotheisan*] para cumprir a palavra de Deus, o mistério escondido por séculos e gerações e que agora foi manifestado aos seus santos...

Foi observado que, embora o sentido de *oikonomia* seja aqui, como em 1Cor 9,17, "encargo fiduciário" ("*anvertrauete Amt*"), o apóstolo parece implicar o significado ulterior de "decisão divina da salvação"[21]. No entanto, não há nada no texto que autorize atribuir a *oikonomia* um significado que eventualmente pudesse corresponder só a *mystērion*. Mais uma vez, a construção com *didōmi* é evidente: Paulo recebeu o encargo de anunciar a boa nova da vinda do messias, e esse anúncio cumpre a palavra de Deus, cuja promessa de salvação havia ficado oculta e agora é revelada. Nada permite vincular *oikonomia* a *mystērion*: gramaticalmente, esse último termo é aposição de *logon tou theou*, e não de *oikonomian*.

---

[21] Wilhelm Gass, "Das Patristiche Wort 'oikonomia'", cit., p. 470.

O mistério da economia • 37

Mais complexa é a situação em Ef 1,9-10: "[Deus] desvendando-nos o mistério de sua vontade, segundo sua benevolência, que se expôs [*proetheto*] nele pela *oikonomia* da plenitude dos tempos, para recapitular todas as coisas no messias".

Aqui, Paulo está falando da eleição e da redenção decididas por Deus segundo sua benevolência (*eudokia*); coerente com esse contexto, pode escrever que Deus confiou ao messias a *oikonomia* da plenitude dos tempos, levando a cumprimento a promessa de redenção. Também nesse caso *oikonomia* significa simplesmente uma atividade (*"Sie bezeichnet nur noch ein Tätigsein"*[22]), e não um "plano divino de salvação", como é erroneamente sugerido por O. Michel[23]; mas por certo não é indiferente que Paulo possa apresentar o cumprimento da redenção prometida nos termos de uma *oikonomia*, ou seja, como a realização de uma tarefa de administração doméstica (é verossímil que os gnósticos fizeram referência a essa passagem quando apresentavam Jesus como "o homem da *oikonomia*").

Considerações análogas podem ser feitas a respeito de Ef 3,9: "A mim, o menor de todos os santos, foi-me concedida esta graça de anunciar aos gentios a incognoscível riqueza de Deus e levar à luz a *oikonomia* do mistério, oculto durante séculos em Deus...".

"A *oikonomia* do mistério" é, com toda evidência, uma contradição em relação à expressão usada em Cl 1,25 ("a *oikonomia* de Deus, aquela que me foi encomendada para cumprir a palavra de Deus, o mistério escondido por séculos"), e também aqui nada autoriza substituir o sentido de "realização, administração" por aquele não atestado de "plano salvífico".

Totalmente coerente com essas duas passagens é o uso do termo *oikonomos* em 1Cor 4,1: "Que todos nos considerem servidores [*hypēretas*] de Cristo e administradores [*oikonomous*] do mistério de Deus. O que se exige dos *oikonomoi* é que sejam encontrados fiéis [*pistos*]". Aqui, a relação entre *oikonomia* e mistério é evidente: trata-se de ser fiel ao encargo de anunciar o mistério da redenção que estava oculto na vontade de Deus e agora chega à sua realização.

2.3. Se a análise textual não permite atribuir a *oikonomia* um significado imediatamente teológico, outra conclusão, no entanto, pode ser tirada do exame do léxico paulino. Paulo não só se refere, no sentido que se assinalou,

---

[22] Gerhard Richter, *Oikonomia*, cit., p. 53.

[23] Ibidem, p. 67.

38 • O reino e a glória

a uma *oikonomia* de Deus, mas também se refere a si mesmo e aos membros da comunidade messiânica com termos que pertencem exclusivamente ao vocabulário da administração doméstica: *doulos* ("escravo"), *hypērētes*, *diakonos* ("criado"), *oikonomos* ("administrador"). O próprio Cristo (ainda que o nome seja sinônimo de soberano escatológico) é definido sempre com o termo que designa o dono do *oikos* (*kyrios*, em latim, *dominus*) e nunca com os termos mais diretamente políticos *anax* ou *archōn* (o apelativo não devia ser indiferente: sabemos por Ireneu[24] que os gnósticos se negavam a chamar o Salvador de *kyrios* e, por outro lado, usavam o termo político "*arconte*" para designar as figuras divinas do pleroma). Apesar de raras e só aparentes exceções (como em Fl 1,27 e 3,20 e em Ef 2,19, em que *politeuomai* e *sympolitēs* são usados em sentido decididamente impolítico), o léxico da *ekklēsia* paulina é "econômico" e não político; e os cristãos são, nesse sentido, os primeiros homens integralmente "econômicos". A eleição léxica é tanto mais significativa na medida em que, no Apocalipse, Cristo – que aparece em suas vestes de soberano escatológico – acaba sendo definido com um termo inequivocamente político: *archōn* (Ap 1,5; *princeps* na Vulgata).

O forte tom doméstico do vocabulário da comunidade cristã não é naturalmente uma invenção paulina, mas reflete um processo de mutação semântica que impregna todo o vocabulário político que lhe é contemporâneo. Já a partir da idade helenística e depois, mais decididamente, na idade imperial, o vocabulário político e o vocabulário econômico entram em relação de recíproca contaminação, que tende a tornar obsoleta a oposição aristotélica entre *oikos* e *polis*. Assim, o desconhecido autor do segundo livro do tratado pseudoaristotélico sobre a *Economia* vincula a economia em sentido estrito (definida como *idiōtikē*, privada) a uma *oikonomia basilikē* [economia real] e até mesmo a uma *oikonomia politikē* [economia política](um verdadeiro *nonsense* na perspectiva de Aristóteles). Na *koinē* alexandrina e na Stoa, a contaminação dos paradigmas é evidente. Em uma passagem de Filon, cujo conteúdo Arnim atribuiu, quiçá acriticamente, a Crisipo, a *oikia* é definida como "uma *polis* reduzida e apequenada" [*estalmenē kai bracheia*] e a economia como "uma *politeia* contraída" [*synēgmenē*]; em contrapartida, a *polis* é apresentada como "uma grande casa" [*oikos megas*] e a política como "uma economia comum"

---

[24] Ireneu de Lião, *Contre les hérésies* (ed. A. Rousseau, Paris, Cerf, 2002), 1, 1, 1. [Ed. bras.: *Contra as heresias*, São Paulo, Paulus, 1997, Patrística 4.]

O mistério da economia • 39

[*koinē tis oikonomia*][25]. (A metáfora moderna da comunidade política como uma "casa" – a "casa Europa" – encontra aqui seu arquétipo.)

Caracterizando a *ekklēsia* em termos domésticos, ao invés de políticos, Paulo só faz continuar um processo que já havia começado; contudo, ele imprime a esse processo uma nova aceleração, que permeia todo o registro metaforológico do léxico cristão. Exemplos significativos são o uso de *oikos* em 1Tm 3,15, em que a comunidade é definida como "casa [não 'cidade'] de Deus [*oikos theou*]", e de *oikodomē* e *oikodomeo* (termos referentes à construção da casa) no sentido "edificante" de construção da comunidade (Ef 4,16; Rm 14,19; 1Cor 14,3; 2Cor 12,19). Que a comunidade messiânica seja representada desde o início nos termos de uma *oikonomia*, e não naqueles de uma política, é um fato cujas implicações para a história da política ocidental ainda restam a ser discutidas.

א Nossa análise textual das ocorrências do termo *oikonomia* limitar-se-á essencialmente aos textos dos séculos II e III, nos quais o conceito recebe sua forma originária. Os desenvolvimentos posteriores na teologia dos capadócios e nos teólogos bizantinos serão abordados ocasionalmente no capítulo 3.

2.4. Na Epístola aos Efésios, de Inácio de Antioquia, o termo *oikonomia* é usado três vezes, em um contexto no qual as influências do vocabulário paulino são evidentes.

Em 6,1, o termo, embora referido ao bispo, não tem nenhum matiz teológico: "Quanto mais se vê o bispo calar, tanto mais se deve tratá-lo com reverência. Aquele que o dono de casa [*oikodespotēs*] envia para uma função relativa à administração da própria casa [*eis idian oikonomian*], devemos recebê-lo como se fosse a mesma pessoa que o enviou".

Em 18,2: "De fato, nosso Deus, Jesus, o Cristo, foi concebido por Maria segundo a *oikonomia* de Deus a partir da descendência de Davi, do Espírito Santo".

Nesse caso, como já havia observado Gass, *oikonomia* ainda não significa "encarnação"; no entanto, não há nenhuma necessidade de supor, como sugere Gass, o complicado sentido de "princípio revelador que, em conformidade com a decisão mais elevada, devia cumprir-se pelo nascimento e pela morte de Cristo"[26]. O sintagma *oikonomia theou* valerá simplesmente

---

[25] Filon, *Ios.*, 38; cf. *SVF*, III, 80 = Chrysip., fr. 323.

[26] Wilhelm Gass, "Das Patristiche Wort 'oikonomia'", cit., p. 473-4.

40 • O reino e a glória

(assim como em Paulo, do qual provém, já que toda a passagem da carta de Inácio está repleta de citações paulinas) como "tarefa confiada por Deus", "atividade desenvolvida segundo a vontade de Deus". É importante observar que, na passagem sucessiva (19,1), Inácio distingue *oikonomia* e *mystērion*: "mistérios clamorosos" (*kraugēs*, como em Paulo, Ef 4,31) são a virgindade de Maria, seu parto e a morte do Senhor, que ocorreram e foram revelados segundo uma economia; ou seja, assim como em Paulo, há uma "economia do mistério", e não, como veremos em Hipólito e Tertuliano, um "mistério da economia".

Também em 20,1 ("Em um segundo livrinho, que me disponho a escrever-vos, exporei as *oikonomiai*, das quais comecei a falar, para o homem novo, Jesus Cristo, na fé e no amor dele, em sua paixão e ressurreição"), a tradução "plano divino" é imprecisa. Se o termo não deve ser entendido aqui (como é possível, tendo em consideração a referência à composição de um texto) no sentido retórico de "disposição da matéria", o significado genérico de "atividade ordenada a um fim" é perfeitamente satisfatório.

2.5. Justino, que escreve em Roma por volta da metade do século II, recorre ao termo *oikonomia* no *Diálogo com Trifão*, em que procura demonstrar aos judeus que "Jesus é o Cristo de Deus" (ou seja, o Messias).

Nas duas passagens dos capítulos 30 e 31:

> Hoje, eles [os demônios] são exorcizados e submetidos pelo nome de Jesus Cristo, crucificado sob Pôncio Pilatos, procurador da Judeia; dessa forma é manifesto a todos que seu pai lhe deu uma potência [*dynamin*], de modo que são submetidos ao seu nome e à economia de sua paixão [*tēi tou genomenou pathous oikonomiai*].[...]
> Já que mostrei que tal potência [*dynamis*] resulta da economia de sua paixão [*tēi tou pathous autou oikonomiai*], qual será a de sua parusia na glória?[27]

Em ambas as passagens, o sintagma "economia da paixão" designa a paixão concebida como o cumprimento de uma tarefa e de uma vontade divina, de que resulta uma potência (*dynamis*). Isso também vale para as duas passagens em que (como em Inácio de Antioquia[28]) a *oikonomia* se refere à geração do salvador por meio da virgem Maria:

---

[27] Justino, *Dialogues avec Tryphon* (ed. G. Archambault, Paris, Picard, 1909), v. 1, p. 132. [Ed. bras.: *Diálogos com Trifão*, 2. ed., São Paulo, Paulus, 1997, Patrística 3.]

[28] Inácio de Antioquia, *Lettres: martyre de Polycarpe* (Paris, Cerf, 1969, Sources Chrétiennes 79), 18, 2.

O mistério da economia • 41

Cristo [...] que consentiu em fazer-se carne e ser gerado pela virgem da linhagem de Davi, para que por essa atividade [*dia tēs oikonomias tautēs*] a serpente [...] e os anjos que a imitaram sejam destruídos.[29]

[...] aqueles de quem devia nascer o Cristo segundo a atividade que se cumpriu através da virgem Maria [*kata tēn oikonomian tēn dia tēs parthenou Marias*].[30]

O sentido de "tarefa" é perspícuo em 67,6: "[Cristo] submeteu-se a tudo, não para justificar-se, mas para cumprir a *oikonomia* que seu pai quis"[31]; e em 103,3: "[...] antes de Cristo, quando foi cumprida por ele a *oikonomia* segundo a vontade do pai"[32]. Mais próximo do uso paulino na Epístola aos Efésios, é 134,2:

"Como disse, certas *oikonomiai* dos grandes mistérios realizavam-se em cada uma dessas ações [*oikonomiai tines megalōn mystēriōn en hekastēi tini toiautēi praxei apetelounto*]. Nas núpcias de Jacó, realizava-se certa *oikonomia* e predição"[33].

Conforme se deduz da passagem que vem imediatamente após ("As núpcias de Jacó eram prefigurações [*typoi*] do que deveria ser cumprido pelo Cristo venturo"), a "economia do mistério" refere-se à doutrina tipológica de Paulo: é a atividade que realiza o mistério que havia sido anunciado tipologicamente no Antigo Testamento. Na última ocorrência (107,3), está ausente qualquer implicação teológica direta: "Enquanto Jonas se entristecia no terceiro dia porque a cidade não havia sido destruída segundo a predição, Deus, através de uma sua economia [*dia tēs oikonomias*], fez nascer um rícino da terra"[34].

℘ O texto da *Apologia* de Aristides de Atenas, composto provavelmente entre os anos 124 e 140, chegou até nós em versão siríaca e armênia, e, em grego, no Barlaão e Josafá, do século XI. As discordâncias entre as três versões permitem estabelecermos que o texto grego aqui citado corresponde ao original: "Tendo cumprido sua maravilhosa economia [*telesas tēn thaumastēn autou oikonomian*], padeceu voluntariamente a morte na cruz segundo a grande economia [*kat' oikonomian megalēn*]"[35].

---

[29] Justino, *Dialogues avec Tryphon*, cit., v. 1, p. 200.

[30] Ibidem, v. 2, p. 215.

[31] Ibidem, v. 1, p. 323.

[32] Ibidem, v. 2, p. 137.

[33] Ibidem, p. 281.

[34] Ibidem, p. 157.

[35] J. R. Harris (ed.), *The Apology of Aristides on Behalf of the Christians* (Cambridge, The University Press, 1891), p. 110.

42 • O reino e a glória

2.6. Teófilo de Antioquia, que foi bispo por volta de 170 d. C., recorre ao termo *oikonomia* quatro vezes, sem que este jamais assuma um significado diretamente teológico. Na primeira vez, trata-se da tarefa que Deus confiou ao imperador: "[O imperador] não é um Deus, mas um homem a quem Deus confiou a tarefa [*hypo theou tetagmenos*] não de ser adorado, mas de julgar segundo o justo. De certa maneira, foi-lhe confiada por Deus uma tarefa [*para theou oikonomian pepisteuetai*]"[36].

Nos outros dois casos, com toda probabilidade, o sentido é retórico, de "disposição da matéria", em referência à narração do Gênesis:

> Homem algum, mesmo que tivesse dez mil bocas e dez mil línguas, poderia expor o relato e toda a matéria ordenada [*tēn exēgēsin kai tēn oikonomian pasan exeipein*] segundo a dignidade [do assunto].[37]
>
> A história que lhes diz respeito [Caim e Abel] é mais ampla que a disposição de minha exposição [*tēn oikonomian tēs exēgēseōs*].[38]

O sentido genérico de disposição ordenada também aparece em 2,15: "A posição dos astros contém uma disposição [*oikonomian*] e uma ordem [*taxin*] dos homens justos e piedosos e dos que observam os mandamentos de Deus. Os astros resplandecentes são uma mimese dos profetas..."[39].

2.7. Em uma passagem da *Oração aos gregos*, Taciano – que foi talvez discípulo de Justino em Roma e, segundo Ireneu, fundou a seita rigorista dos encratistas – parece elaborar um significado teológico do termo *oikonomia* a propósito da relação entre o *logos* e o Pai. Um exame atento da passagem mostra, porém, que ele, na verdade, translada para o âmbito teológico termos técnicos do vocabulário retórico.

> O *logos*, tendo-se separado [*chōrēsas*], não em vão tornou-se a obra primogênita do Pai. Nós o conhecemos como princípio [*archēn*] do mundo. Ele chegou a ser por divisão ordenada, não por corte [*gegonen de kata merismon, ou kata apokopēn*]; na verdade, o que é cortado [*apotmēthen*] se separa do primeiro, em troca o que é compartilhado [*meristhen*], tendo recebido a

---

[36] Teófilo de Antioquia, *Trois livres à Autolycus* (Paris, Cerf, 1948, Sources Chrètiennes 20), 1, 11, p. 82.

[37] Ibidem, 2, 12, p. 130.

[38] Ibidem, 2, 29, p. 170.

[39] Ibidem, p. 138.

distinção da *oikonomia* [*oikonomias tēn diairesin*], não torna necessário aquilo do qual foi tomado.[40]

Aqui a terminologia é a da retórica estoica: *merismos* "é uma disposição ordenada [*katataxis*] do gênero segundo os lugares"[41]; *diairesis* é, ao lado de *taxis* e *exergasia*, uma das divisões da *oikonomia* (ela mesma, conforme vimos em Quintiliano, um termo técnico da retórica de Hermágoras). A articulação da vida divina é concebida aqui segundo o modelo da disposição da matéria em um discurso. Isso é confirmado na seguinte passagem: "Também eu falo, e vós ouvis. Mas eu que me dirijo a vós não fico vazio de *logos* pelo fato de o proferir; ao contrário, proferindo a voz [*proballomenos de tēn phōnēn*[42]], proponho-me pôr em ordem a matéria que está desordenada em vós"[43].

Acepção análoga aparece no capítulo 21: "Também Heitor, Aquiles, Agamenão e todos os helenos e bárbaros, com Helena e Páris, que existem segundo a mesma natureza, dizeis que foram introduzidos por motivos de disposição do discurso [*charin oikonomias*], nenhum deles existindo realmente"[44].

No resto da oração, o termo *oikonomia* indica a organização ordenada do corpo humano:

O conjunto [*systasis*] do corpo consiste de uma só organização [*mias estin oikonomias*] [...] uma parte é olho, outra, orelha, outra, certo tipo de cabelo e certa disposição das entranhas [*entosthiōn oikonomia*] e certa conjunção de ossos e nervos; e mesmo que cada parte se diferencie da outra, há uma harmonia e uma consonância segundo a disposição funcional [*kat' oikonomian symphōnias estin harmonia*].[45]

Ou da matéria:

"Se alguém é curado pela matéria, confiando nela, tanto mais será curado quando confiar na potência de Deus [...] Por que motivo alguém que confia na organização ordenada da matéria [*hylēs oikonomiai*] não quer confiar em Deus?"[46].

---

[40] Taciano, *Oratio ad Graecos and fragments* (ed. M. Whittaker, Oxford, Clarendon Press, 1982), 5, p. 10.

[41] Diog., 7, 62, em *SVF*, III, 215.

[42] Provavelmente um eco de Justino, *Dialogues avec Tryphon*, cit., v. 1, p. 61.

[43] Taciano, *Oratio ad Graecos*, cit., 5, p. 11.

[44] Ibidem, p. 44.

[45] Ibidem, 12, p. 24.

[46] Ibidem, 18, p. 36.

44 • O reino e a glória

Embora ainda não haja no caso um uso especificamente teológico do termo, é interessante observar que Taciano, a fim de expressar a relação entre o Pai e seu *Logos*, mobiliza a extensão metafórica já existente do termo *oikonomia* no âmbito retórico. Assim como a disposição ordenada da matéria de um discurso em várias partes não prejudica sua unidade nem diminui sua potência, assim também o *Logos* divino recebe "a distinção da *oikonomia*". A primeira articulação da processão trinitária dá-se através de um paradigma econômico-retórico.

א A relevância do significado retórico do termo *oikonomia* para a constituição do paradigma trinitário escapou aos modernos historiadores da teologia. No entanto, na passagem de Taciano a imagem retórica era sugerida pelo fato de que o sujeito era precisamente o *Logos*, a palavra de Deus. O uso do termo retórico *diairesis* por parte de Atenágoras (ver abaixo, 2.8) prova a justeza da correção de Schwartz para *diairesis* (em lugar de *hairesis* do manuscrito) na passagem citada de Taciano.

א No *Martírio de Policarpo* volta a ser encontrado o significado de economia como organização interna do corpo. As carnes dilaceradas do mártir deixam ver "a economia da carne [*tēn tēs sarkos oikonomian*], até mesmo dentro das veias e das artérias"[47]. Também aqui, a extensão da denotação do termo à fisiologia não altera substancialmente seu núcleo semântico.

2.8. O uso de uma metáfora retórica com o objetivo de expressar a articulação trinitária da divindade encontra-se em Atenágoras, contemporâneo de Marco Aurélio e Cômodo, que, no marco de sua *Súplica em favor dos cristãos*, se apresenta como "filósofo cristão". Ele recorre ao termo *oikonomia* no sentido trivial de "prática dirigida a um objetivo" com referência à encarnação ("mesmo que um deus se faça carne segundo uma *oikonomia* divina, deveria por isso ser escravo dos desejos?"[48]); contudo, em uma passagem importante, usa outro termo técnico do vocabulário retórico – *diairesis*, estreitamente vinculado a *oikonomia* – precisamente para conciliar a unidade com a trindade: "Quem não estaria em dificuldades se ouvisse denominar de ateus aqueles que reconhecem um Deus pai e um Deus filho e um Espírito

---

[47] Em Andreas Lindemann e Henning Paulsen (ed.), *Die apostolischen Vätern* (Tübingen, Mohr, 1992), 2, 2, p. 262.

[48] Atenágoras, *Supplique au sujet des chrétiens* (ed. B. Pouderon, Paris, Cerf, 1992, Sources Chrétiennes 379), 21, 4, p. 144.

O mistério da economia • 45

Santo, e mostram tanto sua potência na unidade quanto sua disposição na ordem [*tēn en tēi taxei diairesin*]?"[49].

Na passagem que se segue imediatamente, Atenágoras, com uma intuição singular de que Tertuliano logo se lembrará, estende a economia às fileiras angelicais:

> A articulação teológica do meu discurso não se limita a isso: nós também reconhecemos uma multidão [*plēthos*] de anjos e de assistentes [*leitourgōn*], que Deus criador e artesão [*poietēs kai dēmiurgos*] do cosmo distribuiu e ordenou, para que se ocupem dos elementos, das esferas celestes e da boa ordem do universo.[50]

2.9. O tratado de Ireneu *Adversus haereses* [Contra os hereges] apresenta-se como refutação dos sistemas gnósticos e expõe a fé católica através de uma comparação pontual e polêmica com aqueles. A forte presença do termo *oikonomia* em sua obra, que o converte, se não em verdadeiro termo técnico, ao menos em *Lieblingswort* [palavra favorita][51] de seu pensamento, deve ser restituída a esse polêmico contexto. Isso significa, porém, que o termo *oikonomia* se tecniciza na língua e no pensamento dos Padres em relação ao uso por parte dos gnósticos, e é, portanto, no mínimo curioso que se possa querer definir seu sentido omitindo completamente o exame desses autores, como faz, por exemplo, Richter.

D'Alès, que catalogou as ocorrências do vocábulo e de seus equivalentes latinos *dispositio* e *dispensatio* no *Adversus haereses*, enumerou 33 casos em que Ireneu recorre a ele para referir-se a uma doutrina propriamente gnóstica, na qual *oikonomia* designa o processo interno do pleroma e, em particular, "a fusão dos éons divinos da qual resulta a pessoa do Salvador"[52]. Segundo D'Alès, é em evidente antítese com essa acepção gnóstica que Ireneu, no uso que faz do termo na profissão da fé católica, "se proíbe qualquer alusão a uma economia interna da Trindade, considerando perigoso o caminho pelo qual Taciano havia enveredado"[53]. Já Markus havia observado que a contraposição não corresponde

---

[49] Ibidem, 10, 5, p. 102.

[50] Idem.

[51] Gerhard Richter, *Oikonomia*, cit., p. 116.

[52] Adhémar D'Alès, "Le mot 'oikonomia' dans la langue théologique de saint Irénée", *Revue des études grecques*, n. 32, 1919, p. 6.

[53] Ibidem, p. 8.

46 • O reino e a glória

à verdade, pois nos textos gnósticos citados *oikonomia* não se refere tanto a um processo interior do pleroma, mas precisamente à fusão dos éons que conduz à constituição do Jesus histórico[54]. Pela mesma razão, poderíamos acrescentar que, inclusive nos textos referentes à fé católica, e em especial na passagem do livro 4 (33,7), que D'Alès cita como prova, Ireneu não fala apenas das "economias" (significativamente no plural) do Filho, mas também das economias do Pai. E, mais em geral, o rigor com que os teólogos modernos procuram a qualquer preço manter separadas a economia da encarnação e a economia trinitária não tem sentido em um momento em que o termo *oikonomia* designa genericamente a atividade e o governo divino.

O que está em jogo no confronto entre Ireneu e aqueles que ele chama de "discípulos de Ptolomeu da escola de Valentim" não é tanto o deslocamento da noção de economia de um processo interno ao pleroma para a encarnação do Filho, ou de um plano supratemporal para um plano da história da salvação[55], mas sim, de maneira mais geral, a tentativa de remover o termo *oikonomia* de seu contexto gnóstico a fim de convertê--lo no dispositivo estratégico central do nascente paradigma trinitário. Só acompanhando de perto o contraponto polêmico com a gnose é possível definir o uso do termo em Ireneu.

A primeira ocorrência do vocábulo, na forma do adjetivo *oikonomikos* referido a Cristo, ocorre no final da longa exposição das doutrinas gnósticas sobre o pleroma e o Salvador que abre o tratado[56]. O Salvador é composto, segundo um esquema que também se encontra nos *Excerpta* de Clemente, de um elemento espiritual, procedente de Achamot, de um elemento psíquico e de um "econômico de inefável arte", e quem sofre a paixão não é o Cristo espiritual, mas o psíquico e o "econômico". Tal exposição é seguida de uma refutação, no decurso da qual Ireneu retoma o termo "economia", dessa vez no interior de uma profissão de fé que a Igreja recebeu dos apóstolos:

> Um só Deus pai onipotente, criador do céu, da terra, do mar e de tudo o que está neles; um único Jesus Cristo, filho de Deus encarnado para nossa

---

[54] Robert A. Markus, "Trinitarian Theology and the Economy", cit., p. 92.

[55] Alfred Bengsch, *Heilsgeschichte und Heilswissen: Eine Untersuchung zur Struktur und Entfaltung des theologischen Denkens im Werk "Adversus haereses" des heiligen Irenäus* (Leipzig, St. Benno, 1957), p 175.

[56] Ireneu de Lião, *Contre les hérésies*, cit., 1, 7, 2.

salvação; um Espírito Santo que através dos profetas predisse as "economias", o advento, o nascimento virginal, a paixão e a ressurreição dos mortos...[57]

Poucas linhas depois, o contraponto polêmico vem a ser ainda mais precisado:

> [os diferentes modos em que essa fé é exposta não implicam] que se pense outro Deus diferente do criador deste mundo, como se ele não bastasse, outro Cristo ou outro Unigênito, mas se trata simplesmente do modo como [...] são expostas a ação e a economia de Deus [*tēn te pragmateian kai oikonomian tou Theou... ekdiēgeisthai*].[58]

O que está em jogo é claro: trata-se de manter a ideia, que a gnose havia tomado de Paulo, de uma "economia" divina que dá lugar à encarnação do Filho, evitando, porém, a multiplicação gnóstica das figuras divinas.

Preocupação semelhante fica evidenciada na defesa da carne e de sua ressurreição contra os que "desprezam toda a economia de Deus e negam a salvação da carne"[59]. Com uma expressão significativa, Ireneu escreve aqui que os gnósticos, negando a carne, "invertem toda a economia de Deus" [*tēn pasan oikonomian... anatrepontes*][60]. O fato de os gnósticos levarem ao extremo o dualismo (também de origem paulina) entre espírito e carne subverte o sentido da atividade divina, que não admite uma antítese similar. E contra a multiplicação gnóstica dos éons divinos fundada no número trinta, "imagem da economia superior"[61], Ireneu escreve que desse modo os gnósticos "reduzem a cacos [*diasyrontes*] as economias de Deus com os números e as letras"[62]. Da mesma maneira, a proliferação gnóstica dos evangelhos "desconcerta a economia de Deus"[63]. Para Ireneu, trata-se, portanto, mais uma vez, de subtrair a economia de seu nexo constitutivo com a multiplicação gnóstica das hipóstases e das figuras divinas.

No mesmo sentido deve ser vista a inversão da expressão paulina "economia do pleroma" (*oikonomia tou plerōmatos*, em Ef 1,10) em "cumprir,

---

[57] Ibidem, 1, 10, 1.

[58] Ibidem, 1, 10, 3 (gr. 1, 4, 1).

[59] Ibidem, 5, 2, 2.

[60] Ibidem, 5, 13, 2 (gr. fr. 13).

[61] Ibidem, 1, 16, 1 (gr. 1, 9, 2).

[62] Ibidem, 3, 16, 3 (gr. 1, 9, 3).

[63] Ibidem, 3, 11, 9.

48 • O reino e a glória

realizar a economia" (*ten oikonomian anaplēroun*). Segundo Markus[64], o primeiro a observar tal inversão (por exemplo, em *Adversus haereses*, 3, 17, 4 e 4, 33, 10), Ireneu transforma dessa maneira aquilo que nos gnósticos era um processo cósmico-natural em uma dispensação histórica (conclusão singular para um estudioso que pouco antes havia objetado a D'Alès que o processo endopleromático não podia ser separado, para os gnósticos, do Jesus histórico). Ele parece esquecer que, mesmo que os gnósticos tenham de certo modo se apropriado dele, o sintagma como tal é, conforme já vimos, autenticamente paulino. Uma leitura da primeira passagem mostra, para além de qualquer dúvida, que Ireneu procura, na realidade, subtrair a não totalmente clara expressão paulina das interpretações gnósticas, que fazem da "economia do pleroma" o princípio de uma processão infinita de hipóstases, para afirmar com vigor que a economia de que fala Paulo foi realizada de uma vez para sempre por Jesus: "O *Logos* do Pai veio na plenitude dos tempos, encarnando-se por amor ao homem, e toda a economia relativa ao homem foi realizada por Jesus Cristo, nosso senhor, único e idêntico, como confessam os apóstolos e como proclamam os profetas"[65].

Assim como foi observado com relação ao conceito de "conversão" (*epistrophē*), que a estratégia de Ireneu tira do contexto psicomitológico das paixões de Sofia e Achamot para fazer dele, mediante a fórmula "converter-se à Igreja de Deus" (*epistreophein eis tēn ekklēsian tou Theou*), o fulcro da ortodoxia católica[66], assim também o conflito com a gnose não tem a ver com o caráter histórico da figura do salvador (os gnósticos são os primeiros a estabelecer um paralelismo entre um drama cósmico-ontológico e um processo histórico) nem com a oposição entre uma economia estrita da encarnação e uma "economia da trindade", que não vemos como poderiam ter sido separadas no contexto teológico da época. O gesto de Ireneu consiste, antes de mais nada, em operar sobre temas comuns aos hereges e aos "católicos" a fim de reconduzi-los ao que ele pensa ser a ortodoxia da tradição apostólica e redefini-los em uma clara profissão de fé. Contudo,

---

[64] Robert A. Markus, "Pleroma and Fulfilment: The Significance of History in St. Irenaues' Opposition to Gnosticism". *Vigiliae Christianae*, v. 8, n. 4, 1954, p. 213.

[65] Ireneu de Lião, *Contre les hérésies*, cit., 3, 17, 4 (gr. 3, 24, 6).

[66] Paul Aubin, *Le problème de la conversion: étude sur un terme commun à l'hellénisme et au christianisme des trois premiers siècles* (Paris, Beauchesne, 1963), p. 104-10.

O mistério da economia • 49

isso significa que – visto que a redefinição nunca pode ser completamente separada de uma recepção –, ao menos no caso da *oikonomia* (conceito que os gnósticos foram talvez os primeiros a elaborar de maneira estratégica), o tema comum converteu-se na passagem pela qual os elementos gnósticos penetraram na doutrina ortodoxa.

ℵ Os *Excerpta ex Theodoto*, atribuídos a Clemente de Alexandria, legaram-nos doutrinas gnósticas sobre a "economia" que concordam substancialmente com os dados de Ireneu. Em 33,3, a Sabedoria, também chamada de "Mãe", depois de ter emitido o Cristo, dá à luz um "Arconte da economia", figura (*typos*) do Pai que a abandonara e a este inferior[67]. Em 58,1, o Cristo, definido como "o grande Lutador" (*ho megas Agōnistēs*), desce à terra e assume em si tanto o elemento "pneumático", procedente da mãe, quanto o "psíquico", procedente da economia (*to de ek tēs oikonomias to psychikon*[68]). A economia parece designar aqui uma atividade salvífica, que encontra um precursor tipológico em um "arconte" e sua realização em Cristo.

Que o termo *oikonomia* pertença tanto ao vocabulário gnóstico quanto ao católico fica provado pelas discussões que dividem os estudiosos a respeito de quais passagens dos *Excerpta* reproduzem opiniões de Clemente e quais de Teodoro. A dúvida é especialmente perceptível a respeito de três passagens que contêm o termo *oikonomia* (5,4; 11,4; 27,6) que o editor atribui a Clemente e que poderiam ser atribuídas sem dificuldade a Teodoro.

ℵ Do ponto de vista lexical, é interessante que Ireneu use muitas vezes *pragmateia* como sinônimo de *oikonomia*. Isso confirma que *oikonomia* conserva seu sentido genérico de "práxis, atividade de gestão e execução".

2.10. É opinião corrente que, com Hipólito e Tertuliano, o termo *oikonomia* deixa de ser simples extensão analógica do vocabulário doméstico no âmbito religioso e passa a tecnicizar-se a fim de designar a articulação trinitária da vida divina. Também nesse caso, porém, a estratégia não reside na clara definição de um novo significado, mas antes na vontade de estabelecer a *oikonomia* como um *terminus technicus* que se manifesta de maneira indireta através de dois dispositivos inequívocos: a referência metalinguística ao termo, que equivale a pôr entre aspas (assim, em Tertuliano, "essa dispensação, que denominamos *oikonomia*", com o termo grego deixado sem tradução e transliterado em caracteres latinos), e a inversão da expressão

---

[67] Clemente de Alexandria, *Extraits de Théodote* (ed. F. Sagnard, Paris, Cerf, 1970), p. 133.

[68] Ibidem, p. 177.

50 • O reino e a glória

paulina "a economia do mistério" em "o mistério da economia", que, sem defini-lo, investe o termo de nova densidade.

Diferentemente do que acontece em Ireneu, o contexto dessa tecnicização é o das primeiras polêmicas em torno do núcleo problemático que se converterá mais tarde no dogma trinitário. Tanto Hipólito quanto Tertuliano acham-se confrontados com adversários (Noeto, Práxeas), definidos, por isso mesmo, como monarquianistas, que se atêm a um rigoroso monoteísmo e veem na distinção pessoal entre o Pai e o Verbo o risco de uma recaída no politeísmo. O conceito de *oikonomia* é o operador estratégico que, antes da elaboração de um vocabulário filosófico apropriado, que só ocorrerá no decurso dos séculos IV e V, permite uma conciliação provisória da trindade com a unidade divina. Assim, a primeira articulação do problema trinitário acontece em termos "econômicos", e não metafísico-teológicos, e, por esse motivo, quando a dogmática niceno-constantinopolitana alcança sua forma definitiva, a *oikonomia* desaparece progressivamente do vocabulário trinitário para se conservar apenas no da história da salvação.

O *Contra Noetum* de Hipólito foi definido como o "documento provavelmente mais importante do segundo século sobre a teologia trinitária"[69]. Contra Prestige[70], segundo o qual *oikonomia* designa em Hipólito, assim como em Tertuliano, a organização interna da divindade e não a encarnação, Nautin, o estudioso a quem se deve a edição crítica do texto, parece excluir uma acepção teológico-trinitária em sentido técnico, restringindo seu significado ao "plano divino em virtude do qual Deus tem um filho que é seu Verbo encarnado"[71]. No mesmo sentido, embora tal significado só apareça registrado ao menos um século depois, Markus pode escrever que, para Hipólito, a "economia deve ser equivalente à encarnação"[72]. Mais surpreendente ainda é que o mesmo estudioso acrescente logo depois que Hipólito, ao falar de Cristo como do "mistério da economia", estaria "seguindo de perto a tradição cristã", sem se dar conta de que, ao contrário, ele está literalmente invertendo a expressão paulina canônica "economia do mistério"[73]. Por sua vez, Moingt, o primeiro a observar que

---

[69] Giorgio Scarpat (ed.), *Adversus Praxean* (Turim, Loescher, 1959), p. XXII.

[70] George L. Prestige, *God in Patristic Thought* (Londres, SPCK, 1952), passim.

[71] P. Nautin (ed.), *Contre les hérésies: fragment* (Paris, Cerf, 1949), p. 140.

[72] Robert A. Markus, "Trinitarian Theology and the Economy", cit., p. 98.

[73] Ibidem, p. 99.

"Hipólito inverteu de forma simples e frequente a expressão de Paulo em Ef 3,9"[74], está tão absorto em demonstrar sua tese segundo a qual o uso de *oikonomia* com referência à processão das pessoas na divindade seria uma invenção de Tertuliano que, com evidente contradição, escreve que Hipólito recorre ao termo "no sentido estabelecido por Paulo e pela tradição anterior"[75] (ou seja, precisamente no sentido cuja formulação havia invertido de maneira radical).

O debate aqui é falseado pela pressuposição de que há dois significados do termo *oikonomia*, distintos e incompatíveis entre si: o primeiro refere-se à encarnação e à revelação de Deus no tempo e o segundo tem a ver com a processão das pessoas no interior da divindade. Já havíamos mostrado (e o estudo de Richter confirma tal conclusão) que se trata da projeção de uma elaboração teórica posterior sobre a semântica de um termo que, no século II, significava simplesmente "atividade divina de gestão e governo". Os dois pretensos significados são apenas os dois aspectos de uma única atividade de gestão "econômica" da vida divina, que se estende da casa celeste para sua manifestação terrena.

Vejamos agora o texto de Hipólito. Desde o início, o paradigma "econômico" cumpre aqui uma função estratégica precisa. Noeto, a fim de salvar a unidade divina, afirma que o filho não é senão o Pai, e nega dessa maneira a realidade de Cristo que é proclamada nas Escrituras. "Por acaso devemos repudiar as escrituras porque Noeto não as compreende? Quem diz que Deus não é uno? Não se negará, porém, a economia" [*all' ou tēn oikonomian anairēsei*][76].

*Oikonomia* não tem aqui um significado especial e pode ser traduzido simplesmente como "práxis, atividade divina dirigida a um objetivo"; contudo, a absolutização do termo (que, em geral, aparecia nos nexos sintagmáticos do tipo: "economia de Deus", "economia do mistério", "economia da salvação" etc.), em relação com a aparente oposição unidade-trindade, certamente lhe confere uma densidade especial. À mesma estratégia corresponde a distinção, em Deus, entre uma potência (*dynamis*) monádica e uma tríplice *oikonomia*:

---

[74] Joseph Moingt, *Théologie trinitaire de Tertullien*, cit., p. 905.

[75] Ibidem, p. 907.

[76] Jacques-Paul Migne (ed.), *Patrologiae cursus completus: series graeca* (Paris, s. ed., 1857-1866), 10, 807.

52 • O reino e a glória

É necessário, portanto, que, mesmo não querendo, confesses Deus pai onipotente e Cristo Jesus filho de Deus, Deus feito homem, ao qual o Pai submeteu tudo, exceto a si, e o Espírito Santo, e que estes são verdadeiramente três. Se quiser saber como se demonstra que Deus é uno, reconheça que dele só existe uma potência [*dynamis*]. Enquanto é segundo a potência, Deus é uno; enquanto é segundo a *oikonomia*, a manifestação é tríplice.[77]

A distinção é importante, pois está provavelmente na origem tanto da diferenciação entre *status* e *gradus* em Tertuliano (*Adversus Praxean*, 19,8) quanto daquela entre teologia e economia, que se tornará corrente a partir de Eusébio. O fato de não se tratar de uma oposição cabal, mas de uma distinção que permite conciliar unidade e trindade, fica evidente se entendermos que, aqui, a terminologia é integralmente estoica. Em uma passagem famosa, Crisipo havia distinguido na alma a unidade da *dynamis* e a multiplicidade dos modos de ser (ou, antes, dos modos de "ter", dos "hábitos", *pōs echon*): "Una é a potência da alma, de tal modo que ela, de acordo com sua maneira de ser ou de se comportar [*pōs echousan*], ora pensa, ora se irrita, ora deseja"[78]. A *oikonomia* corresponde à doutrina estoica dos modos de ser e, nesse sentido, é uma pragmática.

O dispositivo estratégico fundamental, mediante o qual Hipólito confere à *oikonomia* um novo sentido, é, no entanto, a inversão do sintagma paulino "economia do mistério" em "mistério da economia". Tal inversão ocorre em duas passagens, ambas sobre a relação entre o Pai e seu *logos*:

Em quem é Deus senão em Jesus Cristo, *logos* do pai e mistério da economia [*tōi mystēriōi tēs oikonomias*]?[79]

Dizer "em ti está Deus" mostra o mistério da economia, a saber, que o verbo se encarnou e se fez homem, que o pai era no filho e o filho no pai, e que o filho compartilhou a cidade dos homens. Devemos entender isto, irmãos: que realmente era esse *logos* o mistério da economia a partir do Espírito Santo e da Virgem, que o Filho havia levado a cumprimento [*apergasamenos*] para o Pai.[80]

Enquanto, em Paulo, a economia era a atividade desenvolvida para revelar ou realizar o mistério da vontade ou da palavra de Deus (Cl 1,24-25; Ef

---

[77] Ibidem, 815.

[78] Chrysip., fr. 823, *SVF*, II, 823; ver Max Pohlenz, *La Stoa: storia di un movimento spirituale* (Florença, La Nuova Italia, 1967, v. 1), p. 179.

[79] Jacques-Paul Migne (ed.), *Patrologiae cursus completus*, cit., 10, 808.

[80] Ibidem, 810.

3,9), *agora é essa mesma atividade, personificada na figura do filho-verbo, que se torna o mistério.* Também aqui continua inalterado o significado fundamental de *oikonomia*, como fica evidenciado na última frase da segunda passagem (o filho cumpre, executa uma economia para o pai); contudo, o sentido de "plano escondido em Deus", que era uma paráfrase possível, embora imprecisa, do termo *mystērion*, tende agora a deslocar-se para o próprio termo *oikonomia*, conferindo-lhe uma nova relevância. *Não há uma economia do mistério, ou seja, uma atividade voltada para cumprir e revelar o mistério divino, mas misteriosa é a própria "pragmateia", a própria práxis divina.*

Assim, na última passagem em que é evocada a *oikonomia*, esta, repetindo à letra um estilema de Taciano, tende a identificar-se trabalhosamente com a composição harmônica da tríplice atividade divina em uma única "sinfonia":

> Essa economia nos foi transmitida pelo beato João, testemunhando em seu evangelho; ele confessa que esse verbo é Deus com as seguintes palavras: "No princípio era o verbo e o verbo estava com Deus". Se o verbo estava com Deus e era Deus, o que acontece então? Porventura se dirá que João afirma que há dois deuses? Não digo que há dois deuses, mas um, porém duas são as pessoas e terceira é a economia, a graça do Espírito Santo. O pai é uno, duas as pessoas e terceiro o Espírito Santo. O pai comanda, o *logos* cumpre e manifesta-se o filho através do qual o pai recebe a fé. A economia da harmonia [*oikonomiai symphōnias*] leva a um único Deus.[81]

Com um desenvolvimento ulterior de seu significado também retórico de "disposição ordenada", a economia é agora a atividade – nisso realmente misteriosa – que articula em uma trindade e, ao mesmo tempo, mantém e "harmoniza" em unidade o ser divino.

א A importância que a inversão do sintagma paulino "economia do mistério" em "mistério da economia" tem na construção do paradigma econômico-trinitário é atestada pela tenacidade com que essa última expressão se impõe como cânone interpretativo do texto paulino. Assim, ainda em Teodoreto de Ciro (primeira metade do século V), encontra-se a afirmação de que Paulo, na Epístola aos Romanos, revelou "o mistério da economia e mostrou a causa da encarnação"[82].

2.11. É comum identificar em Tertuliano o momento em que a *oikonomia* se refere inequivocamente à processão das pessoas na divindade;

---

[81] Ibidem, 10, 822.

[82] Teodoreto de Ciro, "Interpretatio in XIV epistulas sancti Pauli", em Jacques-Paul Migne (ed.), *Patrologiae cursus completus*, cit., v. 82, p. 97.

54 • O reino e a glória

contudo, não devemos esperar de Tertuliano – cujo modo de raciocinar é definido por Gilson como "antifilosófico" e até mesmo "simplista" – nem rigor de argumentação nem precisão terminológica.

A *oikonomia* – e seus equivalentes latinos *dispensatio* e *dispositio* – é sobretudo o dispositivo com que Tertuliano, em sua polêmica com o "inquieto" e "perversíssimo" Práxeas, procura enfrentar a impossibilidade de uma argumentação filosófica da articulação trinitária. Ele começa assim a tecnicizar – e, ao mesmo tempo, a tornar mais misterioso – o termo, mantendo-o em sua forma grega: "Nós sempre e agora ainda mais [...] cremos em um só Deus, contudo com essa dispensação que chamamos de *oikonomia* [*sub hac tamen dispensatione quam 'oikonomian' dicimus*], a saber, que o único Deus tem também um filho, sua palavra que saiu para fora dele..."[83].

Pouco depois, a tecnicização é confirmada com o intuito de neutralizar a objeção "monárquica" do rival: "Os latinos esforçam-se por repetir 'monarquia', mas a *oikonomia* não a querem entender nem sequer os gregos" [*'oikonomian' intelliegere nolunt etiam Graeci*][84].

De toda maneira, o gesto decisivo é, assim como em Hipólito, a inversão do sintagma paulino "economia do mistério" em *oikonomias sacramentum*, que investe a economia de toda a riqueza e ambiguidade semântica de um termo que significa, ao mesmo tempo, juramento, consagração e mistério.

> Como se Deus, embora seja único, não fosse todas as coisas, porque tudo deriva da unidade, através da unidade da substância, e, contudo, não fosse salvaguardado o mistério da economia, que dispõe a unidade na trindade [*oikonomias sacramentum quae unitatem in trinitatem disponit*], ordenando em uma tríade Pai, Filho e Espírito, três, mas não por estado [*statu*] e sim por grau [*gradu*]; não por substância [*substantia*] e sim por forma [*forma*]; não por potência [*potestate*] e sim por espécie [*specie*]...[85]

Kolping mostrou que Tertuliano não inventa o novo significado cristão de "sacramento", mas que deve ter encontrado o termo nas traduções latinas do Novo Testamento que circulavam em sua época (em particular a *Epístola aos Efésios*)[86]. Bem mais relevante é a inversão do perspícuo sintagma paulino

---

[83] Tertuliano, *Adversus Praxean* (ed. G. Scarpat, Turim, Loescher, 1959), 2, 1, p. 17.

[84] Ibidem, 3, 2, p. 21.

[85] Ibidem, 2, 4, p. 19.

[86] Adolf Kolping, *Sacramentum Tertullianeum. Erster Teil: Untersuchungen über die Anfänge des christlichen Gebrauches der Vokabel "sacramentum"* (Munique, Regensberg, 1948), p. 97.

O mistério da economia • 55

na obscura fórmula *oikonomiae sacramentum* e a contemporânea tentativa de esclarecê-la mediante uma série de oposições: estado/grau, substância/forma, potência/espécie (assim como Hipólito recorria à oposição *dynamis/oikonomia*). O antifilosófico Tertuliano recorre aqui, não sem cuidado, ao vocabulário filosófico de seu tempo: a doutrina de uma única natureza que se articula e distingue em vários graus é estoica[87], da mesma maneira que é estoica a ideia de uma distinção que não divide "partes", mas articula forças e potências (Tertuliano refere-se explicitamente a ela no *De anima*[88]).

A distinção entre separação substancial e articulação econômica volta em 19,8:

> O Pai e o Filho são dois, mas isso não por efeito de uma separação de substância, e sim por uma disposição econômica [*non ex separatione substantiae sed ex dispositione*], quando declaramos o Filho indivisível e inseparável do Pai, sendo outro não por estado, mas por grau [*nec statu sed gradu alium*].[89]

Aqui, "substância" deve ser entendida como em Marco Aurélio (12, 30, 1): há uma única *ousia* comum, que se articula singularmente em individualidades inumeráveis, com suas particulares determinações qualitativas. O essencial, em todo caso, é que em Tertuliano a economia não é entendida como heterogeneidade substancial, mas como a articulação – às vezes administrativo-gerencial, outras pragmático-retórica – de uma única realidade. A heterogeneidade não tem a ver, portanto, com o ser e a ontologia, mas com o agir e a prática. De acordo com um paradigma que marcará profundamente a teologia cristã, a trindade não é uma articulação do ser divino, mas de sua prática.

2.12. O sentido estratégico do paradigma da *oikonomia* acaba sendo esclarecido na extensa passagem do capítulo 3, na qual a economia é remetida à sua natureza originária de "administração da casa". A definição do conceito jurídico-político de "administração" sempre foi problemática para os historiadores do direito e da política, que situaram sua origem no direito canônico entre os séculos XII e XIV, quando o termo *administratio* começa a aproximar-se de *iurisdictio* na terminologia dos canonistas[90]. A passagem

---

[87] Ver Max Pohlenz, *La Stoa*, cit., v. 1, p. 457.

[88] Ver ibidem, p. 458.

[89] Tertuliano, *Adversus Praxean*, cit., p. 99.

[90] Paolo Napoli, *Naissance de la police moderne: pouvoir, normes, société* (Paris, La Découverte, 2003), p. 145-6.

de Tertuliano é interessante nessa perspectiva porque contém uma espécie de paradigma teológico da administração, encontrando seu *exemplum* perfeito nas hierarquias angélicas:

> As pessoas simples, para não dizer os ignorantes e os estúpidos, que são sempre a maior parte dos crentes, pelo fato de a mesma regra de fé [*ipsa regula fidei*] ter nos levado dos múltiplos deuses do mundo para o único e verdadeiro Deus, não compreendem que se deve crer em um único Deus, mas com sua *oikonomia*, e assustam-se porque presumem que a *oikonomia* significa pluralidade e a disposição [*dispositio*] da Trindade, uma divisão da unidade, enquanto, por sua vez, a unidade, extraindo de si mesma a Trindade, não é destruída por ela, mas administrada [*non destruatur ab illa sed administretur*].[91]

Nessa altura, a articulação de economia e monarquia na figura da administração revela-se como questão essencial na argumentação de Tertuliano:

> Os latinos esforçam-se por repetir "monarquia", mas a *oikonomia* não a querem entender nem sequer os gregos. Mas eu, se sei alguma coisa dessas duas línguas, sei que monarquia não significa senão um comando único e singular [*singulare et unicum imperium*]; contudo, a monarquia, por ser de um só, não prescreve que aquele a quem ela pertence não possa ter um filho ou não possa tornar-se filho para si mesmo, ou então administrar sua monarquia por meio de quem quiser. Afirmo que nenhum domínio é a tal ponto de um único homem, a tal ponto singular e monárquico, que não possa ser administrado também por outras pessoas próximas, que ele previu como seus funcionários [*officiales*]. Se, além disso, quem detém a monarquia tem um filho, a monarquia não se divide de repente nem deixa de existir, se também o filho é tornado partícipe; mas enquanto continua a ser sobretudo daquele do qual é comunicada ao filho e enquanto permanece sua, por isso é monarquia também aquela que é mantida junta por duas pessoas unidas dessa maneira. Se, por fim, também a monarquia divina é administrada através de tantas legiões e fileiras de anjos, conforme está escrito: "mil e cem vezes cem mil o assistiam e mil vezes cem lhe obedeciam", nem por isso deixou de pertencer a um só e de ser monarquia, pelo fato de ser administrada por tantos milhares de virtudes. De que maneira poderia Deus sofrer uma divisão e uma dispersão no filho e no espírito santo, que ocupam o segundo e o terceiro grau e são tão partícipes da substância do pai, se não as sofre assim por um grande número de anjos que são alheios à substância divina? Acreditas, quem sabe, que os membros, os filhos, os instrumentos e a própria força e todas as riquezas de uma monarquia sejam sua subversão [*membra et pignora et instrumenta et ipsam vim ac totum censum monarchiae eversionem deputas eius*]?[92]

---

[91] Tertuliano, *Adversus Praxean*, cit., 3, 1, p. 19-21.

[92] Ibidem, 3, 2-5, p. 21-3.

O mistério da economia • 57

Detenhamo-nos nessa passagem extraordinária. Antes de mais nada, a angelologia é evocada aqui como paradigma teológico da administração, instituindo, com um movimento quase kafkiano, uma correspondência entre anjos e funcionários. Tertuliano retoma a imagem de Atenágoras (sem citá-lo, como é seu costume); contudo, enquanto no apologista e filósofo ateniense o acento recai sobre a ordem e a economia do cosmo, Tertuliano serve-se dele para demonstrar a necessária conciliação entre monarquia e economia. É igualmente essencial que, ao afirmar a consubstancialidade de monarquia e economia, ele evoque, sem nomeá-lo, um motivo aristotélico. O tratado sobre a economia atribuído a Aristóteles começa, de fato, com a afirmação da identidade entre economia e monarquia: "A política é uma poliarquia, a economia é uma monarquia" [*hē oikonomikē de monarchia*][93]. Em um gesto característico de sua parte, o antifilósofo Tertuliano toma emprestado da tradição filosófica o nexo entre economia e monarquia, que ele desenvolve e inverte no sentido em que a monarquia divina implica constitutivamente uma economia, um aparelho de governo que articula e, ao mesmo tempo, revela o mistério.

A identificação aristotélica entre monarquia e economia, amplamente presente também na Stoa, encontra-se certamente entre as razões mais ou menos conscientes que levaram os Padres a elaborar o paradigma trinitário em termos econômicos e não políticos. Se Tertuliano pode escrever que a economia não comporta em nenhum caso uma *eversio* [subversão], isso acontece também porque, segundo o paradigma aristotélico, o *oikos* continua sendo, de qualquer maneira, uma estrutura essencialmente "monárquica". É decisivo, porém, que a articulação trinitária seja concebida aqui como funcional a uma atividade de governo doméstico, na qual se resolve integralmente, sem implicar uma cisão no plano do ser. Nessa perspectiva, o Espírito santo pode ser definido como "pregador da única monarquia" e, ao mesmo tempo, "intérprete da economia", ou seja, "expositor de toda verdade [...] segundo o mistério cristão" [*oeconomiae interpretatorem... et deductorem omnis veritatis... secundum Christianum sacramentum*][94]. Mais uma vez, o "mistério da economia", interpretado pelos mesmos que o personificam e são seus atores, é um mistério não ontológico, mas prático.

---

[93] Aristóteles, *Oec.*, 1, 1343a.

[94] Tertuliano, *Adversus Praxean*, cit., 30, 5, p. 157.

58 • O reino e a glória

℟ Se até aqui salientamos sobretudo o aspecto cristológico da economia, é porque o problema da natureza divina da terceira pessoa da trindade e das suas relações com as outras duas só se põe tematicamente em toda sua dimensão no transcurso do século IV. É instrutivo, desse ponto de vista, como Gregório di Nazianzo, após ter dedicado as orações 29 e 30 ao problema do Filho, sinta a necessidade de acrescentar uma oração posterior para ocupar-se com essa figura divina quase não mencionada (*agraphon*) nas Sagradas Escrituras e cujo tratamento é, por isso mesmo, especialmente "difícil de manejar" (*dyscheres*)[95]. Do ponto de vista da *oikonomia* trinitária, é essencial o problema – que aqui não podemos abordar – da "processão" (*ekporeusis*) da terceira pessoa a partir das outras duas.

2.13. Muitas vezes foi salientado o significado especial e decisivo que o tempo e a história assumem no cristianismo. Como se disse, o cristianismo é uma "religião histórica", não só porque se fundamenta em uma pessoa histórica (Jesus) e em eventos que se pretendem historicamente ocorridos (sua paixão e ressurreição), mas também porque atribui ao tempo um valor e um significado soteriológico. Por isso – na medida em que interpreta a si mesmo em função de uma perspectiva histórica –, traz consigo, desde o início, "uma filosofia ou, melhor dizendo, uma teologia da história"[96].

No entanto, também é importante acrescentar que a concepção cristã da história nasce e se desenvolve sob o signo do paradigma econômico e permanece inseparável dele. Uma compreensão da teologia cristã da história não pode, portanto, limitar-se, como geralmente acontece, a evocar de maneira genérica a ideia de *oikonomia* como sinônimo de desenvolvimento providencial da história segundo um desígnio escatológico; ela deve sobretudo analisar as modalidades concretas em que o "mistério da economia" literalmente forjou e determinou, do início ao fim, a experiência da história da qual ainda dependemos em boa parcela.

É em Orígenes – autor em que o termo *oikonomia* encontra um amplo desenvolvimento – que tal nexo essencial entre *oikonomia* e história se deixa flagrar de maneira particularmente evidente. Quando algo como uma história em sentido moderno – ou seja, um processo dotado de sentido, mesmo sendo oculto – aparece pela primeira vez, isso ocorre precisamente na forma de uma "economia misteriosa", que, como tal, exige interpretação

---

[95] Gregório di Nazianzo, *Tutte le orazioni* (ed. C. Moreschini, Milão, Bompiani, 2000), XXXI, 1-2, p. 746.

[96] Henri Ch. Puech, *Sulle tracce della gnosi* (Milão, Adelphi, 1985), p. 35.

O mistério da economia • 59

e compreensão. No *De principiis*, a respeito dos enigmáticos episódios da história dos hebreus, como o incesto entre Lot e suas filhas ou o duplo matrimônio de Jacó, Orígenes escreve:

> Que há economias misteriosas [*oikonomiai tines... mystikai*] reveladas pelas Sagradas Escrituras todos, mesmo os mais simples entre os que acedem a tal doutrina, acreditam; o que elas são, os sábios e os não arrogantes confessam não saber. E se alguém se incomoda diante da união de Lot com suas filhas, diante das irmãs casadas com Jacó e diante das escravas que conceberam dele, eles dirão que se trata de mistérios que não podemos conhecer.[97]

A concepção cristã da história resulta da conjunção estratégica dessa doutrina das "economias misteriosas" (em outro lugar, Orígenes fala de um "caráter obscuro e apócrifo da economia" [*tēs de oikonomias autou to lelēthos kai apokryphon*]) com a prática da interpretação das Escrituras.

"Através das histórias [*dia historias*] das guerras, dos vencidos como dos vencedores, alguns mistérios tornam-se claros para os que sabem examiná--los", escreve também Orígenes em *De principiis*[98]. A tarefa do douto cristão torna-se assim "interpretar a história" [*historian allēgorēsai*][99], de modo que a contemplação dos acontecimentos narrados nas Escrituras não "sejam causa de errância [*planasthai*] para as almas não educadas"[100].

Se, à diferença do que acontece na historiografia clássica, a história tem para nós um sentido e uma direção que o historiador deve ser capaz de captar, se ela não é simplesmente uma *series temporum*, mas algo no qual estão em jogo um objetivo e um destino, isso ocorre sobretudo porque nossa concepção da história foi formada sob o paradigma teológico da revelação de um "mistério" que é, ao mesmo tempo, uma "economia", uma organização e uma "dispensação" da vida divina e humana. Ler a história é decifrar um mistério que nos diz respeito de modo essencial; contudo, esse mistério não tem nada a ver com algo como o destino pagão ou a necessidade estoica, mas sim com uma "economia" que dispõe livremente as criaturas e

---

[97] Orígenes, *Traité des principes* (ed. H. Crouzel e M. Simonetti, Paris, Cerf, Sources Chrétiennes 252 e 268), 4, 2, 2, p. 303.

[98] Ibidem, 4, 2, 8, p. 333-4.

[99] Idem, *Philocalie, 1-20 sur les écritures et la Lettre à Africanus sur l'histoire de Suzanne* (ed. M. Harl e N. De Lange, Paris, Cerf, 1983, Sources Chrétiennes 302), 1, 29, p. 212.

[100] Ibidem, p. 214.

60 • O reino e a glória

os acontecimentos, deixando-lhes seu caráter contingente e até mesmo sua liberdade e suas inclinações:

> Acreditamos que Deus, pai de todas as coisas, através do *logos* de sua inefável sabedoria, para a salvação de todas as criaturas, dispôs [*dispensasse*, o que traduz com toda probabilidade uma forma do verbo *oikonomein*] todas as coisas singulares, de maneira que nenhum dos espíritos ou almas, ou como se queiram chamar a tais existências racionais, seja obrigado a agir contra a liberdade de seu arbítrio, isto é, de modo diferente à inclinação de sua mente [...] assim os diversos movimentos se adaptam útil e adequadamente em consonância com um mundo único.[101]

A história cristã afirma-se contra o destino pagão como práxis livre; e, no entanto, tal liberdade, na medida em que corresponde e realiza um desígnio divino, é ela própria um mistério: o "mistério da liberdade", que não é senão a outra face do "mistério da economia".

ℵ O nexo que a teologia cristã estabelece entre *oikonomia* e história é determinante para a compreensão da filosofia da história no Ocidente. Pode-se dizer, em particular, que a concepção da história no idealismo alemão, de Hegel a Schelling, e até mesmo a Feuerbach, nada mais é que a tentativa de pensar o nexo "econômico" entre o processo de revelação divina e a história (nos termos de Schelling, que citamos, o "copertencimento" entre teologia e *oikonomia*). É curioso que, quando a esquerda hegeliana rompe com tal concepção teológica, pode fazê-lo unicamente sob a condição de colocar no centro do processo histórico a economia em sentido moderno, ou seja, a autoprodução histórica do homem. Ela substitui, nesse sentido, a economia divina por uma economia puramente humana.

2.14. Um desenvolvimento do conceito de *oikonomia* que trará consequências decisivas para a cultura medieval e moderna é aquele que o vincula ao tema da providência. Ele foi obra de Clemente de Alexandria, e talvez seja sua contribuição mais original na elaboração do paradigma teológico-econômico. Nos *Excerpta ex Theodoto*, como vimos, Clemente menciona muitas vezes o termo *oikonomia* a propósito dos valentinianos; mas também em sua obra-prima, os *Stromata*, o termo aparece amiúde em toda a sua gama de significados (cerca de sessenta vezes no índice de Stählin). Clemente tem o cuidado de precisar que a *oikonomia* não só tem a ver com a administração da casa, mas com a própria alma[102], e que não só a alma,

---

[101] Orígenes, *Traité des principes*, cit., 2, 1, 2, p. 236.

[102] Clemente de Alexandria, *Werke* (ed. O. Stählin, Leipzig, s. ed., 1905-1909, v. 2), 22, 17.

O mistério da economia • 61

mas também o universo inteiro são regidos por uma "economia"[103]; há até mesmo uma "economia do leite" (*oikonomia tou galaktos*), que faz com que ele flua do seio da mulher que deu à luz[104]. Mas há sobretudo uma "economia do salvador" (a aproximação é característica de Clemente: *hē peri ton sōtēra oikonomia*[105]; *oikonomia sōteriou*[106]) que foi profetizada e se realizou com a paixão do Filho. E é precisamente na perspectiva dessa "economia do salvador" (do salvador, e não da salvação: o significado original de "atividade, encargo" ainda está presente) que Clemente vincula estreitamente economia e providência (*pronoia*). No *Protréptico*, ele havia definido como "fábulas vazias" (*mythoi kenoi*) as histórias dos deuses pagãos[107]; agora, em um movimento decisivo, escreve que "a filosofia segundo a divina tradição estabelece e afirma a providência e, se for tirada a providência [(*tēs pronoias*) *anairetheisēs*], a economia que diz respeito ao salvador aparece como uma fábula" [*mythos... phainetai*][108].

A preocupação em evitar que a "economia do salvador" possa aparecer como um mito ou alegoria é constante em Clemente. Se alguém disser – escreve ele – que o Filho de Deus, do criador do universo, assumiu uma carne e foi concebido no seio de uma virgem, se contar como se formou "sua pobre carne visível", como sofreu a paixão e ressurgiu, tudo isso "aparecerá a quem não conhece a verdade como uma alegoria" [*parabolē*][109]. Só a ideia de providência pode proporcionar realidade e consistência àquilo que parece mito ou parábola: "Dado que a providência existe, é ímpio pensar que as profecias e a economia em torno do salvador não tenham sido produzidas segundo a providência"[110].

Se não compreendermos o nexo estreitíssimo que une *oikonomia* e providência, não é possível medir a novidade da teologia cristã com relação à mitologia e à "teologia" pagã. A teologia cristã não é um "relato sobre os deuses"; é *imediatamente* economia e providência, ou seja, atividade de au-

---

[103] Ibidem, v. 2, 225, 7.

[104] Ibidem, 162, 21.

[105] Ibidem, 34, 8.

[106] Ibidem, 455, 18; 398, 2.

[107] Clemente de Alexandria, *Prot.*, 1, 2, 1.

[108] Idem, *Werke*, cit., v. 2, 34, 8.

[109] Ibidem, 469, 3.

[110] Ibidem, 329, 13.

torrevelação, governo e cuidado do mundo. A divindade articula-se em uma trindade, mas esta não é nem uma "teogonia" nem sequer uma "mitologia", e sim uma *oikonomia*, a saber, ao mesmo tempo articulação e administração da vida divina e governo das criaturas.

É disso que surge a peculiaridade da concepção cristã da providência. A noção de *pronoia* havia obtido ampla difusão no mundo pagão graças à filosofia estoica, e ao escrever "bela é a economia do criado [*ktistheisa... oikonomia*], tudo é bem administrado, nada acontece sem razão"[111], Clemente repetia ideias correntes na cultura alexandrina de seu tempo, mas, enquanto o tema estoico e judaico da *pronoia* se une agora à economia da vida divina, a providência adquire um caráter pessoal e voluntário. Contra os estoicos e Alexandre de Afrodísia, que havia afirmado que "a essência dos deuses está na providência, assim como a do fogo está no calor", Clemente elimina qualquer caráter naturalista e involuntário da providência: "Deus não é bom involuntariamente, do mesmo modo como o fogo é dotado do poder de esquentar: voluntária é nele a distribuição dos bens [...] Ele não faz o bem por necessidade, mas beneficia segundo uma escolha livre"[112].

As discussões sobre o caráter livre ou fatal, mediato ou imediato, geral ou particular da providência, que, conforme veremos, dividirão os teólogos e os filósofos medievais desde o século XIII até o século XVII, encontram aqui seu arquétipo.

Unindo economia e providência, Clemente não só, como foi observado[113], enraíza na eternidade ("em fatos e palavras eternas"[114]) a economia temporal da salvação, como também inicia o processo que levará a compor progressivamente a dualidade de teologia e economia, entre a natureza de Deus e sua ação histórica. Providência significa que tal fratura, que na teologia cristã corresponde ao dualismo gnóstico entre um Deus ocioso e um demiurgo ativo, é na realidade – ou se quer que seja – apenas aparente. O paradigma econômico-gerencial e o providencial mostram aqui seu essencial copertencimento.

---

[111] Ibidem, 314, 1.

[112] Ibidem, v. 3, 32, 1.

[113] Thomas F. Torrance. "The Implications of Oikonomia for Knowledge and Speech of God in Early Christian Theology", em Felix Christ (org.), *Oikonomia: Heilsgeschichte als Thema der Theologie. Oscar Cullmann zum 65. Geburtstag gewidmet* (Hamburgo/Bergstedt, Herbert Reich, 1967), p. 227.

[114] Clemente de Alexandria, *Werke*, cit., v. 2, 493, 18.

O mistério da economia • 63

א É precisamente tal conjunção estratégica de economia e providência que mostra com clareza que, ainda em Clemente, o termo *oikonomia* não pode significar, segundo a tradução comum que tornaria tautológica a conjunção, "plano divino". Só a partir do momento em que Hipólito e Tertuliano invertem a expressão paulina "economia do mistério" e Clemente une *oikonomia* e *pronoia*, os significados dos dois termos começarão a indeterminar-se.

Um século depois, em João Crisóstomo, o nexo entre economia e providência aparece consolidado, mas isso não diminui seu caráter de "mistério". A economia agora vem definida como "inefável", e seu nexo com o "abismo" da providência é objeto de "estupor": "Tendo visto um mar imenso abrir-se e, nessa parte e sobre esse ponto, tendo querido explorar o abismo de sua providência, colhido de vertigem ante a indecidibilidade dessa economia e maravilhando-se ante o inefável..."[115].

2.15. É de interesse particular para a história semântica do termo *oikonomia* o significado de "exceção" que adquire a partir dos séculos VI e VII, em especial no âmbito do direito canônico da Igreja bizantina. Aqui, o significado teológico de misteriosa práxis divina empreendida para a salvação do gênero humano funde-se com os conceitos de *aequitas* e *epieikeia* [equidade], provenientes do direito romano, e evolui para significar a dispensa da aplicação demasiado rígida dos cânones. Em Fócio, a diversidade e, ao mesmo tempo, a contiguidade dos dois significados é clara:

> Oikonomia significa precisamente a extraordinária e incompreensível encarnação do *Logos*; em segundo lugar, significa a restrição ocasional ou a suspensão da eficácia do rigor das leis e a introdução de atenuantes, que "economiza" [*dioikonomountos*] o comando da lei, tendo em vista a fraqueza dos que devem recebê-la.[116]

Nessa direção, assim como na teologia se havia chegado à contraposição entre teologia e economia, produz-se no direito uma contraposição entre "cânone" e "economia", e a exceção vem definida como decisão que não aplica estritamente a lei, mas "faz uso da economia" (*ou kanonikos... all' oikonomiai chresamenoi*[117]). Nesse sentido, o termo penetra em 692 na legislação da Igreja e, com Leão VI (886-912), na legislação imperial.

---

[115] João Crisóstomo, *Sur la providence de Dieu* (ed. A.-M. Malingrey, Paris, Cerf, 1961, Sources Chrétiennes 79), p. 62. [Ed. bras.: *Da providência de Deus*, São Paulo, Paulus, 2007, Patrística 23.]

[116] Fócio, *Photii Epistulae et Amphilochia* (ed. L. G. Westerink, Leipzig, Teubner, 1986, v. 4), p. 13-4.

[117] Gerhard Richter, *Oikonomia*, cit., p. 582.

64 • O reino e a glória

Que um vocábulo que designa a atividade salvífica de governo do mundo assuma o significado de "exceção" mostra em que medida as relações entre *oikonomia* e lei são complexas. Também nesse caso, contudo, os dois sentidos do termo – como acontecerá na Igreja latina no caso dos dois significados do termo *dispensatio*, que no início traduz *oikonomia*, adquirindo depois progressivamente o sentido de "dispensa" – são, apesar da aparente distância, perfeitamente coerentes. Os paradigmas do governo e do estado de exceção coincidem na ideia de uma *oikonomia*, de uma práxis gerencial que governa o curso das coisas, adaptando-se a cada vez, em seu intento salvífico, à natureza da situação concreta com que deve medir forças.

א A origem da evolução que leva o termo *oikonomia* a assumir o significado de "exceção" pode ser percebida em uma carta do teólogo capadócio Basílio a Anfilóquio. Interrogado a respeito da questão do valor do batismo ministrado por cismáticos, Basílio responde que ele, contrariamente à regra que teria querido que fosse nulo, no início tinha sido aceito como válido "por causa da economia dos muitos" [*oikonomias heneka tōn pollōn*][118].

---

[118] Basílio, Epist. CLXXXVIII, 1, em Jacques-Paul Migne (ed.), *Patrologiae cursus completus*, cit., 32, p. 669.

O mistério da economia • 65

## Limiar

Agora pode ser percebido com mais precisão o significado decisivo da inversão da expressão paulina "economia do mistério" em "mistério da economia". O misterioso não é, como em Paulo, o plano divino da redenção, que requer uma atividade de realização e de revelação – uma *oikonomia*, justamente – em si evidente; o misterioso é, agora, a própria economia, a práxis mesma através da qual Deus dispõe ao mesmo tempo a vida divina, articulando-a em uma trindade, e o mundo das criaturas, outorgando a cada acontecimento um significado oculto. Esse sentido oculto, porém, não é apenas, segundo o modelo da interpretação tipológica, alegoria e profecia de outros acontecimentos salvíficos, que são dispostos assim para constituir uma história; ele coincide com a "economia misteriosa", com a própria dispensação da vida divina e de seu governo providencial do mundo. O arcano da divindade e o arcano do governo, a articulação trinitária da vida divina e a história e a salvação da humanidade são, ao mesmo tempo, distintos e inseparáveis.

No terreno da *oikonomia* joga-se então uma partida decisiva, na qual está em questão a própria concepção do divino e de suas relações com o criado, que se vai formando progressivamente no fim do mundo antigo. Entre o unitarismo inarticulado do monarquianismo e do judaísmo e a proliferação gnóstica das hipóstases divinas, entre a estranheza em relação ao mundo do Deus gnóstico e epicurista e a ideia estoica de um *deus actuosus* [deus ativo] que provê o mundo, a *oikonomia* torna possível uma conciliação em que um Deus transcendente, ao mesmo tempo uno e trino, pode – continuando a ser transcendente – encarregar-se do cuidado do mundo e fundar uma práxis imanente de governo cujo mistério supramundano coincide com a história da humanidade.

Somente se restituirmos ao paradigma econômico toda a sua densidade é possível superar as contradições exegéticas e as divisões que impediram os estudiosos e os teólogos modernos de situá-lo em seu verdadeiro contexto problemático. Na base da polêmica, que dividiu constantemente os intérpretes em dois campos, está, como vimos, a pretensa cisão entre dois sentidos claramente distintos do termo *oikonomia*: o primeiro, que se refere à articulação da única substância divina em três pessoas; e o segundo, que diz respeito à dispensação histórica da salvação[119]. Dessa maneira, segundo

---

[119] Ver George L. Prestige, *God in Patristic Thought*, cit., p. III, mas também Robert A. Markus em Gerhard Richter, *Oikonomia*, cit., p. 79.

66 • O reino e a glória

Verhoeven, Evans e Markus, a economia em Tertuliano não significa nada de temporal e refere-se apenas ao "desdobramento interno da substância divina em uma trindade de pessoas"[120]. Segundo Moingt, por sua vez, a economia "não designa uma relação no ser"[121], mas apenas a manifestação histórica da divindade através do plano de salvação. A polêmica entre os intérpretes repousa, assim, sobre o falso pressuposto de que o termo *oikonomia* teria – assim como os *Urworte* de Abel – dois significados contraditórios, entre os quais os Padres que se servem dele oscilariam de modo mais ou menos consciente. Uma análise mais atenta mostra que não se trata de dois significados do mesmo termo, mas da tentativa de combinar em uma única esfera semântica – a do termo *oikonomia* – uma série de planos cuja conciliação parecia problemática: estranheza em relação ao mundo e governo do mundo, unidade no ser e pluralidade de ações, ontologia e história.

Os dois pretensos significados do termo – o que se refere à organização interior da vida divina e o que tem a ver com a história da salvação – não só não se contradizem, como são correlatos, tornando-se plenamente inteligíveis em sua relação funcional. Constituem, assim, as duas faces de uma única *oikonomia* divina, na qual ontologia e pragmática, articulação trinitária e governo do mundo remetem um ao outro para a solução de suas aporias. Em todo caso, é essencial que a primeira articulação daquilo que se tornará depois o dogma trinitário se apresente de início não em termos ontológico-metafísicos, mas como um dispositivo "econômico" e uma atividade de governo, ao mesmo tempo doméstico e mundano, da monarquia divina (*"unitas ex semetipsa derivans trinitatem non destruatur ab illa sed administretur"* [a unidade, que deriva de si mesma a trindade, não é destruída por ela, mas administrada.][122]). Só em época posterior, quando – com menor ou maior razão – se pensa que tais problemas foram resolvidos pela dogmática pós-nicena, a teologia e a economia se separarão e o termo deixará de referir-se à organização da vida divina a fim de especializar-se no significado de história da salvação; mas também nesse ponto nunca se dividirão completamente e continuarão agindo até o fim em unidade funcional.

---

[120] Theodorus L. Verhoeven, *Studiën over Tertullianus' "Adversus Praxean". Voornamelijk betrekking hebbend op Monarchia, Oikonomia, Probola in verband met de Triniteit* (Amsterdã, N. V. Noord-Hollandsche Uitgevers Maatschappij, 1948), p. 110.

[121] Joseph Moingt, *Théologie trinitaire de Tertullien*, cit., p. 922.

[122] Tertuliano, *Adversus Praxean*, cit., 3, 1.

# 3
## SER E AGIR

3.1. A preocupação que havia guiado os Padres que primeiro elaboraram a doutrina da *oikonomia* consistia, segundo toda evidência, em evitar uma quebra do monoteísmo, que teria reintroduzido uma pluralidade de figuras divinas e, com elas, o politeísmo. É para fugir dessa consequência extrema da tese trinitária que Hipólito tem o cuidado de insistir em que Deus é uno segundo a *dynamis* (ou seja, na terminologia estoica de que ele se serve, segundo a *ousia*) e triplo apenas segundo a economia, e Tertuliano opõe com firmeza a Práxeas que a simples "disposição" da economia não significa de modo algum a separação da substância. O ser divino não é dividido porque a triplicidade de que falam os Padres se situa no plano da *oikonomia*, e não naquele da ontologia.

A cisão que se pretendia evitar a qualquer preço no plano do ser reaparece, contudo, como fratura entre Deus e sua ação, entre ontologia e práxis – porque distinguir a substância ou a natureza divina de sua economia equivale a separar em Deus o ser e o agir, a substância e a práxis. É esse o secreto dualismo que a doutrina da *oikonomia* insinuou no cristianismo, algo como um originário germe gnóstico, que não tem a ver tanto com a cisão entre duas figuras divinas, mas com aquela entre Deus e seu governo do mundo.

Vejamos a teologia que Aristóteles desenvolve no final do livro L da *Metafísica*. Distinguir, no Deus que é aqui descrito, ser e práxis seria simplesmente impensável. Se o Deus aristotélico move, como motor imóvel, as esferas celestes, é porque essa é a sua natureza e não há necessidade alguma de supor uma vontade especial ou uma atividade particular voltada para o cuidado de si e do mundo. O cosmo clássico – seu "destino" – repousa na perfeita unidade entre ser e práxis.

68 • O reino e a glória

É tal unidade que a doutrina da *oikonomia* põe radicalmente em questão. A economia através da qual Deus governa o mundo é, de fato, totalmente distinta de seu ser, e deste não é deduzível. É possível analisar sob o plano ontológico a noção de Deus, enumerar seus atributos ou negar, um a um, como na teologia apofática, todos os seus predicados para chegar à ideia de um ser puro, cuja essência coincide com a existência; mas isso não dirá rigorosamente nada a respeito de sua relação com o mundo nem como decidiu governar o curso da história humana. Assim como muitos séculos depois Pascal constatará com lucidez acerca do governo profano, a economia não tem fundamento algum na ontologia, e o único modo de fundamentá-la consiste em esconder sua origem[1]. Por esse motivo, tão e mais misteriosa que a natureza de Deus é agora sua livre decisão de governo do mundo; o verdadeiro mistério, que "estava escondido há séculos em Deus" e que foi revelado aos homens em Cristo, não é o de seu ser, mas o de sua práxis salvífica: o "mistério da *oikonomia*", justamente, segundo a decisiva inversão estratégica do sintagma paulino. O mistério que, a partir desse momento, suscitará permanentemente a maravilha e o rigor crítico dos teólogos e dos filósofos não é de natureza ontológica, mas prática.

Paradigma econômico e paradigma ontológico são, em sua gênese teológica, perfeitamente distintos, e só aos poucos a doutrina da providência e a reflexão moral procurarão lançar uma ponte entre eles, sem nunca consegui-lo plenamente. O fato de que o trinitarismo e a cristologia, antes de assumirem uma forma dogmático-especulativa, tenham sido concebidos em termos "econômicos" continuará marcando obstinadamente seu desenvolvimento ulterior. A ética em sentido moderno, com seu séquito de aporias insolúveis, nasce, nesse sentido, da fratura entre ser e práxis que se produz no final do mundo antigo e encontra na teologia cristã seu lugar eminente.

Se a noção de vontade livre, substancialmente marginal no pensamento clássico, se transforma na categoria central primeiro na teologia cristã e em seguida na ética e na ontologia da modernidade, isso ocorre porque ambas tiveram origem naquela fratura e deverão confrontar-se com ela até o fim. Se a ordem do cosmo antigo "não é tanto vontade dos deuses, mas sua própria natureza, impassível e inexorável, portadora de todo bem e de todo mal, ina-

---

[1] Blaise Pascal, *Pensées* (Paris, Seuil, 1962), p. 51. [Ed. bras.: *Pensamentos*, 2. ed., São Paulo, Martins Fontes, 2005.]

cessível à oração [...] e paupérrima de misericórdia"[2], a ideia de uma vontade de Deus que, por sua vez, decide livre e previdentemente suas próprias ações, e é inclusive mais forte que a própria onipotência, é a prova irrefutável da ruptura com o destino antigo e, ao mesmo tempo, a tentativa desesperada de dar um fundamento à esfera anárquica da práxis divina. Desesperada, porque vontade só pode significar falta de fundamento da práxis, ou seja, no ser não há fundamento algum para o agir.

א Mais essencial que a oposição entre um deus bom e um mau é, na gnose, a de um deus estranho ao mundo e um demiurgo que o governa. Tanto Ireneu quanto Tertuliano veem com clareza esse caráter "ocioso" e "epicurista" do Deus bom de Marcião e Cerdão, ao qual contrapõem um deus que é, ao mesmo tempo, bom e ativo no criado. Ireneu escreve: "Eles acabaram encontrando o deus de Epicuro, um deus que não serve para nada, nem para si nem para os outros"[3]; e segundo Tertuliano, Marcião teria "atribuído o nome de Cristo a um deus tomado de empréstimo da escola de Epicuro"[4].

A tentativa de conciliar o deus ocioso e estranho ao mundo com o deus *actuosus* que o cria e governa é certamente uma das apostas essenciais na economia trinitária, e dela dependem não só o próprio conceito de *oikonomia*, mas também as aporias que tornam tão árdua sua definição.

3.2. O problema que faz explodir a imagem do mundo da tradição clássica ao chocar-se com a concepção cristã é o da criação. O que, nesse caso, é incompatível com a concepção clássica não é tanto a ideia de uma operação divina, e sim o fato de que tal práxis não dependa necessariamente do ser, nem se fundamente nele, mas que seja o resultado de um ato livre e gratuito da vontade. Embora seja verdade que a ideia de uma apraxia divina encontra bases sólidas na tradição aristotélica, o pensamento clássico, sobretudo a partir da Stoa, não se nega a conceber uma ação divina, e os apologistas não se furtam a evocar, nesse sentido, o demiurgo platônico. Contudo, é nova a cisão entre ser e vontade, natureza e ação, introduzida pela teologia cristã. Os mesmos autores que elaboram o paradigma econômico sublinham com

---

[2]  Giorgio de Santillana, "Fato antico e fato moderno", *Tempo presente*, v. 8, n. 9-10, 1963, p. 11.

[3]  Ireneu de Lião, *Contre les hérésies* (ed. A. Rousseau, Paris, Cerf, 2002), 3, 24, 2. [Ed. bras.: *Contra as heresias*, São Paulo, Paulus, 1997, Patrística 4.]

[4]  Tertuliano, *Contre Marcion* (Paris, Cerf, 1990, Sources Chrétiennes 365), 1, 25, 3, p. 223.

# 70 • O reino e a glória

força a heterogeneidade entre natureza e vontade em Deus. Nesse sentido, é exemplar para todos a passagem de Orígenes, de acordo com a qual a vontade assinala uma verdadeira cesura em Deus e na criação:

> Tudo que existe no céu e sobre a terra, visível ou invisível, enquanto se refere à natureza de Deus, não existe [*quantum ad naturam Dei pertinet, non sunt*]; enquanto se refere à vontade do criador, é aquilo que quis que fosse aquele que o criou [*quantum ad voluntatem creatoris, sunt hoc, quod ea esse voluit ille qui fecit*].[5]

Essência (*ousia*) e vontade (*boulē*) – insiste o pseudo-Justino – devem ser mantidas distintas em Deus. Se em Deus ser e querer fossem a mesma coisa, ele – por querer muitas coisas – seria ora uma coisa, ora outra, o que é impossível. E se produzisse através de seu ser – já que seu ser é necessário – seria obrigado a fazer o que faz e sua criação não seria livre[6].

O mesmo motivo da criação *ex nihilo* [do nada], como foi sugerido[7], só faz enfatizar a autonomia e a liberdade da práxis divina. Deus não criou o mundo por uma necessidade de sua natureza ou de seu ser, mas porque assim o quis. À pergunta: "Por que Deus fez o céu e a terra?", Agostinho responde: "*Quia voluit*", porque assim quis[8]. E séculos depois, no auge da escolástica, a infundabilidade da criação no ser é claramente reafirmada em *Contra gentiles*, de Tomás: "Deus não age *per necessitatem naturae* [por necessidade de natureza], mas *per arbitrium voluntatis* [por arbítrio da vontade]"[9]. Assim, a vontade é o dispositivo que deve articular ao mesmo tempo ser e ação, que foram divididos em Deus. O primado da vontade, que, segundo Heidegger, domina a história da metafísica ocidental e alcança sua realização com Schelling e Nietzsche, encontra sua raiz na fratura entre ser e agir em Deus, e, por conseguinte, é, desde o princípio, solidário com a *oikonomia* teológica.

---

[5] Orígenes, *In lib. I Reg. hom.*, I, II. Ver Ernst Benz, *Marius Victorinus und die Entwicklung der abendländischen Willenmetaphysik* (Stuttgart, Kohlahmmer, 1932), p. 330-1.

[6] Justino, *Iustini philosophi et martyris opera quae feruntur omnia* (ed. J. C. T. Otto, Jenae, s. ed., 1881), v. 3: *Opera Iustini subditicia. Fragmenta Pseudo-Iustini*, t. 2: "Corpus apologetarum Christianorum saeculi secundi", p. 286-91.

[7] Emanuele Coccia, "Il bene e le sue opera in un trattato anonimo della fine del sec. XIII", em Irene Zavattero (ed.), *Etica e conoscenza nel XIII e XIV secolo* (Arezzo, Università degli Studi di Siena, 2006), p. 46.

[8] Agostinho, *Gen. Man.*, 1, 2, 4.

[9] Tomás de Aquino, *Contra gent.*, liv. 2, cap. 23, n. 1. [Ed. bras.: *Suma contra os gentios*, Porto Alegre, EDIPUCRS, 1996.]

ℵ A reconstrução do dispositivo teológico fundado na noção de vontade aparece no centro do livro de Benz, *Marius Victorinus und die Entwicklung der abendlandischen Willenmetaphysik* [Mário Vitorino e o desenvolvimento da metafísica ocidental da vontade], que constitui o ponto de partida de qualquer investigação genealógica sobre o primado da vontade na filosofia moderna. Benz mostra como, na construção de uma "metafísica da vontade" na filosofia ocidental, convergem não só motivos neoplatônicos (o conceito de vontade em Plotino como idêntico à potência e como bem que "quer a si mesmo"), mas também temas gnósticos (a vontade em Valentino e em Marcos como *autobouletos boulē*, vontade que se quer a si mesma). Através de Vitorino, tais motivos neoplatônicos e tardo-antigos penetram no pensamento de Agostinho e determinam sua concepção da Trindade.

Quando Tomás identifica em Deus essência e vontade (*"Est igitur voluntas Dei ipsa eius essentia"* [pois a vontade de Deus é a sua própria essência][10] ), ele só faz, na realidade, levar ao extremo esse primado da vontade. Tendo em vista que a vontade de Deus quer sua própria essência (*"principale divinae voluntatis volitum est eius essentia"*[11]), isso implica que a vontade de Deus quer sempre a si mesma, é sempre vontade de vontade.

Que a noção moderna de vontade seja um conceito essencialmente estranho à tradição do pensamento grego, e tenha se formado por um lento processo que coincide com aquele que leva à criação do Eu, já havia sido salientado por Jean-Pierre Vernant em um importante estudo[12], na esteira de seu mestre Ignace Meyerson.

3.3. É apenas da perspectiva dessa fratura entre ser e práxis que se torna plenamente compreensível o sentido da controvérsia sobre o arianismo que divide de maneira tão profunda a Igreja entre os séculos IV e VI da era cristã. Muitas vezes a disputa parece referir-se a diferenças tão ínfimas e sutis que não é fácil para os modernos entenderem o que de fato estava em jogo em um conflito tão encarniçado a ponto de envolver, com o imperador, quase toda a cristandade oriental. Como se sabe, o problema é o da *archē* do Filho; mas *archē* não tem aqui significado apenas cronológico, não equivale simplesmente a "início". Tanto Ário quanto seus adversários concordam em afirmar que o Filho foi gerado pelo Pai e que tal geração aconteceu "antes dos tempos eternos" (*pro chronōn aiōniōn*, segundo Ário; *pro pantōn tōn*

---

[10]  Ibidem, liv. 1, cap. 73, n. 2.

[11]  Ibidem, liv. 1, cap. 74, n. 1.

[12]  Ver Jean-Pierre Vernant, "Ébauches de la volonté dans la tragédie grecque", em vários, *Psychologie comparative et art: hommage à Ignace Meyerson* (Paris, PUF, 1972), passim.

72 • O reino e a glória

*aiōniōn*, segundo Eusébio de Cesareia[13]). Ário insiste em precisar que o Filho foi gerado *achronos*, intemporalmente. O que está em questão, portanto, não é tanto uma precedência cronológica (o tempo ainda não existe), nem sequer um problema de hierarquia (que o Pai seja "maior" que o Filho é uma opinião compartilhada por muitos antiarianos); trata-se antes de decidir se o Filho – ou seja, a palavra e a práxis de Deus – se funda no Pai ou se é, como ele, sem princípio, *anarchos*, ou seja, infundado.

Uma análise textual das cartas de Ário e dos escritos de seus adversários mostra, de fato, que o termo decisivo na controvérsia é precisamente *anarchos* (sem *archē*, no duplo sentido que o termo tem no grego: fundamento e princípio). "Sabemos que existe um único Deus, só não gerado, só eterno, só *anarchos*", escreve Ário na *Carta a Alexandre*[14]; contudo, o Filho, que foi gerado intemporalmente pelo Pai primeiro e fora do tempo, tem no Pai sua *archē*, seu princípio-fundamento, e dele recebe o próprio ser:

> Existem, portanto, três hipóstases: Deus, que é causa de todas as coisas, solíssimo e anárquico [*anarchos monōtatos*]; o Filho, gerado intemporalmente, criado [pouco antes, porém, Ário havia precisado: "não como as outras criaturas"] e fundado [*themeliōtheis*, de *themelios*, fundamento em sentido também arquitetônico] antes dos tempos [...] só derivou o ser do Pai.[15]

No mesmo sentido, afirma Eunômio, só Deus Pai é "infundado, eterno, infinito" [*anarchōs, aidiōs, ateleutētōs*][16]; o Filho, por sua vez, é "no princípio-fundamento, mas não sem princípio-fundamento" [*en archēi onta, ouk' anarchon*][17].

Contra essa tese, que dá ao *Logos* um firme fundamento no Pai, os bispos reunidos pelo imperador Constâncio em Sérdica, em 343, afirmam claramente que a dissidência não tem a ver com o caráter gerado ou não gerado do Filho ("nenhum de nós nega que o Filho seja gerado, mas gerado antes de todas as coisas"), mas apenas com sua *archē*: "Não teria podido existir absolutamente [*pantote*] se tivesse tido *archē*, pois o *logos*, que existe abso-

---

[13] Ário, *Lettera ad Alexandro*, 2, e Eusébio de Cesareia, *Ep. Caes.*, 4, em Manlio Simonetti (ed.), *Il Cristo: testi teologici e spirituali in língua greca dal IV al VII secolo* (s.l., Fondazione Valla/ Mondadori, 1986, v. 2), p. 76 e 104, respectivamente.

[14] Ário, *Lettera ad Alexandro*, 2, em Manlio Simonetti (ed.), *Il Cristo*, cit., p. 78.

[15] Ibidem, 4.

[16] Eunômio, *Exp.*, 2, em Manlio Simonetti (ed.), *Il Cristo*, cit., p. 186.

[17] Idem, *Exp.*, 3, em Manlio Simonetti (ed.), *Il Cristo*, cit., p. 188.

lutamente, não tem *archē*"[18].O Filho "absoluta, anárquica e infinitamente [*pantote, anarchōs kai ateleutētōs*] reina junto com o Pai"[19].

A tese nicena, que ao final viria a tornar-se vitoriosa, mostra aqui sua coerência com a doutrina da *oikonomia*. Assim como esta não é fundada na natureza e no ser de Deus, mas constitui em si mesma um "mistério", assim também o Filho – ou seja, aquele que assumiu para si a economia da salvação – é infundado no Pai, é, como ele, *anarchos*, sem fundamento nem princípio. *Oikonomia* e cristologia são – não só história, mas também geneticamente – solidárias e inseparáveis: como na economia a práxis, assim também na cristologia o *Logos*, a palavra de Deus, vem desenraizado do ser e tornado anárquico (daí as constantes reservas de muitos defensores da ortodoxia antiariana contra o termo *homousios*, imposto por Constantino). Se não entendermos essa vocação "anárquica" originária da cristologia, não será possível compreender nem o desenvolvimento histórico posterior da teologia cristã, com sua latente tendência ateológica, nem a história da filosofia ocidental, com sua cesura ética entre ontologia e práxis. Que Cristo seja "anárquico" significa que, em última instância, a linguagem e a práxis não encontram fundamento no ser. A "gigantomaquia" em torno do ser é, também e antes de mais nada, um conflito entre ser e agir, entre ontologia e economia, entre um ser em si incapaz de ação e uma ação sem ser – e entre os dois, como aposta, a ideia de liberdade.

א A tentativa de pensar em Deus o problema de um fundamento absolutamente infundado fica evidenciada em uma passagem de Gregório di Nazianzo:

> O *anarchon* [o infundado], a *archē* e o que é com a *archē* constituem um só Deus. O ser anárquico não é a natureza do que é anárquico, mas o é o ser ingenerado. Nenhuma natureza é realmente o que não é, mas é o que é. A posição [*thesis*] do que é, não a subtração [*anairesis*] do que não é. Nem a *archē* está separada do anárquico pelo fato de ser *archē*: a *archē* é sua natureza, assim como o ser anárquico não é a natureza deste. Tais coisas têm a ver com a natureza, mas não são a natureza. E o que está com o anárquico e com a *archē* não é senão o que eles são. O nome do anárquico é Pai, o nome da *archē* é Filho e aquilo que está com a *archē* é Espírito Santo.[20]

---

[18] Ibidem, p 134.

[19] Ibidem, p. 136.

[20] Gregório de Nazianzo, *Tutte le orazioni* (ed. C. Moreschini, Milão, Bompiani, 2000), XLII, 15, p. 1014.

74 • O reino e a glória

A dialética hegeliana encontra nessa passagem seu paradigma teológico: basta restituir ao centro desse movimento triádico a força do negativo ("o que não é") para termos a posição hegeliana do fundamento.

O paradoxo da economia trinitária, que deve manter unido o que dividiu, aparece com clareza em outro teólogo capadócio, Gregório de Nissa. Em uma passagem de seu *Discurso catequético*, ele afirma que tanto os gregos quanto os hebreus podem aceitar que há um *logos* e um *pneuma* de Deus; contudo, "o que ambos rejeitarão do mesmo modo como inverossímil e pouco conveniente em um discurso sobre Deus" é precisamente "a economia segundo o homem do *Logos* de Deus" [*tēn de kata anthrōpon oikonomian tou theou logou*]. Com efeito, esta implica – acrescenta logo depois Gregório – que aquilo que está em jogo não é simplesmente uma faculdade (*exis*), como a palavra ou o saber de Deus, mas "uma potência que existe realmente segundo a substância" [*kat' ousian... ypesthōsa dynamis*][21]. Portanto, a contribuição da economia trinitária consiste em hipostasiar, dar existência real ao *logos* e à práxis de Deus, e, ao mesmo tempo, em afirmar que tal hispostatização não divide, mas "economiza" a unidade (os capadócios estão entre os primeiros a usar estrategicamente nesse sentido o termo neoplatônico *hypostasis*, nesse caso em sua forma verbal *hyphistamai*).

Em Marcelo de Ancira, autor do século IV, cuja "teologia econômica" chamou particularmente a atenção dos estudiosos modernos, podemos ver com clareza que a relação entre economia e substância é concebida como contraposição entre operação (*energeia*) e natureza (*physis*). Se a natureza divina continua monádica e indivisa, isso se deve ao fato de que *logos* se separa unicamente na operação (*energeia monē*). Por isso, a economia segundo a carne (ou segunda economia, como ele escreve) é, por assim dizer, provisória: ela terminará com a parusia, quando Cristo (segundo 1Cor 15,25) terá submetido e pisoteado todos os inimigos. No mesmo sentido, Marcelo pode escrever que o *logos* se tornou, pela encarnação, filho de Adão *kat' oikonomian* [segundo a economia], enquanto nós somos tais *kata physin* [segundo a natureza][22].

א A cisão teológica entre ser e práxis ainda continua no centro das disputas que, na teologia bizantina do século XIV, oporão Gregório Palamas a Barlaão e Prócoro. A profissão de fé dos atonistas começa assim como uma contraposição cabal entre o ser de Deus (*ousia*) e sua operação (*energeia*): "Anatematizamos aqueles que dizem que a essência divina e a operação são idênticas, únicas e indistintas. Além disso, creio que realmente essa operação e a essência de Deus são incriadas" [*aktiston*][23].

---

[21] Gregório de Nissa, *Discours catéchétique* (ed. R. Winling, Paris, Cerf, 2000, Sources Chrétiennes 453), 5, p. 161.

[22] Klaus Seibt, *Die Theologie des Markell von Ankyra* (Berlim/ Nova York, de Gruyter, 1994), p. 316.

[23] Antonio Rigo (ed.), *Gregorio Palamas e oltre: studi e documenti sulle controversie teologiche del XIV secolo bizantino* (Florença, Olschki, 2004), p. 144.

Ser e agir • 75

3.4. A fratura entre ser e práxis é sinalizada na linguagem dos Padres com a oposição terminológica entre teologia e *oikonomia*. Essa oposição, ainda ausente como tal em Hipólito, Tertuliano e Clemente de Alexandria, está, contudo, prefigurada neles, como vimos, mediante a distinção entre *dynamis* e *oikonomia* (dessa maneira, nos *Excerpta* de Clemente de Alexandria cada anjo "tem sua própria *dynamis* e sua própria *oikonomia*"[24]). Em Eusébio de Cesareia, a antítese já aparece plenamente articulada, apesar de não se tratar de uma verdadeira oposição, tanto que ele pode começar sua *Storia ecclesiastica* [História eclesiástica] justamente com a enunciação dos dois *topoi* de que se origina um único discurso:

> Meu *logos* começa pela economia e pela teologia, aquelas segundo o Cristo, que são mais elevadas e maiores que aquelas segundo o homem. Quem se propõe legar por escrito a história dos ensinamentos eclesiásticos deve começar pela primeira *oikonomia* segundo o próprio Cristo, pois fomos considerados dignos de extrair dele também o nome, *oikonomia* que é mais divina do que parece à maioria.[25]

A distinção terminológica corresponde, em Eusébio, à distinção entre divindade e humanidade de Cristo, que ele compara com a diferença entre cabeça (*kephalè*) e pés: "A condição de Cristo é dupla: uma, que é semelhante à cabeça do corpo, pela qual é considerado Deus, e outra comparável aos pés, pela qual, tendo em vista nossa salvação, se converteu em homem submetido como nós à paixão..."[26].

A partir dos capadócios, especialmente com Gregório di Nazianzo, a oposição entre teologia e *oikonomia* tecniciza-se a fim de indicar não apenas dois âmbitos distintos (a natureza e a essência de Deus, de um lado, e sua ação salvífica, de outro, o ser e a práxis), mas também dois discursos e duas racionalidades diferentes, cada um com sua própria conceitualidade e suas próprias características específicas. Existem, assim, dois *logoi* relativos a Cristo, um que tem a ver com sua divindade e outro que diz respeito à economia da encarnação e da salvação. Cada discurso, cada racionalidade tem sua terminologia própria, que não deve ser confundida com a outra, se quisermos interpretá-la corretamente:

---

[24] Clemente de Alexandria, *Extraits de Théodote* (ed. F. Sagnard, Paris, Cerf, 1970), 1, 11, 4.

[25] Eusébio de Cesareia, *H. E.* 1, 1, 7-8. [Ed. bras.: *História eclesiástica*, São Paulo, Paulus, 2000, Patrística 15.]

[26] Ibidem, 1, 2, 1.

76 • O reino e a glória

Em poucas palavras, deves referir todos os nomes mais elevados à divindade e à natureza que é superior à paixão e ao corpo; aqueles mais humildes, refere-os, por sua vez, ao composto e àquele que por ti se esvaziou, assumiu carne e, para não dizer algo pior, se tornou homem e, portanto, foi elevado para que tu, eliminando o que há de carnal e de terreno em tua doutrina, aprendesses a engrandecer-te com a divindade e, sem te deteres nas coisas visíveis, te fizesse elevar-te, a partir das coisas inteligíveis, para que, dessa forma, conhecesses qual é o *logos* da natureza e qual é o da economia.[27]

A distinção entre as duas racionalidades volta a ser afirmada na oração dedicada à festa da natividade, na qual, após ter evocado a infinidade e a incognoscibilidade de Deus, Gregório escreve: "Por agora, limitamo-nos a essas considerações sobre Deus; não é momento de acrescentar outra, porque nosso propósito não é a teologia, e sim a economia"[28].

Cerca de 150 anos depois, Teodoreto de Ciro parece estar perfeitamente consciente da distinção e, ao mesmo tempo, da articulação recíproca entre essas duas racionalidades. Ele afirma: "É necessário para nós sabermos quais termos pertencem à teologia e quais à economia"[29]; caso os dois *logoi* se confundam, também a integridade da economia da encarnação ficará ameaçada e correrá o risco de cair na heresia monofisista. Se toda transferência das categorias de uma racionalidade a outra deve ser evitada ("Não devemos transpor para a economia o que diz respeito à teologia", escreverá João Damasceno[30]), mesmo assim as duas racionalidades continuarão ligadas e a clara distinção entre os dois discursos não deverá traduzir-se em uma cisão substancial. O cuidado que os Padres têm em não confundir e, ao mesmo tempo, não separar os dois *logoi* mostra que eles estão conscientes dos riscos implícitos em sua heterogeneidade. Polemizando no *Eranistēs* contra um hipotético representante do monofisismo, Teodoreto afirma que os Padres "quiseram transmitir juntos tanto o discurso da teologia quanto o da economia, para que não acreditássemos que uma é a pessoa da divindade e outra a da humanidade"[31].

---

[27] Gregório de Nazianzo, *Tutte le orazioni*, cit., XXIX, 18, p. 714.

[28] Ibidem, XXXVIII, 5, p. 886.

[29] Teodoreto de Ciro, *ad Heb.*, 4, 14; ver Wilhelm Gass, "Das Patristiche Wort 'oikonomia'", *Zeitschrift für wissenschaftliche Theologie*, 1874, p. 490.

[30] João Damasceno, *De fid. orth.*, 3, 15.

[31] Teodoreto de Ciro, *Eranistēs* (ed. G. H. Ettlinger, Oxford, Clarendon Press, 1975), 3, p. 228.

A distinção patrística entre teologia e economia é tão resistente que a reencontramos nos teólogos modernos como oposição entre trindade imanente e trindade econômica. A primeira refere-se a Deus como Ele é em si mesmo e diz-se também, por conseguinte, "trindade de substância"; a segunda refere-se, por sua vez, a Deus em sua ação salvífica, através da qual Ele se revela aos homens (por isso também é denominada "trindade de revelação"). A articulação entre essas duas trindades, ao mesmo tempo distintas e inseparáveis, é a tarefa aporética que a *oikonomia* trinitária deixa como herança à teologia cristã, em particular à doutrina do governo providencial do mundo, que se apresenta por isso como máquina bipolar, cuja unidade sempre corre o risco de naufragar e deve ser, a cada vez, reconquistada.

3.5. A divergência extrema e, ao mesmo tempo, a solidariedade necessária entre teologia e economia talvez nunca se mostrem com tanta clareza como nas controvérsias em torno do monotelismo que dividem os Padres no século VII. Dispomos de um texto, a *Disputa com Pirro*, de Máximo, o Confessor, no qual o sentido estratégico dessa difícil articulação se torna plenamente compreensível. Segundo os monotelistas, cujo manifesto é a *Ekthesis* de Heráclito, de 638, e que no diálogo são representados por Pirro, existem em Cristo duas naturezas, mas uma só vontade (*thelēsis*) e uma só atividade (*energeia*), "que realiza tanto as obras divinas quanto as humanas"[32]. O que os monotelistas querem evitar é que o difisismo, levado ao extremo, acabe introduzindo uma cisão também na economia, ou seja, na práxis divina, colocando em Cristo "duas vontades que se opõem entre si, como se o *logos* de Deus quisesse realizar a paixão salvífica enquanto o que é humano nele obstaria e contrastaria sua vontade"[33]. Por esse motivo, Pirro responde a Máximo – que afirma que às duas naturezas em Cristo só podem corresponder duas vontades e duas diferentes operações – que "isso foi dito pelos Padres para a teologia, e não para a economia. Não é digno de um pensamento que ama a verdade transferir para a economia o que foi afirmado para a teologia, propondo algo tão absurdo"[34].

---

[32] Manlio Simonetti (ed.), *Il Cristo*, cit., p. 516.

[33] Ibidem, p. 518.

[34] Jacques-Paul Migne (ed.), *Patrologiae cursus completus: series graeca* (Paris, s. ed., 1857-1866), 91, 348.

78 • O reino e a glória

A resposta de Máximo é categórica, mostrando que a articulação dos dois discursos coincide com um problema decisivo em todos os sentidos. Se o que foi dito pelos Padres para a teologia – escreve ele – não valesse também para a economia, "então, após a encarnação, o Filho não será teologizado juntamente [*syntheologeitai*] com o Pai. E se não o for, então não poderá ser numerado ao mesmo tempo na invocação do batismo, tornando vãs a fé e a pregação"[35]. Em outro escrito, sublinhando a inseparabilidade entre teologia e economia, Máximo pode escrever: "O *logos* de Deus encarnado [ou seja, o representante da economia] ensina a teologia"[36].

Por isso não causa surpresa que um "economismo" radical, que, distinguindo no Filho duas vontades, ameaça a própria unidade do sujeito cristológico, tenha necessidade de afirmar a unidade entre teologia e economia, enquanto um "teologismo", que procura salvaguardar a qualquer preço a unidade, não hesita em opor com vigor os dois discursos. A distinção entre as duas racionalidades atravessa continuamente o plano das disputas teológicas e, assim como a dogmática trinitária e a cristologia se formaram juntas e não podem de modo algum ser divididas, assim também a teologia e a economia não podem ser separadas. Assim como as duas naturezas coexistem em Cristo, segundo uma fórmula estereotipada, "sem divisão nem confusão" (*adiairetos kai asynchytos*), assim também os dois discursos devem coincidir sem se confundir e distinguir-se sem se dividir. O que está em jogo nessa relação não é apenas a cesura entre humanidade e divindade no Filho, mas, de modo mais geral, a cesura entre ser e práxis. Racionalidade econômica e racionalidade teológica devem operar, por assim dizer, "em divergente acordo", para que não venha a ser negada a economia do Filho nem se introduza em Deus uma cisão substancial.

E, no entanto, a racionalidade econômica, mediante a qual a cristologia conheceu sua primeira e incerta formulação, não deixará de lançar suas sombras sobre a teologia. E quando o vocabulário da *homoousia* e da *homoiousia*, da hipóstase e da natureza, tiver coberto quase por inteiro a primeira formulação da trindade, a racionalidade econômica, com seu paradigma pragmático-gerencial, e não ontológico-epistêmico, continuará agindo de modo subterrâneo como uma força que tende a erodir e enfraquecer a unidade de ontologia e práxis, divindade e humanidade.

---

[35] Idem.

[36] Ibidem, 90, 876.

ℵ A fratura entre ser e práxis e o caráter anárquico da *oikonomia* divina constituem o lugar lógico em que se torna compreensível o nexo essencial que, em nossa cultura, une governo e anarquia. Não só algo comparável com um governo providencial do mundo é possível apenas porque a práxis não tem fundamento algum no ser, mas esse governo, que, como veremos, tem seu paradigma no Filho e em sua *oikonomia*, é ele próprio intimamente anárquico. A anarquia é o que o governo deve pressupor e assumir para si como a origem de que provém e, ao mesmo tempo, como a meta para a qual continua se encaminhando. (Nesse sentido, Benjamin tinha razão quando escreveu que nada é tão anárquico quanto a ordem burguesa; e a observação que Pasolini põe na boca de um dos hierarcas do filme *Salò*, "A única anarquia verdadeira é a do poder", é perfeitamente séria).

Daí a insuficiência da tentativa de Reiner Schürmann, em seu belíssimo livro sobre o *Principe d'anarchie* [Princípio de anarquia], de pensar uma "economia anárquica", ou seja, sem fundamento, na perspectiva de uma superação da metafísica e da história do ser. Schürmann é, entre os filósofos pós-heideggerianos, o único que entendeu o nexo que liga o conceito teológico de *oikonomia* (que, no entanto, ele deixa inquestionado) com o problema da ontologia e, de maneira especial, com a leitura heideggeriana da diferença ontológica e da estrutura "epocal" da história do ser. É nessa perspectiva que ele procura pensar a práxis e a história sem nenhum fundamento no ser (portanto, de maneira absolutamente an-árquica [*an-archico*]). Contudo, a ontoteologia sempre já pensa a práxis divina como infundada no ser e propõe-se precisamente encontrar uma articulação entre o que sempre já dividiu. A *oikonomia* é, portanto, sempre já anárquica, sem fundamento, e um repensamento do problema da anarquia em nossa tradição política torna-se possível unicamente a partir da consciência do secreto nexo teológico que a une ao governo e à providência. O paradigma governamental, cuja genealogia aqui estamos construindo, é realmente sempre já "anárquico-governamental".

Isso não significa que, para além do governo e da anarquia, não seja pensável um Ingovernável, a saber, algo que nunca possa assumir a forma de uma *oikonomia*.

# Limiar

No ocaso da cultura clássica, quando a unidade do cosmo antigo se rompe, e ser e agir, ontologia e práxis parecem separar irrevogavelmente seus destinos, percebemos elaborar-se na teologia cristã uma doutrina complexa, para a qual confluem elementos judaicos e pagãos, que procura ler – e, ao mesmo tempo, recompor – essa fratura através de um paradigma gerencial e não epistêmico: a *oikonomia*. Segundo tal paradigma, a práxis divina, desde a criação até a redenção, não encontra fundamento no ser de Deus, e distingue-se dele até realizar-se em uma pessoa separada, o *Logos* ou o Filho; no entanto, essa práxis anárquica e infundada deve poder conciliar-se com a unidade da substância. Pela ideia de uma ação livre e voluntária, que une criação e redenção, tal paradigma devia superar tanto a antítese gnóstica entre um deus estranho ao mundo e um demiurgo criador e senhor do mundo quanto a identidade pagã de ser e agir, que tornava improvável a própria ideia de criação. Assim, o desafio que a teologia cristã põe à gnose é conseguir conciliar a transcendência de Deus com a criação do mundo, e a estranheza de Deus diante do mundo com a ideia estoica e judaica de um Deus que passa a cuidar do mundo e o governa providencialmente. Face a essa tarefa aporética, a *oikonomia*, por sua raiz gerencial e administrativa, oferecia um instrumento dúctil, que se apresentava, ao mesmo tempo, como um *logos*, uma racionalidade subtraída a qualquer vínculo externo e uma práxis não ancorada em nenhuma necessidade ontológica ou norma pré-constituída. Ao mesmo tempo discurso e realidade, saber não epistêmico e práxis anárquica, a *oikonomia* permitiu aos teólogos, durante séculos, definir a novidade central da fé cristã e, ao mesmo tempo, fazer confluir a ela os êxitos do pensamento tardo-antigo, estoico e neopitagórico, que já se orientava em um sentido "econômico". É no âmbito desse paradigma que se formaram os núcleos originais da dogmática trinitária e da cristologia, e dessa gênese nunca se desvincularam completamente, continuando a ser tributários tanto de suas aporias quanto de seus sucessos.

Entende-se assim como se pode dizer – é dessa tese que partimos *contra* Schmitt – que a teologia cristã é, desde sua origem, econômico-gerencial, e não político-estatal. No entanto, afirmar que a teologia cristã implica uma economia e não só uma política não equivale a dizer que seja irrelevante para a história das ideias e das práticas políticas do Ocidente; ao contrário,

Ser e agir • 81

o paradigma teológico-econômico nos obriga a repensar essa história em sua totalidade e de uma nova perspectiva, tendo em conta os cruzamentos decisivos entre a tradição política em sentido estrito e a tradição "econômico--governamental", que virá a cristalizar-se, como veremos, nos tratados medievais *de gubernatione mundi*. Os dois paradigmas convivem e entrecruzam-se a ponto de formar um sistema bipolar, cuja compreensão condiciona preliminarmente toda interpretação da história política do Ocidente.

Moingt, em sua grande monografia sobre Tertuliano, a certa altura sugere, com razão, que a tradução mais exata da expressão *unicus deus cum sua oikonomia* [um único Deus com sua economia], a única capaz de manter unidos os diferentes significados do termo "economia", seria talvez "um só Deus com seu governo, no sentido de que 'governo' designa os ministros do rei, cujo poder é uma emanação da potência real e não se identifica com ela, mas é necessária a seu exercício", e que, entendida dessa forma, "a economia significa o modo de administração mediante uma pluralidade da potência divina"[37]. Nesse significado genuinamente "governamental", o paradigma impolítico da economia mostra igualmente suas implicações políticas. A fratura entre teologia e *oikonomia*, entre ser e ação, na medida em que torna livre e "anárquica" a práxis, estabelece ao mesmo tempo a possibilidade e a necessidade de seu governo.

Em um momento histórico que deixa à vista uma crise radical dos conceitos clássicos, tanto ontológicos quanto políticos, a harmonia entre o princípio transcendente e eterno e a ordem imanente do cosmo acaba rompida, e o problema do "governo" do mundo e de sua legitimação torna-se, em todos os sentidos, o problema político decisivo.

---

[37] Joseph Moingt, *Théologie trinitaire de Tertullien* (Paris, Aubier, 1966), p. 923.

# 4
## O REINO E O GOVERNO

4.1. Uma das figuras mais memoráveis no ciclo novelesco da Távola Redonda é a do *Roi mehaignié*, do rei ferido ou mutilado (o termo *mehaignié* corresponde ao italiano *"magagnato"* [achacado, deteriorado]), que reina sobre uma *terre gaste*, uma terra devastada, "onde o trigo não cresce e as árvores não frutificam". Segundo Chrétien de Troyes, o rei foi ferido em batalha entre as coxas e mutilado de modo tal que não pode manter-se de pé nem cavalgar. Por isso, quando quer se divertir, pede que seja colocado em um barco e sai a pescar com anzol (daí o apelido de rei pescador), enquanto seus falcoeiros, arqueiros e caçadores batem livremente seus bosques. Contudo, deve tratar-se de uma pescaria bastante estranha, pois Chrétien assinala pouco depois que havia quinze anos o rei não saía de seu quarto, sendo nutrido com uma hóstia que lhe era servida no Santo Graal. Segundo outra fonte não menos acreditada, que lembra a história kafkiana do caçador Graco, o rei, enquanto caçava na floresta, perdeu seus cães e seus caçadores. Chegando à beira do mar, encontra em um navio uma espada cintilante e, enquanto tenta extraí-la da bainha, acaba sendo magicamente ferido entre as coxas por uma lança.

Em todo caso, o rei mutilado será curado somente quando Galaad, no fim da *quête* [busca], unge a ferida com o sangue que ficou na ponta da lança que feriu o peito de Cristo.

As mais diversas interpretações foram dadas a essa figura de um rei mutilado e impotente. Jessie Weston, em um livro que exerceu notável influência não só sobre os estudos arturianos, mas também sobre a poesia do século XX, vinculou a figura do rei pescador ao "princípio divino da vida e da fertilidade", àquele "Espírito da Vegetação" que, seguindo as pegadas dos

84 • O reino e a glória

estudos de Frazer e dos folcloristas anglo-saxônicos, a autora encontra, com boa dose de ecletismo, em rituais e figuras mitológicas pertencentes às mais diversas culturas, desde o Tamuz babilônico até o Adônis greco-fenício.

O que fica velado nessas interpretações é que a lenda inclui, sem sombra de dúvida, um mitologema genuinamente político, que pode ser lido, sem exagero, como o paradigma de uma soberania dividida e impotente. Mesmo sem perder nada de sua legitimidade e sacralidade, o rei foi de fato, por algum motivo, separado de seus poderes e atividades e reduzido à impotência. Não só não pode caçar nem montar a cavalo (atividade que nesse caso parece simbolizar o poder mundano), como também deve ficar fechado em seu quarto, enquanto seus ministros (falcoeiros, arqueiros e caçadores) exercem o governo em seu nome e em seu lugar. Nesse sentido, a cisão da soberania dramatizada na figura do rei pescador parece evocar a dualidade que Benveniste reconhece na realeza indo-europeia entre uma função sobretudo mágico-religiosa e uma função mais propriamente política. Nas lendas do Graal, porém, o acento é colocado antes no caráter inoperoso e separado do rei mutilado, que, ao menos até ser curado pelo toque da lança mágica, será excluído de qualquer atividade concreta de governo. O *roi mehaignié* contém, portanto, uma espécie de prefiguração do soberano moderno, que "reina, mas não governa", e, nessa perspectiva, a lenda poderia ter um sentido que nos diz respeito de forma mais próxima.

4.2. No começo de seu livro sobre monoteísmo como problema político [*Monoteismo come problema politico*], um pouco antes de enfrentar o problema da monarquia divina, Peterson analisa brevemente o tratado pseudoaristotélico *De mundo*, que, para ele, representa algo como uma ponte entre a política aristotélica e a concepção judaica da monarquia divina. Enquanto em Aristóteles Deus é o princípio transcendente de todo movimento, que guia o mundo como um estrategista faz com seu exército, Deus – observa Peterson – é aqui comparado a um titereiro que, permanecendo invisível, move seu boneco com os fios, ou ao grande rei dos persas, que mora escondido em seu palácio e governa o mundo através de inumeráveis fileiras de ministros e funcionários.

> Nesse caso, determinante para a imagem da monarquia divina não é a questão de haver um ou mais poderes [*Gewalten*], mas saber se Deus participa das potências [*Mächten*] que agem no cosmo. O autor quer dizer: Deus é o pressuposto pelo qual a potência (ele se serve, com terminologia estoica,

O reino e o governo • 85

do termo *dynamis*, porém entende a *kynesis* aristotélica) age no cosmo, mas, precisamente por isso, ele mesmo não é potência: *le roi règne, mais il ne gouverne pas* [o rei reina, mas não governa] .[1]

Segundo Peterson, no tratado pseudoaristotélico paradigmas metafísico--teológicos e paradigmas políticos estão estreitamente entrelaçados. A formulação última de uma imagem metafísica do mundo – escreve ele, retomando quase ao pé da letra uma tese de Schmitt – é sempre determinada por uma decisão política. Nesse sentido, "a diferença entre *Macht* (*potestas, dynamis*) e *Gewalt* (*archē*), que o autor do tratado apresenta com relação a Deus, é um problema metafísico-político", que pode assumir formas e significados diferentes e ser desenvolvida tanto no sentido da distinção entre *auctoritas* e *potestas* quanto no da oposição gnóstica entre o deus e o demiurgo.

Antes de analisarmos os motivos estratégicos desse singular *excursus* sobre o significado teológico da oposição entre reino e governo, seria bom examinarmos mais de perto o texto do qual ele parte, para verificar sua fundamentação. O desconhecido autor do tratado – que, segundo a maioria dos estudiosos, poderia pertencer ao mesmo círculo do judaísmo helenístico estoicizante do qual provêm Filon e Aristóbulo – na verdade não distingue tanto *archē* e *dynamis* em Deus quanto, com um gesto que o aproxima dos Padres que elaboraram o paradigma cristão da *oikonomia*, essência (*ousia*) e potência (*dynamis*). Segundo ele, os antigos filósofos, que afirmaram que todo o mundo sensível está repleto de deuses, enunciaram um discurso que convém não ao ser de Deus, mas à sua potência[2]. Enquanto Deus reside, na verdade, na região mais alta dos céus, sua potência "difunde-se por todo o cosmo e é causa da conservação [*sōtērias*, 'salvação'] de todas as coisas que estão sobre a terra"[3]. Ele é, ao mesmo tempo, salvador (*sōtēr*) e gerador (*genetōr*) de tudo que ocorre no cosmo; contudo, "não trabalha fadigosamente por própria conta [*autourgou*], mas faz uso de uma potência indefectível, através da qual domina também as coisas que aparecem muito longe dele"[4]. A potência de Deus, que parece quase se tornar autônoma de sua essência, pode ser assim comparada – com uma referência segura ao capítulo X do livro L da *Metafísica* – ao chefe de um exército em uma batalha

---

[1]  Erik Peterson, *Ausgewählte Schriften* (Würzburg, Echter, 1994, v. 1), p. 27.

[2]  Aristóteles, *Mund.*, 397b.

[3]  Ibidem, 398b.

[4]  Ibidem, 397b.

86 • O reino e a glória

("tudo põe-se em marcha a partir de um único sinal dado pelo general que detém o comando supremo"[5]) ou – com imagem quase idêntica à usada por Tertuliano para a *oikonomia* do Pai – ao imponente aparato administrativo do rei dos persas:

> O Rei em pessoa morava, pelo que se diz, em Susa ou em Ectabana, totalmente invisível, em um palácio [*basileion oikon*] maravilhoso, circundado por um recinto reluzente de ouro, âmbar e marfim. Havia nele numerosos vestíbulos contíguos e pórticos muito distantes entre si, fortificados com portas de bronze e grandes muralhas. Além disso, os homens mais importantes e competentes estavam dispostos em ordem hierárquica, uns junto da pessoa do rei como guarda-costas e assistentes, outros como guardas de algum recinto, porteiros e auditores, de maneira que o próprio rei, chamado por isso de patrão e deus, pudesse ver e ouvir tudo. Havia ainda os chefes da administração das rendas, os comandantes das guerras e das batidas de caça, os funcionários que recebiam os donativos e se ocupavam de todas as outras tarefas [...] e havia ainda carteiros, guardiões e mensageiros [*aggeliaforoi*] e encarregados dos sinais luminosos. Era tão perfeita a ordem, especialmente a dos encarregados dos sinais, que o rei conhecia no mesmo dia em Susa ou em Ectabana tudo que acontecia em toda a Ásia. Deve-se acreditar, portanto, que a superioridade do grande rei, comparada com a do deus que domina o cosmo, seja igualmente inferior àquela do animal mais humilde e mais fraco com relação à do rei. E se não é conveniente pensar que Xerxes em pessoa dava conta de todas as tarefas e executava a administração em cada um de seus aspectos, muito mais indigno seria pensá-lo a respeito de Deus.[6]

Com um gesto característico, o aparato administrativo através do qual os soberanos da terra conservam seu reino torna-se o paradigma do governo divino do mundo. No entanto, nesse ponto, o autor do tratado preocupa-se em esclarecer que a analogia entre a potência de Deus e o aparato burocrático não deve ser levada até o extremo de separar completamente Deus de sua própria potência (assim como, segundo os Padres, a *oikonomia* não deve implicar uma divisão da substância divina). À diferença dos soberanos terrenos, Deus não tem, realmente, necessidade de "muitas mãos estranhas" (*polycheirias*), mas, "mediante um simples movimento do primeiro céu, expande sua potência até as coisas que vêm logo depois e, em seguida, até aquelas que se acham cada vez mais distantes"[7]. Se é verdade que o rei reina,

---

[5] Ibidem, 399b.

[6] Ibidem, 398a-b.

[7] Ibidem, 398b.

porém não governa, seu governo – sua potência – não pode estar completamente separado dele. Existe, nesse sentido, uma correspondência quase perfeita entre tal concepção judaico-estoica do governo divino do mundo e a ideia cristã de uma economia providencial, conforme comprova a longa passagem do capítulo sexto que descreve esse governo nos termos de um verdadeiro ordenamento providencial do cosmo:

> A harmonia única de todas as coisas que cantam e dançam juntas pelos céus deriva de um só princípio e tende a um só fim, e por isso o universo foi chamado cosmo [ordem] e não acosmia [desordem]. Assim como no coro, quando o corifeu entoa o canto, segue-o todo o coro dos homens e das mulheres, que, fundindo as diferentes vozes agudas e graves, produzem uma só e bem temperada harmonia, assim também acontece com o deus que governa o universo. De fato, ao sinal dado por quem poderia propriamente ser chamado corifeu, movem-se os astros e todos os céus, e o sol, que ilumina todas as coisas, cumpre suas duas viagens, determinando com uma o dia e a noite e com a outra as quatro estações do ano, correndo primeiro para o norte e depois, de volta, para o sul. E no momento oportuno, por efeito da causa primeira, produzem-se as chuvas, os ventos, os orvalhos e os outros fenômenos à nossa volta...[8]

A analogia entre as imagens do *De mundo* e as usadas pelos teóricos da *oikonomia* é tal que certamente não causará surpresa encontrar o termo *oikonomeō* a propósito do governo divino do mundo, comparado com a ação da lei em uma cidade ("a lei, permanecendo imóvel, governa todas as coisas [*panta oikonomei*]"[9]). Mais singular ainda é que, também nessa ocasião, Peterson se abstenha de fazer a mais leve menção à teologia econômica, o que permitiria estabelecer uma relação entre esse texto e a teologia política judaico-cristã.

4.3. Em sua tardia e irritada réplica a Peterson, Carl Schmitt analisa com muito cuidado o uso da "famigerada fórmula" *le roi règne, mais il ne gouverne pas* pelo teólogo no tratado de 1935. "Creio", escreve ele não sem ironia, "que a inserção da fórmula nesse contexto é a contribuição mais interessante que Peterson – talvez inconscientemente – fez à teologia política"[10]. Schmitt

---

[8] Ibidem, 399a.

[9] Ibidem, 400b.

[10] Carl Schmitt, *Politische Theologie II: Die Legende von der Erledigung jeder Politischen Theologie* (Berlim, Duncker & Humblot, 1954), p. 42.

88 • O reino e a glória

faz remontar a fórmula a Adolf Thiers, que a usa como palavra de ordem da monarquia parlamentar, e antes ainda, em sua versão latina (*rex regnat, sed non gubernat*), às polêmicas do século XVII contra o rei Sigismundo III da Polônia. Por isso é tão surpreendente para Schmitt o gesto decidido com que Peterson desloca para trás a fórmula, transferindo-a para os albores da teologia cristã. "Isso mostra quanta reflexão e quanto trabalho de pensamento podem ter sido investidos em uma formulação teológico-política ou metafísico-política idônea"[11]. A verdadeira contribuição de Peterson à teologia política não consistiria, portanto, em ter conseguido demonstrar a impossibilidade de uma teologia política cristã, mas ter sabido identificar a analogia entre o paradigma político liberal que separa reino e governo e o paradigma teológico que distingue *archē* e *dynamis* em Deus.

Também nesse caso, porém, o aparente desacordo entre os dois contendores esconde uma solidariedade mais essencial. Tanto Peterson quanto Schmitt são realmente adversários convictos da fórmula: Peterson, porque ela define o modelo teológico judaico-helenístico que está na raiz da teologia política que ele procura criticar; Schmitt, porque ela fornece o lema e a palavra de ordem à democracia liberal contra a qual ele conduz sua batalha. Também aqui é decisivo, para compreender as implicações estratégicas da argumentação de Peterson, ter em conta não só o que ele diz, mas também o que ele silencia. Como já deveria ficar evidente, a distinção entre reino e governo não encontra, de fato, seu paradigma teológico apenas no judaísmo helenizante, como Peterson parece dar como certo, mas o encontra também e sobretudo nos teólogos cristãos que, entre os séculos III e V, elaboram a distinção entre ser e *oikonomia*, entre racionalidade teológica e racionalidade econômica. As razões que Peterson ressalta para manter o paradigma Reino/Governo dentro dos limites da teologia política judaica e pagã são exatamente as mesmas que o levaram a calar sobre a originária formulação "econômica" da doutrina trinitária. Uma vez eliminado, contra Schmitt, o paradigma teológico-político, tratava-se então de impedir a qualquer preço – dessa vez concordando com Schmitt – que em seu lugar entrasse o paradigma teológico-econômico. Com isso, torna-se ainda mais urgente uma nova e mais profunda investigação genealógica sobre os pressupostos e as implicações teológicas da distinção entre Reino e Governo.

---

[11] Ibidem, p. 43.

א Segundo Peterson, um paradigma "econômico", em sentido estrito, é parte integrante da herança judaica da modernidade, em que os bancos tendem a tomar o lugar do templo. Só o sacrifício de Cristo no Gólgota marca o fim dos sacrifícios no templo judaico. Segundo Peterson, a expulsão dos mercadores do templo mostra que, por trás do sacrifício do Gólgota, está "a dialética de dinheiro e sacrifício". Depois da destruição do templo, os judeus procuraram substituir o sacrifício pela esmola. "Mas o dinheiro que é oferecido a Deus e é acumulado no templo transforma o templo em um banco [...] Os judeus, que haviam renunciado à ordem política, quando declararam não ter nenhum rei [...] condenando Jesus por causa de suas palavras contra o templo, quiseram salvar a ordem econômica."[12]

Essa substituição da política pela economia é precisamente o que se tornou impossível por causa do sacrifício de Cristo.

> Nossos bancos transformaram-se em templos, mas são eles próprios que tornam evidente, na assim chamada ordem econômica, a superioridade do sacrifício sangrento do Gólgota e mostram a impossibilidade de salvar o que é histórico [...] Assim como os reinos mundanos dos povos da terra depois do sacrifício escatológico já não podem ser "salvos" na ordem política, assim também a "ordem econômica" dos judeus não pode ser conservada na forma de uma conexão entre templo e dinheiro.[13]

Desse modo, tanto a teologia política quanto a econômica são excluídas do cristianismo como uma herança puramente judaica.

4.4. A hostilidade de Schmitt a qualquer tentativa de separar Reino e Governo e, em particular, suas reservas contra a doutrina democrático-liberal da separação dos poderes, que está intimamente ligada a essa divisão, emergem várias vezes em sua obra. Já na *Verfassungslehre* [Teoria da constituição], de 1927, ele cita a fórmula a propósito da "monarquia parlamentar de estilo belga", na qual a direção dos negócios fica nas mãos dos ministros, enquanto o rei representa uma espécie de "poder neutro". O único significado positivo que Schmitt parece reconhecer aqui na separação entre Reino e Governo é aquele que a remete à distinção entre *auctoritas* e *potestas*:

> A questão que um grande mestre do direito público, Max von Seydel, colocou, o que sobra do *regner* se tiramos o *gouverner*, só pode ser resolvida se distinguimos *potestas* e *auctoritas* e se tomamos consciência do significado peculiar da autoridade diante do poder político.[14]

---

[12] Erik Peterson, *Ausgewählte Schriften*, cit., v. 2, p. 145.

[13] Idem.

[14] Carl Schmitt, *Verfassungslehre* (Berlim, Duncker & Humblot, 1938), p. 382-3.

90 • O reino e a glória

Esse significado é apresentado com clareza no ensaio de 1933, intitulado *Stato, movimento, popolo* [Estado, movimento, povo], em que Schmitt, procurando delinear a nova constituição do *Reich* nacional-socialista, reelabora em uma nova perspectiva a distinção entre Reino e Governo. Ainda que, durante os conflitos político-sociais extremos da República de Weimar, ele tivesse defendido energicamente a extensão dos poderes do presidente do *Reich* enquanto "guardião da constituição", Schmitt agora afirma que o presidente "voltou de novo a uma espécie de posição 'constitucional' de chefe autoritário de Estado *qui règne et ne gouverne pas*"[15]. Diante desse soberano que não governa, aparece agora, na pessoa do chanceler Adolf Hitler, não simplesmente uma função de governo (*Regierung*), mas uma nova figura do poder político que Schmitt denomina *Führung* e que se trata, portanto, de distinguir do governo tradicional. É nesse contexto que ele traça uma genealogia do "governo dos homens", que parece antecipar, em um giro vertiginoso, aquela que, na segunda metade dos anos 1970, viria a ocupar Michel Foucault em seus cursos no Collège de France. Assim como Foucault, Schmitt vê no pastorado da Igreja católica o paradigma do moderno conceito de governo: "*Guiar* [*führen*] não é comandar [...] A Igreja católica romana, por seu poder de domínio sobre os fiéis, transformou e completou a imagem do pastor e do rebanho em uma ideia teológico-dogmática"[16].

De modo semelhante, em uma célebre passagem do *Político*:

[Platão] fala das diferentes comparações entre o homem de Estado e um médico, um pastor e um timoneiro, a fim de confirmar, depois, a imagem do timoneiro. Esta passou, por intermédio do *gubernator*, a todas as línguas dos povos românicos e anglo-saxônicos influenciadas pelo latim e tornou-se a palavra para governo [*Regierung*], como *gouvernement, governo, government*, ou como o *gubernium* da antiga monarquia dos Habsburgos. A história desse *gubernator* contém um belo exemplo de como uma comparação imaginosa pode tornar-se um conceito jurídico-técnico.[17]

℣ É sobre essa base governamental que Schmitt procura delinear o "sentido essencialmente alemão"[18] do conceito nacional-socialista de *Führung*, que "não descende nem de alegorias e representações barrocas [alusão à teoria da soberania

---

[15] Idem, *Staat, Bewegung, Volk: Die Dreigliederung der politischen Einheit* (Hamburgo, s. ed., 1933), p. 10.

[16] Ibidem, p. 41.

[17] Ibidem, p. 41-2.

[18] Ibidem, p. 42.

O reino e o governo • 91

que Benjamin desenvolve no *Ursprung*] nem de uma *idée générale* cartesiana", mas é "um conceito do imediato presente e de uma efetiva presença"[19]. A distinção não é fácil, porque um sentido "essencialmente alemão" do termo não existe, e a palavra *Führung*, assim como o verbo *führen* e o substantivo *Führer* (à diferença do italiano *duce*, que já havia conhecido uma especialização em sentido político-militar, por exemplo, no termo veneziano *doge*, remete a uma esfera semântica extremamente ampla, que compreende todos os casos em que alguém guia e orienta o movimento de um ser vivo, de um veículo ou de um objeto (inclusive, naturalmente, o caso do *gubernator*, ou seja, do piloto de um barco). De resto, analisando pouco antes a tríplice articulação da nova constituição material nacional-socialista em "Estado", "movimento" e "povo", Schmitt havia definido o povo como "o lado impolítico [*unpolitische Seite*], que cresce sob a proteção e à sombra das decisões políticas"[20], conferindo, desse modo, ao partido e ao *Führer* uma inconfundível função pastoral e governamental. O que distingue, porém, a *Führung* do paradigma pastoral-governamental é que, segundo Schmitt, enquanto neste "o pastor continua absolutamente *transcendente* com respeito ao rebanho"[21], aquela se define, ao contrário, "por uma absoluta igualdade de espécie [*Artgleichheit*] entre o *Führer* e seu séquito"[22]. O conceito de *Führung* aparece aqui como uma secularização do paradigma pastoral, que elimina seu caráter transcendente. Contudo, para subtrair a *Führung* do modelo governamental, Schmitt é obrigado a atribuir um alcance constitucional ao conceito de raça, pelo qual o elemento impolítico – o povo – é politizado no único modo possível segundo Schmitt: fazendo da igualdade de estirpe o critério que, separando o estranho do igual, decide a cada vez quem é amigo e quem é inimigo. Não sem analogias com a análise que Foucault desenvolverá em *Em defesa da sociedade*\*, o racismo torna-se assim o dispositivo pelo qual o poder soberano (que, para Foucault, coincide com o poder de vida e morte e, para Schmitt, com a decisão sobre a exceção) acaba reinserido no biopoder. Desse modo, o paradigma econômico-governamental acaba reconduzido a uma esfera genuinamente política, em que a separação entre os poderes perde seu sentido e o ato de governo (*Regierungakt*) cede lugar à atividade única "pela qual o *Führer* afirma seu *Führertum* supremo".

4.5. Um paradigma teológico da divisão entre Reino e Governo aparece em Numênio de Apameia. Esse filósofo platonizante, ativo até a segunda metade do século II, que exerceu importante influência sobre Eusébio de Cesareia e, por ele, sobre a teologia cristã, distingue dois deuses. O primeiro,

---

[19] Idem.

[20] Ibidem, p. 12.

[21] Ibidem, p. 41.

[22] Ibidem, p. 42.

\* São Paulo, Martins Fontes, 2000. (N. E.)

92 • O reino e a glória

definido como rei, é estranho ao mundo, transcendente e totalmente inoperante; o segundo, ao contrário, é ativo e ocupa-se do governo do mundo.

Todo o fragmento 12, que foi conservado por Eusébio[23], gira em torno do problema da operosidade ou da inoperosidade do primeiro deus:

> Não é necessário que o primeiro seja operoso [*dēmiourgein*] e importa considerar o primeiro deus o pai do deus operoso. Se nossa pesquisa tivesse a ver com o princípio operoso, então, dizendo que quem existe primeiro deve possuir de modo eminente o fazer, nosso exórdio seria adequado; mas se o discurso não tem a ver com o princípio operoso, e sim com o primeiro, então semelhante linguagem me repugna [...] o primeiro deus é inoperante [*argon*] quanto a todas as obras e é o rei [*basilea*]; o deus operoso [*dēmiourgikon*] governa [*hēgemonein*], ao contrário, movendo-se através dos céus.[24]

Peterson já havia observado que o decisivo nesse caso não é tanto o fato de que haja um ou mais deuses, mas sim que a divindade suprema seja ou não participante das forças que governam o mundo: "A partir do princípio segundo o qual Deus reina, mas não governa, deriva então a consequência gnóstica de que o reino de Deus é bom, mas o governo do demiurgo – das forças demiúrgicas, que podem também ser consideradas sob a categoria dos funcionários – é mau ou, em outras palavras, o governo sempre erra"[25]. Nesse sentido, gnóstica não é simplesmente uma concepção política que opõe um deus bom a um demiurgo mau, mas sim aquela que distingue também e sobretudo um deus ocioso e sem vinculação com o mundo de um deus que nele intervém ativamente para governá-lo. A oposição entre Reino e Governo é, portanto, parte da herança gnóstica da política moderna.

Qual é o sentido dessa distinção? E por que motivo o primeiro Deus é definido como "rei"? Em estudo instrutivo, Heinrich Dörrie reconstruiu a origem platônica (mais precisamente, no ambiente da antiga Academia) dessa metáfora real da divindade. Ela remonta ao *excursus* esotérico da segunda carta platônica (ou pseudoplatônica), que faz uma distinção entre um "rei do todo" (*pantōn basilea*), causa e fim de todas as coisas, e um segundo e um terceiro deus, em volta dos quais estão as coisas segundas e terceiras[26]. Dörrie segue a história dessa imagem através de Apuleio, Numênio, Orí-

---

[23]  Eusébio de Cesareia, *Praep. evang.*, II, 18, 8.

[24]  Numênio, *Fragments* (ed. É. Des Places, Paris, Les Belles Lettres, 1973), fr.12, p. 54.

[25]  Erik Peterson, *Ausgewählte Schriften*, cit., v. 1, p. 27-8.

[26]  Platão, *Epist.*, 2, 312e. [Ed. port.: *Cartas*, Lisboa, Estampa, 2002.]

O reino e o governo • 93

genes e Clemente de Alexandria até Plotino, em cujas *Enéadas* ela aparece quatro vezes. Na estratégia das *Enéadas*, a metáfora do deus-rei, com sua equação entre poder celeste e poder terreno, permitiria "esclarecer a teologia de Plotino contra os gnósticos"[27]:

> Plotino apropria-se dela por ver expresso aí um ponto essencial de sua teologia. Por outro lado, deve referir-se aqui à representação de Deus há tempos predominante, que não faz diferença entre poder terreno e poder celeste: Deus deve ser circundado por uma corte hierarquicamente ordenada, exatamente como o soberano terreno.[28]

A teologia de Numênio desenvolve, portanto, um paradigma que não é só gnóstico, mas que circulava no antigo e médio platonismo e que, pressupondo duas (ou três) figuras divinas ao mesmo tempo distintas e coordenadas, não podia deixar de suscitar o interesse dos teóricos da *oikonomia* cristã. Sua contribuição específica, porém, consiste em unir a figura do deus-rei e a do demiurgo com a oposição entre operosidade e inoperosidade, transcendência e imanência. Ela representa, por isso, o caso-limite de uma tendência que cinde radicalmente Reino e Governo, separando um monarca substancialmente estranho ao cosmo do governo imanente das coisas mundanas. Nessa perspectiva, é interessante, no fragmento 12, a contraposição terminológica entre *basileus* (referindo-se ao primeiro deus) e *hēgemonein* (referindo-se ao demiurgo), que indica uma função específica e ativa de guia e comando: *hēgemōn* (assim como o latino *dux*) é ora o animal que guia um rebanho, ora o condutor de um carro, ora o comandante militar e, tecnicamente, o governador de uma província. Contudo, também em Numênio, se a distinção entre Reino e Governo é clara, os dois termos não são desconectados e o segundo deus representa de algum modo um complemento necessário do primeiro. Nesse sentido, o demiurgo é comparado ao timoneiro de um barco e, assim como este perscruta o céu para orientar-se, assim também ele, para orientar-se em sua função de governo, "contempla, ao invés do céu, o deus mais alto" (fr. 18). Outro fragmento compara a relação entre o primeiro deus e o demiurgo com o semeador e o camponês: o deus mundano transplanta, cuida e distribui as sementes que o primeiro espargiu nas almas (fr. 13). O deus que governa tem, portanto, necessidade

---

[27] Heinrich Dörrie, "Der König: Ein platonische Schlüsselwort, von Plotin mit neuem Sinn erfüllt", *Révue internationale de philosophie*, n. 24, 1970, p. 233.

[28] Ibidem, p. 232.

94 • O reino e a glória

do deus inoperante e o pressupõe, assim como este precisa da atividade do demiurgo. Tudo leva a pensar, então, que o reino do primeiro deus forma com o governo do demiurgo um sistema funcional, precisamente como, na *oikonomia* cristã, o deus que assume a obra da salvação, mesmo sendo uma hipóstase anárquica, cumpre na realidade a vontade do pai.

ℵ Na história da Igreja primitiva, Marcião é o defensor mais radical da antinomia gnóstica entre um deus estranho ao mundo e um demiurgo mundano (*"Gott ist der Fremde"* [Deus é o estranho] é o lema com que Harnack resume seu evangelho[29]). Nessa perspectiva, a *oikonomia* cristã pode ser vista como uma tentativa de superar o marcionismo, inserindo a antinomia gnóstica no interior da divindade e conciliando assim estranheza diante do mundo e governo do mundo. O Deus que criou o mundo tem agora em sua frente uma natureza corrompida pelo pecado e tornada estranha, que o deus salvador, a quem foi confiado o governo do mundo, deve redimir para um reino que, no entanto, não é deste mundo.

ℵ Uma figura singular do *deus otiosus* [deus ocioso], que é, contudo, também criador, aparece na *Apologia* de Apuleio, em que o *summus genitor* [sumo progenitor] e o *assiduus mundi sui opifex* [artífice assíduo do seu mundo] são definidos como *sine opera opifex*, artífice sem obra, e *sine propagatione genitor*, progenitor sem geração[30].

4.6. O paradigma filosófico da distinção entre Reino e Governo está presente no capítulo conclusivo do livro L da *Metafísica*, o mesmo do qual Peterson extrai a citação que abre seu tratado contra a teologia política. Aristóteles havia acabado de expor aquela que se convencionou chamar de sua "teologia", em que Deus aparece como o primeiro motor imóvel que move as esferas celestes e cuja forma de vida (*diagōgē*) é, em sua essência, pensamento do pensamento. O capítulo sucessivo, o décimo, é dedicado, ao menos na aparência, sem nenhuma consequencialidade lógica, ao problema da relação entre o bem e o mundo (ou ao modo "em que a natureza do todo possui o bem"), e é interpretado tradicionalmente como uma teoria da superioridade do paradigma da transcendência sobre o da imanência. Em seu comentário ao livro XII da *Metafísica*, Tomás escreve que "o bem separado, que é o primeiro motor, é um bem superior ao bem da ordem que vige no universo"[31]; e o autor da mais recente edição crítica do texto

---

[29] Adolf von Harnack, *Marcion: Das Evangelium vom fremden Gott. Eine Monographie zur Geschichte der Grundlegung der katholischen Kirche* (Leipzig, Hinrichs, 1924), p. 4.

[30] Apuleio, *Apol.*, 64.

[31] Tomás de Aquino, *Sent. metaph.*, liv. 12, L. 12, n. 5.

O reino e o governo • 95

aristotélico, William R. Ross, afirma nesse mesmo sentido que "a doutrina aqui exposta é que o bem existe não só imanentemente no mundo, mas de modo transcendente em Deus, e, mais ainda, existe de modo mais fundamental em Deus, já que ele é a fonte de todo bem mundano"[32].

A passagem em questão é, na verdade, uma das mais complexas e densas de implicações de todo o tratado, e não pode de modo algum ser simplificada nesses termos. Transcendência e imanência não são, nela, simplesmente distintas como superior e inferior, mas articuladas conjuntamente, quase formando um único sistema, em que o bem separado e a ordem imanente constituem uma máquina a um só tempo cosmológica e política (ou econômico-política). E isso é tanto mais relevante na medida em que, como veremos, o capítulo X da *Metafísica* era constantemente interpretado pelos comentadores medievais como uma teoria do governo (*gubernatio*) divino do mundo.

Leiamos, porém, a passagem que nos interessa. Aristóteles começa expondo o problema na forma de uma alternativa dicotômica: "Devemos examinar em qual dos dois modos a natureza do universo possui o bem e o ótimo, se como algo separado [*kechōrismenon*] e por si mesmo [*kath' hauto*] ou como uma ordem [*taxin*]"[33].

Se a transcendência é definida aqui nos termos tradicionais da separação e da autonomia, é instrutivo notar que a figura da imanência é, ao contrário, a da ordem, ou seja, da relação de cada coisa com as outras. Imanência do bem significa *taxis*, ordem. Contudo, o modelo logo se complica e, por uma comparação tirada da arte militar (que quase com certeza está na origem da imagem análoga encontrada no *De mundo*), a alternativa transforma-se em compromisso:

> Ou então de ambos os modos, como [acontece em] um exército [*strateuma*]. O bem consiste aqui, de fato, na ordem, mas é também o comandante [*stratēgos*], ou antes é sobretudo este. O comandante não existe, de fato, por causa da ordem, mas a ordem por causa do comandante.[34]

A passagem seguinte esclarece em que sentido se deve entender a noção de uma ordem imanente a fim de que esta possa conciliar-se com a transcendência do bem. Com essa finalidade, Aristóteles abandona a metáfora

---

[32] William D. Ross, *Aristotle's Metaphysics* (Oxford, Clarendon Press, 1953), p. 401.

[33] Aristóteles, *Metaf.*, 10, 1075a. [Ed. bras.: *Metafísica*, São Paulo, Loyola, 2002, 3 v.]

[34] Idem.

militar e recorre a paradigmas extraídos do mundo natural e, sobretudo, da administração da casa:

> De fato, todas as coisas estão de algum modo ordenadas conjuntamente [*syntetaktai*], peixes, pássaros, plantas, mas não do mesmo modo; e isso não acontece como se não existisse relação recíproca entre uma coisa e outra, mas há algo [que as reúne ordenadamente]. Todas as coisas estão de fato ordenadas tendo em vista o uno, mas como, em uma casa [*en oikiai*], aos homens livres cabe uma menor faculdade de comportar-se sem pensar, e todas ou a maioria [de suas ações] são ordenadas, enquanto nos escravos e nos animais pouco se faz pelo comum e eles agem em geral ao acaso. O princípio que os dirige [*arkē*] é, para cada um, sua natureza. Quero dizer que, se é necessário que todas as coisas caminhem para a divisão, existem, porém, outras coisas em que todos têm algo em comum com o todo.[35]

Chama a atenção que a conciliação entre transcendência e imanência através da ideia de uma ordem recíproca das coisas seja confiada a uma imagem de natureza "econômica". A unidade do mundo é comparada à ordem de uma casa (e não à de uma cidade) e, no entanto, é precisamente esse paradigma econômico, que para Aristóteles é, como tal, necessariamente monárquico, que permite ao final reintroduzir uma imagem de natureza política: "Os entes não querem ter uma constituição política má [*politeuesthai kakōs*]: o domínio de muitos não é bom, deve haver um único soberano"[36]. Na administração de uma casa, o princípio unitário que a governa manifesta-se em modos e graus diferentes, de acordo com a natureza diversa de cada um dos seres que fazem parte dela (com uma formulação que terá uma longa descendência teológica e política, Aristóteles vincula o princípio soberano e a natureza, *archē* e *physis*). Os homens livres, enquanto criaturas racionais, estão em imediata e consciente relação com esse princípio e não agem ao acaso, enquanto os escravos e os animais domésticos só podem seguir sua natureza, que contém, embora em medida cada vez diferente, um reflexo da ordem unitária que faz com que eles contribuam para um fim comum. Isso significa que, em última instância, o motor imóvel como *archē* transcendente e a ordem imanente (como *physis*) formam um sistema único bipolar e que, apesar da variedade e da diversidade das naturezas, a casa-mundo é governada por um princípio único. O poder – todo poder, tanto humano quanto divino – deve manter

---

[35] Idem.

[36] Ibidem, 1076a.

O reino e o governo • 97

juntos esses dois polos, ou seja, deve ser, ao mesmo tempo, reino e governo, norma transcendente e ordem imanente.

4.7. Toda interpretação de *Metafísica*, L, X deve começar por uma análise do conceito de *taxis*, "ordem", que, no texto, não é tematicamente definido, mas simplesmente exemplificado pelos dois paradigmas do exército e da casa. De resto, o termo aparece mais vezes na obra de Aristóteles, porém nunca é objeto de uma verdadeira e precisa definição. Em *Metafísica*, 985b, por exemplo, é mencionado junto de *schēma* e *thesis* a propósito das diferenças que, segundo os atomistas, determinam a multiplicidade dos entes: *taxis* refere-se à *diathigē*, à relação recíproca, que é exemplificada com a diferença entre AN e NA. De modo análogo, em *Metafísica*, 1022a, a disposição (*diathesis*) vem definida como "a ordem [*taxis*] daquilo que tem partes, seja segundo o lugar, seja segundo a potência, seja segundo a forma". E na *Política* (1298a), a constituição (*politeia*) é definida como *taxis* (ordem recíproca) dos poderes (*archai*), e "há tantas formas de constituição quantas são as possíveis *taxeis* entre as partes". É, pois, precisamente na passagem que aqui nos interessa que tal significado genérico do termo "ordem" cede lugar ao seu deslocamento estratégico no cruzamento entre ontologia e política, fazendo dele um *terminus technicus* fundamental, embora raramente analisado como tal, da política e da metafísica ocidentais.

Como vimos, Aristóteles começa opondo o conceito de ordem ao que é separado (*kechōrismenos*) e por si mesmo (*kath' hauto*). Isso implica constitutivamente a ideia de uma relação recíproca imanente: "Todas as coisas estão de algum modo ordenadas conjuntamente [...] e isso não acontece como se não houvesse em cada coisa algo com respeito a outra" (*Metafísica*, 1075a). A expressão a que Aristóteles recorre (*thaterōi pros thateron mēden*) inscreve de modo peremptório o conceito de ordem no âmbito da categoria da relação (*pros ti*): a ordem é, portanto, uma relação e não uma substância. Mas só compreenderemos o significado do conceito se tivermos consciência de que ele aparece na conclusão do livro L da *Metafísica*.

O livro L é, de fato, dedicado integralmente ao problema da ontologia. Quem tem alguma familiaridade com a filosofia de Aristóteles sabe que um dos problemas exegéticos fundamentais que ainda divide os intérpretes é o da dupla determinação do objeto da metafísica: o ser separado ou o ser enquanto ser. "Essa dupla caracterização da *prōtē philosophia*", escreveu Heidegger, "não implica dois processos de pensamento fundamentalmente

98 • O reino e a glória

diferentes e entre si independentes, nem um pode ser diminuído em favor de outro, nem a aparente multiplicidade pode compor-se prematuramente em unidade"[37]. O livro L contém exatamente a assim chamada teologia de Aristóteles, a saber, a doutrina da substância separada e do motor imóvel, que, embora separado, move as esferas celestes. E é para fazer frente à cisão do objeto da metafísica que Aristóteles introduz nessa altura o conceito de ordem. Este é o dispositivo teórico que permite pensar a relação entre os dois objetos, apresentado de imediato, na passagem já citada, como problema do modo como a natureza do universo possui o bem: "Devemos perguntar em qual dos dois modos a natureza do universo possui o bem e o ótimo, como algo separado e por si mesmo, ou então como uma ordem" (*Metafísica*, 1075a). Transcendência e imanência e sua recíproca coordenação correspondem aqui à fratura do objeto da metafísica e à tentativa de manter unidas as duas figuras do ser. A aporia é, porém, que a ordem (ou seja, uma figura da relação) se torna o modo como a substância separada está presente e age no mundo. O lugar eminente da ontologia desloca-se dessa maneira da categoria da substância para a da relação, e uma relação eminentemente prática. O problema da relação entre transcendência e imanência do bem torna-se assim o problema da relação entre ontologia e práxis, entre o ser de Deus e sua ação. Que tal deslocamento tropece em dificuldades essenciais é provado pelo fato de que Aristóteles não enfrenta o problema de maneira direta, mas se remeta simplesmente a dois paradigmas, um militar e outro genuinamente econômico. Assim como, em um exército, a disposição ordenada das fileiras deve estar relacionada com o comando do estrategista e, em uma casa, os diversos seres que a habitam, seguindo cada um sua própria natureza, ajustam-se na realidade a um só princípio, assim também o ser separado mantém-se em relação com a ordem imanente do cosmo (e vice-versa). Em todo caso, *taxis*, ordem, é o dispositivo que torna possível a articulação da substância separada e do ser, de Deus e do mundo. Nomeia a relação aporética entre eles.

Embora em Aristóteles a ideia de uma providência esteja completamente ausente, e ele não pudesse em nenhum caso conceber em termos de *pronoia* a relação entre o motor imóvel e o cosmo, é compreensível que precisamente nessa passagem o pensamento mais tardio tenha encontrado, já a partir de

---

[37] Martin Heidegger, *Kant und das Problem der Metaphysik* (Frankfurt am Main, Klostermann, 1951), p. 17.

Alexandre de Afrodísia, o fundamento para uma teoria da providência divina. Sem que isso estivesse entre seus objetivos, Aristóteles legou à política ocidental o paradigma do regime divino do mundo como um sistema duplo, formado, de um lado, por uma *archē* transcendente e, de outro, por uma contribuição conjunta e imanente de ações e de causas segundas.

ℵ Will Durant foi um dos primeiros a relacionar o deus aristotélico ao paradigma Reino/Governo: "O deus de Aristóteles [...] é um *roi fainéant*, um rei folgazão [*a do-nothing king*]: o rei reina, mas não governa"[38].

ℵ Em seu comentário sobre o livro L da *Metafísica*, Averróis observa com muita agudeza que, da doutrina aristotélica dos dois modos nos quais o bem existe no universo, "em virtude da ordem e em virtude daquilo graças ao qual a ordem existe", podemos deduzir a consequência extrema do diteísmo gnóstico:

> Há alguns que afirmam que não há nada que Deus não cubra com sua providência, pois Deus, em sua sabedoria, não pode deixar nada sem providência, nem fazer o mal. Outros contestam tal argumentação, afirmando que acontecem demasiadas coisas más: Deus não poderia prestar-lhes seu concurso. Levada ao extremo, essa teoria acaba por sustentar que há dois deuses: um criador do mal e um criador do bem.

Segundo Averróis, o diteísmo gnóstico encontraria seu paradigma na fratura entre transcendência e imanência que a teologia aristotélica deixa como herança para a idade moderna.

4.8. É obra do pensamento medieval a construção do conceito de ordem em um fundamental paradigma metafísico e ao mesmo tempo político. Na medida em que a teologia cristã recebeu do aristotelismo o cânone do ser transcendente, o problema da relação entre Deus e mundo só podia se tornar, em todos os sentidos, a questão decisiva. No entanto, a relação entre Deus e mundo implica necessariamente um problema ontológico, porque não se trata da relação de dois entes entre si, mas de uma relação que tem a ver com a forma eminente do próprio ser. Nessa perspectiva, a passagem do livro L oferecia um modelo precioso e, ao mesmo tempo, aporético. Ele se torna, assim, o ponto de referência constante que orienta os numerosos tratados *De bono* [sobre o bem] e *De gubernatione mundi* [sobre o governo do mundo].

---

[38] Will Durant, *The Story of Philosophy: The Lives and Opinions of the Greater Philosophers* (Nova York, Simon and Schuster, 1962), p. 82. [Ed. bras.: *História da filosofia: vida e ideias dos grandes filósofos*, 11. ed., São Paulo, Nacional, 1962.]

100 • O reino e a glória

Se, para analisar tal paradigma, escolhemos a obra de Tomás (em vez daquelas de Boécio, Agostinho e Alberto, que são, com Aristóteles, suas fontes principais para esse problema), não é apenas porque nele o conceito de ordem se torna "um princípio central"[39] e quase "a corrente que atravessa todo o edifício de seu pensamento"[40], mas porque as dissimetrias e os conflitos que implica são particularmente evidentes. Segundo uma intenção que marca profundamente a visão medieval do mundo, Tomás procurou transformar a ordem no conceito ontológico fundamental, que determina e condiciona a própria ideia de ser; e, no entanto, exatamente por isso, a aporia aristotélica alcança nele sua formulação mais extrema.

Os estudiosos que analisaram a ideia de ordem no pensamento de Tomás observaram a dupla característica que a define (a ordem, assim como o ser, é dita de muitos modos). *Ordo* exprime, de um lado, a relação das criaturas com Deus (*ordo ad unum principium*) e, de outro, a relação das criaturas entre si (*ordo ad invicem*). Tomás afirma, muitas vezes de maneira explícita, essa constitutiva duplicidade da ordem: *"Est autem duplex ordo considerandus in rebus. Unus, quo aliquid creatum ordinatur ad alium creatum [...] Alius ordo, quo omnia creata ordinantur in Deum"* [É preciso considerar, pois, uma dupla ordem nas coisas. Por um lado, a ordem pela qual cada coisa criada está ordenada para outra coisa criada. Por outro, a ordem pela qual todo criado está ordenado para Deus][41]. *"Quaecumque autem sunt a Deo, ordinem habent ad invicem et ad ipsum Deum"* [Todas as coisas que provêm de Deus estão ordenadas entre si e para o próprio Deus][42]. Que tal duplicidade esteja diretamente vinculada à aporia aristotélica é provado pelo fato de Tomás recorrer ao paradigma do exército (*"sicut in exercitu apparet"* [assim como aparece no exército][43]) e citar explicitamente mais vezes a passagem do livro L da *Metafísica* (*"Finis quidem universi est aliquod bonum in ipso existens, scilicet ordo ipsius universi, hoc autem bonum non est ultimus finis, sed ordinatur ad*

---

[39] Amadeo Silva Tarouca, "L'idée d'ordre dans la philosophie de Saint Thomas d'Aquin", *Révue néoscholastique de philosophie*, n. 40, 1937, p. 342.

[40] Hermann Krings, *Ordo: Philosophisch-historische Grundlegung einer abendländischen Idee* (Halle, Niemeyer, 1941), p. 13.

[41] Tomás de Aquino, *S. Th.*, 1, q. 21, a. 1, ad 3; ver Hermann Krings, *Ordo*, cit.1, p. 10.

[42] Tomás de Aquino, *S. Th.*, 1, q. 47, a. 3.

[43] Idem, *Contra gent.*, liv. 3, cap. 64, n. 1.

*bonum extrinsecum ut ad ultimum fine; sicut etiam ordo exercitus ordinatur ad ducem, ut dicitur in XII Metaphys"* [Certamente o fim do universo é algo bom existente nele, a saber, a ordem do próprio universo; contudo, semelhante bem não é o fim último, mas está ordenado para outro bem extrínseco como se fosse para o fim último, algo parecido com a disposição do exército que está ordenado para o condutor, conforme se declara em *Metafísica* XII][44]). Mas é no comentário à *Metafísica* que a cisão entre os dois aspectos é reconduzida sem reservas ao duplo paradigma do bem (e do ser) em Aristóteles. Aqui, não só a *duplex ordo* [a ordem dupla] corresponde ao *duplex bonum* [duplo bem] do texto aristotélico, mas o problema logo acaba sendo identificado como o da relação entre as duas ordens (ou entre as duas figuras do bem). Aristóteles, como observa Tomás:

> mostra que o universo tem tanto o bem separado quanto o bem da ordem [*bonum ordinis*] [...] Existe, de fato, um bem separado, que é o primeiro motor, do qual dependem o céu e toda a natureza, como de seu fim e bem desejável [...] E porque todas as coisas que têm um fim convêm em uma ordem com respeito a ele, acontece que nas partes do universo se encontra alguma ordem; e assim o universo tem tanto um bem separado quanto um bem da ordem. Tal como vemos em um exército...[45]

Os dois bens e as duas ordens, embora estreitamente ligados, não são, porém, simétricos: "O bem separado, que é o primeiro motor, é um bem melhor [*melius bonum*] que o bem da ordem, que está no universo"[46]. Tal desequilíbrio entre as duas ordens manifesta-se naquela diversidade da relação de cada criatura com Deus e com as outras criaturas, que Aristóteles exprime pelo paradigma econômico do governo de uma casa. Cada criatura, comenta Tomás, está em relação com Deus através de sua própria natureza singular, exatamente como acontece em uma casa:

> Em uma casa ou família ordenada encontram-se diversos graus, de tal forma que sob o chefe da família está, em primeiro lugar, o grau dos filhos, depois o dos servos e, por fim, o dos animais que servem à casa, como os cães e outros animais do gênero. Esses graus das criaturas referem-se de modo diferente à ordem da casa, que é imposta pelo chefe da família que governa a casa [...] E assim como, em uma família, a ordem é imposta através da lei e dos preceitos do chefe da família, que para cada um dos seres ordenados

---

[44] Idem, *S. Th.*, 1, q. 103, a. 2, ad 3.

[45] Tomás de Aquino, *Sent. Metaph.*, liv. 12, L. 12, n. 3-4.

[46] Ibidem, n. 5.

## 102 • O reino e a glória

na casa é princípio de execução daquilo que diz respeito à ordem da casa, assim também a natureza nas coisas naturais é para cada criatura o princípio da execução do que lhe compete na ordem do universo. Assim como quem vive na casa se inclina a algo através do preceito do chefe da família, assim também acontece com toda coisa natural através da própria natureza.[47]

A aporia que marca, como uma brecha sutil, a maravilhosa ordem do cosmo medieval começa agora a tornar-se mais visível. As coisas são ordenadas enquanto estão em uma determinada relação entre si, mas tal relação nada mais é que a expressão de sua relação com o fim divino; e, vice-versa, as coisas são ordenadas enquanto estão em uma certa relação com Deus, mas tal relação só se exprime através de sua relação recíproca. O único conteúdo da ordem transcendente é a ordem imanente, mas o sentido da ordem imanente não é nada mais que sua relação com o fim transcendente. "Ordo ad finem" e "ordo ad invicem" *remetem uma à outra e fundam-se uma na outra*. O perfeito edifício teocêntrico da ontologia medieval repousa nesse círculo e não tem outra consistência fora dele. O Deus cristão é esse círculo, em que as duas ordens passam continuamente de uma para a outra. Mas porque aquilo que a ordem deve unir está, na realidade, irremediavelmente dividido, não só a *ordo* – como o ser em Aristóteles – *dicitur multipliciter* [diz-se em vários modos] (esse é o título da dissertação de Kurt Flasch sobre Tomás), mas ela reproduz em sua própria estrutura a ambiguidade a que deve fazer frente. Daí a contradição, ressaltada pelos estudiosos, pela qual Tomás fundamenta algumas vezes a ordem do mundo na unidade de Deus e, em outras, a unidade de Deus na ordem imanente das criaturas[48]. Essa aparente contradição nada mais é que a expressão da fratura ontológica entre transcendência e imanência que a teologia cristã herda e desenvolve a partir do aristotelismo. Se levarmos ao extremo o paradigma da substância separada, temos a gnose, com seu Deus estranho ao mundo e à criação; se seguirmos até as últimas consequências o paradigma da imanência, temos o panteísmo. Entre esses dois extremos, a ideia de ordem procura pensar um equilíbrio difícil, do qual a teologia cristã está sempre prestes a cair e o qual a cada vez ela deve reconquistar.

ℵ A ordem é um conceito vazio ou, mais precisamente, não é um conceito, mas uma *assinatura*, ou seja, algo que, como vimos, em um signo ou em um conceito,

---

[47] Ibidem, n. 7-8.

[48] Amadeo Silva Tarouca, "L'idée d'ordre dans la philosophie de Saint Thomas d'Aquin", cit., p. 350.

O reino e o governo • 103

excede-o para remetê-lo a uma determinada interpretação ou deslocá-lo para outro contexto, sem, no entanto, sair do campo do semiótico a fim de constituir um novo significado.

Os conceitos, que a ordem tem a função de assinar, são genuinamente ontológicos. A assinatura "ordem" produz, portanto, um deslocamento do lugar eminente da ontologia da categoria da substância para aquelas da relação e da práxis, que constitui talvez a contribuição mais importante que o pensamento medieval fez à ontologia. Dessa maneira, quando, em seu estudo sobre a ontologia medieval, Krings lembra que, nela, "o ser é *ordo* e a *ordo* é ser, a ordo não pressupõe algum ser, mas o ser tem a *ordo* como condição de sua possibilidade"[49], isso não significa que o ser receba, através do predicado da ordem, uma nova definição, mas que, graças à assinatura "ordem", substância e relação, ontologia e práxis passam a fazer parte de uma constelação que representa o legado específico que a teologia medieval transmite à filosofia moderna.

4.9. O texto em que, antes de Tomás, o caráter aporético da ordem aparece com mais vigor é o *De genesi ad litteram* [sobre o sentido literal do Gênesis], de Agostinho. Enquanto está falando dos seis dias da criação e do significado do número seis, Agostinho cita improvisadamente o livro da Sabedoria (11, 21): "*Omnia mensura et numero et pondere disposuisti*" [Dispuseste tudo com medida, número e peso], ou seja, um dos textos sobre o qual a tradição teológica fundamenta unanimemente a ideia de uma ordem da criação (o mestre de Tomás, Alberto Magno, usa tais termos como sinônimos de *ordo*: "*creata* [...] *per pondus sive ordinem*" [criadas [...] por peso ou ordem][50]. A citação permite uma digressão filosófica sobre a relação entre Deus e a ordem e sobre o próprio lugar da ordem, que é certamente um dos pontos altos da teologia agostiniana. Agostinho começa resolutamente pela pergunta de se "essas três coisas, medida, número, peso, segundo as quais a sagrada escritura declara que Deus dispôs todas as coisas, existiam em algum lugar antes que fosse criado o universo ou se também foram criadas e, se preexistiam, onde estavam"[51]. A pergunta sobre o lugar da ordem traduz-se imediatamente em uma pergunta sobre a relação entre Deus e a ordem:

---

[49] Herman Krings, "Das Sein und die Ordnung: Eine Skizze zur Ontologie des Mittelalters", *Deutsche Vierteljahrsschrift für Literaturwissenschaft und Geistesgeschichte*, n. 18, 1940, p. 233.

[50] Alberto Magno, *S. theol.*, qu. 3, 3, art. 4, 1.

[51] Agostinho, *Genesi alla lettera* (ed. L. Carrozzi, Roma, Città Nuova, 1989), 4, 3, 7.

104 • O reino e a glória

Antes das criaturas não existia nada fora do criador. Pois elas estavam nele. Mas de que modo? Lemos, de fato, que também as coisas que foram criadas estão nele. Devemos dizer então que aquelas três coisas são como ele, ou que estão nele, sendo regidas e governadas por ele [*a quo reguntur et gubernantur*]? De que modo, porém, estão nele? Deus não é nem medida, nem número, nem peso, nem todas essas coisas juntas. Devemos dizer então que Deus é a medida tal como a conhecemos nas criaturas que medimos, o número nas coisas que contamos, o peso nas coisas que pesamos? Ou antes não é verdade que ele é sobretudo, real e singularmente essas coisas, porém no sentido em que a medida assinala para cada coisa seu limite [*modum praefigit*], o número dá a cada coisa sua forma específica [*speciem praebet*] e o peso conduz [*trahit*] cada coisa à sua paz e à sua estabilidade, e ele limita tudo, forma tudo e ordena tudo? "Tu dispuseste tudo com medida, número e peso", porquanto possa ser entendido pelo coração e pela língua dos homens, não significa então nada mais que: "Tu dispuseste cada coisa em ti mesmo". É concedido a poucos ultrapassar tudo que pode ser medido a fim de contemplar a medida sem medida, ir além de tudo que pode ser numerado a fim de contemplar o número sem número, e tudo que pode ser pesado a fim de contemplar o peso sem peso.[52]

É importante refletir sobre essa extraordinária passagem, em que a relação paradoxal entre Deus e ordem encontra sua formulação extrema e, ao mesmo tempo, mostra sua vinculação com o problema da *oikonomia*. A medida, o número e o peso, isto é, a ordem através da qual Deus dispôs as criaturas, não podem ser, por sua vez, criados. Portanto, ainda que estejam também nas coisas, na medida em que Deus "dispôs todas as coisas de modo que tivessem medida, número e peso"[53], estão fora das coisas, em Deus ou coincidentes com Ele. Deus é, em seu próprio ser, *ordo*, ordem. No entanto, ele não pode ser medida, número e ordem, no sentido em que esses termos definem a ordem das coisas criadas. Deus é, em si, *extra ordinem* [fora da ordem], ou seja, é ordem apenas no sentido de um *ordenar* e *dispor*, isto é, não de uma substância, mas de uma atividade. "Ele é medida, número e peso não de modo absoluto, mas *ille ista est* [ele é isso] de um modo completamente novo [...] no sentido de que a *ordo* não é mais como *mensura*, *numerus*, *pondus*, mas como *praefigere*, *praebere*, *trahere*, como *terminar*, *formar*, *ordenar*"[54]. O ser de Deus, enquanto ordem, é constitutivamente *ordinatio*,

---

[52] Ibidem, 4, 3, 7-8, p. 167-8.

[53] Ibidem, 4, 5, 11, p. 171.

[54] Hermann Krings, "Das Sein und die Ordnung", cit., p. 245.

ou seja, práxis de governo e atividade que dispõe na medida, no número e no peso. É nesse sentido que a *dispositio* (que é, como é bom não esquecer, a tradução latina de *oikonomia*) das coisas na ordem nada mais significa do que a *dispositio* das coisas no próprio Deus. Ordem imanente e ordem transcendente remetem mais uma vez uma à outra em uma paradoxal coincidência, que só pode ser entendida, porém, como uma incessante *oikonomia*, como uma ininterrupta atividade de governo do mundo, que implica uma fratura entre ser e práxis e, ao mesmo tempo, tenta recompô-la.

Isso é afirmado com clareza por Agostinho nos parágrafos imediatamente sucessivos, quando interpreta o versículo do Gênesis (2,2): "Deus descansou no sétimo dia por toda a obra que havia feito". Segundo Agostinho, o versículo não deve ser entendido no sentido de que Deus, em um determinado momento, cessa de agir.

> Deus não é como um construtor, que, depois de ter construído um edifício, retira-se, porque sua obra subsiste mesmo quando ele cessa de agir; o mundo não poderia continuar a existir nem por um piscar de olhos se Deus lhe subtraísse seu governo [*si ei Deus regimen sui subtraxerit*].[55]

Ao contrário, todas as criaturas não estão em Deus como parte de seu ser, mas apenas como resultado de sua incessante operação:

> Nós, de fato, não estamos nele como sua substância [*tamquam substantia eius*] [...] mas, enquanto somos distintos dele, estamos nele unicamente enquanto ele efetua isso com sua operação; e essa é sua obra, através da qual mantém todas as coisas e "sua sabedoria se estende com vigor de um limite a outro e governa [*disponit*] tudo com doçura", e é através dessa sua disposição que "nele vivemos, nos movemos e somos". Portanto, se Deus subtraísse às coisas tal operação, cessaríamos de viver, de mover-nos e de ser. É claro, por conseguinte, que Deus não abandonou um só dia a obra de governo [*ab opere regendi*].[56]

Talvez nunca como nessas passagens agostinianas a transformação da ontologia clássica implícita na teologia cristã apareça com tanta evidência. Não só a substância das criaturas nada mais é que a atividade da *dispositio* divina, de modo que o ser das criaturas depende integralmente de uma práxis de governo – *é, em sua essência, práxis e governo* –, mas o próprio ser de Deus – enquanto é, em um sentido especial, medida, número e peso, ou seja, ordem – não é mais apenas substância ou pensamento, mas também, e

---

[55] Agostinho, *Genesi alla lettera*, cit., 4, 12, 22, p. 182.

[56] Ibidem, 4, 12, 23, p. 184.

106 • O reino e a glória

na mesma proporção, *dispositio*, práxis. *Ordo* nomeia a incessante atividade de governo, que pressupõe e, ao mesmo tempo, recompõe continuamente a fratura entre transcendência e imanência, entre Deus e mundo.

A promiscuidade, e quase o curto-circuito, entre ser e *dispositio*, substância e *oikonomia* que Agostinho introduz em Deus é teorizada explicitamente pela escolástica, de maneira especial por Alberto Magno e Tomás, e precisamente com relação ao problema da ordem em Deus (*ordo in divinis*). Eles distinguem a esse propósito ordem local e ordem temporal, que não podem ter lugar em Deus, e *ordo originis* ou *ordo naturae*, que correspondem à processão trinitária das pessoas divinas[57]. A solidariedade entre o problema da *ordo* e o da *oikonomia* é clara aqui. Deus não é ordem apenas enquanto dispõe e ordena o mundo criado, mas também e sobretudo enquanto tal *dispositio* encontra seu arquétipo na processão do Filho a partir do Pai e do Espírito a partir de ambos. *Oikonomia* divina e governo do mundo correspondem-se pontualmente. "A ordem da natureza no fluxo recíproco das pessoas divinas", escreve Alberto Magno, "é a causa do fluxo das criaturas a partir do primeiro e universal intelecto agente"[58]. E Tomás afirma:

> A ordem de natureza é aquela através da qual alguém é a partir de outro [*quo aliquis est ex alio*]; e dessa maneira estabelece-se uma diferença de origem e não uma prioridade temporal, e a distinção de gênero acaba excluída. Por isso, não se pode admitir que exista em Deus uma simples ordem, mas só uma ordem de natureza.[59]

*Oikonomia* trinitária, *ordo* e *gubernatio* constituem uma tríade inseparável, cujos termos passam de uma para outra, enquanto nomeiam a nova figura da ontologia, que a teologia cristã lega à modernidade.

א Quando Marx, a partir dos *Manuscritos** de 1844, pensa o ser do homem como práxis, e a práxis como autoprodução do homem, ele, no fundo, nada mais faz que secularizar a concepção teológica do ser das criaturas como operação divina. Uma vez concebido o ser como práxis, se tirarmos Deus e pusermos em seu lugar o homem, teremos como consequência que a essência do homem nada mais é que a práxis através da qual ele produz sem parar a si mesmo.

א No *De ordine*, 1, 5, 14, Agostinho exprime essa difusa presença do conceito de ordem, incluindo nele também os episódios mais irrelevantes e contingentes. O fato de que o barulho de um rato tenha despertado durante a noite um dos protago-

---

[57] Ver Hermann Krings, *Ordo*, cit., p. 65-7.

[58] Alberto Magno, *S. theol.*, I, 46.

[59] Tomás de Aquino, *Super Sent.*, liv. I, d. 20, q. 1, a. 3, qc. 1.

O reino e o governo • 107

nistas do diálogo, Licêncio, e Agostinho tenha começado a falar com ele, pertence à mesma ordem das cartas que comporão o livro que um dia resultará da conversa deles (aquele que Agostinho está precisamente escrevendo), e ambos estão contidos na própria ordem do governo divino do mundo:

> Quem negará, ó grande Deus, que administras com ordem todas as coisas? [...] O ratinho apareceu para que eu despertasse [...] E se alguma vez se transcrevesse o que dissemos e alcançasse a glória dos homens [...] certamente o esvoaçar das folhas nos campos e o mexer-se dos vilíssimos bichinhos nas casas seriam também tão necessários quanto aquelas cartas na ordem das coisas.

4.10. O paradigma teológico da distinção entre Reino e Governo reside na dupla articulação da ação divina em criação (*creatio*) e conservação (*conservatio*). "Deve-se ter em consideração", escreve Tomás em seu comentário ao *Liber de causis*, "que a ação da causa primeira é dupla: uma segundo a qual institui as coisas, que se chama criação, e outra segundo a qual governa as coisas já instituídas" [*res iam institutas regit*][60]. As duas operações da causa primeira são correlatas: através da criação, Deus é a causa do ser das criaturas e não só de seu devir, e por isso elas têm necessidade do governo divino para poder se conservar no ser. Retomando o tema agostiniano do governo incessante do mundo, Tomás escreve que "enquanto o ser de cada criatura depende de Deus, ela não poderia subsistir nem por um instante sequer e se reduziria a nada se não fosse conservada no ser pela ação da virtude divina"[61]. Essa dupla estrutura da ação divina constitui o modelo da atividade da realeza profana:

> Há em geral duas operações de Deus no mundo: uma que institui o mundo e outra que governa [*gubernat*] o mundo instituído. Essas mesmas operações, a alma as exerce no corpo: em primeiro lugar, o corpo é formado pela virtude da alma e, depois, através dela, é movido e governado. Essa segunda operação cabe especificamente ao ofício do rei, motivo pelo qual compete a cada rei o governo [*gubernatio*] e o rei, aliás, recebe seu nome do regime do governo [*a gubernationis regimine regis nomen accipitur*]. A primeira operação nem sempre pertence a cada rei, pois nem todo rei institui a cidade em que reina, mas recebe o cuidado de um reino ou de uma cidade já instituído. Deve-se considerar, contudo, que, se a instituição da cidade ou do reino não tivesse

---

\* São Paulo, Boitempo, 2004. (N. E.)

[60] Tomás de Aquino, *Super librum de causis expositio* (ed. H. D. Saffrey, Paris, Vrin, 2002), p. 122.

[61] Idem, *S. Th.*, 1, q. 104, a. 1.

108 • O reino e a glória

ocorrido primeiro, não poderia se dar o governo do reino [*gubernatio regni*]. Por conseguinte, também faz parte do ofício do rei a instituição da cidade ou do reino; muitos, de fato, instituíram as cidades em que reinaram, como Nino em Nínive e Rômulo em Roma. Do mesmo modo pertence ao ofício do governo a conservação das coisas governadas e seu uso segundo a finalidade na qual foram instituídas. Não se pode, portanto, conhecer o ofício do governo se não se conhecer a racionalidade da instituição. A racionalidade da instituição da cidade deve ser derivada do exemplo da instituição do mundo: nela se considera, em primeiro lugar, a produção das coisas no ser e, depois, a ordenada disposição das partes.[62]

Reino e governo, criação e conservação, *ordo ad deum* e *ordo ad invicem* são funcionalmente correlatos, no sentido em que a primeira operação implica e determina a segunda, que, por sua vez, distingue-se daquela e, ao menos no caso do governo profano, pode ser separada dela.

א Em *Der Nomos der Erde* [O nomos da Terra], Schmitt põe em relação a distinção entre poder constituinte e poder constituído – que na *Verfassungslehre* [Teoria da constituição] de 1928 se aproximava da distinção spinoziana entre *natura naturans* [natureza naturante] e *natura naturata* [natureza naturada] – e aquela entre *ordo ordinans* [ordem ordenante] e *ordo ordinatus* [ordem ordenada][63]. Tomás, que fala sobretudo de *ordinatio* [ordenação] *e* ordinis executio [execução da ordem], concebe efetivamente a criação como um processo de "ordenamento" ("*sic patet quod Deus res in esse produxit eas ordinando*" [assim temos que Deus produziu as coisas no ser ordenando-as][64]), no qual são relacionadas entre si as duas figuras da ordem ("*ordo enim aliquorum ad invicem est propter ordinem eorum ad finem*" [pois a ordem de algo na relação com outra coisa dá-se em prol da ordem das mesmas coisas tendo em vista o fim][65]). Seria interessante investigar nessa perspectiva as possíveis fontes teológicas da distinção entre *pouvoir constituant* [poder constituinte] e *pouvoir constitué* [poder constituído] em Sieyès, para quem o povo toma o lugar de Deus como sujeito constituinte.

4.11. O tratado latino conhecido como *Liber de causis* [Livro sobre as causas] ou *Liber Aristotelis de expositione bonitatis purae* [Livro de Aristóteles sobre a exposição da bondade pura] cumpriu uma função estratégica na construção do paradigma Reino-Governo. De fato, não se pode compreender o papel e a importância decisiva que esse obscuro epítome árabe de Proclo, traduzido

---

[62] Tomás de Aquino, *De regno*, liv. 1, cap. 14.

[63] Carl Schmitt, *Der Nomos der Erde im Völkerrecht des Jus Publicum Europaeum* (Berlim, Duncker & Humblot, 1974), p. 78.

[64] Tomás de Aquino, *Contra gent.*, liv. 2, cap. 24, n. 4.

[65] Idem.

para o latim no século XII, teve na teologia entre os séculos XII e XIV, se não se compreende ao mesmo tempo que ele contém algo semelhante a um modelo ontológico da máquina providencial do governo divino do mundo. O primeiro obstáculo epistemológico que este encontrava era o do modo como um princípio transcendente poderia exercer sua influência e tornar efetivo seu "regime" no mundo criado – exatamente o problema que o capítulo X do livro L da *Metafísica* havia deixado como herança para a cultura medieval. Pois foi justamente essa questão que o tratado pseudoepígrafo enfrentava na forma de uma hierarquia neoplatônica das causas. O problema aristotélico da relação entre bem transcendente e ordem imanente – tão decisivo para a teologia medieval – resolvia-se, portanto, por uma doutrina das causas: o *Liber Aristotelis de expositione bonitatis purae* é realmente um *Liber de causis*.

Sigamos, pelo comentário de Tomás, a estratégia implícita na recepção teológica do livro. Trata-se, desde o início, de construir, assim como o anônimo compilador havia feito sobre bases neoplatônicas, uma hierarquia e, ao mesmo tempo, uma articulação das causas primeiras e segundas. "Toda causa primeira", começa o tratado, "influi mais em seu causado [*plus est influens super suum causatum*] do que a causa segunda universal"[66]. Mas enquanto na repartição das causas operada pelo texto a ênfase recai todas as vezes na sublimidade e na separação da causa primeira, que não só precede e domina as causas segundas, como também cumpre tudo que elas operam *"per modum alium et altiorem et sublimiorem"*[67] [de modo diferente, mais elevado e mais sublime], a preocupação constante do comentário de Tomás consiste em salientar a coordenação e a articulação entre os dois níveis. Ele interpreta a afirmação segundo a qual "a causa primeira sustenta e integra a operação da causa segunda, porque toda operação da causa segunda foi já antes realizada pela causa primeira"[68], em um sentido puramente funcional, que mostra como as duas causas se integram reciprocamente a fim de tornar eficaz sua ação:

> A operação através da qual a causa segunda causa o efeito é causada pela causa primeira, porque a causa primeira ajuda a causa segunda, fazendo-a operar; por conseguinte, da operação, segundo a qual o efeito é produzido pela causa segunda, é mais causa a causa primeira que a causa segunda [...] a causa segunda é causa do efeito através de sua potência ou virtude opera-

---

[66] Idem, *Super librum de causis expositio*, cit., 1, 1.

[67] Ibidem, 14.

[68] Idem.

110 • O reino e a glória

tiva, mas isso mesmo pelo qual a causa segunda é causa do efeito, recebe-o da primeira causa. O ser causa de um efeito pertence em primeiro lugar à causa primeira, mas em segundo lugar também à causa segunda...[69]

Outra novidade também é, no comentário de Tomás, a especificação das causas segundas como causas particulares, que inclui uma implícita referência estratégica à distinção entre providência geral e providência especial (que, conforme veremos, define a estrutura do governo divino do mundo):

> É evidente que, quanto mais primária é uma causa eficiente, tanto maior é o número das coisas a que sua virtude se estende [...] O efeito das causas segundas, ao contrário, restringe-se a um pequeno número de coisas, motivo pelo qual ele é também mais particular [*unde et particularior est*].[70]

O interesse de Tomás pela articulação funcional entre as duas ordens de causas fica evidenciado na atenção com que descreve a concatenação das causas na produção de um efeito (substancial ou acidental):

> A intenção da causa primeira é para si quando se dirige, através das causas intermediárias, até o último efeito, como quando a arte do ferreiro move a mão e a mão move o martelo para bater o ferro, ao que se dirigia a intenção da arte; é acidental quando a intenção da causa não vai além do efeito próximo; tudo que é efetuado pelo próprio efeito vai além da intenção [*praeter intentionem*] do primeiro agente, como acontece quando alguém acende uma vela: está para além de sua intenção que a vela acesa acenda outra vela e assim por diante...[71]

Mas é no comentário às proposições 20-24 que o nexo estratégico entre a hierarquia das causas do tratado e o paradigma do governo providencial do mundo se torna mais evidente. O que está em jogo é o modo como a causa primeira governa (*regit*) as coisas criadas, continuando transcendente a elas ("*praeter quod commisceatur cum eis*" [para além do que se mistura com elas][72]). A proposição 20 propõe assim que o fato de que a causa primeira governe o mundo não prejudica sua unidade nem sua transcendência ("*regimen non debilitat unitatem eius exaltatam super omnem rem*"[73]) e nem sequer impede a eficácia de seu governo ("*neque prohibet eam essentia unitatis*

---

[69] Ibidem, p. 7.

[70] Ibidem, p. 8.

[71] Ibidem, p. 10.

[72] Ibidem, 20, 155.

[73] Ibidem, 20, 156.

*seiuncta a rebus quin regate eas*"[74]). Portanto, trata-se, de certo modo, de uma solução neoplatônica da aporia aristotélica do bem transcendente. Que, por sua vez, o comentário de Tomás orienta a leitura do texto para uma teoria da providência é provado pela conexão imediata que ele estabelece entre as formulações do texto e o paradigma econômico-providencial do governo divino do mundo. Não só uma citação de Proclo introduz explicitamente o tema ("todo ser divino provê aos seres segundos"[75]), mas a passagem do anônimo é usada contra os argumentos tradicionais daqueles que negavam a providência:

> No governo humano verificamos que aquele que deve governar uma multiplicidade é necessariamente distraído pelo governo de si, enquanto aquele que está livre do cuidado do governo dos outros pode conservar melhor a própria uniformidade. Por isso, os filósofos epicuristas, a fim de garantir a quietude e a uniformidade divina, afirmaram que os deuses não se ocupam de governar nada, mas ficam ociosos e despreocupados e, por isso, felizes. Contra eles, esta proposição defende que o governo das coisas e a suma unidade não se contradizem entre si...[76]

No mesmo sentido, a proposição 23, que distingue e coordena ciência e governo, é interpretada como tese *"de regimine secundae causae"* [sobre o regime da causa segunda], ou seja, sobre o duplo modo como a causa segunda cumpre sua ação de governo do mundo, uma vez segundo sua natureza (é o modelo da *ordo ad invicem*) e outra segundo sua participação na causa primeira (*ordo ad deum*). A ação da causa segunda é comparada assim a uma faca ardente que, segundo sua natureza, corta, mas, segundo sua participação no fogo, queima (*"sicut cultellus ignitus, secundum propria formam incidit, in quantum vero est ignitus urit"*[77]). Mais uma vez, a aporia aristotélica do bem transcendente é resolvida com a articulação entre transcendência e imanência: "Dessa maneira, toda inteligência suprema que se declara divina exerce uma dupla ação: uma enquanto participa da bondade divina, e outra segundo sua natureza própria"[78].

No entanto, isso significa também, de acordo com a partição entre geral e particular em que se articula a ação providencial, que o governo do mundo

---

[74]  Idem.

[75]  Ibidem, p 109.

[76]  Idem.

[77]  Ibidem, p. 118

[78]  Idem.

112 • O reino e a glória

se desdobra em um *regimen Dei* [regime de Deus] ou *causae primae* [da causa primeira], que se estende a todas as coisas criadas, e um *regimen intelligentiae* [regime da inteligência] ou *causae secundae* [da causa segunda], que tem a ver só com algumas delas: "Por esse motivo, o governo da causa primeira, que é segundo a essência do bem, estende-se a todas as coisas [...] O governo da inteligência, ao contrário, que é próprio dela, não se estende a todas as coisas..."[79].

Se agora abrirmos o tratado *De gubernatione mundi*[80], veremos que é precisamente a conexão hierárquica de causas primeiras e segundas que fornece o modelo da articulação entre providência geral e providência especial através do qual se realiza o governo divino do mundo.

Deus governa o mundo como causa primeira ("*ad modum primi agentis*"[81]), conferindo às coisas criadas sua forma e natureza próprias e conservando-as no ser. Isso, porém, não impede que sua operação implique também a das causas segundas ("*nihil prohibet quin una et eadem actio procedat a primo et secundo agente*" [nada impede que a mesma ação proceda do primeiro e do segundo agente][82]). O governo do mundo resulta assim da articulação de uma hierarquia de causas e ordens, de Reino e governos particulares:

> De toda causa, na medida em que constitui um princípio, deriva em seus efeitos alguma ordem. Segundo a multiplicação das causas, multiplicam-se, portanto, também as ordens, cada uma das quais está contida sob a outra, assim como uma causa está contida sob a outra. A causa superior não está contida sob a ordem da causa inferior, mas esta sob aquela da causa superior. Exemplo disso aparece nas coisas humanas: do chefe da família depende, de fato, a ordem da casa [*ordo domus*], que está contida, por sua vez, sob a ordem da cidade [*sub ordine civitatis*], que procede de quem rege a cidade, que está contido, por sua vez, sob a ordem do rei, pelo qual todo o reino é ordenado.[83]

E se, enquanto é considerada em sua conexão com a causa primeira, a ordem do mundo é imutável e coincide com a presciência e a bondade divina, enquanto implica uma articulação de causas segundas, ela deixa espaço para uma intervenção divina "*praeter ordinem rerum*" [para além da ordem das coisas].

---

[79] Ibidem, p. 119.

[80] Tomás de Aquino, *S. Th.*, 1, qq. 103-13.

[81] Ibidem, 1, q. 105, a. 5, ad 1.

[82] Ibidem, 1, q. 105, a. 5, ad 2.

[83] Ibidem, 1, q. 105, a. 6.

O reino e o governo • 113

O *Liber de causis* é tão importante para a teologia medieval porque encontrou, na distinção de causas primeiras e causas segundas, aquela articulação entre transcendência e imanência, entre geral e particular, sobre a qual podia ser fundada a máquina do governo divino do mundo.

4.12. O lugar em que a distinção entre Reino e Governo encontra pela primeira vez sua formulação técnica em âmbito jurídico é nas discussões que conduzem à elaboração do "tipo político" do *rex inutilis*, feita pelos canonistas entre os séculos XII e XIII. Na base dessas discussões estava a doutrina do poder do pontífice de depor os soberanos temporais, formulada em uma carta de Gregório VII a Hermann von Metz. Gregório refere-se aqui à deposição por inadequação do último rei merovíngio, Hilderico III, executada pelo papa Zacarias, que colocou no trono, em seu lugar, Pepino, pai de Carlos Magno. O texto é importante porque foi incluído por Graciano em seu Decreto, inspirando assim as elaborações dos canonistas posteriores. "Outro pontífice romano", escreve Gregório, reivindicando a superioridade do *sacerdotium* sobre o *imperium*, "depôs do reino um rei dos francos, não tanto por sua iniquidade, mas por não considerá-lo adequado a tão alta potestade [*tantae potestati non erat utilis*], e substituiu-o por Pepino, pai do imperador Carlos Magno, livrando todos os francos do juramento de fidelidade que haviam prestado"[84]. Os cronistas do século XII já haviam transformado Hilderico no protótipo do *rex ignavus et inutilis* [rei preguiçoso e inútil], que encarna a fratura entre a realeza nominal e seu exercício real ("*Stabat enim in rege sola nominis umbra; in Pippino vero potestas et dignitas efficaciter apparebat. Erat tunc Hildericus rex ignavus et inutilis...*" [Pois estava no trono só a sombra do nome; em Pepino, por sua vez, apareciam de fato potestade e dignidade. Hilderico era um rei preguiçoso e inútil...][85]). No entanto, é mérito dos canonistas, especialmente de Hugúcio de Pisa, ter feito do *rex inutilis* o paradigma da distinção entre *dignitas* e *administratio*, entre a função e a atividade em que se explicita. De acordo com tal doutrina, a doença, a velhice, a loucura ou a ignávia de um príncipe ou de um prelado não implicam necessariamente sua deposição, mas sobretudo a separação entre a *dignitas*, que continua inamovível de sua pessoa, e o exercício, que é confiado a um *coadiutor* [coadjutor] ou *curator* [curador].

---

[84] Gregório VII, *Decretum*, c. 15, q. 6, c. 3; ver Edward Peters, *Limits of Thought and Power in Medieval Europe* (Aldershot, Ashgate, 2001), p. 281.

[85] Godofredo de Viterbo, *Pantheon*, *PL*, 198, 924d-925a.

114 • O reino e a glória

O que estava em jogo não era apenas a prática, mas implicava também uma verdadeira doutrina da íntima separabilidade do poder soberano: isso é provado pela acribia com que a *Glosa ordinária*, na passagem do *Decretum* que se refere ao caso dos dois imperadores romanos que reinavam simultaneamente, atribui a um deles a *dignitas* e ao outro a *administratio*, sancionando ao mesmo tempo a unidade e a divisibilidade do poder (*"Dic quod erant duae personae, sed tamen erant loco unius* [...] *Sed forte unus habuit dignitatem, alter administrationem"* [Diz porque eram duas pessoas, que estavam no lugar de uma... Mas, por acaso, uma tinha a dignidade, e outra, a administração...][86]).

Foi com base nessas elaborações canonísticas que Inocêncio IV, em 1245, a pedido do clero e da nobreza portuguesa, emitiu a decretal *Grandi*, com que atribuiu a Afonso de Boulogne, irmão do rei Sancho II, que havia se mostrado incapaz de governar, a *cura et administratio generalis et libera* [o cuidado e a administração geral e livre] do reino, mas deixando ao soberano sua *dignitas* real.

O caso extremo do *rex inutilis* põe a nu assim a dupla estrutura que define a máquina governamental do Ocidente. O poder soberano articula-se constitutivamente segundo dois planos ou aspectos ou polaridades: é ao mesmo tempo *dignitas* e *administratio*, Reino e Governo. O soberano é constitutivamente *mehaignié*, no sentido em que a dignidade é medida pela possibilidade de sua inutilidade e ineficácia, em uma correlação em que o *rex inutilis* legitima a administração efetiva que sempre já está separada de si e que, no entanto, continua formalmente a lhe pertencer.

A resposta à pergunta de Von Seydel ("o que sobra do reinar se tiramos dele o governar?") é, então, que o Reino é o resto que se põe como o todo que se subtrai infinitamente a si mesmo. Assim como, na *gubernatio* divina do mundo, transcendência e imanência, *ordo ad deum* e *ordo ad invicem* devem ficar incessantemente distintas para que a ação providencial possa por sua vez reuni-las, assim também Reino e Governo constituem uma máquina dupla, lugar de uma separação e de uma articulação ininterruptas. A *potestas* é *plena* só na medida em que pode ser dividida.

℈ Os juristas medievais, embora com notáveis exceções, haviam elaborado a distinção entre *merum imperium* e *mistum imperium*. Seguindo uma glosa irneriana, eles chamavam de *imperium* aquilo sem o qual não pode haver jurisdição (*sine quo nulla esset iurisdictio*), mas distinguiam depois como "puro"

---

[86] Citado em Edward Peters, *Limits of Thought*, cit., p. 295.

O reino e o governo • 115

o *imperium* considerado em si e chamavam de "misto" aquilo ao qual pertence uma *iurisdictio* efetiva[87]. Na *Summa* de Estêvão de Tournai, tal distinção evolui para a ideia de uma clara separação entre *iurisdictio* e *administratio*, entre uma *potestas* e seu exercício:

> Se o imperador conceder a alguém a jurisdição ou o poder de julgar [*potestas iudicandi*], mas não lhe atribui uma província ou um povo a julgar, esse terá então o título, ou seja, o nome, mas não o exercício [*habet quidem titulum, idest nomen, sed non administrationem*].[88]

4.13. Uma análise da noção canonística de *plenitudo potestatis* pode proporcionar considerações instrutivas. Segundo a teoria da superioridade do poder espiritual do pontífice sobre o poder temporal, que encontrou na bula *Unam sanctam* de Bonifácio VIII sua expressão polêmica e no *De ecclesiastica potestate* de Egídio Romano sua sistematização doutrinal, a plenitude do poder reside no Sumo Pontífice, ao qual pertencem ambas as espadas de que se fala em Lc 22,38 ("*Domine, ecce duo gladii hic. At ille dixit eis: Satis est*" [Senhor, aqui estão duas espadas. E Ele disse: Isso basta]), o que é interpretado como símbolo dos poderes espiritual e material. O debate sobre a superioridade de um poder sobre outro foi tão encarniçado e os choques entre os partidários do império e os do poder eclesiástico tão violentos e obstinados que historiadores e estudiosos acabaram por deixar na sombra justamente o que deveria ter sido a pergunta preliminar: por que o poder é originariamente dividido, por que se apresenta sempre já articulado em duas espadas? Inclusive os defensores da *plenitudo potestatis* pontifícia admitem que o poder é constitutivamente dividido e que o governo dos homens (*gubernacio hominum* é a expressão técnica que aparece constantemente em Egídio) articula-se necessariamente em duas (e só duas) potestades ou espadas: "No governo dos homens e no regime do gênero humano ou no dos fiéis há apenas dois poderes e duas espadas [*due potestates et duo gladii*]: o poder sacerdotal e o poder real ou imperial, ou seja, a espada espiritual e a material"[89].

---

[87] Petro Costa, *Iurisdictio: semantica del potere politico nella pubblicistica medievale (1100-1433)* (Milão, Giuffrè, 1969), p. 112-3.

[88] Estêvão de Tournai, *Die Summa über das Decretum Gratiani* (ed. J. F. Schulte, Giessen, s. ed., 1891), p. 222.

[89] Robert W. Dyson (ed.), *Giles of Rome's on Ecclesiastical Power: A Medieval Theory of World Government* (Nova York, Columbia University Press, 2004), p. 212-4.

116 • O reino e a glória

Em seu tratado, Egídio Romano não pode deixar de se colocar a pergunta sobre "por que há na Igreja duas espadas, nem mais nem menos" [*nec plures nec pauciores*][90]. Se o poder espiritual é superior a qualquer outro e estende naturalmente seu governo às coisas materiais, da mesma maneira que a alma governa o corpo, "por que foi necessário instituir outro poder e outra espada [*aliam potestatem et alium gladium*]?"[91]. A consubstancialidade e a cooriginariedade da cisão dos dois poderes na Igreja são provadas pela interpretação da passagem de Lc 22,38.

> Se considerarmos atentamente o Evangelho, o modo como a Igreja tem as duas espadas está perfeitamente figurado: como diz Beda, de fato, uma das duas espadas foi extraída, a outra continua na bainha. Mesmo que houvesse duas espadas, lemos que só uma foi extraída, aquela com que Pedro atingiu o servo do Sumo Sacerdote, cortando-lhe a orelha direita. O que significa que, mesmo havendo duas espadas, uma só foi extraída e a outra continuou na bainha, senão que a Igreja tem duas espadas: uma espiritual, para o uso [*quantum ad usum*], e uma material, não para o uso, mas para o comando [*quantum ad nutum*]?[92]

> As duas espadas, de resto, "existem agora na lei da graça, existiram na lei escrita e existiam na lei da natureza [...] sempre foram e são coisas diversas, de tal maneira que uma não é a outra [*hi duo gladii semper fuerunt et sunt res differentes, ita quod unus non est alius*]"[93].

> Se a divisão do poder é a tal ponto constitutiva, qual é sua racionalidade? O fato de Egídio apresentar múltiplas respostas tem a ver com o dado de que elas são muitas vezes claramente insuficientes, e é possível que a resposta decisiva deva ser lida nas entrelinhas das respostas dadas. Uma primeira razão da dualidade reside na própria "excessiva excelência e perfeição [*nimia excellencia et nimia perfectio*] das coisas espirituais"[94]. A nobreza das coisas espirituais é, de fato, tal que, a fim de evitar que existissem carências e descumprimentos com respeito a elas, foi oportuno instituir um segundo poder, que se ocupasse em especial das coisas corporais, de maneira que o poder espiritual pudesse dedicar-se inteiramente às espirituais. Contudo, a razão de sua distinção é, ao mesmo tempo, o fundamento de sua estreita

---

[90] Ibidem, p. 212.

[91] Ibidem, p. 214.

[92] Ibidem, p. 104.

[93] Ibidem, p. 42.

[94] Ibidem, p. 214.

O reino e o governo • 117

articulação. "Se os dois poderes estão em relação de maneira que um é geral e extenso [*generalis et extensa*] e o outro é particular e contraído [*particularis et contracta*], então é necessário que um esteja sob o outro, seja instituído pelo outro e aja sob comissão do outro"[95].

A relação de um com outro é comparada por Egídio à relação que, segundo a doutrina medieval da geração, existe entre as virtudes celestes (como causa primeira) e o sêmen que está no animal quando se acasala (como causa segunda). "De fato, não existiria nenhum poder gerador no sêmen do cavalo, se ele não o tivesse recebido da virtude do céu"[96]. Mas é precisamente aqui que o caráter aporético da relação entre os dois poderes vem à luz. As duas espadas aparecem claramente divididas e, no entanto, a segunda, a material, está incluída na primeira. A *plenitudo potestatis* que compete ao pontífice é definida por Egídio como "poder que se encontra em um agente quando este pode, sem uma causa segunda, tudo que pode com uma causa segunda"[97]. Por isso, enquanto o Pontífice tem um poder em que está contido todo poder (*"posse in quo reservatur omne posse"*[98]), sua *potestas* é chamada plena.

> E, para passar do governo do mundo para o governo dos homens, dizemos que no céu ou em qualquer agente não há a plenitude do poder, pois o céu não pode, sem uma causa segunda, fazer o que faz com uma causa segunda. Assim, se o céu e o leão produzem juntos a geração do leão, o céu não pode produzir o leão sem um leão, nem um cavalo sem um cavalo.[99]

O poder espiritual pode, ao contrário, produzir seus efeitos sem o auxílio de causas segundas e, no entanto, deve separar de si a espada material. Há algo que falta ao poder espiritual, apesar de sua perfeição, e esse algo é a efetividade da execução. Recorrendo à doutrina da distinção entre a titularidade de um ofício e seu exercício, Egídio afirma:

> a Igreja, enquanto Igreja, segundo seu poder e seu domínio, tem nas coisas temporais um poder e um domínio superior e primário; mas não tem uma jurisdição e uma execução imediata [...] César, ao contrário, e o senhor temporal têm essa jurisdição e execução. Por isso vemos dois poderes distintos, direitos distintos e espadas distintas. Tal distinção, porém, não

---

[95]  Idem.

[96]  Ibidem, p. 216.

[97]  Ibidem, p. 362.

[98]  Idem.

[99]  Idem.

impede que um poder esteja sob o outro, um direito sob o outro, e uma espada sob a outra.[100]

A verdadeira razão da distinção entre poder primário e secundário, titularidade e execução é que ela é condição necessária para o bom funcionamento da máquina governamental:

> Se houvesse uma única espada na Igreja, ou seja, a espiritual, o que deve ser cumprido para o governo dos homens não se desenvolveria tão bem, porque a espada espiritual omitiria suas tarefas no âmbito espiritual para poder ocupar-se das coisas materiais [...] Por conseguinte, a segunda espada não foi instituída por causa da impotência da espada espiritual, mas para a boa ordem e para a conveniência [*ex bona ordinacione et ex decencia*] [...] A instituição da segunda espada não se produziu por causa da impotência da primeira, mas para o correto desenvolvimento da execução [*propter beneficium execucionis*], pois a espada espiritual não poderia executar tão bem e vantajosamente suas tarefas, se não tivesse o auxílio da espada material...[101]

Para além do debate sobre a superioridade de uma espada sobre a outra, que ocupou de modo exclusivo a atenção dos estudiosos, o que está em jogo na divisão dos dois poderes é, sobretudo, garantir a possibilidade do governo dos homens. Tal possibilidade exige que seja pressuposta uma *plenitudo potestatis*, que deve, no entanto, separar imediatamente de si seu exercício efetivo (a *executio*), que irá constituir a espada secular. Do ponto de vista teórico, o debate não é tanto entre defensores do primado do sacerdócio ou do império, mas entre "governamentalistas" (que concebem o poder como algo sempre já articulado segundo uma dupla estrutura: potestade e execução, Reino e Governo) e partidários de uma soberania em que é impossível separar a potência e o ato, *ordinatio* e *executio*. O famoso *dictum* de Gelásio I, dirigido ao imperador Anastásio em 494, ou seja, muito antes de começar o conflito entre as duas espadas, segundo o qual "*duo quippe sunt* [...] *quibus principaliter mundus hic regitur: auctoritas sacra pontificum, et regalis potestas*"[102], deve ser traduzido – de resto, de maneira absolutamente literal – como "o mundo é governado através da coordenação de dois princípios, a *auctoritas* (ou seja, um poder sem execução efetiva) e a *potestas* (ou seja, um poder de exercício", o Reino e o Governo.

---

[100] Ibidem, p. 384.

[101] Ibidem, p. 220.

[102] *Ep.*, 8, *PL*, 59, 42a.

O reino e o governo • 119

℣ Nessa perspectiva, fica esclarecida a posição de quem, como João Quidort, rejeita a teoria da *plenitudo potestatis* por implicar uma separação inatural entre a potência e o ato, entre o poder e a execução. Referindo-se com toda probabilidade ao próprio Egídio, João Quidort escreve em seu *De potestate regia et papali*:

> Alguns sustentam que o poder secular pertence ao papa imediatamente e segundo a autoridade primeira, mas que o papa não tem sua execução imediata, que ele delega ao príncipe [...] Pode por certo acontecer que alguém tenha o poder de fazer algo, mas não o ato, por causa de algum impedimento, como, por exemplo, quando alguém tem a potência de fabricar, mas não o ato porque lhe falta a matéria, ou por um defeito corporal, como no caso de um mudo que não pode proferir as palavras. Esses são impedimentos que sobrevêm à atribuição do poder. Entretanto, ninguém que não seja néscio outorgaria a alguém a ordem sacerdotal se soubesse que este tem um impedimento desse tipo. Não tem sentido, portanto, dizer que o papa recebe imediatamente de Deus o poder da espada secular, cujo exercício, no entanto, não lhe compete de modo regular. Se assim fosse, Deus agiria de maneira contrária à natureza, a qual não concede a ninguém uma virtude separada do ato, pois quem tem a potência tem também o ato [*cuius potentia, eius est actus*].[103]

Nesse caso, o conflito diz respeito não só e nem tanto à superioridade de um poder sobre o outro, mas sim à separação entre titularidade e exercício, entre Reino e Governo.

℣ Peters seguiu a descendência da figura do *rex inutilis* medieval na noção de *roi fainéant* entre os séculos XVI e XVII. O termo aparece no século XIV nas *Grandes chroniques de France* como tradução do *rex nihil faciens* [rei que não faz nada] das crônicas medievais e, mais tarde, é aplicado aos últimos monarcas carolíngios no duplo sentido de folgazão ("*qui fit nule chose*" [que não faz coisa alguma) e vicioso ("*adonné à la paillardise, oisivité et vices*" [dado à libertinagem, à ociosidade e aos vícios]). Mezeray, em sua *Histoire de France*, de 1643, aplica o termo desdenhosamente aos últimos reis merovíngios, "*tous fainéants, hébetez, et plongés dans les ordures du vice*" [todos folgazões, estúpidos e submersos nas imundícies dos vícios][104]. É aplicado depois, sucessivamente, a Luís VI, Carlos VI e Henrique III na França e, na Inglaterra, entre outros, a Henrique III, Henrique VI e até à figura do rei Artur em alguns romances de corte[105].

---

[103] João Quidort, "Fratis Johannis de Parisiis... de potestate regia et papali", em Melchior Goldast, *Monarchiae sacri Romani imperii, sive Tractatuum de iurisdictione imperiali seu regia et pontificia seu sacerdotalis* (Francofordiae ad Moenum, s. ed., 1614), v. 2, p. 120. [Ed. bras.: *Sobre o poder régio e papal*, Petrópolis, Vozes, 1989.]

[104] Edward Peter, *Limits of Thought*, cit., p. 543.

[105] Ibidem, p. 547.

120 • O reino e a glória

4.14. O modelo teológico da separação entre o poder e seu exercício está na distinção, em Deus, entre potência absoluta e potência ordenada, ou seja, na doutrina da impotência divina, daquilo que Deus, mesmo em sua onipotência, não pode fazer (ou não pode não fazer). De acordo com esse conjunto doutrinal (que se fundava, entre outras coisas, em uma passagem do *De natura et gratia*, 1, 7, 8, em que Agostinho, à pergunta se Cristo poderia ter impedido a traição de Judas, responde que certamente o poderia ter feito, mas não quis fazê-lo: "*Potuit ergo, sed noluit*"), Deus, quanto à sua potência considerada em si (*de potentia absoluta*), poderia fazer qualquer coisa que não implique contradição (por exemplo, encarnar-se, para salvar os homens, não em Jesus, mas em uma mulher, condenar Pedro e salvar Judas ou, no limite, simplesmente destruir toda a sua criação); mas *de potentia ordinata*, ou seja, segundo sua vontade e sua sabedoria, ele pode fazer apenas o que decidiu fazer. A vontade constitui, assim, o dispositivo que, dividindo a potência em absoluta e ordenada, permite refrear as consequências inaceitáveis da onipotência divina (e, mais em geral, de toda doutrina da potência), sem, contudo, negá-la enquanto tal. Tomás escreve:

> Nada pode estar na potência divina que não possa estar também em sua justa vontade e em seu sábio intelecto. [...] Entretanto, já que a vontade e o intelecto não estão determinados para isso ou aquilo por necessidade [...] nada impede que haja na potência de Deus algo que ele não queira e que não esteja contido na ordem que ele decidiu para o mundo. E, tendo em conta que a potência é executora, a vontade é o que comanda e intelecto e sabedoria são o que dirige, aquilo que se atribui à potência considerada em si mesma, diz-se que Deus o pode segundo a potência absoluta [...]. Aquilo que, ao contrário, se atribui à potência divina enquanto executa o comando de sua justa vontade, diz-se que Deus o faz segundo a potência ordenada. Nesse sentido, diz-se que Deus pode fazer segundo a potência absoluta outra coisa do que aquilo que em sua presciência preordenou que teria feito; não é possível, no entanto, que faça efetivamente algo que não tenha pré-sabido e preordenado.[106]

O interesse desse dispositivo teológico residia no fato de que ele permitia (contra quem negava qualquer distinção entre potência absoluta e potência ordenada) conciliar a onipotência de Deus com a ideia de um governo ordenado do mundo, e não arbitrário e caótico. Mas isso equivalia, de fato, a distinguir, em Deus, entre a potência absoluta e seu exercício efetivo, entre uma soberania

---

[106] Tomás de Aquino, *S. Th.*, 1, q. 25, a. 5, ad 1.

O reino e o governo • 121

formal e sua execução. Ao limitar a potência absoluta, a potência ordenada a constitui como fundamento do governo divino do mundo. O nexo entre esse problema teológico e o problema jurídico-político da separação entre a soberania e seu exercício é evidente e logo foi percebido pelos canonistas. A propósito de uma decretal de Inocêncio IV, que negava a um abade o poder de suspender o voto de pobreza de um monge, a distinção entre potência absoluta e potência ordenada foi aplicada por Hostiensis e outros canonistas ao problema da *plenitudo potestatis* papal com o objetivo de mostrar que o pontífice, embora *de potentia absoluta* não seja obrigado pela lei, contudo, *de potentia ordinata* não pode deixar de conformar-se com ela[107].

Mais uma vez, a *plenitudo potestatis* mostra em seu interior uma articulação que a divide constitutivamente, e a doutrina daquilo que Deus não pode fazer torna-se o paradigma da distinção entre o poder e seu exercício, entre Reino e Governo.

Nas questões de Mateus de Acquasparta sobre a providência, a impotência de Deus mostra com clareza seu significado governamental. Respondendo negativamente à pergunta se Deus poderia ter criado uma criatura racional que não pudesse pecar, ele explica que isso é impossível, não por uma impotência da parte de Deus, mas porque teria tornado supérfluo o governo providencial do mundo. De fato, criar uma criatura racional absolutamente incapaz de pecado significaria, de um lado, negar seu livre-arbítrio e, de outro, tornar inútil a graça através da qual Deus conserva e governa as criaturas.

> Toda criatura racional, enquanto criatura, deve ser conservada por Deus e necessita da contínua manutenção [*manutenentia*] do criador, porque se este desistisse do governo das coisas que produziu, elas se arruinariam [...] Contudo, para a conservação do bem moral das criaturas não basta a influência geral da divina manutenção, mas se precisa também daquela da graça. Por isso, assim como Deus não pode fazer com que uma criatura conserve a si própria, assim também não pode fazer com que por natureza e por si mesma não possa pecar.[108]

A impotência de Deus é funcional à possibilidade de um reto governo do mundo.

---

[107] William J. Courtenay, *Capacity and Volition: A History of the Distinction of Absolute and Ordained Power* (Bérgamo, P. Lubrina, 1990), p. 107-8.

[108] Mateus de Acquasparta, *Quaestiones disputatae de productione rerum et de providentia* (Florença, Quaracchi, 1956, Bibliotheca Franciscana 17), p. 292.

## Limiar

Agora podemos entender melhor o mitologema arturiano do *roi mehaignié*. Ele é, no campo literário, o reflexo de uma transformação e de uma cisão do conceito de soberania que deve ter perturbado profundamente as mentes de seus contemporâneos. Embora, como vimos, essa transformação tenha precedentes na doutrina gnóstica do deus ocioso e correspondências na tradição do direito romano, ela se realiza essencialmente, do ponto de vista técnico, em âmbito canonístico. O modelo teológico dessa separação está na doutrina da impotência divina, ou seja, na distinção entre *potentia absoluta* e *potentia ordinata*. Hugúcio e a decretal *Grandi* – com que Inocêncio IV separou, no caso do *rex inutilis* Sancho II, a realeza de seu exercício – deram a essa distinção uma forma jurídica de cujo significado geral e de cujas implicações políticas eles talvez não estivessem plenamente conscientes. Contudo, é certo que, como foi observado, "*Grandi* constituía o resultado da tradição jurídica mais articulada que a Europa conheceu desde a época de Justiniano, ainda que poucas monarquias territoriais tenham sido capazes, em 1245, de aproveitar plenamente dessa tradição"[109]. Contudo, o conflito que aqui estava em questão não é tanto, como parece pensar Peters, aquele entre "autoridade legal" (que cabia, por efeito da decretal, ao conde de Boulogne) e "fidelidade pessoal" (que ainda era devida ao soberano Sancho II), quanto aquele entre uma soberania indivisível de seu exercício e uma realeza constitutivamente dividida e separável do governo (ou, nos termos de Foucault, entre soberania territorial e poder governamental).

É sob essa perspectiva que se pode ler o debate que opõe, nos primeiros decênios do século XIV, João XXII e Guilherme de Ockham. Segundo João XXII, as leis que Deus estabeleceu identificam-se com sua essência e são, por isso, eternas e imutáveis. Ele não pode, portanto, agir senão da forma que escolheu agir. Potência absoluta e potência ordenada são a mesma coisa e sua distinção é puramente nominal.

> É impossível que Deus salve segundo a potência absoluta um homem privado do sacramento do batismo, porque assim foi estabelecido desde a eternidade segundo a potência ordenada, que se identifica com Deus e não pode ser mudada [...] Alguns afirmam que Deus segundo a potência absoluta pode muitas coisas que não pode nem faz segundo a potência ordenada, mas isso é

---

[109] Edward Peters, *Limits of t Thought*, cit., p. 304.

O reino e o governo • 123

falso e errado, dado que a potência absoluta e a potência ordenada em Deus são a mesma coisa e se distinguem unicamente pelo nome, como Simão e Pedro, que nomeiam a mesma pessoa. Assim como é impossível que alguém bata em Simão sem bater também em Pedro, ou que Pedro faça algo que Simão não faz, porque são o mesmo homem, assim também é impossível que Deus possa fazer segundo a potência absoluta outra coisa senão o que faz segundo a potência ordenada, pois elas são uma só coisa e diferem e se distinguem apenas pelo nome.[110]

Ockham contrapõe-se a esta tese, afirmando a irredutibilidade da potência absoluta à ordenada, que não constituem duas potências, mas dois modos diferentes em que se diz que Deus pode ou não pode algo, ou duas articulações internas da única potência divina com respeito ao ato.

Dizer que Deus pode segundo a potência absoluta coisas que não pode segundo a potência ordenada nada mais significa, se o entendemos bem, que dizer que Deus pode coisas que não tinha decidido fazer [*quae tamen minime ordinaret se facturum*]; mas se fizesse tais coisas, ele as faria segundo a potência ordenada, porque se as fizesse, teria decidido fazê-las.[111]

Para o mais moderno Ockham, é essencial salvar a contingência da decisão contra uma concepção do agir, professada por maometanos e "velhinhas" (*vetulae*), reduzindo-o a pura necessidade ("Segue daí que nenhuma criatura pode fazer algo que não faz de fato, de tal maneira que tudo aconteceria por necessidade e nada de maneira contingente, como sustentam os infiéis e os antigos hereges e, além deles, os hereges ocultos, os leigos e as velhinhas"[112]).

O que está em jogo no conflito é, em última análise, o funcionamento do dispositivo governamental. Enquanto, para o pontífice, a diferença entre os dois níveis ou momentos do dispositivo é puramente nominal, de modo que o ato de governo efetivo determina sempre já a potência, e o Reino se identifica completamente com o Governo, para Ockham, o Reino (a potência absoluta) excede e precede sempre, de algum modo, o Governo (a potência ordenada), que o alcança e determina só no momento da *executio*, sem nunca esgotá-lo integralmente. Temos assim o confronto entre duas concepções diversas do governo dos homens: a primeira, ainda dominada pelo velho modelo da soberania territorial, que reduz a dupla articulação da máquina governamental a

---

[110] Citado em William J. Courtenay, *Capacity and Volition*, cit., p. 162.

[111] Citado em ibidem, p. 164.

[112] Citado em idem.

124 • O reino e a glória

um momento puramente formal; a segunda, mais próxima do novo paradigma econômico-providencial, em que os dois elementos conservam, muito embora na sua correlação, a própria identidade, e à contingência dos atos de governo corresponde a liberdade da decisão soberana. Contudo, por uma singular inversão, justamente esse paradigma, por assim dizer, mais "democrático" aproxima-se da posição daqueles canonistas e teólogos (como, por exemplo, Duns Escoto) que, durante os mesmos anos, elaboram a doutrina da *potentia absoluta* como modelo dos poderes excepcionais. Enquanto excede constitutivamente a potência ordenada, a potência absoluta é – não só em Deus, mas em qualquer agente (e, em particular, no pontífice) – aquilo que permite agir legitimamente "para além da lei e contra ela":

> *Potest agere conformiter illi legi rectae, et tunc secundum potentiam ordinatam (ordinata enim est in quantum est principium exsequendi aliqua conformiter legi rectae) et potest agere praeter illam legem vel contra eam, et in hoc est potentia absoluta, excedens potentiam ordinatam.*[113]

---

[113] Duns Escoto, em ibidem, p. 112. ["Pode agir conforme a reta lei, e então segundo a potência ordenada (é ordenada enquanto é princípio da execução de algo conforme a reta lei), e pode agir para além dessa lei ou contra ela, e assim é potência absoluta, que excede a potência ordenada." (N. T.)]

# 5
## A MÁQUINA PROVIDENCIAL

5.1. O curso de Michel Foucault no Collège de France em 1977-1978, intitulado "Segurança, território, população", é dedicado a uma genealogia da "governamentalidade" moderna. Foucault inicia distinguindo, na história das relações de poder, três diferentes modalidades: o sistema legal, que corresponde ao modelo institucional do Estado territorial de soberania e se define por um código normativo que opõe o que é permitido ao que é proibido e, consequentemente, estabelece um sistema de penas; os mecanismos disciplinares, que correspondem às modernas sociedades de disciplina e, ao lado da lei, põem em ação uma série de técnicas policiais, médicas e penitenciárias a fim de ordenar, corrigir e modular os corpos dos súditos; e, por fim, os dispositivos de segurança, que correspondem ao estado de população contemporâneo e à nova prática que o define, que ele denomina "governo dos homens". Foucault tem o cuidado de precisar que essas três modalidades não se sucedem cronologicamente nem se excluem reciprocamente, mas convivem, articulam-se entre si, de tal maneira, porém, que uma delas constitui a cada momento a tecnologia política dominante. O nascimento do estado de população e o primado dos dispositivos de segurança coincidem assim com o relativo declínio da função soberana e com a emergência no primeiro plano daquela governamentalidade que define o problema político essencial do nosso tempo e para cuja caracterização Foucault recorre à fórmula já encontrada em Schmitt e em Peterson:

> Enquanto eu falava da população, um termo voltava continuamente [...] o termo "governo". Quanto mais falava de população, tanto mais deixava de dizer "soberano". Era levado a designar ou apontar para algo relativamente novo, não terminologicamente nem em certo nível da realidade, mas enquanto nova tecnologia. Ou, antes, enquanto privilégio que o governo começa a adquirir

126 • O reino e a glória

com respeito às regras, a ponto de um dia se poder dizer, a fim de limitar o poder do rei, "o rei reina, mas não governa", tal inversão do governo com respeito ao reino e o fato de que o governo seja, no fundo, muito mais que o reino, muito mais que o *imperium*, o problema político da modernidade...[1]

Foucault identifica a origem das técnicas governamentais no pastorado cristão, o "governo das almas" (*regimen animarum*), que, como "técnica das técnicas", define a atividade da Igreja até o século XVIII, quando se transforma no "modelo" e na "matriz" do governo político[2]. Uma das características essenciais do pastorado é o fato de se referir tanto aos indivíduos quanto à totalidade, cuidar dos homens *omnes et singulatim* [todos e singularmente], e é essa dupla articulação que se transmite à esfera de governo do Estado moderno, que é, por isso, ao mesmo tempo, individualizante e totalizante. Outro traço essencial que pastorado e governo dos homens compartilham é, segundo Foucault, a ideia de uma "economia", ou seja, de uma gestão ordenada segundo o modelo familiar dos indivíduos, das coisas e das riquezas. Se o pastorado se apresenta como uma *oikonomia psychōn*, uma "economia das almas", "a introdução da economia na prática política será [...] a finalidade essencial do governo"[3]. Sendo assim, o governo nada mais é que "a arte de exercer o poder na forma de uma economia"[4], e pastorado eclesiástico e governo político situam-se ambos no interior de um paradigma essencialmente econômico.

Embora Foucault, para sua definição "econômica" do pastorado, cite precisamente Gregório di Nazianzo[5] – autor que, como vimos, tem um papel importante na elaboração da economia trinitária –, ele parece ignorar por completo as implicações teológicas do termo *oikonomia*, a que é dedicada a presente investigação. No entanto, o fato de que a genealogia foucaultiana da governamentalidade possa ser, nessa perspectiva, prosseguida e recuada até identificar no próprio Deus, pela elaboração do paradigma trinitário, a origem da noção de um governo econômico dos homens e do mundo, não tira o valor de suas hipóteses; mas, antes, confirma seu núcleo teórico na

---

[1]  Michel Foucault, *Sécurité, territoire, population: cours au Collège de France (1977-1978)* (Paris, Seuil/ Gallimard, 2004), p. 78. [Ed. bras.: *Segurança, território, população*, São Paulo, Martins Fontes, 2008.]

[2]  Ibidem, p. 151.

[3]  Ibidem, p. 98.

[4]  Ibidem, p. 99.

[5]  Ibidem, p. 196.

A máquina providencial • 127

mesma medida em que detalha e corrige sua exposição histórico-cronológica. Assim, a aula de 8 de março de 1978 é dedicada, entre outras coisas, a uma análise do *De regno* de Tomás de Aquino, orientada para mostrar que, no pensamento medieval e, em particular, na escolástica, ainda existe uma continuidade substancial entre soberania e governo.

> Se, na ininterrupta continuidade do exercício de sua soberania, o soberano pode e deve governar, isso se deve ao fato de ele fazer parte do grande *continuum* que vai de Deus ao pai de família, passando pela natureza e pelos pastores. Esse grande *continuum* desde a soberania até o governo nada mais é que a tradução, na ordem "política", entre aspas, do *continuum* que vai de Deus aos homens.[6]

É tal continuidade que, segundo Foucault, é rompida a partir do século XVI, quando uma série de novos paradigmas – da astronomia de Copérnico e Kepler à física de Galileu, da história natural de John Ray à *Gramática de Port-Royal* – mostra que Deus "rege o mundo somente através de leis gerais, imutáveis e universais, simples, inteligíveis, ou seja, Deus não o governa de modo pastoral, mas reina soberanamente através de princípios"[7].

Mostramos, ao contrário, que o primeiro germe da divisão entre Reino e Governo aparece na *oikonomia* trinitária, que introduz na própria divindade uma fratura entre ser e práxis. A noção de *ordo* no pensamento medieval – notadamente em Tomás – não consegue suturar essa cisão a não ser reproduzindo-a em seu interior, como fratura entre uma ordem transcendente e uma ordem imanente (e entre *ordinatio* e *executio*). Ainda mais singular é o fato de Foucault mencionar, em sua genealogia da governamentalidade, o opúsculo tomasiano *De regno* e deixar de lado precisamente o tratado *De gubernatione mundi*, em que teria encontrado os elementos essenciais de uma teoria do governo, enquanto distinto do reino. Por outro lado, o termo *gubernatio* – a partir de certo momento e já no livro de Salviano *De gubernatione Dei* – é sinônimo de providência, e os tratados sobre o governo divino do mundo nada mais são que tratados sobre o modo como Deus articula e desenvolve sua ação providencial. *Providência é o nome da "oikonomia", na medida em que esta se apresenta como governo do mundo*. Se a doutrina da *oikonomia* e a da providência que dela depende podem ser vistas nesse sentido como máquinas para fundar e explicar o governo do mundo, e só assim se tornam

---

6  Ibidem, p. 239-40.

7  Ibidem, p. 240.

128 • O reino e a glória

plenamente inteligíveis, também é verdade que, inversamente, o nascimento do paradigma governamental só se torna compreensível quando o situamos sob o fundo "econômico-teológico" da providência em relação ao qual se mostra solidário.

Ainda mais estranha é, no curso de 1977-1978, a ausência de qualquer referência à noção de providência. No entanto, como veremos, as teorias de Kepler, de Galileu, de Ray e do círculo de Port-Royal a que se refere Foucault só acabam radicalizando a distinção entre providência geral e providência especial, com a qual os teólogos haviam transposto, a seu modo, a oposição entre Reino e Governo. E a passagem do pastorado eclesiástico para o governo político, que Foucault procura explicar – de maneira não muito convincente, na verdade – pelo surgimento de uma série de contracondutas que resistem ao pastorado, é muito mais compreensível se for vista como secularização daquela minuciosa fenomenologia de causas primeiras e segundas, próximas e remotas, ocasionais e eficientes, vontades gerais e vontades particulares, concursos mediatos e imediatos, *ordinatio* e *executio,* através dos quais os teóricos da providência haviam tentado tornar inteligível o governo divino do mundo.

א Quando empreendemos uma investigação arqueológica, precisamos ter em conta que a genealogia de um conceito ou de um instituto político pode ser encontrada em um âmbito diferente daquele previsto no início (por exemplo, não na ciência política, mas na teologia). Se nos limitamos ao exame da tratadística medieval estritamente "política", como o *De regno* de Tomás ou o *De regimine civitatum* de João de Viterbo, deparamos com o que, para um olhar moderno, parece uma incoerência e com uma confusão terminológica que às vezes torna impossível estabelecer uma conexão crível entre as categorias políticas modernas e a conceitualidade medieval. Se, no entanto, levamos em consideração a hipótese – que seguimos aqui – de que a genealogia dos conceitos políticos modernos deve ser buscada sobretudo nos tratados *De gubernatione Dei* e nos escritos sobre a providência, então a conexão acaba esclarecida. Mais uma vez, a arqueologia é uma ciência das assinaturas, e devemos ser capazes de seguir as assinaturas que deslocam os conceitos ou orientam sua interpretação para âmbitos diversos.

O fato de não ter observado essa advertência metodológica não só impediu Foucault de articular sua genealogia da governamentalidade a fundo e de modo convincente, como também comprometeu as valiosas pesquisas de Michel Senellart sobre as *As artes de governar: do* regimen *medieval ao conceito de governo\**. O conceito moderno de governo não continua a história do *regimen* medieval, que representa, por assim dizer, uma espécie de trilho fora de uso na história do pensamento ocidental, mas

---

\*   São Paulo, Editora 34, 2006. (N. E.)

A máquina providencial • 129

a história, de resto bem mais vasta e articulada, da tratadística providencial, que, por sua vez, tem origem na *oikonomia* trinitária.

5.2. Não se trata de fazer uma reconstrução exaustiva do interminável debate sobre a providência que, no âmbito pagão, cristão e judaico, chega da Stoa ao limiar da idade moderna praticamente sem solução de continuidade. Isso nos interessa apenas na medida em que constitui o lugar em que o paradigma teológico-econômico e a fratura entre ser e práxis que ele comporta assumem a forma de um governo do mundo e, vice-versa, o governo se apresenta como a atividade que só pode ser pensada se ontologia e práxis estiverem "economicamente" divididas e coordenadas entre si. Podemos afirmar, nesse sentido, que a doutrina da providência é o âmbito teorético privilegiado em que a visão clássica do mundo, com sua primazia do ser sobre a práxis, começa a fender-se, e o *deus otiosus* cede lugar a um *deus actuosus*. O que importa analisar aqui é o sentido e as implicações dessa atividade divina de governo.

Muitas vezes foi observado que um dos pontos nodais da disputa sobre a providência é, desde o início, a distinção entre providência geral e providência particular (ou especial). Em sua base está a distinção estoica entre o que se acha em modo primário (*proēgoumenōs*) nos planos da providência e o que se produz como efeito concomitante ou secundário (*kat' epakolouthēsin* ou *parakolouthēsin*).

A história do conceito de providência coincide com o longo e inflamado debate entre aqueles que sustentam que Deus provê ao mundo através de princípios gerais ou universais (*providentia generalis*) e aqueles que afirmam que a providência divina se estende aos detalhes – segundo a imagem de Mt 10,29, até o mais ínfimo passarinho (*providentia specialis* e *specialissima*). Se afirmamos a providência geral e negamos, no todo ou em parte, a providência particular, temos a posição da filosofia aristotélica e tardo-antiga e, por fim, o deísmo (que, nas palavras de Wolff, "concede que Deus exista, mas nega que se ocupe das coisas humanas"[8]). Se, no entanto, afirmamos ao mesmo tempo as duas formas de providência, temos a posição da Stoa, do teísmo e da corrente dominante da teologia cristã, no interior dos quais surge o problema de como conciliar a providência especial com o livre-arbítrio do homem.

---

[8]    Christian Wolff, "Natürliche Gottesgelahrheit nach beweisender Lehrart abgefasset", em *Gesammelte Werke* (Hildesheim/ Nova York, Olms, 1995), 2, 2, p. 191.

130 • O reino e a glória

No entanto, o que está realmente em jogo no debate não é tanto a liberdade do homem (que os defensores da segunda tese se esforçam para salvar precisamente pela distinção entre causas remotas e causas próximas) quanto a possibilidade de um governo divino do mundo. Se Reino e Governo são separados em Deus por uma oposição taxativa, então nenhum governo do mundo é possível, na realidade: temos, de um lado, uma soberania impotente e, de outro, a série infinita e caótica dos atos (violentos) de providência particulares. O governo só é possível se Reino e Governo forem correlatos em uma máquina bipolar: é isso que resulta especificamente da coordenação e da articulação da providência geral e da providência especial, ou, nas palavras de Foucault, do *omnes* e do *singulatim*.

5.3. A primeira aparição da máquina providencial está em uma passagem do *Peri pronoias* (*Sulla provvidenza* [Sobre a glória (sobre a providência)]) de Crisipo[9], em que apresenta já a característica essencial que definirá seu funcionamento até o início da idade moderna, ou seja, a conjunção estratégica de dois problemas aparentemente distintos: o da origem e da justificação do mal e o do governo do mundo. A conexão que Crisipo estabelece entre esses dois problemas é tão forte que se encontra ainda no centro do obstinado debate *post mortem* com Bayle que Leibniz apresenta em sua *Teodicea*. Para provar sua tese de que o mundo existente é *la meilleure des républiques* [a melhor das repúblicas], Leibniz sustenta que o mal que nele se encontra não deriva de uma vontade imediata de Deus, mas é a inevitável consequência concomitante da escolha que Deus fez do melhor dos mundos possíveis.

> Disso se segue que o mal encontrado nas criaturas racionais não acontece senão por concomitância, não por uma vontade antecedente, mas por uma vontade consequente, enquanto está implicado no melhor entre os planos possíveis; e o bem metafísico, que tudo compreende, é a causa do fato de que às vezes é necessário dar lugar ao mal físico e ao mal moral, como defendi muitas vezes. Aliás, os estoicos antigos não estavam longe de um sistema similar.[10]

Nessa altura, seja para sustentar sua tese, seja para levar seu adversário a cair em contradição, ele retoma a paráfrase – na verdade, bastante fiel – que Bayle fez da passagem de Crisipo.

---

[9]   Hans von Arnim (ed.), *Stoicorum veterum fragmenta* (Leipzig, Teubner, 1903), 2, 336.

[10]  Gottfried Wilhelm von Leibniz, *Essais de théodicée* (Paris, Aubier, 1962), 2, 209, p. 253-4.

A máquina providencial • 131

Crisipo, no livro quarto do *Peri pronoias*, examina o problema, que lhe parece digno de atenção, *ei ai tōn anthrōpōn nosoi kata physin gignontai* [se as enfermidades dos homens acontecem segundo a natureza]. A própria natureza das coisas, ou seja, a providência que fez o gênero humano e o mundo, produziu também os males e as enfermidades do corpo a que os seres humanos estão sujeitos? Ele defende que o desígnio principal da natureza não é torná-los sujeitos aos males, porque isso não seria conveniente àquela que gerou todas as coisas boas; contudo, enquanto produzia e preparava muitas coisas utilíssimas e convenientes, produziram-se outras nocivas que derivavam das precedentes. Crisipo diz que não foram geradas pela natureza, mas como consequências de certo modo necessárias, que ele define *kata parakolouthēsin* [segundo concomitância]. Assim, por exemplo, quando a natureza plasmava o corpo dos homens, a razão e a utilidade da obra exigiam que a cabeça fosse composta de ossos pequenos e delicados; porém, dessa utilidade principal derivou como consequência extrínseca que a cabeça fosse frágil e sujeita a choques. Enquanto a natureza preparava a saúde, produziram-se também os padecimentos e as enfermidades.[11]

É essa conexão, nada evidente, entre o problema do mal e o da providência que Crisipo deixa como herança para a filosofia e a teologia cristã.

5.4. O tratado e as questões sobre a providência, atribuídos a Alexandre de Afrodísia, comentador de Aristóteles, muito ativo por volta do século II d.C., constituem um exemplo perfeito de como, precisamente nesse contexto problemático, as diferentes escolas filosóficas tendem a convergir e a distinguir-se segundo orientações que se mantêm constantes. Alexandre tinha diante de si adversários – os estoicos – que afirmavam que "nada do que acontece no mundo acontece sem a intervenção da providência" e que os deuses, semelhantes nesse aspecto a patrões judiciosos que controlam tudo que ocorre em sua casa, cuidam tanto do mundo em geral quanto das coisas particulares[12]. Contra essa ideia da providência, Alexandre não cansa de reiterar que um deus que estivesse constantemente ocupado em prestar atenção a cada indivíduo em particular e a cada detalhe mostraria ser inferior às coisas a que provê. Ele opõe assim o paradigma do reino ao do pastorado (ou seja, mais uma vez, Reino e Governo): enquanto o pastor é inferior aos seres de que cuida, porque sua perfeição está ligada ao bem-estar deles,

---

[11] Idem.

[12] Alexandre de Afrodísia, *La provvidenza: questioni sulla provvidenza* (ed. S. Fazzo e M. Zonta, Milão, Rizzoli, 1999), p. 102-3.

132 • O reino e a glória

a providência exercida por um rei sobre as coisas que governa não procede desse modo: ele não se ocupa de tudo, universais e particulares, ininterruptamente, sem que nenhuma das coisas a ele submetidas escape de seu pensamento, e dedicando a elas toda a sua vida. A mente do rei prefere exercer sua providência de maneira universal e geral: suas tarefas são, de fato, nobres e elevadas demais para que se preocupe com tais pequenezas.[13]

Deus é decerto a fonte primeira de toda a providência, mas isso não significa que ele observe e conheça cada um dos seres inferiores:

Nenhum homem pode prover a tudo que há em sua casa a ponto de ocupar-se dos ratos, das formigas e de todas as outras coisas que ali se encontram. No entanto, deve-se dizer que o fato de um homem nobre colocar ordem em seus lugares todas as coisas que se encontram em sua casa e administrá-las segundo aquilo que convém não é o mais belo de seus atos nem é digno dele. Ele deve, ao contrário, levar em consideração as coisas mais importantes, enquanto esse tipo de ações e de preocupações lhe deve ser estranho. Portanto, se esse comportamento não é digno de um homem judicioso, com maior razão não é digno de Deus: ele está, de fato, demasiado no alto para que se possa dizer dele que cuida dos homens, dos ratos e das formigas [...] e que sua providência compreende todas as coisas daqui debaixo.[14]

Vemos aqui, já constituída, aquela dupla articulação da providência que mais tarde, na teologia cristã, assumirá o nome de *providentia generalis* e *providentia specialis* e que aqui se apresenta como providência por si mesma (*kat' hauto*) e providência por acidente (*kata symbebēkos*). Contudo, é decisivo em Alexandre o modo como ele tenta pensar um terceiro modelo intermediário, que neutraliza essas oposições e parece constituir para ele o verdadeiro paradigma da ação providencial.

A providência dos deuses para as coisas que se acham no mundo sublunar, escreve Alexandre[15], não pode ser uma atividade primária, intencionalmente desenvolvida em vista daquelas coisas, porque nesse caso, já que tudo isso que está em vista de alguma coisa é inferior a ela, ele seria inferior aos entes do mundo sublunar. Igualmente absurdo seria afirmar que a providência se produz de maneira puramente acidental, porque isso equivaleria a sustentar que ele não é de modo algum consciente dela, enquanto Deus não pode deixar de ser o mais sábio dos seres. Delineia-se aqui o paradigma de uma ação divina que foge tanto do modelo da atividade voluntária quanto daquele do

---

[13] Ibidem, p. 117.

[14] Ibidem, p. 119.

[15] Ibidem, p. 143.

A máquina providencial • 133

acidente inconsciente e apresenta-se, por assim dizer, na forma paradoxal de um acidente consciente ou de uma consciência isenta de objetivo. Alexandre chama de "natureza" o que corresponde a tal cânone providencial e define coerentemente essa natureza como uma "técnica divina"[16]:

> A potência divina que chamamos também de "natureza" faz subsistir as coisas nas quais se encontra e dá-lhes uma forma segundo certa conexão ordenada, sem que isso aconteça em virtude de uma deliberação qualquer. A natureza não exerce a deliberação e a reflexão racional com relação a nenhuma das coisas que faz, porque a natureza é uma potência irracional.[17]

Precisamente por isso, Alexandre pode assimilar os movimentos naturais aos que se produzem nos autômatos mecânicos, que "parecem dançar, lutar e mover-se com movimentos dotados de ordem e ritmo, porque assim os predispôs o artífice"[18]; mas enquanto, nos produtos da arte, os artesãos se propõem um fim determinado, aquela técnica divina que é a natureza chega ao cumprimento de maneira involuntária, mas não acidental, "unicamente graças a uma sucessão contínua de seres gerados"[19].

5.5. Como devemos entender essa particular natureza intermediária – involuntária, mas não acidental – da ação providencial? É na questão 2,21, que Alexandre precisa e refina seu modelo. Se fosse possível, escreve ele, encontrar um termo intermediário entre o "por si" e o "por acidente", então desapareceria a alternativa que torna ininteligível a ação providencial. Esta não assume como fim de suas atividades o favorecimento do ser a que provê (providência por si) nem é simplesmente acidental.

> Diz-se que provê a algo por si aquele que se propôs como objetivo ajudar o objeto em questão e, em vista dessa ajuda, age e cumpre as ações mediante as quais julga poder alcançar o objetivo que se propôs, tomando como fim de sua atividade o favorecimento do ser a que provê.
> Diz-se que um ser provê a outro por acidente [*kata symbebēkos*] quando aquele a que se diz prover nada faz para favorecer a quem provê, mas acontece que este tira algum proveito das coisas que o outro faz; contudo, aquele que provê dessa maneira ignora completamente essa consequência acidental. De fato, parece que encontrou acidentalmente um tesouro aquele que no prin-

---

[16] Ibidem, p. 149.

[17] Ibidem, p. 151.

[18] Idem.

[19] Ibidem, p. 153.

134 • O reino e a glória

cípio escavava com algum outro fim e não previa encontrá-lo. E alguém foi morto por acidente por um raio, porque o raio não caiu com esse fim nem houve consciência alguma por parte do demiurgo artífice do raio.[20]

A característica da ação providencial segundo Alexandre – e aqui reside seu interesse particular – não é o "por si" nem o "por acidente", nem o primário nem o colateral, e sim aquele que poderia ser definido como "efeito colateral calculado".

O conhecimento de algumas das consequências disso que acontece por algum outro fim elimina o caráter acidental delas – pois acidental é aquilo que parece acontecer contra as expectativas, enquanto a previsão parece ser indício de uma conexão racional dos fatos [...] O ser que não age em vista de algo, mas sabe que o favorece e o quer, assim provê a ele, porém, não o faz nem por si nem por acidente.[21]

Em Alexandre, a teoria da providência, coerentemente com a teologia aristotélica da qual parte, não é pensada tendo por objetivo fundar um Governo do mundo, mas isso – ou seja, a correlação entre o geral e o particular – resulta de modo contingente, ainda que consciente, da providência universal. O deus que reina, mas não governa, torna possível assim o governo. O governo é, portanto, um epifenômeno da providência (ou do reino).

Definida desse modo a natureza do ato providencial, Alexandre legou à teologia cristã o cânone possível de uma *gubernatio* divina do mundo. Independente do fato de a providência se manifestar somente nos princípios universais ou descer para ocupar-se dos mais ínfimos detalhes, ela deverá passar pela própria natureza das coisas e seguir sua "economia" imanente. O governo do mundo não acontece nem pela imposição tirânica de uma vontade geral externa nem por acidente, mas pela consciente previsão dos efeitos colaterais que emanam da própria natureza das coisas e permanecem em sua singularidade absolutamente contingente. O que parecia um fenômeno marginal ou um efeito secundário converte-se assim no paradigma do ato de governo.

Não causa surpresa então que um autor árabe do século IX, Jabir ibn Hayyan, possa interpretar o pensamento de Alexandre sobre a providência em um sentido que faz dele uma espécie de paradigma original do liberalismo, como se o patrão, provendo aos seus interesses e aos de sua casa,

---

[20] Ibidem, p. 236.

[21] Ibidem, p. 236-40.

A máquina providencial • 135

beneficiasse – não importa com que grau de consciência – também os bichinhos que nela se aninham:

> O que caracteriza o livro de Alexandre de Afrodísia é que, segundo ele, a nona esfera não exerce sua providência sobre este mundo de modo deliberado: não existe nada neste mundo que fuja à sua providência, mas apenas acidentalmente. Para demonstrar isso, ele traz o seguinte exemplo: o dono de uma casa ou de um palácio não se ocupa em alimentar os ratos, as lagartixas, as baratas e as formigas que ali se encontram, provendo a subsistência deles como faz com ele e seus familiares. Contudo, ao prover à sua casa, ele provê acidentalmente também a esses bichinhos.[22]

א A teoria, de origem estoica, dos efeitos colaterais negativos da providência aparece completamente articulada em Filon. Os elementos irredutivelmente danosos ou "maus" do criado (dos raios ao granizo, das serpentes venenosas aos escorpiões) são concebidos como efeitos concomitantes ou *bavures* [rebarbas] da estrutura providencial do cosmo:

> As neves, o granizo e todos os fenômenos desse tipo são efeitos colaterais [*epakolouthei*] do resfriamento do ar, e da colisão e da fricção das nuvens saem os relâmpagos e os trovões [...] Os terremotos, as epidemias de peste, os raios e os fenômenos desse tipo [...] não são obras primárias da natureza, mas provocadas pelas coisas necessárias como efeitos concomitantes [...] Quanto às serpentes, sua espécie venenosa não deriva de um desígnio da providência, mas de um efeito colateral, como eu já disse: elas vêm à existência toda vez que a umidade esquenta.[23]

A racionalidade governamental moderna reproduz exatamente a dupla estrutura da providência. Cada ato de governo tende a um objetivo primário, mas, justamente por isso, pode implicar efeitos colaterais (*collateral damages*), previstos ou imprevistos nos detalhes, mas de todo modo óbvios. O cálculo dos efeitos colaterais, que até podem ser consideráveis (no caso de uma guerra, implicam a morte de seres humanos e a destruição de cidades), é, nesse sentido, parte integrante da lógica do governo.

א A ideia de que a providência particular, levada ao extremo, implicaria consequências absurdas encontra-se também nos teólogos cristãos. É significativa a seguinte passagem de Jerônimo:

> É absurdo estender a majestade de Deus até o ponto de crer que sabe em cada instante quantos mosquitos nascem e quantos morrem, e conhece o número das pulgas e a massa imensa das moscas, ou quantos peixes nascem no mar,

---

22 Ibidem, p. 167.

23 Filon de Alexandria, *De providentia* (ed. M. Hadas-Lebel, Paris, Cerf, 1973), p. 328-38.

136 • O reino e a glória

além de questões semelhantes. Não devemos ser tão fátuos aduladores de Deus a ponto de reduzir a providência a tais questões.[24]

5.6. No pensamento estoico, de que se origina o conceito de providência, ele aparece estreitamente entrelaçado com o problema do destino*. O tratado *Sul fato* [Sobre o destino], de Plutarco, constitui, nesse sentido, um exemplo instrutivo de como um filósofo pagão que viveu entre os séculos I e II da era cristã pode contribuir, sem a menor intenção, para a elaboração do paradigma governamental.

Plutarco começa com a definição do conceito de destino (*heimarmenē*), distinguindo, segundo um esquema estoico que mostra com clareza que a ontologia já havia se desdobrado em uma pragmática, entre o destino como substância (*ousia*) e o destino como atividade (*energeia*, "efetividade"). Como substância, o destino corresponde à alma do mundo, que se divide localmente em três partes: o céu das estrelas fixas, a parte dos planetas "errantes" e aquela situada abaixo dos céus na região terrestre. Como atividade – e esse parece ser o aspecto que mais interessa a Plutarco –, o destino é assimilado a uma lei (*nomos*), "segundo a qual se desenrola tudo que acontece"[25].

Decisivo é, porém, o modo como Plutarco recorre ao paradigma da lei para tecer a conexão entre o destino em geral e o destino particular (*kata meros* ou *kath' ekastha*)[26]. Assim como a lei civil (*politikos nomos*)[27] não se dirige a tal ou qual indivíduo, mas dispõe segundo uma condição (*hypothesis*, "pressuposição") universal tudo que acontece na cidade, assim também o destino fixa as condições gerais segundo as quais se desenvolverá depois a conexão dos fatos particulares[28]. Na perspectiva do destino, tudo que acontece é considerado efeito de um antecedente. Plutarco identifica, dessa maneira, o destinal com o efetual ou condicional (*to ex hypotheseōs*):

---

[24] Jerônimo, *Hab.*, 1, 1; PL, 25, 1286a-b.

* Convém não esquecer que "destino" é, em latim, *fatum*, de que provêm "fatal" e "fatalidade". Por mais que o autor use distintamente em italiano os termos *fato* e *destino*, preferimos manter, na tradução de ambos, "destino". (N. T.)

[25] Plutarco, *Oeuvres morales* (ed. Jean Hani, Paris, Les Belles Lettres, 1980), 568d, p. 18.

[26] Ibidem, 566d, p. 21.

[27] Idem.

[28] Ibidem, p. 21-2.

"Deve-se conhecer o que é o condicional e mostrar que o destino tem esse caráter. Chamamos condicional aquilo que não é posto por si, mas, sendo suposto de algum modo por uma condição real, significa um efeito consequencial [*akolouthian*]"[29].

O princípio de acordo com o qual "tudo acontece segundo o destino [*panta kath' heimarmenēn*]"[30] só tem sentido se esclarecermos que a expressão "segundo o destino" não se refere aos antecedentes, mas apenas à ordem dos efeitos e das consequências. "Só devem ser considerados como destinais ou segundo o destino as coisas que são efeitos daquilo que foi estabelecido primariamente [*proēgēsamenois*] na disposição divina do mundo."[31] Assim, o destino divide o real em dois planos distintos: o plano dos antecedentes gerais (*proēgoumena*) e o dos efeitos particulares. Os primeiros estão de algum modo *no* destino, mas não acontecem *segundo* o destino, e o destino é aquilo que resulta como efeito da correlação entre os dois planos.

Nessa altura Plutarco introduz sua doutrina da providência, que nada mais é que uma formulação mais rigorosa de sua teoria do destino. Também a providência, como o destino-substância, tem uma tríplice figura, que reproduz o esquema das três ordens divinas da segunda carta pseudoplatônica. A primeira e suprema providência é a inteligência ou a vontade do primeiro deus, "realizadora de bem para todas as coisas", em conformidade com a qual cada ser foi ordenado no modo "melhor e mais belo"[32]. Ela "criou o destino e o compreende dentro de si"[33]. A segunda providência, que foi criada com o destino e está, como ele, compreendida na primeira, é a dos deuses segundos que atravessam os céus; e é em conformidade com ela que as coisas mortais são dispostas e conservadas. A terceira providência, que foi criada "depois do destino" e nele está contida, compete aos demônios encarregados de vigiar e ordenar cada uma das ações dos homens. Só a primeira providência merece seu nome, segundo Plutarco. Ela é "o mais antigo dos seres", como tal superior ao destino, pois "tudo que é segundo o destino é também segundo a providência, mas não vice-versa"[34]. E se o

---

[29] Ibidem, 570a, p. 22.

[30] Ibidem, 570c, p. 23.

[31] Ibidem, 570e, p. 24.

[32] Ibidem, 572f, p. 30.

[33] Ibidem, 574b, p. 33.

[34] Ibidem, 573b, p. 30.

138 • O reino e a glória

destino era comparado a uma lei, a primeira providência é semelhante a "uma legislação política apropriada às almas dos homens"[35].

Providência e destino são, em Plutarco, ao mesmo tempo distintos e intimamente entrelaçados. Se a primeira providência corresponde ao plano do primário e do universal, o destino, que está contido na providência e é em parte idêntico a ela, corresponde ao plano dos efeitos particulares que dela derivam. Nada, porém, é mais ambíguo que a relação de "colateralidade" ou de "efetualidade" (*akolouthia*). Importa avaliar a novidade que tal concepção introduz na ontologia clássica. Invertendo a definição aristotélica da causa final e seu primado, ela transforma em "efeito" o que em Aristóteles aparecia como fim. Plutarco parece dar-se conta disso quando observa que "quem examina tais coisas com excessiva sutileza dirá que o caráter primário pertence ao particular, porque é em vista deste que existe o universal, e o fim precede o que se produz em vista dele"[36]. É, pois, próprio da máquina providência-destino funcionar como um sistema de dois polos, que acaba produzindo uma espécie de zona de indiferença entre o primário e o secundário, o geral e o particular, a causa final e os efeitos. E por mais que Plutarco, assim como Alexandre, não tivesse em mira um paradigma governamental, a ontologia "efetual" que resulta daí contém, de algum modo, a condição de possibilidade do governo, entendido como atividade que não é dirigida, em última análise, nem para o geral nem para o particular, nem para o primário nem para o consequente, nem para o fim nem para os meios, mas para sua correlação funcional.

℘ A imagem do mundo da ciência moderna foi com frequência contraposta à concepção teológica de um governo providencial do mundo. Em sua estrutura conceitual, elas são, no entanto, mais semelhantes do que se costuma admitir. Antes de mais nada, o modelo da providência geral repousa em leis eternas totalmente análogas àquelas da ciência moderna. Mas é sobretudo a relação entre causas primeiras e causas segundas que revela analogias evidentes com a imagem do mundo da ciência moderna. Didier Deleule mostrou que, no pensamento moderno, de Hume a Adam Smith, afirma-se uma concepção que, em perfeita analogia com a teoria da providência, rompe com o primado das causas finais e as substitui por uma ordem produzida pelo jogo contingente dos efeitos imanentes. A ordem do mundo não remete a um projeto inicial, mas resulta da série contínua das causas próximas e funciona, por isso, não como um cérebro, mas

---

[35] Ibidem, 573d, p. 32.

[36] Ibidem, 569f, p. 22.

como um ventre[37]. Apesar da ideia de uma *ordinatio* divina, a dupla estrutura da ordem providencial de fato concilia-se perfeitamente com a contingência das causas segundas e de seus efeitos. O governo do mundo não é consequência da imposição de uma lei geral indefectível, mas da correlação entre a lei geral e o plano contingente das causas segundas.

5.7. Não provoca surpresa que Alexandre, em seu tratado sobre o destino, tome posição clara contra o dispositivo estoico providência-destino.

Ele começa mostrando de imediato que, dada a classificação aristotélica das quatro causas (eficiente, material, formal, final), o destino não pode encontrar lugar em nenhuma delas sem contradições nem incluir em si a totalidade dos acontecimentos. Por esse caminho, é levado a ter em consideração uma ordem de acontecimentos, tiques e gestos insensatos que o homem antigo parece ignorar, como o "fato de ter entre os dedos e tecer sem razão fios de erva, ou puxar e alisar os próprios cabelos e todos os outros atos desse tipo"[38], ou então aqueles restos, sobras e anomalias que não é possível inscrever em nenhum finalismo e em nenhuma conexão destinal.

> De que são causa os excrementos que fluem de certas partes do nosso corpo? E os monstros e tudo aquilo que se produz contra a natureza, que são desde o início incapazes de conservar-se? [...] E para que servem as frutas podres ou já secas no solo e o desdobramento de certas folhas? [...] Aquilo que se produziu, pelo fato de ser, não é por isso causa de acontecimentos futuros.[39]

Alexandre dá-se perfeitamente conta de que seus adversários pretendem conciliar o destino com a capacidade de ação dos homens e fundar através do destino a própria possibilidade de um governo do mundo. Ele cita a passagem de um tratado em que o nexo destino-governo é afirmado de maneira explícita: "Se todas as coisas não acontecessem segundo o destino, o governo [*dioikesis*, a administração] do mundo não seria isento de obstáculos e impedimentos. Mas sem governo não haveria um mundo ordenado [*kosmos*], e sem um mundo ordenado não haveria os deuses"[40]. Se introduzíssemos

---

[37] Didier Deleule, *Hume et la naissance du liberalisme économique* (Paris, Aubier Montaigne, 1979), p. 259-67.

[38] Alexandre de Afrodísia, *Traité du destin* (ed. P Thilliet, Paris, Les Belles Lettres, 1984), p. 6.

[39] Ibidem, p. 45-6.

[40] Ibidem, p. 72.

140 • O reino e a glória

no mundo um movimento sem causa, declara outro defensor do destino, "o mundo se dividiria e se deslocaria [...] e já não seria governado por uma só ordem e uma só *oikonomia*"[41]. Contra tais ideias, Alexandre sustenta resolutamente o caráter contingente (ou seja, aberto à possibilidade de não se produzir) das ações humanas. Lemos na conclusão de seu tratado: "Somos donos só daquilo com respeito ao qual temos o poder [*exousian*; as traduções usuais com "liberdade" são inexatas] de não o fazer"[42]. E, no entanto, assim como no tratado sobre a providência ele foi levado pela vontade de conter a providência na esfera do geral a elaborar uma ontologia dos efeitos colaterais que já não é aristotélica, mas parece antecipar as teorias governamentais modernas, assim também a recusa do destino o leva a reivindicar, em todos os âmbitos, uma teoria da contingência que se concilia perfeitamente com as modernas técnicas de governo. Para estas, é essencial não tanto a ideia de uma ordem predeterminada, mas a possibilidade de gerir a desordem; não a necessidade irrevogável do destino, mas a constância e a calculabilidade de uma desordem; não a ininterrupta cadeia das conexões causais, mas as condições da manutenção e da orientação de efeitos em si puramente contingentes.

5.8. Nas *Questioni sulla provvidenza* [Questões sobre a providência], conservadas em uma tradução latina medieval e atribuídas a Proclo, não parece existir um problema do governo do mundo. A providência é um problema tipicamente ontológico-gnosiológico, que coincide com o da natureza e do objeto do conhecimento divino, e a contribuição de Proclo consiste precisamente em enraizar com firmeza a *pronoia* no uno e no ser. Assim, a primeira questão pergunta se o objeto do saber divino são as realidades universais ou, antes, os entes singulares. A resposta é que a providência, como grau supremo do conhecimento divino, inclui, segundo um paradigma que já nos é familiar, tanto o todo quanto o individual, *omnes et singulatim*; mas o problema continua sendo, essencialmente, de conhecimento e não de práxis e de governo. No mesmo sentido, a segunda questão examina o problema do modo como a providência conhece as coisas contingentes. Mesmo que sejam em si indeterminadas e múltiplas, a providência as conhece como se fossem necessárias. A natureza do conhecimento

---

[41] Ibidem, p. 43.

[42] Ibidem, p. 76.

é determinada pela natureza do cognoscente e não pelo objeto conhecido; portanto, "a providência, ao conhecer os diferentes objetos cognoscíveis, não se torna também ela divisível, gerada no tempo, corpórea e instável, mas continua sendo um único termo incorpóreo, intemporal, indivisível e superior aos contrários"[43].

A terceira questão aprofunda o problema da relação essencial que liga a providência, cuja natureza é idêntica à do uno, às coisas contingentes, e é nesse contexto que começa a delinear-se um problema de governo. Se, de fato, não houvesse uma conexão (*colligatio*) entre as coisas mundanas contingentes e as realidades superiores, não poderiam existir nem a unidade nem um governo da inteligência (*gubernatio secundum intelligentiam*). Tal conexão é atribuída por Proclo aos demônios e aos deuses.

> De um lado, os deuses, abraçando com sua providência todas as coisas, de outro, os demônios, compartilhando a plenitude do ser da divindade; os primeiros encarregaram-se de alguns seres, os segundos, de outros, levando ao extremo, conforme disse Platão, a divisão das tarefas, para que alguns protejam os homens, outros, os leões, outros ainda, diferentes tipos de animais e plantas, e, em particular, alguns se ocupem dos olhos e do coração, outros, do fígado, e tudo esteja cheio de deuses...[44]

Mas aqui, assim como na questão seguinte, que trata do modo como os deuses participam do mundo, a providência continua sendo uma categoria essencialmente ontológica, que remete a uma espécie de efusão gradual e constante do ser divino, da qual os seres individualmente tomados participam em medida diferente segundo a potência específica de sua natureza.

Tomemos agora a carta a Teodoro, transmitida com as questões, em que Proclo examina o problema do destino e de sua relação com a providência. Teodoro, que é um "*mechanicus*", ou seja, algo como um engenheiro, concebe o mundo como um imenso mecanismo dominado por uma necessidade inelutável, no qual as esferas se encaixam umas nas outras por engrenagens que determinam, a partir de um princípio motor único, o movimento de todos os seres vivos e não vivos. O princípio que, segundo Teodoro, move e une essa máquina-mundo (*mundiale opus*), como uma espécie de super-rengenheiro (*mechanicus quidam*), é o destino ou a providência.

---

[43] Proclo, *Tria opuscula: provvidenza, libertà, male* (ed. F. D. Paparella, Milão, Bompiani, 2004), p. 148.

[44] Ibidem, p. 178.

142 • O reino e a glória

Contra esse modelo unitário da máquina-mundo, que exclui qualquer liberdade (nele, a *autexusion, id est liberi arbitrii* [autopotência, ou seja, do livre-arbítrio], como observa o tradutor latino, tornar-se-ia um nome vazio[45]) e qualquer possibilidade de um governo divino do mundo, Proclo afirma que providência e destino constituem, ao contrário, um sistema hierarquicamente articulado em dois planos, que não exclui a liberdade e implica, entre os dois elementos ou planos, uma distinção substancial. Em cada ponto do universo, as causas eficientes primárias são distintas dos efeitos (*"ubique autem factivae causae ab effectibus distinctae sunt"*[46]) e o princípio que age não pode ser colocado no mesmo plano de seus efeitos (*"faciens non est tale, quale factum"*[47]). A ontologia pressuposta por tal doutrina é uma ontologia binária, que decompõe a realidade em dois níveis, um transcendente e outro imanente: a providência corresponde à ordem das causas primárias transcendentes e o destino, à dos efeitos ou das causas segundas imanentes. A providência ou causa primária é a fonte do bem, enquanto o destino, como causa segunda, produz a conexão imanente dos efeitos (*"providentiam quidem causam esse bonorum hiis quibus providetur, fatum autem causam quidem esse et ipsum, sed connexionis cuiusdam et consequentiae hiis quae generantur"*[48]). Juntos funcionam como uma máquina de dois tempos, em que a conexão destinal dos efeitos (o destino como *causa connexionis*) executa e realiza a efusão providencial do bem transcendente.

Embora a ideia de uma *gubernatio* divina ainda não seja enunciada como tal, a cisão do ser em dois planos distintos e coordenados é a condição para que a teologia cristã possa construir sua máquina governamental.

א Não cabe aqui tratar do problema da atribuição a Proclo dos opúsculos traduzidos por Guilherme de Moerbeke, que repousa apenas na concordância parcial entre o texto latino e os três tratados compostos pelo erudito bizantino Isaac Sebastocrator no século XI, supostos plágios do original de Proclo. Mas é certo que a ontologia aqui descrita não parece platônica, mas estoica ou cristã. A ideia de um criador do mundo é apresentada várias vezes. É possível que o autor dos opúsculos não seja Proclo, mas um representante daquela visão judaico-cristã (em todo caso, não clássica) do mundo que já encontramos em várias oportunidades.

---

[45] Ibidem, p. 334.

[46] Ibidem, p. 344.

[47] Ibidem, p. 346.

[48] Ibidem, p. 342.

A máquina providencial • 143

5.9. O texto que transmitiu à teologia cristã o dispositivo providência-
-destino é o *De consolatione philosophiae*, de Boécio. Toda a conversa entre o
desconsolado Boécio e a *madonna* Filosofia, que afastou dele, como "meretri-
zes teatrais", as musas da poesia, trata do modo como o mundo é governado
por Deus (*"quibus... gubernaculis regatur"*[49]) e das razões do aparente triunfo
do mal sobre o bem e da fortuna sobre a justiça. O único autêntico remédio
para o estado de confusão e esquecimento em que caiu Boécio é a "verdadeira
doutrina do governo do mundo [*veram de mundi gubernatione sententia*]"[50].
Por isso, depois de ter afugentado as primeiras dúvidas, a doce e severa
mestra, que antes havia lhe ensinado a "transferir para o âmbito público da
administração o que havia aprendido nos ócios secretos do estudo"[51], agora
com um sorriso permite explicar aquela árdua doutrina da providência e do
destino, cujas aporias ela própria compara às cabeças de uma hidra, que,
uma vez decepadas, renascem mais numerosas[52].

Providência e destino, transcendência e imanência, que já em Plutarco e
em Proclo formavam um sistema de duas faces, agora são articulados entre si
para constituir uma perfeita máquina de governo do mundo. A geração e o
movimento do universo, explica a Filosofia a seu discípulo, recebem causas,
ordem e forma da mente divina. Esta, porém, estabeleceu um modo duplo
de governar as coisas (*"rebus gerendis"*[53]):

> Quando esse modo é visto na pureza da inteligência divina, é chamado de
> providência; quando, ao contrário, refere-se às coisas que move e dispõe,
> os antigos o chamavam de destino. Se examinarmos a potência de cada
> uma, ficará evidente que se trata de duas coisas diferentes. A providência
> é, de fato, a própria razão divina, constituída no princípio supremo de
> todas as coisas, que tudo dispõe; o destino, ao contrário, é a disposição
> [*dispositio*: é o vocabulário latino da *oikonomia*] imanente às coisas em seu
> movimento, em virtude da qual a providência liga cada coisa às suas ordens.
> A providência abarca todas as coisas da mesma maneira, por mais diversas e
> infinitas que sejam; o destino dispõe em movimento cada uma das coisas,
> distribuindo-as em lugares, formas e tempos diferentes, de modo que tal

---

[49] Boécio, *De consolatione philosophiae*, 1, 6. [Ed. bras.: *A consolação da filosofia*, São Paulo, Martins Fontes, 1998.]

[50] Idem.

[51] Ibidem, 1, 4.

[52] Ibidem, 4, 6.

[53] Idem.

144 • O reino e a glória

desenvolvimento da ordem temporal reunida sob a perspectiva da mente divina é a providência, enquanto a mesma unidade disposta e desenvolvida no tempo se chama destino.

Embora sejam diversas, dependem uma da outra. A ordem do destino procede justamente da simplicidade da providência.[54]

Talvez nunca como nessa passagem o caráter duplo do governo do mundo – e, ao mesmo tempo, o nexo unitário que aproxima os dois aspectos – seja afirmado com clareza tão peremptória. O poder que rege o mundo resulta da interação de um princípio transcendente, simples e eterno, e de uma *oikonomia* imanente (*"inhaerens rebus"*), articulada no tempo (*"explicata temporibus"*) e no espaço (*"locis* [...] *distributa"*). Os dois princípios são heterogêneos, porém interdependentes (*"alterum* [...] *pendet ex altero"*), não só porque o destino procede da providência, mas também porque, como é explicado nos versos que concluem o capítulo, se o destino não forçasse as coisas em seu movimento, "tudo que agora contém uma ordem estável acabaria em pedaços, afastando-se de sua origem".

A *madonna* Filosofia diz explicitamente que se trata de um verdadeiro paradigma de governo na passagem seguinte, em que a economia do universo é descrita com imagens e com um vocabulário que lembra o da complicada administração de um reino ou de um império:

Deus dispõe, através da providência, aquilo que se deve fazer com um ato singular e estável e, depois, através do destino, administra [*amministrat*] temporal e multiplamente o que dispôs. Se depois o destino é exercido por espíritos divinos que atuam como servos e criados da providência, ou se a conexão destinal [*fatalis series*] é tecida pela alma, ou por toda a natureza que atua como executora, ou pelos movimentos dos astros, ou pelas virtudes angelicais, ou pela variegada diligência dos demônios, ou então por alguns deles ou por todos, é certo e evidente, porém, que a providência é a forma simples e imóvel das coisas a gerir [*gerendarum... rerum*], enquanto o destino é a conexão móvel e o ordenamento temporal daquilo que a divina simplicidade confiou em gestão.

Dessa maneira, todas as coisas submetidas ao destino estão também sujeitas à providência, na qual o próprio destino subjaz, enquanto algumas coisas que estão no poder da providência excedem o curso do destino. Trata-se das coisas que, sendo estáveis e mais próximas da primeira divindade, superam a ordem do movimento destinal.[55]

---

[54] Idem.

[55] Idem.

A máquina providencial • 145

Providência e destino aparecem aqui como dois poderes hierarquicamente coordenados, em que uma decisão soberana determina os princípios gerais do ordenamento do cosmo, confiando depois sua administração e execução a um poder subordinado, mas autônomo (*gestio* é o termo jurídico que indica o caráter discricionário dos atos efetuados por um sujeito por conta de outro). O fato de haver questões que a providência soberana decide diretamente e que, portanto, continuam subtraídas da gestão destinal, não invalida a divisão dos poderes na qual repousa o sistema. O governo do mundo é bem melhor ("*res optime reguntur*"[56]), explica a *magistra* ao atônito discípulo, se a simplicidade, permanecendo na mente divina, deixa agir a conexão destinal das causas, ou seja, se a providência soberana (o Reino – Boécio fala explicitamente de um "*regnum providentiae*" [reino da providência][57]) deixa que seja o destino (o Governo) a administrar e obrigar as ações dos homens ("o destino une, em uma indissolúvel conexão de causas, as ações e a sorte dos homens"[58]).

Disso nasce o caráter fatal e, ao mesmo tempo, milagroso que parece revestir as ações de governo. Dado que o soberano transcendente conhece e decide o que o destino obriga depois na conexão imanente das causas, para aquele que está imerso nelas, o destino – isto é, o governo – aparece como um milagre majestoso e impenetrável ("*Hic iam fit illud fatalis ordinis insigne miraculum, cum ab sciente geritur quod stupeant ignorantes*"[59]). E, por mais que as coisas possam parecer injustas e confusas, e os maus pareçam triunfar e os bons, sofrer, tudo que acontece inscreve-se, pontualmente, na ordem providencial. Também os maus, de fato, desejam o bem, porém são pervertidos em seu desejo pelo erro: nada acontece por causa do mal e o governo providencial nunca pode desviar-se de seu início ("*Nihil est quod mali causa ne ab ipsis quidem improbis fiat; quos* [...] *bonum quaerentes pravus error avertit, nedum ordo de summi boni cardine proficiens a suo quoquam deflectat exordio*"[60]).

Tentemos agora analisar a curiosa relação que, na máquina governamental, liga providência e destino. Embora claramente distintos, são, contudo, apenas os dois aspectos de uma única ação divina, o *duplex modus* de

---

[56] Idem.

[57] Idem.

[58] Idem.

[59] Idem.

[60] Idem.

146 • O reino e a glória

uma única atividade de governo do mundo, que, com uma ambiguidade terminológica consciente, apresenta-se ora como providência, ora como destino, ora como inteligência, ora como *dispositio*, ora transcendente, ora imanente, ora contraída na mente divina, ora exposta no tempo e no espaço. A atividade de governo é, ao mesmo tempo, providência, que pensa e ordena o bem de todos, e destino, que distribui o bem aos indivíduos, compromissando-os na cadeia das causas e dos efeitos. Dessa maneira, aquilo que em um plano, o do destino e dos indivíduos, aparece como incompreensível e injusto, recebe em outro sua inteligibilidade e justificação. A máquina governamental funciona, assim, como uma incessante teodiceia, em que o Reino da providência legitima e funda o Governo do destino, e este garante e torna eficaz a ordem que a primeira estabeleceu.

א Salviano, bispo de Marselha no século V, começa seu tratado *De gubernatione Dei* [Sobre o governo de Deus] evocando brevemente as fontes pagãs de uma doutrina da providência. Em primeiro lugar Pitágoras, depois Platão "e todos os platônicos" que "defendem que Deus é o moderador de todas as coisas", os estoicos, que "atestam que Deus, na função de governador [*gubernatoris vice*], fica sempre dentro daquilo que rege"; por último, Virgílio e Cícero, citados, como os precedentes, de segunda mão. Salviano conhece os autores clássicos apenas pelas citações dos apologistas, e a formação de sua doutrina da providência é absolutamente independente do paradigma governamental que até aqui reconstruímos na filosofia tardo-antiga (falta, de modo especial, qualquer alusão à bipartição providência geral/providência especial). Seus exemplos são extraídos quase exclusivamente da Bíblia, em que a providência divina acontece sobretudo na forma de juízo e punição.

Contudo, é significativo que também nesse contexto o paradigma providencial tenda a constituir-se na forma de governo. A metáfora do *gubernator* mantém-se fiel à sua origem naval, mas amplia-se para compreender aqueles que, para Salviano, são os três aspectos de toda atividade de governo:

> O que poderiam ter feito de mais justo e piedoso que compará-lo com um timoneiro [*gubernatori*]? Como o timoneiro que dirige um barco nunca tira a mão do timão [*gubernaculo*], também Deus nunca se afasta do cuidado do mundo; e como aquele, ocupado em sentir os ventos, evitar os escolhos e perscrutar as estrelas, dedica-se totalmente, alma e corpo, à sua obra, também o nosso Deus nunca desvia do universo o ofício [*munus*] de sua visão, nem o governo [*regimen*] de sua providência, nem a indulgência [*indulgentiam*] de sua misericórdia.[61]

---

[61] Salvianus Presbyter Massiliensis, "De gubernatione dei", em *Opera omnia* (Vindobonae, s. ed., 1883), 1, 1, p. 4.

A máquina providencial • 147

O segundo livro do tratado é dedicado à definição, por exemplos bíblicos (*per testimonia sacra*), das três figuras da providência, que Salviano define como *praesentia*, *gubernatio* e *iudicium* e que constituem uma extraordinária prefiguração da moderna tripartição dos poderes, reunidos, porém, em um único titular. A presença, que corresponde à soberania, é simbolizada pelo olho que vigia e vê; o governo, pela mão que dirige e corrige; o juízo (o poder judiciário), pela palavra que julga e condena. No entanto, os três poderes estão estreitamente entrelaçados e implicados um no outro:

> A presença, pois aquele que deverá governar e julgar deve, sem dúvida, estar presente para poder depois governar e julgar. Por isso, a palavra divina diz em seus livros: em todo lugar os olhos de Deus contemplam os bons e os maus. E eis o Deus presente, ei-lo contemplador, ei-lo vigilante com seu olhar em todo lugar [...] Os bons são olhados para ser conservados, os maus, para ser perdidos [...] Vemos agora como aquele que olha governa, porque a razão do olhar [*ratio aspiciendi*] traz consigo também a causa do governo [*causam... gubernandi*]. Quem olha, de fato, não olha para, depois de ter visto, descuidar; mas, pelo fato mesmo de ter se dignado a olhar, entende-se que não descuidará. Por isso, a Sagrada Escritura afirma que os maus são olhados por Deus para a perdição e os bons, para a salvação. Mostra-se aqui a economia do governo divino [*dispensatio divini gubernaculi*]; isso significa dirigir através de um governo justo e tratar cada homem segundo a diversidade de seus méritos...[62]

5.10. O paradigma teológico do governo está presente no tratado de Tomás, *De gubernatione mundi*[63]. Nesse caso, o governo não é definido tematicamente, mas mediante a articulação de uma série de *quaestiones*, que determinam progressivamente suas características específicas. Em primeiro lugar, o governo opõe-se ao acaso, assim como a ordem se opõe ao que acontece de modo fortuito:

> Alguns filósofos antigos negaram o governo do mundo, declarando que tudo acontece por acaso. Mas tal posição é insustentável por dois motivos. O primeiro é aquele que as próprias coisas manifestam. Vemos, de fato, que nos seres naturais acontece, sempre ou na maioria dos casos, o que é melhor; e isso não poderia acontecer se os seres naturais não fossem dirigidos a um bom fim por parte de alguma providência: e isso é governar. A mesma ordem estável das coisas demonstra o governo do mundo: assim como quem entra em uma casa bem ordenada compreende, pela própria ordem da casa, a ideia de quem a ordenou...[64]

---

[62] Ibidem, 1, 1-2.

[63] Tomás de Aquino, *S. Th.*, 1, qq. 103-13.

[64] Ibidem, 1, q. 103, a. 1.

148 • O reino e a glória

O segundo motivo parece aproximar-se mais de uma definição do governo e tem a ver com a oportunidade para que as coisas criadas por Deus alcancem seu fim: "A perfeição última de cada coisa consiste em atingir seu fim. Cabe, portanto, à bondade divina, que produziu as coisas, conduzi-las ao seu fim, e isso significa governar"[65]. O significado genérico de governar é, pois, "conduzir as criaturas ao seu fim". Tomás esclarece que as coisas criadas precisam ser governadas, porque, se não fossem conservadas pela *manus gubernatoris* [mão do governador], voltariam ao nada do qual provêm. Mas de que maneira se realiza o governo divino do mundo? Não se trata, de modo algum, segundo a representação comum, de uma força que, interferindo de fora, dirige as criaturas, como a mão do pastor guia as ovelhas. O que define o governo divino é (retomando-se a identidade aristotélica entre *archē* e *physis*) que ele coincide integralmente com a própria natureza das coisas que dirige. Segundo um paradoxo que corresponde perfeitamente à estrutura da ordem, o governo divino das criaturas não tem outro conteúdo senão a necessidade natural inscrita nas coisas:

> A necessidade natural inerente às coisas que são determinadas em vista de um fim é uma impressão efetuada por Deus que as dirige para aquele fim, assim como a necessidade, pela qual a flecha tende a um certo alvo, é um impulso do arqueiro e não da flecha. No entanto, a necessidade natural difere desta, enquanto o que a natureza recebe de Deus é sua própria natureza, ao passo que aquilo que o homem imprime nas coisas naturais é uma violência que vai além de sua natureza. E assim como a necessidade que a violência imprime no movimento da flecha demonstra a direção do arqueiro, assim também a necessidade natural das criaturas demonstra o governo da divina providência.[66]

O governo define-se, portanto, como uma forma muito particular de atividade, necessariamente não violenta (no sentido de "contra a natureza" que esse termo tem no pensamento medieval, em que se opõe a *spontaneus, qui sponte fit*) [espontâneo, que se faz sem esforço], que se articula através da própria natureza das coisas governadas. Governo divino e autogoverno da criatura coincidem, e governar significa – segundo um paradigma que os fisiocratas e os teóricos da "ciência da ordem", de Le Trosne a Le Mercier de la Rivière, redescobririam cinco séculos mais tarde – conhecer e deixar a natureza das coisas agir.

Mas se tal identidade entre ordem natural e governo fosse tão absoluta e indiferenciada, o governo seria uma atividade nula, que, dada a impressão

---

[65] Idem.

[66] Ibidem, q. 103, a.1, ad 3.

A máquina providencial • 149

original da natureza no momento da criação, coincidiria simplesmente com passividade e *laissez-faire*. Não é assim. É em resposta às perguntas sobre "se Deus age em todo agente" e "se Deus pode fazer algo para além da ordem inscrita nas coisas" que o conceito de governo recebe suas determinações específicas. Tomás tinha (ou fingia retoricamente ter) duas teses opostas diante de si: a do "destino maometano", segundo o qual Deus age imediatamente em cada ação natural com um contínuo milagre ("*solus Deus immediate omnia operatur*"[67]), e aquela segundo a qual, ao contrário, a intervenção de Deus limita-se ao dom original da natureza e da *virtus operandi* [capacidade de agir] no momento da criação.

Tomás argumenta que a tese maometana é impossível, porque equivale a cancelar a ordem das causas e dos efeitos da criação. Se, de fato, o fogo não esquentasse pela disposição de sua própria natureza, mas porque Deus intervém para produzir o calor toda vez que se acende um fogo, então toda criação, privada de sua virtude operativa, se tornaria inútil: "Todas as coisas criadas pareceriam de algum modo vãs [*frustra*], se fossem destituídas de sua própria operação, já que cada coisa existe em vista de sua operação"[68]. Por outro lado, a tese oposta, que procura salvaguardar a liberdade das criaturas, separa-as drasticamente de Deus e ameaça fazê-las voltar ao nada de que provêm. Como conciliar então governo divino e autogoverno das criaturas? Como pode o governo coincidir com a natureza das coisas e, no entanto, intervir nela?

A solução dessa aporia passa, conforme constatamos, pela distinção estratégica entre causas primeiras e causas segundas, *primum agens* e *secundi agentes*. Se considerarmos o mundo e a ordem das coisas dependentes da primeira causa, então Deus não pode intervir no mundo nem fazer nada de fora ou contra ele, "porque, se o fizesse, agiria contra sua presciência e contra sua vontade e bondade"[69]. O espaço próprio de uma ação do governo do mundo não é, por conseguinte, aquele, necessário, da *ordo ad Deum* [ordem para Deus] e das causas primeiras, mas aquele, contingente, da *ordo ad invicem* [ordem recíproca] e das causas segundas.

Se considerarmos que a ordem das coisas depende de alguma causa segunda, Deus pode agir além [*praeter*] da ordem das coisas. De fato, Ele não está sujeito à ordem das causas segundas, mas tal ordem, pelo contrário,

---

[67] Ibidem, 1, q. 105, a. 5.

[68] Idem.

[69] Ibidem, 1, q. 105, a. 6.

150 • O reino e a glória

está sujeita a ele, enquanto procede dele não por uma necessidade natural, e sim pelo arbítrio de sua vontade, já que Ele poderia ter instituído também uma ordem diferente das coisas. Por isso, se quiser, Ele pode agir além dessa ordem constituída [*praeter hunc ordinem institutum*], realizando, por exemplo, os efeitos das causas segundas sem elas, ou então produzindo efeitos aos quais as causas segundas não se estendem.[70]

Em sua forma eminente, a esfera da ação divina *praeter ordinem rerum* [além da ordem das coisas] é o milagre ("*Unde illa quae a Deo fiunt prater causas nobis notas, miracula dicuntur*" [Assim, aquelas coisas que são feitas por Deus para além das causas por nós conhecidas são chamadas milagres][71]).

Contudo, essa ação de governo só é possível, como vimos em Agostinho, na medida em que Deus, como causa primeira, dá às criaturas a forma que elas têm e as conserva no ser ("*dat formam creaturis agentibus, et eas tenet in esse*"[72]) e é, portanto, intimamente agente nas coisas ("*ipse Deus est proprie causa ipsius esse universalis in rebus omnibus, quod inter omnia est magis intimum rebus; sequitur quod Deus in omnibus intime operetur*" [Deus mesmo é a causa do próprio ser universal em todas as coisas, pois o ser é o que de mais íntimo existe nas coisas; segue-se que Deus opera no interior de todas as coisas][73]).

O sentido da cisão constitutiva da *ordo* e seu nexo com o sistema bipartido Reino/Governo, ontologia/*oikonomia*, começa nessa altura a ser evidente. O Reino diz respeito à *ordo ad deum*, a relação das criaturas com a causa primeira. Nessa esfera, Deus é impotente, ou melhor, não pode agir senão na medida em que sua ação já sempre coincide com a natureza das coisas. O Governo, por sua vez, diz respeito à *ordo ad invicem*, a relação contingente das coisas entre si. Nessa esfera, Deus pode intervir suspendendo, substituindo ou estendendo a ação das causas segundas. As duas ordens, porém, são funcionalmente vinculadas, no sentido em que é a relação ontológica de Deus com as criaturas – em que ele é, ao mesmo tempo, absolutamente íntimo e absolutamente impotente – que funda e legitima a relação prática de governo com elas, em cujo interior (ou seja, no âmbito das causas segundas) seus poderes são ilimitados. A cisão entre

---

[70] Idem.

[71] Ibidem, 1, q. 105, a. 7.

[72] Ibidem, 1, q. 105, a. 5.

[73] Idem.

ser e práxis que a *oikonomia* introduz em Deus funciona, na verdade, como uma máquina de governo.

5.11. É dessa fundamental articulação bipolar do poder de Deus sobre o mundo que deriva também a outra característica essencial da atividade divina de governo, a saber, o fato de estar cindida em um poder de deliberação racional e em um poder de execução, o que implica necessariamente uma pluralidade de mediadores e "ministros". Ao responder à pergunta "se todas as coisas são governadas imediatamente por Deus", Tomás começa afirmando:

> Duas coisas devem ser consideradas no governo, e são sua racionalidade [*ratio gubernationis*], que é a própria providência, e a execução [*executio*]. No que concerne à racionalidade, Deus governa imediatamente todas as coisas; no que concerne, por sua vez, à execução do governo, Deus governa algumas coisas mediante outras.[74]

A racionalidade governamental é, de fato, um "conhecimento prático, que consiste em conhecer os detalhes em que se age"[75] e, como tal, certamente compete a Deus; contudo, tendo em conta que "o governo é tanto melhor quanto maior é a perfeição que o governante comunica aos governados [...], Deus governa as criaturas de modo a constituí-las, por sua vez, causa do governo de outras"[76], ou seja, executoras de sua *ratio gubernationis* [razão de governo]. Que o governo divino do mundo e o governo profano das cidades da terra estão em estreita correlação analógica é provado pelo fato de que Tomás ilustra sua tese com um paradigma genuinamente político: assim como o poder de um *rex terrenus* [rei terreno], que se serve de ministros para governar, não é por isso diminuído em sua dignidade, mas torna-se antes mais ilustre por isso ("*ex ordine ministrorum potestas regia praeclarior redditur*" [por ordem dos ministros, a dignidade real se torna mais ilustre][77]), assim, deixando a outros a execução de sua *ratio* governamental, Deus torna seu governo mais perfeito.

Na *Summa contra gentiles*[78], a distinção entre os dois aspectos do governo divino do mundo é ressaltada com ênfase. À correlação entre *ratio gubernandi*

---

[74] Ibidem, 1, q. 103, a. 6.

[75] Idem.

[76] Idem.

[77] Ibidem, 1, q. 103, a. 6, ad 3.

[78] Idem, *Contra gent.*, liv. 3, cap. 77. [Ed. bras.: *Suma contra os gentios*, Porto Alegre, Edipucrs, 1996.]

152 • O reino e a glória

e *executio* corresponde aquela entre *ordinatio* [ordenação] e *ordinis executio* [execução da ordem]; a primeira realiza-se por uma *virtus cognoscitiva* e a segunda, por uma *virtus operativa*. Mas enquanto no plano da teoria é oportuno que a *ordinatio* se estenda diretamente aos mínimos detalhes, no plano da práxis executiva o governo divino deve servir-se de agentes subalternos (*agentes inferiores*), que são os executores da divina providência.

> É conforme à dignidade daquele que governa ter muitos ministros e diversos executores de seu governo, pois seu domínio se mostra tanto maior e elevado quanto mais numerosos e hierarquicamente ordenados forem aqueles que lhe estão submetidos. Nenhuma dignidade, porém, é comparável àquela do governo divino. Por isso, é oportuno que a execução da divina providência ocorra através de diversas ordens e graus de agentes.[79]

א A distinção conceitual entre um poder de ordenamento geral (*ratio gubernandi, ordinatio*) e um poder executivo aparece no âmbito teológico antes que no político. A doutrina moderna da divisão dos poderes encontra nessa articulação da máquina governamental seu paradigma. Mas também a distinção moderna entre legitimidade e legalidade, que aparece na França monárquica do período da restauração, encontra seu arquétipo na dupla estrutura da providência. O que Schmitt denomina "Estado legislativo", ou seja, o moderno Estado de direito, em que toda atividade de governo se apresenta como aplicação e execução de uma lei impessoalmente vigente, é, nessa perspectiva, o êxito extremo do paradigma providencial, em que Reino e Governo, legitimidade e legalidade coincidem.

5.12. Na questão 116 do tratado sobre o governo do mundo, Tomás analisa a máquina providência-destino quase nos mesmos termos em que Boécio a havia descrito. À pergunta "se o destino está nas coisas criadas" ele responde que a providência divina leva a cabo seus efeitos servindo-se de causas intermediárias ("*per causas medias suos effectus exequitur*"[80]). Segundo a dupla estrutura da providência que já nos é familiar,

> o ordenamento [*ordinatio*] dos efeitos pode ser considerado de duas maneiras. Em primeiro lugar, enquanto está em Deus mesmo, e nesse caso a ordem dos efeitos se chama providência. Em segundo lugar, enquanto o próprio ordenamento é considerado entre as causas intermediárias ordenadas por Deus a fim de produzir certos efeitos, e nesse caso ele assume a racionalidade do destino [*rationem fati*].[81]

---

[79] Ibidem, n. 4.

[80] Idem, *S. Th.*, 1, q. 116, a. 2.

[81] Idem.

A máquina providencial • 153

Nesse sentido, o destino depende de Deus, e nada mais é que "a própria economia [*dispositio*] ou série, ou seja, a ordem das causas segundas"[82]. *Dispositio*, esclarece Tomás, não significa aqui algo como uma qualidade ou uma propriedade do ente, mas deve ser entendido no sentido "econômico" de ordem, que não tem a ver com a substância, mas com a relação ("*secundum quod dispositio designat ordinem, qui non est substantia, sed relatio*"[83]). Se for considerado em relação ao seu princípio divino, tal ordem, que é múltipla e mutável nas causas segundas, é, portanto, única e imutável. Contudo, nem todas as criaturas se submetem na mesma medida ao governo do destino. Aqui o problema da providência mostra seu nexo essencial com o da graça.

A providência, escreve Tomás[84], não dispõe as criaturas racionais do mesmo modo que as outras criaturas. De fato, às criaturas racionais foram concedidos intelecto e razão, que as tornam capazes de buscar a verdade. Além disso, pela linguagem, elas podem comunicar-se entre si e unir-se em sociedade com seus semelhantes. No entanto, o fim último das criaturas racionais excede sua faculdade natural e exige, assim, um modo de governo diferente ("*diversus gubernationis modus*"[85]) daquele das criaturas inferiores. Esse modo de governo especial e mais elevado ("*altior gubernationis modus*"[86]) é a graça. "Tendo em vista que o homem foi ordenado para um fim que excede sua faculdade natural, é necessário que se use para ele algum auxílio divino sobrenatural pelo qual ele possa dirigir-se ao seu fim"[87].

O governo divino dos homens tem, portanto, dois modos eminentes: a natureza e a graça. Por isso, a partir do fim do século XVI, o problema do governo do mundo coincidirá cada vez mais estreitamente com o dos modos e da eficácia da graça, e os tratados e os debates sobre a providência assumirão a forma de análise e definições das figuras da graça: preveniente, concomitante, gratuita, habitual, suficiente, eficaz etc. E não só às formas do governo correspondem pontualmente as figuras da graça, mas também à necessidade do auxílio divino gratuito, sem o qual o homem

---

[82] Ibidem, 1, q. 116, a. 2, ad 1.

[83] Ibidem, 1, q. 116, a. 2, ad 3.

[84] Idem, *Contra gent.*, liv. 3, cap. 147.

[85] Idem.

[86] Idem.

[87] Idem.

154 • O reino e a glória

não pode alcançar seu fim, corresponde a necessidade do governo, sem o qual a natureza não se conservaria em seu ser. Em todo caso, assim como para a natureza, também para a graça vale o princípio de que o governo providencial não pode, de maneira alguma, constranger a livre vontade dos homens. Por isso, a graça, enquanto figura do governo, não pode ser vista como uma "coação divina ao bem" (*"coactio homini... ad bene agendum"*[88]).

> O auxílio divino para agir bem deve ser entendido no sentido em que ele opera em nós nossas obras, assim como a causa primeira opera as operações das causas segundas, e o agente principal opera a ação do instrumento. Por isso está escrito (Is 26,12): "Senhor, tu operaste em nós todas as nossas obras". Mas a causa primeira causa a operação da causa segunda, conforme o modo próprio dela. Portanto, também Deus causa em nós nossas obras segundo nosso modo de ser, que é o de agirmos de modo voluntário, e não por constrição. Por conseguinte, ninguém é obrigado pela graça divina a fazer o bem.[89]

O governo do mundo é o lugar em que concorrem a graça junto com nossa liberdade, de modo que, como Suárez insistirá contra o "erro luterano", "a necessidade da graça se conjuga com o verdadeiro uso da liberdade, e o uso da liberdade [...] não pode ficar separado da operação e da cooperação da graça"[90]. O paradigma providencial do governo dos homens não é tirânico, mas democrático.

5.13. Não compreenderemos o funcionamento da máquina governamental se não entendermos que a relação entre seus dois polos – o Reino e o Governo – é essencialmente vicária. Tanto o imperador quanto o papa são definidos como *vicarius Christi* [vigário de Cristo] ou *vicarius Dei* [vigário de Deus], e sabemos que a reivindicação exclusiva desse título originou uma longa série de conflitos entre poder espiritual e poder profano. Maccarone e Kantorowicz reconstituíram a história dessas reivindicações, pelas quais o que era na origem, sobretudo no Oriente, o título exclusivo do imperador torna-se, a partir do século V, ao menos no Ocidente, o título por excelência do bispo de Roma. Mas, na perspectiva da economia trinitária, a vicariedade do poder – de qualquer poder – aparece sob uma

---

[88] Ibidem, cap. 148.

[89] Idem.

[90] Francisco Suárez, *Opera omnia* (Paris, Vives, 1858, v. 3), p. 384.

A máquina providencial • 155

luz particular, que a converte, por assim dizer, na estrutura essencial do poder supremo, a íntima articulação vicissitudinária da *archē*.

A vicariedade do poder pontifício com respeito a Cristo fundava-se teologicamente na demora da parusia.

> Já que Cristo devia subtrair sua presença carnal da Igreja [*praesentiam suam carnalem erat Ecclesiae subtracturus*], foi necessário instituir ministros que administrassem os sacramentos aos homens. Estes são denominados sacerdotes [...] E depois da subtração da presença corpórea de Cristo, porque deviam nascer questionamentos em torno da fé que dividiriam a Igreja, a qual para sua unidade exige a unidade da fé [...], aquele que tem tal poder é Pedro, ele e seus sucessores.[91]

Mas, por sua vez, segundo um princípio que encontra seu inequívoco paradigma em Paulo, o poder de Cristo é vicário com relação àquele do Pai. Em 1Cor 24-28, Paulo afirma com clareza que, no momento do fim, Cristo, depois de ter sujeitado a si todo poder (exceto o do Pai, do qual seu poder deriva), restituirá o Reino a Deus, que havia submetido a Ele todas as coisas. O poder de Cristo é, pois, em sua relação com o Pai, um poder essencialmente vicário, em que ele age e governa, por assim dizer, em nome do Pai. E, mais em geral, a relação intratrinitária entre Pai e Filho pode ser considerada o paradigma teológico de toda *potestas vicaria*, em que todo ato do vicário é considerado uma manifestação da vontade do representado. Contudo, é essencial à economia trinitária, como vimos, o caráter an-árquico [*an-archico*] do Filho, que não é ontologicamente fundado no Pai. *A economia trinitária é, assim, a expressão de um poder e de um ser anárquico, que circula entre as três pessoas segundo um paradigma essencialmente vicário.*

Não causa surpresa que essa mesma estrutura vicária se encontre também no poder profano. Tomás, no *De regimine principum*[92], escreve que Augusto exercia um poder vicário com relação a Cristo, que era o verdadeiro monarca e senhor do mundo ("*verus erat mundi Dominus et Monarcha, cuius vices gerebat Augustus*"). Por isso, a inteira duração do principado de Augusto é apresentada como um "fazer as vezes da monarquia de Cristo" ("*quas quidem vices monarchiae post Christi veri domini nativitatem gessit*

---

[91] João Quidort, "Fratis Johannis de Parisiis... de potestate regia et papali", em Melchior Goldast, *Monarchiae sacri Romani imperii, sive Tractatuum de iurisdictione imperiali seu regia et pontificia seu sacerdotalis* (Francofordiae ad Moenum, s. ed., 1614), p. III. [Ed. bras.: *Sobre o poder régio e papal*, Petrópolis, Vozes, 1989.]

[92] Tomás de Aquino, *De regimine principum*, liv. 3, cap. 13.

*Augusto*"[93]). No mesmo sentido, o Anônimo normando escreve que "o rei é Deus e Cristo, mas por graça [...] Também aquele que, por natureza, é Deus e Cristo, age através de seu vicário, pelo qual são exercidas suas funções [*per quem vices suas exequitur*]". Mas também Cristo, que é Deus por natureza, age de certo modo por graça, "porque, segundo sua natureza humana, é deificado e santificado pelo Pai"[94]. Já Ambrosiaster, no século IV, afirmava que o rei possui como vicário o *imperium* de Deus, porque traz com ele sua imagem[95].

O poder tem assim a estrutura de um *gerere vices* [fazer as vezes de]*, ou seja, em sua própria essência, *vices*, vicariedade. O termo *vices* nomeia a originária vicariedade do poder soberano ou, se preferirmos, seu caráter absolutamente insubstancial e "econômico". A dúplice (ou tríplice) estrutura da máquina governamental (Reino e Governo, *auctoritas* e *potestas*, *ordinatio* e *executio*, mas também a distinção dos poderes nas democracias modernas) adquire nessa perspectiva seu sentido próprio. O Governo age vicariamente com respeito ao Reino; mas isso tem sentido só no interior de uma economia das funções, em que nenhum poder pode prescindir do outro.

A vicariedade implica, portanto, uma ontologia, ou melhor, a substituição da ontologia clássica por um paradigma "econômico", em que nenhuma figura do ser está, como tal, na posição de *archē*, mas originária é a própria relação trinitária, em que cada figura *gerit vices,* faz as vezes da outra. O mistério do ser e da divindade coincide sem resíduos com seu mistério "econômico". Não existe uma substância do poder, mas só uma "economia", só "governo".

---

[93] Idem.

[94] Ernest H. Kantorowicz, *I misteri dello Stato* (Gênova, Marietti 1820, 2005), p. 101-2.

[95] Ibidem, p. 114.

\* Traduzimos o termo latino *vices* e o italiano *veci* por "vezes" (fazer as vezes de alguém), mas também por "funções" (função desempenhada por alguém). E mantivemos o termo "vicário", preferindo-o ao mais conhecido "vigário", precisamente para marcar seu sentido originário, que provém do latim *vices*, no sentido de "fazer as vezes de alguém". (N. T.)

# Limiar

Podemos agora tentar elencar em forma de tese os traços essenciais que nossa análise do paradigma providencial trouxe à luz. Eles definem algo como uma *ontologia dos atos de governo*.

1. A providência (o governo) é aquilo através do qual a teologia e a filosofia buscam enfrentar a cisão da ontologia clássica em duas realidades separadas: ser e práxis, bem transcendente e bem imanente, teologia e *oikonomia*. Apresenta-se como uma máquina capaz de rearticular os dois fragmentos na *gubernatio dei* [governo de Deus], no governo divino do mundo.

2. Ela representa, no mesmo sentido e na mesma medida, a tentativa de conciliar a cisão gnóstica entre um Deus estranho ao mundo e um Deus que governa, que a teologia cristã havia herdado através da articulação "econômica" do Pai e do Filho. Na *oikonomia* cristã, o deus criador tem diante de si uma natureza corrupta e estranha, que o Deus salvador, a quem foi dado o governo do mundo, deve redimir e salvar, para um reino que, no entanto, não é "deste mundo". O preço que a superação trinitária da cisão gnóstica entre duas divindades deve pagar é a substancial estranheza do mundo. O governo cristão do mundo tem, como consequência, a figura paradoxal do governo imanente de um mundo que é e deve continuar sendo estranho.

א Essa estrutura "gnóstica", que a *oikonomia* teológica legou à governamentalidade moderna, alcança seu ponto extremo no paradigma de governo do mundo que as grandes potências ocidentais (em particular os Estados Unidos) procuram realizar hoje em escala local e global. Quer se trate da desagregação de formas constitucionais preexistentes, quer da imposição através de ocupação militar de modelos constitucionais ditos democráticos a povos para os quais esses modelos acabam sendo impraticáveis, o essencial é, em todo caso, que se governa um país – e, no limite, a terra inteira – permanecendo totalmente estranho a ele.

O turista, que é a extrema reencarnação do *peregrinus in terra* [peregrino na terra] cristão, é a figura planetária dessa irredutível estranheza diante do mundo. É, nessa perspectiva, uma figura cujo significado "político" é consubstancial com o paradigma governamental dominante, assim como o *peregrinus* era a figura correspondente ao paradigma providencial. O peregrino e o turista são assim o efeito colateral da mesma "economia" (em suas versões teológica e secularizada).

3. A máquina providencial, mesmo sendo unitária, articula-se, por isso, em dois planos ou níveis distintos: transcendência/imanência, providência

geral/providência especial (ou destino), causas primeiras/causas segundas, eternidade/temporalidade, conhecimento intelectual/práxis. Os dois níveis são estreitamente correlatos, de modo que o primeiro funda, legitima e torna possível o segundo e o segundo realiza concretamente na cadeia das causas e dos efeitos as decisões gerais da mente divina. O governo do mundo é aquilo que decorre dessa correlação funcional.

4. O paradigma do ato de governo, em sua forma pura, é, por consequência, o efeito colateral. Enquanto não se dirige a um fim particular, mas deriva, como efeito concomitante, de uma lei e de uma economia geral, o ato de governo representa uma zona de indecidibilidade entre o geral e o particular, entre o calculado e o não querido. Essa é sua "economia".

5. Na máquina providencial, a transcendência nunca se dá sozinha nem separada do mundo, como na gnose, mas está sempre em relação com a imanência; esta, por sua vez, nunca é verdadeiramente tal, porque é pensada sempre como imagem ou reflexo da ordem transcendente. Correspondentemente, o segundo nível apresenta-se como execução (*executio*) daquilo que, no primeiro, foi disposto e ordenado (*ordinatio*). A divisão dos poderes é consubstancial com a máquina.

6. A ontologia dos atos de governo é uma ontologia vicária, no sentido em que, no interior do paradigma econômico, todo poder tem caráter vicarial, faz as vezes de um outro. Isso significa que não há uma "substância", mas apenas uma "economia" do poder.

7. É justamente a distinção e a correlação dos dois níveis, das causas primeiras e das causas segundas, da economia geral e da economia particular, que garantem que o governo não seja um poder despótico, que exerça violência sobre a liberdade das criaturas; ele pressupõe, ao contrário, a liberdade dos governados, que se manifesta pelo agir das causas segundas.

Já deveria estar claro em que sentido se pode dizer que o dispositivo providencial (que nada mais é que uma reformulação e um desenvolvimento da *oikonomia* teológica) contém algo como o paradigma epistemológico do governo moderno. Sabemos que, na história do direito, demorou a se formar uma doutrina do governo e da administração pública (para não falar do direito administrativo, que, como tal, é uma criação tipicamente moderna). Mas bem antes de os juristas começarem a desenvolver seus primeiros elementos, os filósofos e os teólogos já haviam elaborado seu cânone na doutrina da *gubernatio* providencial do mundo. Providência e destino, com o cortejo de noções e conceitos em que eles se articulam (*ordinatio/executio*; Reino e

Governo; governo imediato e mediato; *primi agentes/agentes inferiores*; ato primário/efeitos colaterais etc.), não são apenas, nesse sentido, conceitos teológico-filosóficos, mas categorias do direito e da política.

De fato, o Estado moderno herda ambos os aspectos da máquina teológica do governo do mundo e apresenta-se tanto como Estado-providência quanto como Estado-destino. Através da distinção entre poder legislativo ou soberano e poder executivo ou de governo, o Estado moderno assume para si a dupla estrutura da máquina governamental. Ele traz algumas vezes as vestes régias da providência, que legisla de modo transcendente e universal, mas deixa livres as criaturas de que cuida, e outras com as vestes estrábicas e ministeriais do destino, que executa minuciosamente os ditames da providência e sujeita os indivíduos relutantes no vínculo implacável das causas imanentes e dos efeitos que sua própria natureza contribuiu para determinar. O paradigma econômico-providencial é, nesse sentido, o paradigma do governo democrático, assim como o teológico-político é o paradigma do absolutismo.

Por isso, não causa surpresa que o efeito colateral se apresente cada vez mais como consubstancial com todo ato de governo. Assim, o que o governo tem em vista pode ser, por sua própria natureza, alcançado apenas como efeito colateral, em uma zona em que geral e particular, positivo e negativo, cálculo e imprevisto tendem a sobrepor-se. Governar significa deixar que se produzam os efeitos concomitantes particulares de uma "economia" geral que seria em si mesma totalmente ineficaz, mas sem a qual nenhum governo seria possível. Não são tanto os efeitos (o Governo) que dependem do ser (do Reino), mas o ser consiste sobretudo em seus efeitos: tal é a ontologia vicarial e efetual que define os atos de governo. E quando o paradigma providencial, ao menos em seu aspecto transcendente, começa a declinar, Estado-providência e Estado-destino tendem progressivamente a identificar-se na figura do Estado de direito moderno, em que a lei regula a administração e o aparelho administrativo aplica e executa a lei. Também nesse caso, porém, o elemento decisivo continua sendo aquele a que, desde o início, estava destinada a máquina em seu conjunto: a *oikonomia*, ou seja, o governo dos homens e das coisas. A vocação econômico-governamental das democracias contemporâneas não é um acidente de percurso, mas parte integrante da herança teológica de que são depositárias.

# 6
## ANGELOLOGIA E BUROCRACIA

6.1. Em 1935, no mesmo ano em que, em sua monografia sobre o monoteísmo como problema político [*Monoteismo come problema político*], nega resolutamente a possibilidade de uma teologia política cristã, Peterson afirma o caráter "político" e "público" tanto da cidade celeste quanto – através de sua participação litúrgica nela – da Igreja. E o faz, inesperadamente, na forma de um breve tratado sobre os anjos (*Das Buch von den Engeln: Stellung und Bedeutung der heiligen Engel im Kultus* [O livro dos anjos: situação e significado dos santos anjos no culto]), que permanece isolado na bibliografia do teólogo, mas deveria ser lido com seu livro mais conhecido, de que constitui, de certo modo, uma parte essencial.

"O caminho da Igreja", começa Peterson, "leva-nos da Jerusalém terrena para a celestial, da cidade dos judeus para a dos anjos e dos santos"[1]. Nessa perspectiva, a Igreja é constantemente descrita no tratado com imagens "políticas": assim como as assembleias políticas profanas, também a *ekklēsia* cristã pode ser definida como "a assembleia dos cidadãos com pleno direito [*Vollbürger*] à cidade celestial que se reúnem para efetuar atos de culto"[2]. Também o texto paulino é lido assim, não sem forçá-lo, em sentido político: o termo *politeuma* em Fl.3,20, que a Vulgata traduz com *conversatio* (modo de vida, conduta), é traduzido por "cidadania", e uma nota sugere, embora de maneira dúbia, que o verbo *apographestai* em Hb 12,23 (que tem, com toda probabilidade, o significado escatológico de "estar inscritos no livro da vida") significa, ao contrário, "a inscrição nas listas dos cidadãos

---

[1] Erik Peterson, *Ausgewählte Schriften* (Würzburg, Echter, 1994, v. 1), p. 197.

[2] Ibidem, p. 198.

162 • O reino e a glória

da cidade celestial"[3]. De qualquer maneira, a tese de Peterson sustenta que, na medida em que se mantém no caminho para a cidade celestial, a Igreja "entra necessariamente em relação, mediante o culto, com os habitantes da cidade celestial", ou seja, com os anjos, "cidadãos do céu", e com os bem--aventurados[4]. Trata-se, portanto, de demonstrar que todas as manifestações cultuais da Igreja devem ser entendidas "ou como uma participação dos anjos no culto terreno ou, vice-versa, [...] como uma participação no culto que os anjos oferecem a Deus no céu"[5].

O significado estratégico do vínculo cultual que se institui dessa maneira entre a Igreja e a cidade celestial acaba sendo esclarecido poucas linhas depois. Ao analisar os assim chamados "entreatos" litúrgicos do Apocalipse, em que há aclamações que vêm, segundo Peterson, das cerimônias do culto imperial, ele formula a tese, à primeira vista surpreendente, segundo a qual "o culto da Igreja celestial e, por isso, naturalmente também a liturgia da Igreja terrena, que se une à celestial, têm uma relação originária [*ursprüngliche Beziehung*] com o mundo político"[6].

O velho tema agostiniano, segundo o qual a cidade celestial será constituída pelos anjos e pelos bem-aventurados, que ocuparão o lugar dos anjos caídos a fim de restaurar o número perfeito do Reino, adquire em Peterson uma coloração fortemente política. As imagens que Agostinho empresta do vocabulário político de seu tempo para descrever a Jerusalém celeste (*"adiunctis etiam legionibus et exercitibus angelorum, ut fiat illa una civitas sub uno rege, et una quaedam provincia sub uno imperatore, felix in perpetua pace et salute..."*[7]) são interpretadas em sentido literal por Peterson como fundamento do caráter "político-religioso [*religiös-politische*]" da cidade celeste e, por conseguinte, da Igreja, que através do culto se comunica com aquela: "Trata-se do conceito político-religioso ou, dito de outro modo, do conceito de ordem [*Ordnungsbegriff*] de uma hierarquia celeste, na qual

---

3   Ibidem, p. 231.

4   Idem.

5   Ibidem, p. 199.

6   Ibidem, p. 202.

7   Agostinho, *Psalm.*, 36, 3, 4. [Ed. bras.: *Comentário aos Salmos*, São Paulo, Paulus, 1998, 3 v., Patrística 9.] ["Agregados também as legiões e os exércitos dos anjos, com o objetivo de construir uma única cidade sob um único rei, e uma única província sob um único imperador, que seja feliz em perpétua paz e saúde..." (N. T.)]

Angelologia e burocracia • 163

desemboca o culto da Igreja. Essa é outra confirmação de nossa tese de que o culto cristão tem uma relação originária com a esfera política"[8].

No mesmo momento em que, no livro sobre o monoteísmo como problema político, nega resolutamente, contra Schmitt, a legitimidade de uma interpretação teológico-política da fé cristã, Peterson afirma com igual determinação o caráter político-religioso da Igreja. E isso se torna mais singular ainda enquanto ele continua se servindo de comparações tiradas da esfera política profana: "Assim como o imperador, comparecendo na companhia de seus guarda-costas, expressa a publicidade [*Öffentlichkeit*] do próprio domínio político, assim também Cristo, presente na missa com seus anjos como seus guarda-costas, expressa a publicidade do próprio senhorio político-religioso"[9]. Mas esse caráter "público" não "foi conferido à Igreja pelo Estado, mas pertence a ela originariamente, na medida em que tem um Senhor que, assim como tem um reino celeste, conta com uma publicidade celeste"[10]. Assim, a politicidade de que fala Peterson consiste inteiramente na relação que o culto, através da participação dos anjos, instaura com essa "publicidade celeste": "a relação entre a *Ekklēsia* e a *polis* celeste é [...] uma relação política, e por esse motivo os anjos sempre devem entrar nos atos cultuais da Igreja"[11].

O sentido da exclusão da teologia-política começa a ficar claro nesse ponto: se política, do ponto de vista cristão, é unicamente a relação angelo-lógica-cultual entre a Igreja e o reino celestial, toda extrapolação desse caráter "político-religioso" para a esfera mundana é totalmente ilegítima.

Na escatologia cristã consumou-se para sempre todo possível significado teológico da política mundana:

> Que o culto celeste encontre no Apocalipse uma relação originária com o mundo político explica-se pelo fato de que os apóstolos abandonaram a Jerusalém terrena, centro político e cultual, para dirigir-se à Jerusalém celeste, cidade e corte real, mas também templo e lugar de culto. Une-se a este um outro fato: o hino da Igreja transcende os hinos nacionais, assim como a língua da Igreja transcende todas as outras. Como conclusão, deve-se observar que tal transcendência escatológica traz como consequência última que todo o universo é arrebatado no canto de louvor.[12]

---

[8] Erik Peterson, *Ausgewählte Schriften*, cit., v. 1, p. 214.

[9] Ibidem, p. 223.

[10] Idem.

[11] Idem.

[12] Ibidem, p. 206.

164 • O reino e a glória

6.2. Os anjos – esta é a tese que resume a estratégia teológica do tratado – são os fiadores da relação originária entre a Igreja e a esfera política, do caráter "público" e "político-religioso" do culto que se celebra tanto na *ekklēsia* quanto na cidade celeste. Mas se perguntarmos em que consiste tal "politicidade", veremos com surpresa que a "publicidade", que encontra nos anjos ao mesmo tempo seu emblema heráldico e sua realidade originária, define-se unicamente através do canto de louvor. O culto cristão tem uma relação genuína com a esfera política apenas na medida em que tende "a transformar o culto da Igreja em um serviço semelhante ao culto dos anjos; mas isso só é possível introduzindo no culto um canto de louvor [*Lobgesang*] similar em sua essência ao canto de louvor dos anjos[13]. Por isso, segundo Peterson, a liturgia culmina no "triságio", no hino que glorifica a Deus através da tríplice aclamação *Sanctus, sanctus, sanctus*; e assim como se diz dos anjos que "cantam com lábios incansáveis e louvores incessantes o hino do triságio, pelo mesmo motivo pode ocorrer uma participação contínua na liturgia angelical sob a forma de um ofício diurno e noturno"[14].

Na conclusão do tratado, Peterson afirma sem reservas que o canto de louvor e de glória não é uma característica dos anjos entre outras, mas é aquilo que define sua essência e, portanto, sua "politicidade":

> Nessa efusão e fluência [*Verströmen und Ausströmen*] em palavra e canto, nesse fenômeno consiste a essência própria de tais anjos [...] Não se trata de anjos que são antes de mais nada e abstratamente "anjos em geral", e que, além disso, cantam, mas sim de anjos que, enquanto tais, efundem-se, da maneira que descrevemos, na glorificação do *Santo, santo, santo*. É tal clamor [*Ruf*] que constitui propriamente seu ser; nessa efusão eles são o que são, ou seja, querubins e serafins.[15]

E se a politicidade e a verdade da *ekklēsia* são definidas por sua participação nos anjos, então também os homens só podem alcançar sua plena cidadania celestial imitando os anjos e participando com eles do canto de louvor e de glorificação. A vocação política do homem é uma vocação angélica e a vocação angélica é uma vocação para o canto de glória. Aqui se fecha o círculo:

> Aos cantos da Igreja correspondem os cantos celestiais, e a vida íntima da Igreja articula-se de acordo com a participação no canto celestial. Os anjos são a expressão do caráter público do culto que a Igreja oferece a Deus: e

---

[13] Ibidem, p. 214.

[14] Ibidem, p. 215.

[15] Ibidem, p. 226.

Angelologia e burocracia • 165

dado que os anjos estão em relação com o mundo político-religioso no céu, segue daí que, por meio deles, também o culto da Igreja entra necessariamente em relação com a esfera política. Se, por fim, os anjos, com seu canto, distinguem na Igreja os "similares aos anjos" [*Engel-Ähnliche*] e o "povo" [*Volk*], eles são também os que despertam a vida mística na Igreja, a qual alcança seu cumprimento quando o homem, incorporado aos coros angélicos, começa a louvar Deus do fundo de seu ser criatura. Por isso, também nós cantamos no *Te Deum*:

*Te deum laudamus, te Dominum confitemur,*

*Te aeternum Patrem omnis terra veneratur,*

*Tibi omnes Angeli, tibi caeli et universae Potestates*

*Tibi Cherubim et Seraphim incessabili voce proclamant:*

*Sanctus, sanctus, sanctus Dominus deus Sabaoth,*

*Pleni sunt caeli et terra majestatis gloriae tuae.*[16]

A breve nota ao texto do *Te Deum*, que, como um timbre, conclui nesse ponto o tratado, sublinha pela última vez a politicidade que está em jogo no culto: "Observe-se que o *Te Deum* designa Deus como *Pater immensae majestatis* [Pai de imensa majestade] e o Filho como *Rex gloriae* [Rei da glória]. Também o *Te Deum* confirma o caráter político-religioso da língua do culto cristão"[17].

6.3. Peterson certamente não podia ignorar que o atributo do canto de louvor, pelo qual ele define os anjos, constitui, na tradição da angelologia cristã, apenas um aspecto de seu ser. Gregório Magno – a cuja *Homelia in Evangelium*, um dos incunábulos da angelologia cristã, Peterson recorre várias vezes – exprime com clareza a dupla função dos anjos. Ao comentar o versículo de Daniel: "*Millia millium ministrabant ei et decies millies centena millia assistebant ei*" [Milhares de milhares o serviam, miríades de miríades estavam diante dele] (Dn 7,10), escreve que "uma coisa é administrar [*ministrare*] e outra é assistir [*assistere*, no sentido de "estar diante de, na presença de alguém"], pois servem como ministros de Deus os anjos que saem para levar até nós os anúncios e, por sua vez, assistem os anjos que gozam de

---

[16] Ibidem, p. 230. ["A ti, Deus, louvamos, a ti proclamamos Senhor,/ Ó eterno Pai, toda a terra te adora,/ A ti cantam os anjos e todas as potências celestiais,/ A ti os querubins e os serafins proclamam sem cessar:/ Santo, Santo, Santo, Senhor Deus dos exércitos,/ Os céus e a terra estão cheios de tua glória." (N. T.)]

[17] Ibidem, p. 243.

166 • O reino e a glória

sua íntima contemplação e, por isso, não são enviados a cumprir tarefas"[18].
Tendo em vista que os que administram são mais numerosos que os que principalmente assistem, o número dos assistentes é definido, enquanto o dos ministros fica indefinido (*millia millium* era percebido como expressão de um número genérico). Alexandre de Hales e Filipe, o Chanceler, definem esse duplo caráter da condição angélica como dualidade de "virtudes" ("Os espíritos que chamamos de anjos têm duas virtudes: a virtude de administrar [*virtus administrandi*] e a de assistir a Deus [*virtus assistendi Deo*], ou seja, de contemplar"[19]) ou de "forças" ("Os anjos têm duas forças [*duplicem vim*], a saber, a contemplativa, que assiste a Deus, e a administrativa, que se dirige a nós: a força contemplativa ou assistente é mais nobre que aquela que se dirige a nós"[20]). E Boaventura compendia a participação fundamental da natureza angélica na imagem da escada de Jacó:

> As operações angélicas reduzem-se a duas: a operação contemplativa e a ministerial [...] E é por essas duas que se distinguem os espíritos angélicos e suas operações. A contemplativa consiste na ascensão às coisas supremas, a administrativa na descida às coisas humanas. Ambas se tocam na escada, por onde os anjos sobem e descem...[21]

Na mesma perspectiva, no *Convívio*[22], Dante distingue na natureza angélica duas "beatitudes": a beatitude contemplativa, com a qual os anjos veem e glorificam o rosto de Deus, e a "beatitude do governar", que corresponde nos homens à "vida ativa, ou seja, civil".

Das duas funções, é a segunda – a administrativa, em que os anjos colaboram para o governo divino do mundo (Boaventura o define por isso como *opus gubernationis* [obra de governar]) – que chama mais a atenção dos teólogos medievais. Ela define de tal maneira a vocação do anjo que Ambrósio pôde escrever que, enquanto os homens são criados "à imagem" (de Deus), os anjos são criados "*ad ministerium*" [para o ministério][23].

---

[18] *Evang.*, 34, 12, *PL*, 76, 1254c.

[19] Alexandre de Hales, *Glosa in quatuor libros sententiarum Petri Lombardi* (Florença, Quaracchi, 1952), II, d. 10, p. 98.

[20] Filipe, Chanceler de Paris, *Summa de bono* (ed. N. Wicki, Berna, Francke, 1985), q. 2, p. 384.

[21] Boaventura, *De div. II, De sanctis angelis I*, coll. 2.

[22] Dante, *Convivio*, II, IV, 10-2. [Ed. port.: *Convívio*, Lisboa, Guimarães Editores, 1992.]

[23] Ambrósio, *Exp. Super Psalm.*, 17, 13.

Angelologia e burocracia • 167

Coerente com tais premissas, o tratado de Tomás *De gubernatione mundi*, a partir da *quaestio* 106, transforma-se em um tratado de angelologia, que ocupa mais da metade do livro e constitui a análise mais ampla que o "doutor angélico" dedicou ao tema. Após ter respondido positivamente às questões se o mundo, em geral, é governado e se é governado por Deus, Tomás enfrenta o problema, decisivo para a função ministerial dos anjos, "se todas as coisas são governadas por Deus imediatamente". Contra quem afirma que Deus pode governar todas as coisas sozinho, sem precisar de intermediários, e que não é possível que Ele necessite, como um *rex terrenus*, de ministros, Tomás sustenta que um governo é muito mais perfeito se, para sua execução particular, serve-se de intermediários.

> Dado que o ato de governo tem a incumbência de levar à perfeição os seres governados, o governo será tanto melhor quanto maior a perfeição comunicada pelo governante às coisas governadas. Mas a perfeição é maior se algo, que é bom em si, também é causa de bem nas outras criaturas, e não somente para si. Assim, Deus governa as coisas de modo a transformar algumas delas em causa com relação ao governo de outras [...] Por conseguinte, ter executores de seu governo não equivale para um rei a uma imperfeição, mas a uma dignidade: o poder régio torna-se mais ilustre pela hierarquia de seus ministros.[24]

Ainda mais explícito é, nesse sentido, Boaventura: se é verdade que Deus, assim como qualquer soberano, poderia fazer ele mesmo o que manda os anjos fazerem, na verdade ele necessita dos anjos "para que no ministério e nas ações seja conservada uma ordem suficiente e conveniente [*ut salvetur in ministerio et actionibus decens et congruus ordo*]"[25].

Após fundar, dessa maneira, a necessidade e o ministério dos anjos, nas sete questões seguintes Tomás analisa e descreve minuciosamente os modos de sua iluminação recíproca, suas complicadas relações hierárquicas, a natureza de sua língua, a ordem e as hierarquias dos anjos caídos, o domínio dos anjos sobre os seres corpóreos e os modos de sua ação sobre os seres humanos, o ministério e as missões dos anjos e, por fim, a natureza dos anjos custódios.

Os conceitos de hierarquia, de ministério e de ordem são centrais em todas essas análises. Antes mesmo de enfrentá-los tematicamente em um confronto rigoroso com *A hierarquia celeste*, de Dionísio, o Areopagita, Tomás discute-os de forma indireta e deixa-os aflorar em cada questão,

---

[24] Tomás de Aquino, *S. Th.*, 1, q. 103, a. 6, ad 3.

[25] Boaventura, *In sent.*, 2, 10, 1, 1, ad 1.

168 • O reino e a glória

testemunhando assim uma verdadeira obsessão hierárquica, que investe não só os ministérios angélicos, mas também os humanos. Assim, a propósito da iluminação, ele exclui que um anjo inferior possa iluminar outro hierarquicamente superior (enquanto, com exceção do paralelismo geral que Tomás estabelece entre as hierarquias celestes e as terrestres, no caso da hierarquia eclesiástica é possível que aquele que está mais abaixo instrua um superior). Trata com extrema seriedade, na seção sobre a língua dos anjos[26], do problema se um anjo inferior pode dirigir ou não a palavra a outro hierarquicamente superior (a resposta é positiva, mas não sem reservas). Ao discutir o governo dos anjos sobre as criaturas corpóreas, o princípio hierárquico próprio das funções e dos ministérios angélicos é elevado a lei universal, o que envolve também as hierarquias civis:

> Tanto na esfera humana quanto na natureza, encontramos a regra segundo a qual um poder mais restrito é governado por um poder mais universal, assim como o poder do ministro é governado pelo poder do rei. Da mesma maneira, os anjos superiores presidem aos inferiores...[27]

A distribuição geral dos anjos em duas grandes classes ou categorias é salientada por Tomás quando compara o paraíso a uma corte real, que mais parece um castelo kafkiano, cujos funcionários são ordenados por graus, segundo sua maior ou menor distância com relação ao soberano:

> Costuma-se distinguir entre anjos assistentes e anjos administrantes, à semelhança dos que estão a serviço [*famulantur*] de um rei. Alguns deles estão sempre em sua presença e escutam imediatamente o que ele comanda. A outros, porém, as ordens régias são transmitidas pelos assistentes, como acontece com os que administram as cidades longínquas, e estes são chamados governantes, e não assistentes.[28]

A cisão entre assistentes e administradores (ou então entre contemplação e governo) passa também por dentro de cada anjo, dividindo-o segundo uma bipolaridade constitutiva da função angélica, que é ao mesmo tempo ministerial e mistérica:

> É preciso lembrar que todos os anjos veem imediatamente a divina essência: sob esse aspecto são assistentes também os que administram, como diz Gregório (*Mor.*, 2): "Os anjos enviados a um ministério externo para nossa salvação podem sempre assistir, ou seja, ver o rosto do Pai". Nem todos os

---

[26] Tomás de Aquino, *S. Th.*, 1, q. 107, art. 2.

[27] Ibidem, 1, q. 110, a. 1.

[28] Ibidem, 1, q. 112, a. 3.

anjos, porém, são capazes de perceber os segredos dos divinos mistérios no resplendor da essência divina, mas só aqueles de grau superior, por meio dos quais tais segredos são levados ao conhecimento dos anjos inferiores.[29]

א O problema se os anjos ministrantes eram mais ou menos numerosos que os assistentes, ou, de forma mais geral, o problema do número dos anjos, ocasionou opiniões diferentes, que Tomás resume da seguinte maneira:

> São Gregório sustenta que os anjos ministrantes são mais numerosos que os assistentes. Interpreta as palavras da Escritura "milhares de milhares serviam-no" não no sentido multiplicativo, mas no sentido partitivo, como se dissesse "alguns milhares dentre aqueles milhares". Nesse sentido, o número dos anjos ministrantes é indefinido, para significar seu excesso; enquanto permanece definido o número dos assistentes, pois está escrito: "dez mil vezes cem mil assistiam-no" [...] De resto, essa opinião corresponde ao número das ordens, pois há seis ordens de ministrantes e apenas três de assistentes. Dionísio, ao contrário, sustenta (*C. H.*, 14) que o número dos anjos ultrapassa qualquer multidão material, de maneira que, assim como os corpos celestes superam infinitamente em grandeza os corpos materiais, assim as naturezas incorpóreas superam em número todas as naturezas corpóreas [...] E dado que, segundo Dionísio, os anjos assistentes são superiores aos administradores, aqueles serão mais numerosos que estes. Portanto, segundo tal opinião, a fórmula "milhares de milhares" deve ser entendida em sentido multiplicativo, como se dissesse "milhares por milhares" [...] e a Escritura diz "dez mil vezes cem mil" para dar a entender que os assistentes são muito mais do que os ministrantes. Tais cifras, porém, não devem ser tomadas ao pé da letra, como se os anjos fossem tantos e não mais; seu número é muito maior, pois excede qualquer multidão material.[30]

A prevalência do aspecto glorioso-contemplativo sobre o administrativo (ou vice-versa) traduz-se aqui imediatamente em excesso numérico. Em todo caso, é interessante observar que a primeira vez que vemos aparecer a ideia de uma *multitudo* ou massa infinita de seres racionais vivos, ela não se refere aos seres humanos, mas aos cidadãos da cidade celeste; contudo, não se trata de uma massa informe, e sim de uma multidão perfeita e hierarquicamente ordenada.

6.4. A introdução de um tema hierárquico na angelologia – ou antes a invenção do próprio termo "hierarquia" – é obra de um apócrifo, cujo gesto é uma das mistificações mais tenazes da história da literatura cristã e ainda espera para ser desvelado. O equívoco, que marcou sua recepção

---

[29]  Idem.

[30]  Ibidem, 1, q. 112, a. 4, ad 2.

170 • O reino e a glória

sobretudo no Ocidente latino a partir do século IX, fez com que se confundisse com uma teologia mística o que, na realidade, é uma sacralização da hierarquia eclesiástica (e, talvez, de qualquer hierarquia). De qualquer maneira, uma leitura que tenha se libertado do anteparo da interpretação translatícia não deixa dúvidas quanto à estratégia do apócrifo, que apresenta logo depois de sua *Hierarquia celeste* uma *Hierarquia eclesiástica*: trata-se, de um lado, de hierarquizar os anjos, dispondo as fileiras segundo uma ordem rigidamente burocrática e, de outro, de angelizar as hierarquias eclesiásticas, distribuindo-as segundo uma gradação essencialmente sacral. Por outras palavras, segundo uma contiguidade para cujo significado na cultura cristã medieval Kantorowicz já havia chamado a atenção[31], trata-se de transformar o *mysterium* em *ministerium* e o *ministerium* em *mysterium*.

A própria invenção do termo *hierarchia* (que é a contribuição específica do autor, cujo vocabulário é, de resto, fortemente dependente de Proclo) é evidente: como Tomás observa oportunamente, o termo não significa "ordem sagrada", mas "poder sagrado" ("*sacer principatus, qui dicitur hierarchia*" [principado sagrado, que se chama hierarquia][32]). A ideia central que atravessa o *corpus* dionisíaco é, de fato, que sagrado e divino é aquilo que é hierarquicamente ordenado, e sua quase dissimulada estratégia visa – pela repetição obsessiva de um esquema triádico, que desce da Trindade, passa pelas triarquias angélicas e chega à hierarquia terrena – a sacralização do poder.

O paralelismo entre hierarquia celeste e hierarquia terrena já é anunciado, aliás, na abertura do tratado sobre os anjos e, após ser repetido mais vezes no texto, é retomado, quase nos mesmos termos, na *Hierarquia eclesiástica*. "O Poder, que ama os homens e inicia ao mistério", escreve o Pseudo-Dionísio, "revela-nos as hierarquias celestes e institui nossa hierarquia de maneira que esteja associada ao ministério [*sylleitourgon*] daquelas pela semelhança com seu mistério deiforme"[33]. "Nossa hierarquia", repete o tratado sobre a hierarquia terrena, "formada santamente por ordens transmitidas por Deus, é conforme às hierarquias celestes, na medida em que salvaguarda suas características deiformes e capazes de imitar o divino, tanto quanto é possível aos homens"[34].

---

[31] Ernest H. Kantorowicz, *I misteri dello Stato*, cit., p. 195.

[32] Tomás de Aquino, *S. Th.*, 1, q. 108, a. 1, arg. 3.

[33] Pseudo-Dionísio, *C. H.*, 124a.

[34] Idem, *E. H.*, 536d.

Angelologia e burocracia • 171

No entanto, em ambos os tratados a hierarquia é em si mesma o princípio que efetua a salvação e a deificação: "A Divindade [...] doou a hierarquia para a salvação e a deificação de todas as substâncias racionais e intelectuais"[35]. Ela é essencialmente atividade de governo, que, como tal, implica uma "operação" (*energeia*), um "saber" (*epistēmē*) e uma "ordem" (*taxis*)[36]. Além disso, sua origem e seu arquétipo são a economia trinitária: "A origem de tal hierarquia é a fonte da vida, a essência da bondade, isto é, a Trindade, causa única da criação, da qual deriva para todas as coisas o ser e o bem [...] [ela] concebeu o desígnio de salvar racionalmente nosso ser"[37]. Por esse motivo – enquanto "imitação de Deus"[38] e "assimilação a Deus"[39] –, a hierarquia (seja celeste, seja terrena) é essencialmente triádica. Ela estabelece o ritmo e escande, em sua articulação interna, o governo divino do mundo que, com dois termos característicos (o primeiro inventado e o segundo emprestado de Proclo), o apócrifo define *thearchia* (poder ou governo divino, um conceito mais forte que o mais moderno "teocracia") e *diakosmēsis* (disposição ordenada, *oikonomia*).

א A hierarquia (o "poder sagrado") de Pseudo-Dionísio é, nesse sentido, um desenvolvimento do conceito de *diakosmēsis* em Proclo[40]. *Diakosmeō* significa "governar ordenando" (ou "ordenar governando"); no mesmo sentido, no conceito de "hierarquia" é impossível fazer a distinção entre "disposição ordenada" e "governo".

6.5. A estratégia do apócrifo começa a ficar clara nesse ponto. O gravoso aparato mistagógico e o vocabulário iniciático derivados do neoplatonismo encontram seu sentido e sua função real em um dispositivo, em última análise, governamental. Inefável, inominável e suprassubstancial é, pois, o princípio invisível do poder, a *thearchia*, cuja manifestação triádica é o governo hierárquico do mundo. A *oikonomia* providencial foi integralmente traduzida em uma hierarquia, em um "poder sagrado" que penetra e atravessa tanto o mundo divino quanto o humano, desde os principados celestes até as nações e os povos da terra:

---

[35] Ibidem, 376b.

[36] Idem, *C. H.*, 164d; ver. *E. H.*, 372a.: a hierarquia como *theourgikē epistēmē*.

[37] Idem, *E. H.*, 373c.

[38] Ibidem, 164d.

[39] Idem, *C. H.*, 165a.

[40] Ver Proclo, *El. theol.*, prop. 144 e 151.

172 • O reino e a glória

De fato, os anjos concluem e completam todas as disposições das inteligên-
cias celestes, já que entre as substâncias celestes estão aquelas que possuem a
propriedade angélica em grau mais baixo e são por nós chamados de anjos
muito mais apropriadamente que seus superiores, por estarem em uma posição hierárquica mais manifesta e mais próxima do nosso mundo. É necessário
acreditar, de fato, que o ordenamento mais elevado, por estar mais próximo
do oculto, em sua primeira hierarquia governa a segunda de modo oculto;
a segunda, que é formada pelas santas Dominações, pelas Potências e pelas
Potestades, guia a hierarquia dos Principados, dos Arcanjos e dos Anjos de
maneira mais evidente que a primeira hierarquia, no entanto, mais oculta
que a terceira. Além disso, o ordenamento manifesto dos Principados, dos
Arcanjos e dos Anjos governa as hierarquias humanas de acordo com relações
recíprocas, para que ocorram, segundo uma ordem, a elevação, a conversão,
a comunhão e a união com Deus e o movimento processivo, que Deus, segundo sua bondade, concede a todas as hierarquias de modo comunicativo
e segundo uma ordem santíssima. Por isso, a Sagrada Escritura atribuiu aos
anjos a direção de nossa hierarquia, chamando Miguel de arconte do povo
judeu e assim os outros chefes das outras nações; assim, o Altíssimo definiu
os limites das nações segundo o número dos anjos de Deus.[41]

Isso aparece com absoluta evidência no tratado teologicamente mais
denso sobre os *Nomes divinos*. Perto do final do livro, ao analisar os nomes
que expressam a soberania de Deus (Santo dos santos, Rei dos reis, Aquele que reina agora e eternamente, Senhor dos senhores, Deus dos deuses),
o apócrifo define a realeza (*basileia*) como "a distribuição [*dianemēsis*] de
cada termo [*horos*], ordenamento [*kosmos*], lei [*thesmos*] e ordem [*taxis*]"[42].
Trata-se de uma definição inédita, que, em contraste com aquelas tradicionais (tanto aristotélicas quanto judaico-cristãs e neopitagóricas), entende a
realeza essencialmente como princípio hierárquico. Se outros nomes (por
exemplo, "Santidade" e "Senhorio") exprimem a superioridade e a perfeição
do poder, é, no entanto, a realeza como elemento ordenador, distribuidor
e hierarquizador que expressa de maneira mais convincente a essência da
"Causa para além de todas as causas"[43]:

A partir dela [...] é distribuído [*dianenemētai*] cada rigor [*akribeia*] não
misturado, genuinamente puro, cada disposição [*diataxis*] e cada governo
ordenado [*diakosmēsis*] dos seres que anula a desproporção, a desigualdade e a assimetria, e exulta pela identidade perfeitamente ordenada e pela

---

[41] Pseudo-Dionísio, *C. H.*, 260a-b.

[42] Idem, *D. N.*, 969b.

[43] Ibidem, 969c.

conformidade com a regra que mantém juntos todos os seres dignos de nela participar [...] A Escritura chama de santos, reis, senhores e deuses as principais ordens em cada coisa, aqueles mediante os quais os inferiores, participando dos dons que vêm de Deus, multiplicam a simplicidade das coisas distribuídas, cuja diversidade os primeiros recolhem na própria unidade providencial e divina.[44]

Segundo o postulado da máquina governamental já familiar para nós, uma tearquia absolutamente transcendente e para além de qualquer causa cumpre, na verdade, o papel de princípio de ordem e de governo imanente. E que a teologia apofática tenha uma função, por assim dizer, de cobertura e sirva para fundar uma hierarquia governamental é evidente na vocação aclamativa e litúrgica dos nomes divinos, que são aquilo com que o deus inefável, em aparente contraste com sua indizibilidade, deve ser incessantemente celebrado e cantado: "Devemos celebrar (*hymnein*, cantar com hinos de louvor) o Deus dos infinitos nomes como Santo dos santos, Rei dos reis, Aquele que reina agora e eternamente, Senhor dos senhores, Deus dos deuses [...] essas coisas devem ser absolutamente celebradas..."[45]. A soberania inefável é o aspecto hinológico e glorioso do poder, que, segundo um paradigma já encontrado em Peterson, querubins, serafins e tronos celebram entoando o triságio:

> Para falar de modo compreensível aos nossos sentidos, alguns anjos, de fato, gritam, como o fragor de muitas águas: *Bendita seja a glória do Senhor de seu lugar*; outros, por sua vez, aclamam-no cantando o hino teológico tão louvado e venerável: *Santo, Santo, Santo, o Senhor Sabaoth, toda a terra está cheia de sua glória*.[46]

Por isso, tendo chegado a esse ponto, o apócrifo pode remeter a exposição última de sua doutrina angelológica a um tratado, perdido ou fictício, composto por ele, que tem por título: *Sobre os hinos divinos* (*Peri tōn theiōn hymnōn*)[47]. O anjo, que grita o hino de louvor, é, porém, segundo sua dupla natureza, ao mesmo tempo contemplativa e ministerial, parte essencial da máquina providencial do governo divino do mundo:

> A tearquia é mônada e unidade tri-hipostática, que, desde as substâncias supracelestes até as últimas partes da terra, estende sua benéfica providência

---

[44]  Ibidem, 969d-972b.

[45]  Ibidem, 969a-c.

[46]  Idem, *C. H.*, 212b.

[47]  Idem.

174 • O reino e a glória

sobre todos os seres, na qualidade de princípio para além do princípio e de causa de toda substância, que, com um abraço irrefreável, contém de maneira suprassubstancial todas as coisas.[48]

A hierarquia é uma hinologia.

℣ Hugo Ball foi o primeiro a dar-se conta do verdadeiro caráter da angelologia de Pseudo-Dionísio. Embora não seja totalmente exata a afirmação de Schmitt de que Ball vê Dionísio como "um monge que se subordina ao sacerdote, que, portanto, concede à função hierárquico-eclesiástica a precedência sobre qualquer empresa ascética do monge, por mais grandiosa que seja, e também sobre qualquer martírio"[49], ela reflete a ideia da superioridade da hierarquia eclesiástica que está no centro do livro de Ball *Byzantinisches Christentum*, de 1923, em que a figura de Pseudo-Dionísio é detidamente analisada.


6.6. O paralelismo entre burocracia celeste e burocracia terrena não é uma invenção de Pseudo-Dionísio. Se os anjos já são definidos com termos e imagens tirados da linguagem administrativa em Atenágoras (ver acima, 2.8), a analogia acaba sendo claramente afirmada na passagem do *Adversus Praxean* de Tertuliano, que já analisamos (ver 2.11: "Se, portanto, também a monarquia divina é administrada através de tantas legiões e fileiras de anjos..."), e em Clemente de Alexandria: "Também os graus da Igreja aqui embaixo, bispos, presbíteros, diáconos, são de algum modo reflexo da hierarquia angélica e da *oikonomia* que, segundo a Escritura, esperam por aqueles que, nas pegadas dos apóstolos, viveram em perfeita justiça"[50].

O paralelismo enunciado dessa forma torna-se, depois de Pseudo--Dionísio, um lugar-comum e, assim como já acontece em Tertuliano, acaba sendo extensivo ao poder profano. "O poder sagrado, chamado hierarquia", escreve Tomás, "encontra-se quer nos homens, quer nos anjos"[51]. E exatamente assim como nos anjos, as ordens dos funcionários eclesiásticos distinguem-se segundo as três funções: purificar (*purgare*), iluminar (*illuminare*) e aperfeiçoar (*perficere*)[52]. Mas também as hierarquias civis precisam ser articuladas segundo ordens e graus:

---

[48] Ibidem, 212c.

[49] Joachim Schickel, *Gespräche mit Carl Schmitt* (Berlim, Merve, 1993), p. 51.

[50] Clemente de Alexandria, *Werke* (ed. O. Stählin, Leipzig, 1905-1909), II, p. 485-6.

[51] Tomás de Aquino, *S. Th.*, q. 108, a. 1, arg. 3.

[52] Ibidem, q. 108, a. 2, arg. 3.

Assim como o próprio conceito de hierarquia requer uma diversidade de ordens, que se fundamenta na diversidade das funções e das atividades, assim também ocorre nas cidades, onde há ordens diversas de acordo com as diferentes funções: a ordem dos magistrados é diversa daquela dos militares, daquela dos agricultores e assim por diante. Embora sejam múltiplas, as ordens civis podem reduzir-se a três, considerando que cada comunidade perfeita possui princípio, meio e fim. Por esse motivo, em qualquer Estado ou cidade existe uma tríplice ordem de homens: os de grau mais elevado, que são os patrícios; os de grau ínfimo, como o povo vil; e outros de grau intermediário, como o povo honorável [*populus honorabilis*]. Da mesma maneira, em toda a hierarquia angélica, as ordens se distinguem segundo os ofícios...[53]

Tendo sido estabelecida a centralidade da noção de hierarquia, anjos e burocratas tendem a ser confundidos, assim como no universo kafkiano: não só os mensageiros celestes são dispostos de acordo com ofícios e ministérios, mas também os funcionários terrenos adquirem por sua vez feições angélicas, tornando-se, assim como os anjos, capazes de purificar, iluminar e aperfeiçoar. E, segundo uma ambiguidade que caracteriza profundamente a história da relação entre poder espiritual e poder secular, a relação paradigmática entre angelologia e burocracia caminha ora em um sentido, ora em outro: às vezes, como, por exemplo, em Tertuliano, a administração da monarquia terrena é o modelo dos ministérios angélicos, em outras é a burocracia celeste que serve de arquétipo para a terrena.

Em todo caso, porém, é decisivo que, bem antes de começar a ser elaborada e fixada, a terminologia da administração e do governo já estivesse consistentemente constituída no âmbito angelológico. Não só o conceito de hierarquia, mas também os de ministério e de missão encontram, como vimos, sua primeira e articuladíssima sistematização precisamente no âmbito das atividades angélicas.

‫א‬ Em um breve artigo publicado em 1928, que não fugiu à atenção de Kantorowicz, Franz Blatt já havia observado que, nos manuscritos dos textos patrísticos, os termos *mysterium* e *ministerium* tendem obstinadamente a confundir-se. Entre muitos casos citados, é exemplar uma passagem da Epístola 18 de Jerônimo, na qual (a propósito dos serafins) alguns códices apresentam a *lectio difficilior* [leitura mais difícil]: "*in diversa mysteria mittantur*" [enviados para diferentes mistérios], enquanto outros (sem que se possa pensar em um erro do escriba), a mais óbvia: "*in diversa ministeria mittantur*" [enviados para diversos ministérios]. A sugestão

---

[53] Ibidem, q. 108, a. 2.

176 • O reino e a glória

de Blatt seguramente acerta o alvo[54]: a evolução de "ministério" para "mistério" explica-se pelo fato de que, em especial no caso do sacerdote que oficia a missa (que é, ao mesmo tempo, sacramento e ofício), os dois termos coincidiam perfeitamente. Contudo, a origem da confusão é mais antiga e repousa na própria expressão paulina "economia do mistério" e em sua inversão em "mistério da economia", da qual já falamos a propósito de Hipólito e Tertuliano. Não causa surpresa, portanto, que o primeiro jogo consciente – ao mesmo tempo aliterante e conceitual – entre os dois termos apareça na Vulgata em 1Cor 4,1, em que "*hypēretas Christou kai oikonomous mystēriōn theou*" é traduzido por "*ministros Christi et dispensatores mysteriorum Dei*"[ministros de Cristo e dispensadores dos mistérios de Deus]. A administração (a "economia") tem a ver essencialmente com um arcano; por outro lado, o mistério só pode ser dispensado de modo administrativo e "econômico". É tal nexo – absolutamente constitutivo no caso da economia trinitária – que explica o frequente e consciente uso promíscuo dos termos *mysterium* e *ministerium* pelos primeiros Padres até a Escolástica tardia[55].

Na mesma carta de Jerônimo apenas citada, podemos observar um primeiro testemunho da evolução metonímica que levará o termo *ministerium* (que significa "serviço", "encargo") a assumir o significado administrativo moderno de "conjunto dos funcionários e dos ofícios". Jerônimo pergunta: "*Quando* [Deus] *Thronos, Dominationes, Potestates, Angelos, totumque ministerium coeleste condiderit?*" [Quando, Deus, fundaste os Tronos, as Dominações, as Potestades, os Anjos e todo o ministério celeste?][56]. Assim como a burocracia celeste antecipa, em sua perfeição hierárquica, aquela humana, assim também o "ministério celeste" precede o terreno, que herda de seu modelo teológico seu caráter arcano.

6.7. Perto do final da questão 108, pouco antes de passar a tratar das ordens dos demônios, Tomás pergunta-se, em uma digressão brusca, se as hierarquias e as ordens dos anjos continuarão a existir depois do Dia do Juízo. A pergunta não é previsível, tampouco evitável. De fato, quando a história do mundo e das criaturas chegar ao fim e tanto os eleitos quanto os condenados já tiverem alcançado a bem-aventurança eterna ou o eterno

---

[54] Franz Blatt, "Ministerium-Mysterium", *Archivium Latinitatis Medii Aevi*, n. 4, 1928, p. 81.

[55] Encontramos um exemplo instrutivo em Mar. Vict., *Eph.*, 2, 4, 12, *PL*, 8, 1275c: *dono Christi instituta sunt huiusmodi et mysteria et ministeria* ["Dessa maneira, por dom de Cristo, foram instituídos os mistérios e os ministérios." (N. T.)]. Ver as observações de Ernst Benz, *Marius Victorinus und die Entwicklung der abendländischen Willenmetaphysik* (Stuttgart, Kohlahmmer, 1932), p. 153.

[56] Jerônimo, *Ep.*, 1, 18, 7, *PL*, 22, 365.

castigo, que objetivo terá a subsistência das ordens angélicas? Como imaginar anjos inativos?

O problema era complicado pelo fato de que, em uma passagem da primeira Epístola aos Coríntios (15,24), Paulo parece evocar de maneira explícita uma eliminação ou desativação das fileiras angélicas no momento da parusia: "E depois o fim, quando [Cristo] tiver entregado o reino ao Deus e ao Pai, quando tiver tornado inativos (*katargēsēi*; em latim, *evacuaverit*) todo principado, toda potestade e toda virtude". A restituição do Reino messiânico às mãos do Pai implica a consumação da tarefa histórica da redenção. Em seu comentário às epístolas paulinas, Tomás já havia posto nessa perspectiva o problema de um final do governo e da função dos anjos, distinguindo entre "glória" e "execução", entre anjos que dirigem e anjos que executam:

> *Quando estiver desativado todo principado, toda potestade e toda virtude*, ou seja, quando tiver cessado todo poder tanto humano quanto angélico, então estaremos imediatamente sob Deus [*immediate erimus sub Deo*] [...] Poder-se-á perguntar então se continuará existindo a distinção entre as ordens dos anjos. Respondo que sim, quanto à eminência da glória [*ad eminentiam gloriae*], segundo a qual um é superior ao outro, mas não quanto à eficácia do governo executivo com respeito a nós [*ad efficaciam executionis ad nos*]: por isso, diz que serão tornados inativos os anjos cujos nomes têm a ver com a execução, a saber, os principados, as potestades e as virtudes. Contudo, não nomeia os anjos que pertencem à hierarquia superior, que não são executores [...] nem diz que serão desativadas as dominações, pois estas, mesmo pertencendo ao executivo, não executam elas mesmas, mas dirigem e comandam.[57]

No último dia, ainda é imaginável, de certo modo, uma função dos anjos: segundo Mt 25,31, eles não só assistirão ao Juízo Universal, mas também "serão enviados a todos os lugares para recolher os ressuscitados"[58] e até, segundo Orígenes, estes avançarão "sustentados pelos anjos" e "levados sobre seus ombros"[59]; mas quando o último bem-aventurado tiver subido ao paraíso e o último condenado tiver sido rechaçado ao inferno, o que acontecerá com os ministros celestes?

---

[57] Tomás de Aquino, *In omnes S. Pauli... epistulas commentaria* (Turim, Marietti, 1896), cap. 15, l. 3, p. 394.

[58] Jean Daniélou, *Gli angeli e la loro missione secondo i Padri della Chiesa* (Milão, Gribaudi, 1998), p. 131.

[59] Ibidem, p. 133-4.

178 • O reino e a glória

O problema aflora em toda a sua aporeticidade no tratado *De gubernatione mundi*. A *oikonomia*, o governo providencial do mundo, não é eterna, mas chega a seu cumprimento no Dia do Juízo. "Os ofícios angélicos estão destinados para conduzir os homens à salvação. Mas no Dia do Juízo todos os eleitos terão conseguido a salvação. Por isso, após aquele dia, já não existirão nem os ofícios nem as ordens dos anjos"[60]. O Reino que seguirá é, por assim dizer, radicalmente privado de governo. Mas como pensar um Reino sem algum possível Governo?

É para enfrentar tal aporia que Tomás multiplica suas distinções. Trata-se nada menos do que de separar a hierarquia de sua função, na tentativa de pensar como o poder pode sobreviver ao seu exercício. Assim como a função do comandante de um exército é diferente na batalha ou no triunfo que lhe segue, assim também a hierarquia e sua glória podem continuar existindo para além do governo a que estavam destinadas:

> Nas ordens angélicas podem ser distinguidos dois aspectos: a diferença dos graus e a execução dos ofícios. A primeira funda-se nas distinções entre graça e natureza, e estas permanecerão para sempre. A diferença entre natureza e graça nos anjos poderia, de fato, ser eliminada unicamente por meio de sua destruição. Também a diferença na glória continuará existindo neles para sempre, segundo a diversidade dos méritos. A execução de seus ofícios, ao contrário, de certo modo continuará existindo, mas de outro cessará depois do Dia do Juízo. Cessará na medida em que seu ofício está ordenado para conduzir alguns homens ao seu fim; e continuará, na medida em que possa se conciliar com a consecução última desse fim. Da mesma maneira, as tarefas dos militares são diferentes no momento da batalha e no do triunfo.[61]

A hierarquia, que parecia intimamente ligada à realização de um ofício e de um ministério, sobrevive ao seu exercício na glória.

6.8. O problema que Tomás procura enfrentar nesse caso é, em última análise, o do fim da *oikonomia*. A história da salvação, para a qual estava destinada a máquina do governo providencial do mundo, está totalmente consumada. O que acontece agora com a máquina? O que ocorre com bilhões de anjos que, perfeitamente ordenados em nove fileiras na hierarquia celeste, realizaram a cada instante, desde a criação até o Juízo, seu incansável ministério? Para alguns deles, o veredito de Tomás é inexorável: "Na consu

---

[60] Tomás de Aquino, *S. Th.*, 1, q. 108, a. 7, arg. 3.

[61] Ibidem, 1, q. 108, a. 7.

Angelologia e burocracia • 179

mação final, os principados e as potestades serão depostos de seu ofício de conduzir outras criaturas ao seu fim, pois, uma vez alcançado tal fim, já não é necessário tender a ele"[62]. Ainda mais categórico é o ditame das *Questões sobre a Providência*, de Mateus de Acquasparta:

A consumação final não admite nem a cooperação das criaturas nem sequer algum possível ministério. Assim como Deus é o princípio imediato de toda criatura, assim também é imediato o seu fim, *alfa* e *ômega* [...] Por conseguinte, cessará toda administração. Cessará todo ministério angélico, pois ele estava destinado para conduzir os homens ao seu fim e, uma vez que tal fim foi alcançado, deverá cessar. Cessará toda operação hierárquica, toda subordinação e toda superioridade, conforme diz o Apóstolo (1Cor 15, 24)...[63].

Contudo, a cessação da máquina governamental tem efeito retroativo sobre a própria economia trinitária. Se esta estava constitutivamente vinculada à ação de Deus e à sua práxis de governo providencial do mundo, como pensar um Deus inoperoso? Se a economia trinitária havia conseguido conciliar em um único Deus a cisão gnóstica entre o *deus otiosus* e o *deus actuosus*, a cessação de toda atividade parece pôr em questão o próprio sentido daquela economia. Por esse motivo, na carta ao papa Dâmaso, ao comentar a passagem de Isaías (6,2-3), em que se diz que os serafins cobriam com suas asas a cabeça e os pés do Senhor, Jerônimo vislumbra aí o símbolo da impossibilidade de pensar o que precede a criação do mundo ou o que acontece após seu fim:

O que acontecerá depois da consumação do século? Depois que o gênero humano tiver sido julgado, que vida poderá haver? Haverá uma outra terra, serão criados novos elementos e um novo mundo? [...] Isaías quer dizer que o que houve antes do mundo ou haverá depois dele é em si mesmo inenarrável [...] Conhecemos apenas o que há no meio e o que nos foi revelado pelas Escrituras: quando o mundo foi criado e quando foi formado o ser humano, o dilúvio, a lei e como, a partir de um só ser humano, toda a terra foi ocupada, até que, nos últimos tempos, o Filho de Deus se encarnou para nossa salvação. Todo o resto, os dois serafins o esconderam, cobrindo-se a cabeça e os pés.[64]

---

[62] Ibidem, 1, q. 108, a.7, ad 1.

[63] Mateus de Acquasparta, *Quaestiones disputatae de productione rerum et de providentia* (Florença, Quaracchi, 1956, Bibliotheca Franciscana 17), p. 316.

[64] Jerônimo, *Ep.*, 1, 18, 7, *PL*, 22, 365.

180 • O reino e a glória

É como dizer que, de Deus, podemos conhecer e pensar só a economia e o Governo, não o Reino e a inoperosidade; e, no entanto, o Governo nada mais é que o breve intervalo transcorrido entre as duas figuras eternas e gloriosas do Reino.

Torna-se compreensível nessa altura porque, na tradição teológica que encontra em Peterson seu momento extremo, a figura perfeita da cidadania cristã é o canto de louvor, e aos anjos tornados inoperosos é confiada a figura pleromática do político. A doutrina da Glória como último fim do ser humano e figura do divino que sobrevive ao governo do mundo é a resposta que os teólogos dão ao problema do fim da economia. Os ministérios angélicos sobrevivem ao juízo universal unicamente como hierarquia hinológica, como contemplação e louvor da glória divina. Consumada toda operação providencial e cessada toda administração salvífica, só resta o canto. A liturgia sobrevive apenas como doxologia.

‫א‬ Que o problema de como pensar a figura inoperosa da divindade seja, na teologia cristã, uma verdadeira *crux*, provam-no as dificuldades em que esbarram, desde Ireneu e Agostinho, as tentativas de responder à pergunta blasfema por excelência: "O que fazia Deus antes de criar os céus e a terra? E se não fazia nada, por que não continuou fazendo nada como antes?". Agostinho – que em suas *Confissões* (II, 10, 12) refere-se à pergunta nessa forma, atribuindo-a aos homens *pleni vetustatis suae* [plenos de sua velhice] – menciona também uma resposta irônica – que trai, na verdade, um embaraço invencível: "Preparava o inferno para aqueles que fazem perguntas profundas demais [*alta... scrutantibus gehennas parabat*]"[65]. Onze séculos depois, como testemunho da persistência do problema, Lutero a retoma na forma: "Sentava-se em um bosque, cortando varas para bater em quem faz perguntas impertinentes".

A pergunta – que, não por acaso, provém de pagãos e gnósticos, para os quais não representava dificuldade alguma – era particularmente embaraçosa para os cristãos, porque a economia trinitária era essencialmente uma figura da ação e do governo. Corresponde à perfeição, *a parte ante* [desde o primeiro nascimento], à pergunta sobre o estado não só de Deus, mas também dos anjos e dos bem-aventurados depois do fim do mundo.

A glória é, então, aquilo que deve cobrir com seu esplendor a figura indescritível da inoperosidade divina. Embora possam encher (como no caso de Hans Urs von Balthasar) vários volumes, a *theologia gloriae* [teologia da glória] é, por assim dizer, uma página branca no discurso dos teólogos. Por isso, sua forma mais própria é

---

[65] Agostinho, *Conf.*, II, 12, 14. [Ed. bras.: *Confissões*, 3. ed., São Paulo, Paulus, 1997, Patrística 10.]

a mística, que, ante a figura gloriosa do poder, só pode se calar. De outro modo, segundo a incisiva fórmula de Lutero, *scrutator maiestatis obtunditur a gloria* [quem perscruta a majestade é atordoado pela glória].

No âmbito jurídico, em que Deus não assumiu em sua própria figura a *oikonomia*, a pergunta sobre a inoperosidade de Deus é bem menos embaraçosa. Assim, segundo o Midrash (Tehillim, 90,391), dois mil anos antes de criar o céu e a terra, Deus criou sete coisas (a Torá, o trono, o paraíso, o inferno, o santuário celeste, o nome do messias e a voz que grita: "Voltem, filhos do homem!"). Nos dois mil anos sucessivos – ainda de acordo com esse Midrash, que dessa maneira responde com antecedência à pergunta –, Ele consultou a Torá, criou outros mundos e discutiu com as letras do alfabeto qual delas deveria ser o agente da criação.

6.9. A desocupação dos ministérios angélicos depois do Juízo Final mostra que o governo divino do mundo está constitutivamente terminado, que a economia teológica está essencialmente concluída. O paradigma cristão do governo, assim como a visão da história que lhe é solidária, dura da criação ao fim do mundo. A concepção moderna da história, que retoma em muitos aspectos – sem se dar plenamente conta do que ela implica – o modelo teológico, encontra-se, por isso mesmo, em uma situação contraditória. De um lado, abole a escatologia e prolonga ao infinito a história e o governo do mundo; de outro, vê reflorescer incessantemente o caráter finito do próprio paradigma (isso fica evidenciado tanto na interpretação kojeviana de Hegel quanto no problema do fim da história do ser no último Heidegger).

O princípio segundo o qual o governo do mundo acabará com o Juízo Universal conhece, na teologia cristã, uma única e importante exceção. Trata-se do inferno. Na questão 89, Tomás pergunta se os demônios executarão a sentença dos condenados ("*Utrum daemones exequentur sententiam iudicis in damnatos*"). Contra a opinião dos que acreditaram que, com o Juízo, acaba toda função de governo e todo ministério, Tomás afirma que, ao contrário, os demônios desenvolverão pela eternidade sua função judiciária de executores das penas infernais. Assim como havia sustentado que os anjos abandonarão seus ministérios, mantendo para sempre, porém, sua ordem e suas hierarquias, também escreve que "será conservada uma ordem nas penas e os homens serão punidos pelos demônios, para que não seja anulada integralmente a ordem divina, que instituiu os anjos como intermediários entre a natureza humana e a divina [...] os demônios são os executores da

182 • O reino e a glória

justiça divina com respeito aos maus"[66]. O inferno é, assim, o lugar onde o governo divino do mundo sobrevive para sempre, ainda que de forma puramente penitenciária. Enquanto os anjos no paraíso, mesmo conservando a forma vazia de suas hierarquias, abandonarão toda função de governo e já não serão ministros, mas apenas assistentes, os demônios serão os ministros indefectíveis e os carrascos eternos da justiça divina.

Isso, porém, significa que, na perspectiva da teologia cristã, a ideia de um governo eterno (que é o paradigma da política moderna) é propriamente infernal. E é curioso que tal governo penitenciário, tal colônia penal que não conhece expiação, tenha uma inesperada face teatral. Uma pergunta que Tomás se faz a respeito da condição dos bem-aventurados é se estes poderão ver as penas dos condenados (*"Utrum beati qui erunt in patria, videant poenas damnatorum"*). Ele se dá conta de que o horror e a *turpitudo* [desonra] de semelhante espetáculo não parecem convir aos santos; no entanto, com uma candura psicológica diante das implicações sádicas de seu discurso que não é fácil aceitar para nós, modernos, ele afirma sem nenhuma reserva que "para que os bem-aventurados possam comprazer-se mais com sua beatitude [...] é-lhes concedido ver perfeitamente as penas dos ímpios"[67]. E não apenas isso. Diante desse espetáculo atroz, os bem-aventurados, e os anjos que com eles o contemplam, não podem sentir compaixão, mas apenas gozo, porque o castigo dos condenados é expressão da ordem eterna da justiça divina (*"et hoc modo sancti de poenis impiorum gaudebunt, considerando in eis ordinem divinae justitiae, et suam liberationem, de qua gaudebunt"*[68]).

O "esplendor dos suplícios", que Foucault descreveu como solidário do poder do *Ancien régime*, encontra aqui sua eterna raiz.

---

[66] Tomás de Aquino, *S. Th.*, *Suppl.*, q. 89, a. 4.

[67] Ibidem, q. 94, a. 1.

[68] Ibidem, a. 3.

Angelologia e burocracia • 183

# Limiar

Que a angelologia coincida imediatamente com uma teoria do poder, que o anjo seja a figura por excelência do governo do mundo já resulta do simples fato de que os nomes angélicos se identificam com os nomes dos poderes terrenos: *arkai, exousiai, kyriotētes* (na tradução latina, *principatus, potestates, dominationes* – principados, potestades, dominações). Isso é evidente em Paulo, em cujas cartas nem sempre é fácil distinguir entre o nome dos anjos e o das autoridades mundanas. Aliás, a expressão *arkai kai exousiai* [principados e potestades] é comum no grego da época para indicar de maneira genérica os poderes humanos (por exemplo, em Lc 12,11, os seguidores de Jesus são levados às sinagogas "perante os magistrados e as autoridades [*epi... tas arkas kai tas exousias*]" e, em Tt 3,1, Paulo recomenda aos membros da comunidade serem "submissos às *arkais exousiais*"). Também na Epístola aos Colossenses, em que certamente está em questão um culto aos anjos, não está claro se "os principados e as potestades", sobre os quais o Messias triunfou pela cruz (2,15), são potências angélicas ou humanas; e até mesmo na célebre passagem de 1Cor 15,24, a destruição de "todo principado, toda dominação e toda potência" que o Messias leva a cabo quando devolve o reino a Deus pode referir-se tanto aos poderes terrenos quanto aos anjos. Em outras passagens, cujos termos designam de modo inequívoco os poderes angélicos, eles são vistos justamente como potências demoníacas ambíguas. Exemplo disso está na Epístola aos Efésios, que se abre com a imagem luminosa do Messias ressuscitado, que Deus faz sentar à sua direita, "acima de todo principado e potestade, virtude e domínio" (1,21), e termina com a evocação dos mesmos anjos como "dominadores mundanos destas trevas" (*kosmokratores tou skotou toutou*): "Nosso combate não é contra o sangue e a carne, e sim contra os principados, contra as potestades, contra os dominadores mundanos destas trevas, contra os espíritos do mal que estão nas regiões celestes" (6,12).

A promiscuidade entre anjos e potências terrenas é realmente mais íntima e essencial e deriva sobretudo do fato de que os anjos, enquanto figura do governo divino do mundo, são imediatamente também "os arcontes deste século" (1Cor 2,6). Em Paulo, os poderes terrenos e os angélicos se indeterminam porque derivam ambos de Deus. A célebre passagem de Rm 13,1-5, sobre a origem divina de toda *exousia* ("não há autoridade que não venha de Deus") deve ser lida nessa perspectiva e, nela, encontra também seu corretivo.

184 • O reino e a glória

A angelologia paulina é de fato solidária com sua crítica à lei e à autoridade que se funda sobre esta, porque a autoridade, assim como a lei (que "foi promulgada por meio dos anjos", como é dito em Gl 3,19; ver também Hb 2,2), foi dada "em vista do pecado" e seu poder cessa com a vinda do messias. Nenhum "anjo" ou "poder" (*arkê*) pode nos separar de "Cristo nosso senhor" (Rm 8,38-39), porque "julgaremos também os anjos" (1Cor 6,3). George B. Caird observou que a ambiguidade dos poderes angélicos, como a da lei e a de todo poder, reside no fato de que aquilo que foi outorgado provisoriamente e pelo pecado pretende valer de maneira absoluta.

> Quando a lei é isolada e exaltada em um sistema religioso independente, ela se torna demoníaca. A corrupção da lei é obra do pecado, em particular do pecado de autojustificação [...] Todo legalismo é uma autoafirmação, nossa pretensão de estabelecer nossa própria justiça, como se pudéssemos nos salvar sozinhos, por nossas obras morais e espirituais.[69]

Contudo, essa exacerbação demoníaca da lei e das fileiras angélicas constitui também, de certo modo, uma hipóstase da cólera e da justiça divina, que os cabalistas denominaram *Din*, "rigor", e que Paulo apresenta em Rm 2,5-8 como "ira e furor" (*orgē kai thymos*). Os anjos, na qualidade de cifra do poder divino de governo do mundo, também representam o aspecto obscuro e demoníaco de Deus, que, como tal, não pode ser simplesmente cancelado.

O messianismo paulino deve ser visto nessa perspectiva. Funciona como corretivo da hipertrofia demoníaca dos poderes angélicos e humanos. O messias desativa e torna inoperosos (*katargeō* – "eu torno *argos*", inoperoso, e não simplesmente "eu destruo" – é o termo técnico usado por Paulo para exprimir a relação entre o messias e os poderes dos anjos e dos homens) tanto a lei quanto os anjos e, dessa maneira, reconcilia-os com Deus (todas as coisas, como se lê em Cl 1,15-20, "inclusive os tronos, as dominações, os principados e as potências", foram criadas através do messias, e através dele serão reconciliadas no fim com Deus).

O tema da lei não mais aplicada, porém estudada, que nos romances de Kafka acompanha o dos funcionários-anjos constantemente inoperosos, mostra aqui sua pertinência messiânica. O *telos* último e glorioso da lei e das potências angélicas, assim como o dos poderes profanos, consiste em ser desativado e tornado inoperoso.

---

[69] George B. Caird, *Principalities and Powers: A Study in Pauline Theology* (Oxford, Clarendon Press, 1956), p. 41.

# 7
## O PODER E A GLÓRIA

7.1. A cesura que divide a natureza dos anjos e articula suas ordens em assistentes e administradores, em cantores da glória e ministros do governo corresponde a uma dupla figura do poder, que chegou o momento de analisar. Talvez apenas na tensão entre *gloria* e *gubernatio* a articulação entre Reino e Governo — que procuramos reconstruir pacientemente através da história do paradigma teológico-econômico — alcance ao mesmo tempo sua plena inteligibilidade e sua máxima opacidade. Inteligibilidade, porque a diferença entre Reino e Governo nunca se torna tão efetiva como na oposição assistentes/ministrantes; opacidade, porque o que pode ser uma política não do governo, mas da liturgia, não da ação, mas do hino, não do poder, mas da glória?

Para responder a tal pergunta, devemos antes de mais nada identificar o fio secreto que une o ensaio de Peterson sobre os anjos, de 1935, à dissertação que o jovem teólogo, ainda não convertido ao catolicismo, publica em 1926, sob o título *Heis Theos: Epigraphische, formgeschichtliche und religionsgeschichtliche Untersuchungen* [Um Deus: investigações sobre epigrafia, história da forma e história da religião]. Anos depois, diante de temas afins, Ernst Kantorowicz definiria como "fundamental" a dissertação de Peterson. O subtítulo, que vincula uma categoria filológica a conceitos provenientes das ciências teológicas, é, desse ponto de vista, enganador. De fato, não se trata de um estudo propriamente teológico, nem sequer de uma investigação apenas histórico-filológica, apesar do imponente aparato crítico e da extraordinária erudição. Aliás, o campo disciplinar em que a dissertação se inscreve é bastante obscuro, por isso exige algumas considerações preliminares.

186 • O reino e a glória

Em 1934, na introdução ao seu ensaio sobre a formação do cerimonial imperial romano, Andreas Alföldi lamentava que, enquanto o estudo dos aspectos jurídico-racionais do Estado imperial podia gabar-se de obras como o *Staatsrecht*, de Mommsen, o exame de seus aspectos cerimoniais e religiosos era deixado por conta de trabalhos de cientificidade dúbia, como o *Culte impérial*, do abade Beurlier[1]. No mesmo sentido, na introdução ao seu livro sobre as *Laudes regiae*, de 1946, Ernst Kantorowicz observava que o estudo das fontes litúrgicas da história política havia sido, até o início do século XX, apanágio exclusivo dos teólogos e dos historiadores da Igreja, que, como parte em causa, não eram necessariamente a fonte mais confiável[2].

A dissertação de Peterson, inteiramente dedicada, pelo exame da aclamação *Heis theos*, às relações entre cerimonial político e liturgia eclesiástica, embora proveniente de um teólogo (que podia contar, porém, com Franz Boll, Eduard Norden e Richard Reitzenstein entre seus mestres), rompia com tal tradição. Como ainda muitos anos depois Carl Schmitt podia constatar, "um material interminável de fontes literárias e testemunhos epigráficos desdobrava-se em perfeita objetividade, sem que se pudesse vislumbrar uma tomada de posição a favor ou contra determinada corrente teológica ou algum pressuposto dogmático"[3]. Tratava-se, pois, de um primeiro passo na direção de uma ciência que ainda faltava, dedicada à história dos aspectos cerimoniais do poder e do direito, uma espécie de arqueologia política da liturgia e do protocolo, que poderíamos inscrever aqui, ao menos de forma provisória, na rubrica "arqueologia da glória". Para tanto, seria bom seguir atentamente o percurso da dissertação de Peterson, a fim de registrar seus resultados e suas estratégias.

7.2. A investigação abre-se com a paciente catalogação de uma imensa massa de achados, sobretudo epigráficos, em que aparece a fórmula *heis theos* (às vezes ampliada em sentido binário e trinário na *Heis theos*

---

[1] Andreas Alföldi, *Die monarchische Repräsentation im römischen Kaiserreiche* (Darmstadt, Wissenschaftliche Buchgesellschaft, 1970), p. 5.

[2] Ernst Kantorowicz, *Laudes Regiae: A Study in Liturgical Acclamations and Medieval Ruler Workship* (Berkeley/ Los Angeles, University of California Press, 1946), p. VII.

[3] Carl Schmitt, *Politische Theologie II: Die Legende von der Erledingung jeder Politischen Theologie* (Berlim, Duncker & Humblot, 1954), p. 36-7. [Ed. bras.: *Teologia política*, Belo Horizonte, Del Rey, 2006.]

*kai Christos* [um Deus e Cristo] ou *Heis theos kai Christos autou kai to hagion pneuma* [um Deus e Cristo e o Santo Espírito]). Diante das interpretações dominantes, que ligavam esse material a fórmulas litúrgicas que devem ser entendidas, em última análise, como profissões de fé, a estratégia de Peterson é dupla. De um lado, ele nega decididamente que as fórmulas em questão contenham algo como uma profissão de fé e, de outro, insere-as, também de modo resoluto, no âmbito das aclamações: "A fórmula *Heis theos* é uma aclamação, mas não uma profissão de fé"[4]. Isso significa, porém, remeter a origem dessas expressões essencialmente cristãs a um fundo mais obscuro, em que se confundem com as aclamações dos imperadores pagãos e com os gritos que saudavam a epifania de Dioniso nos rituais órficos com os exorcismos dos papiros mágicos e com as fórmulas dos cultos mistéricos mitraicos gnósticos e maniqueístas. E, ao mesmo tempo, situar o problema da origem e do significado das aclamações e de sua relação com a liturgia cristã.

O que é uma aclamação? Uma exclamação de aplauso, de triunfo (*"Io triumphe!"*), de louvor ou de desaprovação (*acclamatio adversa*) era gritada por uma multidão em determinadas situações. A aclamação vinha acompanhada do gesto de erguer a mão direita (de que temos testemunhas tanto na arte pagã quanto na cristã) ou, nos teatros e nos circos, de aplaudir e agitar lenços. Nesse caso, a aclamação podia ser dirigida, como testemunha Cícero[5], tanto aos atletas ou atores quanto aos magistrados da República e, mais tarde, ao imperador. A chegada do soberano a uma cidade ocasionava uma parada cerimonial (o *adventus*), em geral acompanhada de aclamações solenes. A aclamação podia ter várias formas, que Peterson examina pormenorizadamente: votos de vitória (*nika, vincas*), de vida e fecundidade (*vivas, floreas, zēs, felicissime*), de longa vida (*polla ta etē, eis aiōnas, de nostris annis augeat tibi Iuppiter annos*), de força e salvação (*valeas, dii te nobis praestent, te salvo salvi et securi sumus*), invocação e prece (*kyrie, kyrie sōzōn, kyrie eleēson*), aprovação e aplauso (*axios, dignum et iustum esti, fiat, amen*). As aclamações eram muitas vezes ritualmente repetidas e, às vezes, moduladas. Um testemunho cristão descreve em detalhes uma *acclamatio adversa* no Circo Máximo:

> *Pars maior populi clamabant, dicentes: Christiani tollantur! Dictum est duodecim. Per caput Augusti, christiani non sint! Spectantes vero Hermogenianum,*

---

[4]   Erik Peterson, *Heis Theos: Epigraphische, formgeschichtliche und religionsgeschichtliche Untersuchungen* (Göttingen, Vandenhoeck und Ruprecht, 1926), p. 302.

[5]   Cícero, *Att.*, 1, 16.

188 • O reino e a glória

*praefectum urbis, item clamaverunt decies: Sic, Auguste, vincas!* [...] *Et statim discesserunt omnes una voce dicentes: Auguste, tu vincas et cum diis floreas!*\*

E Agostinho, descrevendo em uma carta a cerimônia para a designação de seu sucessor Heráclio como bispo de Hipona, informa-nos do uso de fórmulas de aclamação do tipo *axios, dignum est*:

*A populo acclamatum est: Deo gratias, Christo laudes; dictum est vicies terties. Exaudi Christe, Augustino vita; dictum est sexies decies* [...] *Bene meritus, bene dignus; dictum est quinquies. Dignus et iustus est; dictum est sexies* [...] *Fiat, fiat; dictum est duodecies...*[6]

Para compreender a importância das aclamações, como Peterson não deixa de observar, é essencial notar que "elas não eram de modo algum irrelevantes, e podiam, em determinadas circunstâncias, assumir um significado jurídico"[7]. Peterson remete de passagem ao artigo *Acclamatio* do Pauly-Wissowa; mas Mommsen, em seu *Staatsrecht*, havia registrado pontualmente o decisivo valor jurídico das aclamações no direito público romano. Sobretudo, a aclamação com que, na época republicana, as tropas outorgavam ao comandante vitorioso o título de *imperator*[8] e, na época imperial, investiam-no com o próprio título de César[9]. A aclamação dos senadores, sobretudo na época imperial, podia, além disso, ser usada para dar valor de decisão a um comunicado do imperador[10] e, nos comícios eleitorais, podia substituir a votação de cada um[11].

É esse valor jurídico da aclamação que, em um ponto crucial, Peterson acolhe e enfatiza, enunciando, ao lado da tese da origem pagã de muitas

---

\* "A maioria do povo clamava, dizendo: 'Eliminem os cristãos!'. E repetia doze vezes: 'Por Augusto, que não haja cristãos!'. Olhando para Hermogeniano, prefeito da cidade, clamava dez vezes: 'Que vença Augusto!'. [...] E logo depois todos se afastavam, dizendo a uma só voz: 'Augusto, que venças e possas viver com os deuses!'." (N. T.)

6  Agostinho, *Ep.*, 213, 5-8. ["Pelo povo foi aclamado: 'Graças a Deus. Cristo seja louvado', dito vinte e três vezes. 'Ouça-nos, Cristo! Que viva Agostinho!', dito dezesseis vezes. [...] 'Ele merece, é digno', dito cinco vezes. 'É digno e justo', dito seis vezes [...]. 'Faça-se, faça-se', dito doze vezes." (N. T.)]

7  Erik Peterson, *Heis Theos*, cit., p. 141.

8  Theodor Mommsen, *Römisches Staatsrecht* (Graz, Akademische Druck, 1969), v. 1, p. 124.

9  Ibidem, v. 2, p. 841.

10  Ibidem, v. 3, p. 949-50.

11  Ibidem, p. 350.

O poder e a glória • 189

aclamações cristãs, a de um nexo essencial que une direito e liturgia. A propósito da fórmula *dignum et iustum est* (que aparece não só nos rituais de eleição e de deposição dos clérigos, mas também no início da anáfora da missa), após ter criticado a incapacidade da ciência jurídica moderna de chegar a uma compreensão justa do significado das aclamações, ele sugere que a fórmula não deve ser considerada (como havia sido sugerido) uma espécie de procedimento eleitoral abreviado, mas que, segundo um costume que a Igreja retoma da *ecclesia* profana, ela "expressa sobretudo em forma de aclamação o *consensus* do povo"[12]. Tal consenso tem, no entanto, um significado jurídico, que lança uma luz nova sobre o vínculo entre direito e liturgia. Referindo-se aos trabalhos de P. Cagin sobre a tradição das aclamações doxológicas, cuja analogia com as aclamações para a eleição do imperador Gordiano (*"Aequum est, iustum est! Gordiane Auguste, dii te servent feliciter!"*) já havia sido registrada pelo estudioso, Peterson escreve:

> Cagin certamente tem razão quando, em um penetrante capítulo de seu livro, conclui sua análise observando que a primeira palavra da anáfora *vere dignum* [verdadeiramente digno] nada mais é que a resposta à aclamação do povo: *Dignum et iustum est*. Mas nem Cagin nem outros esclareceram de maneira suficiente o fato de que, pela aclamação *axion kai dikaion* [santo e justo], tanto a liturgia quanto o hino (*Te Deum, Gloria* etc.) recebem uma fundamentação jurídica. Em outras palavras: *a assunção da cerimônia pública ("leitourgia") da "Eucharistia" na anáfora ou no hino pode ocorrer apenas na forma jurídica de uma aclamação por parte do povo ("laos") e do sacerdote.*[13]

7.3. Em 1927, em artigo sobre o referendo e proposta de lei de iniciativa popular [*Referendum e proposta di legge a iniziativa popolare*] (em alemão, no entanto, os dois termos técnicos correspondentes – *Volksentscheidt* e *Volksbegehren* – significam literalmente "decisão popular" e "reivindicação popular"), Schmitt havia se referido ao livro de Peterson, publicado apenas um ano antes, precisamente a propósito do significado político das aclamações. Schmitt opõe a votação individual em escrutínio secreto, própria das democracias contemporâneas, à expressão imediata do povo reunido, própria da democracia "pura" ou direta, e, ao mesmo tempo, vincula constitutivamente povo e aclamação.

---

[12] Erik Peterson, *Heis Theos*, cit., p. 177.

[13] Ibidem, p. 178.

190 • O reino e a glória

A votação individual secreta, que não é precedida de nenhum debate público regulado por meio de processo, anula justamente a possibilidade específica do povo reunido. De fato, a verdadeira atividade, capacidade e função do povo, o núcleo de toda expressão popular, o fenômeno democrático originário, o que também Rousseau projetou como verdadeira democracia, é a aclamação, o grito de aprovação ou rejeição da massa reunida. O povo aclama um guia, o exército (aqui idêntico ao povo) aclama o general ou o imperador, os cidadãos ou as comunidades rurais aclamam uma proposta (em que fica aberta a questão se, na verdade, é aclamado o guia ou a proposta em seu conteúdo); o povo grita viva ou abaixo, exulta ou impreca, derruba alguém e proclama um outro como chefe, consente com uma deliberação com uma palavra qualquer ou nega sua aclamação com o silêncio. Uma investigação fundamental de Erik Peterson, que supera em muito em seu significado científico o âmbito específico de sua matéria, descreveu a *acclamatio* e suas formas nos primeiros séculos cristãos.[14]

Assim como, para Peterson, as aclamações e as doxologias litúrgicas exprimem o caráter jurídico e público do povo (*laos*) cristão, assim também, para Schmitt, a aclamação é a expressão pura e imediata do povo como poder democrático constituinte. Poucas linhas antes, escreve ele:

> Esse povo é o detentor do poder constituinte, o sujeito do *pouvoir constituant*, e por isso é essencialmente diverso do povo que [...] exerce certa faculdade nas formas prescritas pela constituição, ou seja, elege o *Reichstag*, ou o presidente do Reich, ou ainda se ativa no caso de um referendo.[15]

Por isso, transferindo para a esfera profana a tese de Peterson, Schmitt pode agora levá-la ao extremo, afirmando que "a aclamação é um fenômeno eterno de toda comunidade política. Nenhum Estado sem povo, e nenhum povo sem aclamação"[16].

A estratégia de Schmitt é clara: tomando emprestada de Peterson a função constitutiva da aclamação litúrgica, ele assume as vestes do teórico da democracia pura ou direta e a joga contra a democracia liberal de Weimar. Assim como os fiéis que pronunciam as fórmulas doxológicas estão presentes na liturgia ao lado dos anjos, também a aclamação do povo em sua imediata presença é o contrário da prática liberal do voto secreto, que despoja o sujeito soberano de seu poder constituinte.

---

[14] Carl Schmitt, "Referendum e proposta di legge d'iniziativa popolare", em *Democrazia e liberalismo: referendum e iniziativa popolare – Hugo Preuss e la dottrina tedesca dello Stato* (Milão, Giuffrè, 2001), p. 62.

[15] Ibidem, p. 60.

[16] Ibidem, p. 62-3.

O poder e a glória • 191

Essa descoberta científica da aclamação é o ponto de partida para uma descrição dos procedimentos da democracia direta ou pura. Não se pode menosprezar o fato de que, onde quer que exista uma opinião pública como realidade social e não apenas como pretexto político, em todos os momentos decisivos em que o senso político pode afirmar-se, comparecem em primeiro lugar aclamações de aprovação ou de rejeição, independentes de um procedimento de votação, pois por intermédio de semelhante procedimento elas poderiam vir ameaçadas em sua genuinidade, enquanto a imediatidade do povo reunido que define tais aclamações acaba anulada pelo isolamento de cada votante e pelo segredo eleitoral.[17]

7.4. Os historiadores da liturgia sabem que a liturgia cristã primitiva é resultado da união de elementos salmódicos e doxológicos com a celebração eucarística. Ainda hoje, os manuais de liturgia distinguem nesse sentido a *liturgia epaenetica* ou laudatória da liturgia eucarística. Um exame atento da liturgia eucarística mostra, porém, que, nela, aclamações, doxologias e sacrifício estão tão intimamente entrelaçados a ponto de resultarem indiscerníveis. No tratado sobre a liturgia divina, em que Nicolas Cabasilas compendiou o pensamento da Igreja oriental no século XIV sobre "a ordem dos mistérios divinos", ele distingue a consagração eucarística dos cantos de louvor, das orações, das leituras da sagrada escritura e de "tudo aquilo que é dito e feito antes e depois da consagração"[18]. Contudo, esses dois aspectos da liturgia formam, na realidade, um "único corpo" e concorrem para o mesmo objetivo, que é a santificação dos fiéis. "A mistagogia em sua totalidade", escreve Cabasilas, "é um único corpo de narração [*sōma hen historias*], que conserva do início ao fim sua harmonia e integridade, de modo que cada gesto e cada fórmula traz sua contribuição comum para o todo"[19]. Liturgia e *oikonomia* estão, nesse sentido, estreitamente vinculadas, pois tanto nos cantos e nas aclamações de louvor quanto nos atos cumpridos pelo sacerdote é sempre e unicamente "a economia do Salvador [*oikonomia tou Sōtēros*] que é significada"[20]. Assim como a oferenda do pão e do vinho, assim também as doxologias e os cantos são um "sacrifício de

---

[17] Ibidem, p. 63.

[18] Cabasilas, *Comm.*, p. 57.

[19] Ibidem, p. 129.

[20] Ibidem, p. 61.

192 • O reino e a glória

louvor", segundo as palavras do salmista: "Oferece a Deus um sacrifício de louvor, eu te libertarei e tu me glorificarás" (Sl 50,14-15)[21].

Tomemos a liturgia da missa galicana como era celebrada do século VI ao VIII (mas qualquer outra forma da liturgia antiga, desde a *Traditio apostolica* até a descrição da anáfora nas *Catechesi* de Cirilo de Alexandria, poderia servir ao mesmo fim). A missa iniciava com um preâmbulo cantado, em que o bispo se aproximava do altar, acompanhado de uma antífona salmódica e da doxologia *Gloria Patri*. Trata-se, do nosso ponto de vista, de uma série de aclamações:

> *Alleluja! Benedictus qui venit, alleluja,*
> *in nomine Domini: Allelluja! Alleluja!*
> *Deus Dominus, et illuxit nobis.*
> *In nomine Domini.*
> *Gloria et honor Patri et Filio et Spiritui Sancto*
> *in saecula saeculorum. Amen.*
> *In nomine Domini.**

Logo depois, executava-se o *Trisagion,* o solene canto de louvor, em grego e em latim, e os fiéis respondiam com a aclamação: *Amen*. Em seguida, três crianças cantavam em uníssono a aclamação *Kyrie eleison*, terminando com o canto *Benedictus*, com dois coros alternados.

Mas também a liturgia eucarística era, como no ritual atual, tão densamente entremeada de doxologias e aclamações que uma separação dos diversos elementos é totalmente impensável. A fórmula denominada *immolatio* [imolação], que abria a consagração, era uma trama de aclamações: "*Vere aequum et iustum est: nos tibi gratias agere, teque benedicere, in omni tempore, omnipotens aeterne Deus... exaudi per Christum Dominum nostrum. Per quem majestatem tuam laudant angeli...*" [É verdadeiramente digno e justo dar-te graças e bendizer-te em todos os tempos, Deus onipotente e eterno... Escuta-nos por Jesus Cristo nosso Senhor. Por quem os anjos louvam tua majestade...]. À *immolatio* seguiam-se a entoação do tríplice *Sanctus* e a fórmula "*Vere sanctus, vere benedictus Dominus noster*

---

[21] Ibidem, p. 58.

* "Aleluia! Bendito aquele que vem, aleluia,/ em nome do Senhor: Aleluia! Aleluia!/ Deus é o Senhor, e nos ilumina./ Em nome do Senhor./ Glória e honra ao Pai, ao Filho e ao Espírito Santo/ pelos séculos dos séculos. Amém./ Em nome do Senhor." (N. T.)

*Jesus Christus Filius tuus*" [Verdadeiramente santo, verdadeiramente bendito nosso Senhor Jesus Cristo, teu Filho].

Examinemos agora essa presença maciça das aclamações na liturgia do ponto de vista da dissertação de Peterson. Se a tese de Peterson é correta, devemos olhar para o elemento doxológico-aclamatório não só como aquilo que une a liturgia cristã ao mundo pagão, mas como o próprio fundamento jurídico do caráter "litúrgico", ou seja, público e "político", das celebrações cristãs. O termo *leitourgia* (de *laos*, "povo") significa etimologicamente "prestação pública", e a Igreja sempre insistiu em sublinhar o caráter público do culto litúrgico, em oposição às devoções privadas. Só a Igreja Católica – não deixam de sublinhar tradicionalmente os *Enchiridia liturgica* – pode realizar o legítimo culto a Deus ("*cultum legitimum aeterno patri persolvere*"[22]). A tese de Peterson fundamenta nesse sentido o caráter público da liturgia através das aclamações do povo reunido numa *ekklēsia*. Os dois termos (*laos* e *ochlos*), que na Septuaginta e no Novo Testamento designam o povo, são contrapostos e articulados como *populus* e *multitudo* na tradição do direito público:

> O *laos* que toma parte da *eucharistia* é *laos* apenas na medida em que tem uma capacidade jurídica. Pensemos em Cícero, *Rep.*, 1, 25, em que se lê: "*Populus autem non omnis hominum coetus quoquo modo congregatus, sed coetus multitudinis iuris consensu et utilitatis communione sociatus*" [O povo não é todo conjunto de homens congregado de qualquer modo, mas o conjunto de uma multidão associada por um consenso de direito e por uma comum utilidade]. Se os atos jurídicos do *laos* nos tempos mais antigos se limitavam apenas ao direito de aclamação, isso não muda nada o fato de que se pode falar, em sentido originário, de um *populus* (*laos*) ou de uma *ekklēsia* apenas ali onde há, para um povo, a possibilidade de exercer uma atividade jurídica. Se um dia alguém quiser escrever uma história da palavra "laicato" [*Laie*] (*laos*), deverá prestar atenção a todos os contextos aqui lembrados e, ao mesmo tempo, compreender que o *laos* é precisamente o *ochlos*, na medida em que deve proferir as aclamações litúrgicas. Entender-se-á assim que, quando profere as aclamações litúrgicas, o *laos* vincula-se ao seu estatuto de direito eclesiástico da mesma maneira em que, no direito público, o *laos* recebe seu estatuto próprio através do direito de proferir na *ekklēsia* profana sua *ekboēsis* (aclamação) ao *despotēs*.[23]

Segundo um gesto característico seu, é em uma nota de rodapé que Peterson interpreta nesse ponto o *amen* que escande a celebração litúrgica

---

[22] Polycarpus Radó, *Enchiridion liturgicum complectens theologiae sacramentalis et dogmata et leges* (Romae-Friburgi Brisg.-Barginone, Herder, 1966), p. 7.

[23] Erik Peterson, *Heis Theos*, cit., p. 179.

194 • O reino e a glória

como uma aclamação em sentido técnico, através da qual a multidão de fiéis se constitui como "povo" (*laos*)[24]. Quando Justino[25] nos informa que, no fim da oração e da eucaristia, "todo o povo presente aclama, dizendo: *Amen* [*pas ho parōn laos euphēmei legōn: Amen*], o que está em questão é precisamente esse significado técnico-jurídico da aclamação, que constitui a "publicidade" da liturgia – ou, mais exatamente, o caráter "litúrgico" da missa cristã.

‫א‬ Uma análise dos termos que no Novo Testamento – e, em especial, nas epístolas de Paulo – designam o povo pode ser elucidativa para a compreensão da estratégia antimessiânica de Peterson. O termo *dēmos*, tão importante para nossa compreensão da *polis*, quase nunca aparece. O povo é designado com *ochlos* (175 vezes no Novo Testamento; traduzido, em geral, em latim por *turba*; na Vulgata, além de *turba* e *populus*, encontram-se os termos *plebs* e *multitudo*; *massa*, que seria uma boa tradução para *ochlos*, tem, já a partir de Agostinho, o significado negativo de portador do pecado original: "*ea damnatione, quae per universam massam currit*" [aquela condenação que corre por toda a massa][26]) ou com *plēthos* (particularmente frequente em Lucas) e, em um sentido correspondente ao uso assíduo na Septuaginta para o povo eleito, com *laos* (142 ocorrências). Peterson relaciona o impolítico *ochlos* ao significado teológico de *laos*: o *ochlos* torna-se *laos*, "politiza-se" através da liturgia. Para isso, ele deve ignorar o peculiar uso paulino. Aliás, é significativo que Paulo escolha nunca se servir do termo *ochlos* e use só doze vezes *laos*, sempre em referência a citações bíblicas (por exemplo, Oseias em Rm 9,25: "não-povo meu"). *Hēmeis*, "nós", é o termo com que Paulo se refere em sentido técnico à comunidade messiânica, não raro em contraposição a *laos* (como acontece em Rm 9,24) ou a judeus e gregos (como em 1Cor 1,22-24: "Enquanto os judeus pedem sinais e os gregos buscam sabedoria, nós [*hēmeis de*] anunciamos o Cristo crucificado"). Na passagem citada da primeira Epístola aos Coríntios, o pronome "nós" logo depois é precisado como "os chamados" (*autois de tois klētois*). A comunidade messiânica como tal, em Paulo, é anônima e parece situar-se em um limiar de indiferença entre público e privado.

7.5. Em 1934 e 1935, Andreas Alföldi publica nas *Römische Mitteilungen* os resultados de suas investigações sobre as formas e as insígnias do cerimonial imperial romano. Abandonando o estereótipo já presente nas fontes clássicas, segundo o qual o cerimonial imperial, estranho à sóbria tradição política romana, teria sido introduzido por Diocleciano com base no modelo dos rituais

---

[24] Ibidem, n. 2.

[25] Justino, *Apol.*, 65, 3.

[26] Agostinho, *De nat. et grat.*, 8, 9.

O poder e a glória • 195

cortesãos persas, Alföldi mostra, no entanto, que o cerimonial imperial foi elaborado progressivamente já a partir do fim da república e dos primeiros anos do principado, segundo um paradigma em que certamente confluem tradições diversas, mas que é substancialmente teológico. Para entender melhor o caráter "teológico-sacro" que a relação entre o soberano e os súditos vai assumindo em Roma, não é necessário mexer e transferir para a urbe, de modo mais ou menos arbitrário, o modelo da monarquia divina oriental.

O principado havia elevado o chefe de Estado infinitamente acima dos senadores, que rezam e celebram sacrifícios para seu bem-estar, juram por seu nome, invocam-no como filho de Deus e comemoram seu aniversário e outras festas privadas como cerimônias públicas. A *auctoritas*, que, segundo declaração própria dos senadores, eleva os *principes* acima de todos os outros, havia assumido um tom religioso, assim como era sacro também o título de *Augustus* que carregavam.[27]

Nessa perspectiva, Alföldi reconstrói minuciosamente a introdução da *proskynēsis* (adoração), que já aparece na época republicana como gesto do suplicante que cai de joelhos diante do poderoso e que se difunde pouco a pouco como parte integrante do ritual imperial. Os senadores e os cavaleiros de posição mais elevada beijavam o imperador na face (*salutatio*); mas, com o tempo, só eram admitidos para os beijos depois de se ajoelhar diante dele, até que, em Bizâncio, a *salutatio* acabou implicando sempre a *adoratio*, o beijo dos joelhos e das mãos.

De interesse especial é a vasta exposição dos costumes e das insígnias do poder, que Alföldi dedica significativamente à memória de Theodor Mommsen, quase como se estivesse completando com sua análise do cerimonial a parte que falta no *Staatsrecht*. Inaugura-se aqui um âmbito cuja definição constitui o verdadeiro desafio da investigação, ainda que o autor nem sempre pareça se dar conta. Alföldi mostra como o traje imperial, que no início do principado coincide com a simples toga do cidadão romano, assume aos poucos as características da veste que o magistrado vitorioso usava no cortejo triunfal e, mais tarde, de maneira constante já a partir de Cômodo, de uniforme militar, com *paludamentum* e couraça (*lorica*). Contemporaneamente, a coroa de louros do *vir triumphalis* [varão triunfal] torna-se, conforme mostram inúmeros testemunhos plásticos, um atributo técnico da soberania, mais tarde substituída, sobretudo nas moedas, pela

---

[27] Andreas Alföldi, *Die monarchische Repräsentation*, cit., p. 29.

196 • O reino e a glória

coroa radiada (que, à diferença da coroa de louros, parece nunca ter sido usada realmente). De maneira análoga, a *sella curulis* [cátedra do magistrado], em que se sentavam os cônsules, torna-se prerrogativa do príncipe e, isolada em um *podium*, ao menos a partir de Calígula, transforma-se pouco a pouco em um trono (*basileios thronos, hedra basilikē*).

É decisivo, porém, o significado técnico-jurídico dessas transformações. Não se trata simplesmente de uma paixão pelo luxo ou pela pompa, ou de um desejo de se distinguir dos cidadãos comuns, mas sim de uma verdadeira esfera constitutiva da soberania, que os estudiosos têm dificuldade de definir, recorrendo de tempos em tempos a termos necessariamente vagos, como "cerimonial", "insígnias ou sinais de domínio" (*Herrschaftszeichen*) ou "símbolos do poder ou do Estado" (*Machtsymbole, Staatssymbolik*). Assim, Mommsen já observava que, a partir do século III, "a vestimenta purpúrea de guerra se transforma no símbolo da monarquia"[28]. Mas o que significa aqui "símbolo"? O significado técnico de objetos como os feixes lictórios [*fasces lictoriae*] no direito romano ou a coroa no direito medieval é conhecido há muito tempo e, no entanto, ainda falta uma teoria jurídica capaz de definir com precisão seu âmbito e seu valor.

Tomemos o problema da *mutatio vestis* [troca de vestimenta], que leva o imperador a substituir a toga do cidadão pelo *paludamentum insigne* do comandante militar. Compreender tal processo, como faz Alföldi, simplesmente como consequência da crescente primazia do exército sobre a autoridade do senado ou falar, a propósito do cerimonial, de uma oposição entre direito e poder não diz nada de seu significado específico. De fato, sabemos que, já na época republicana, a relação de oposição entre toga e *paludamentum* correspondia à distinção entre o *pomerium** e o resto do território e tinha, portanto, implicações imediatas de direito público. O magistrado não podia em nenhum caso entrar na urbe com vestes militares; devia *sumere togam* [pôr a toga] antes de atravessar seus confins. Assim, o fato de o imperador vestir o *paludamentum* purpúreo na cidade não significa tanto uma prevalência factícia do poder do exército, mas sobretudo uma indeterminação

---

[28] Theodor Mommsen, *Römisches Staatsrecht*, cit., v. 1, p. 433.

* *Pomerium* significa literalmente "após o muro"; os romanos chamavam assim as fronteiras simbólicas da cidade de Roma, no interior das quais os cidadãos e o próprio Exército eram proibidos de andar armados. Os mortos eram enterrados fora do *pomerium*, em geral em tumbas ao lado das estradas que davam acesso à cidade. (N. T.)

da diferença formal entre poder consular e poder proconsular, *pomerium* e território, direito de paz e direito de guerra. A *mutatio vestis* tem, assim, um efeito performativo imediato no direito público. Só nessa perspectiva podemos compreender porque, em Bizâncio, o cerimonial relativo às vestes do imperador era confiado a uma repartição especial, chamada *mētatōrion*, em que funcionários de alto gabarito cuidavam para que a cada função e a cada situação correspondesse uma vestimenta apropriada. E só se compreendermos o significado jurídico da cor púrpura como insígnia da soberania é que poderemos entender por que, a partir do século IV, a produção da púrpura era nacionalizada e sua posse por parte de um indivíduo podia se transformar em delito de lesa majestade[29].

Considerações análogas podem ser feitas a respeito do complicado protocolo que regula, além da *proskynēsis,* a relação entre a posição ereta ou sentada durante as aparições públicas do imperador. Também nesse caso, mais do que ver na postura simplesmente uma expressão simbólica da posição ocupada, devemos compreender que é a postura que leva de imediato a efeito a hierarquia. Assim como no Pseudo-Dionísio a divindade não se manifesta na hierarquia, mas é ela própria *ousia* e *dynamis*, glória, substância e potência das hierarquias celestes e terrenas[30], assim também a soberania imperial é, na própria maneira de se comportar, nos gestos e nas vestimentas, cerimonial hierárquico e insígnia.

7.6. Ernst Percy Schramm, historiador que se tornou conhecido também fora do âmbito estritamente acadêmico graças à edição das *Tischrede* [Conversas de mesa] de Adolf Hitler, dedicou uma investigação monumental às insígnias e aos símbolos do poder. Na premissa e na introdução aos três volumes de *Herrschaftszeichen und Staatssymbolik* [Signos de domínio e simbólica do Estado], ele insiste na necessidade de evitar no âmbito de sua investigação aqueles "românticos – para não dizer pior – que procuram nos signos da soberania o que imaginam ser o 'espírito da Idade Média'"[31] e abandonar, por sua ambiguidade, termos como "insígnias" e "símbolos", aos quais

---

[29] Andreas Alföldi, *Die monarchische Repräsentation*, cit., p. 169.

[30] Pseudo-Dionísio, *E. H.*, 378a.

[31] Ernst Percy Schramm, *Herrschaftszeichen und Staatssymbolik: Beiträge zu ihrer Geschichte vom dritten bis zum sechzehnten Jahrhundert* (Stuttgart, Anton Hiersemann, 1954-1956, v. 1), p. IX.

198 • O reino e a glória

ele prefere – embora não sejam necessariamente mais precisos – "signos de domínio" (*Herrschaftszeichen*) e "simbólica do Estado" (*Staatssymbolik*)[32].

Embora Schramm se mantenha com frequencia cauteloso terminológica e metodologicamente e fale, seguindo as *Pathosformeln* de Wahrburg, de "fórmulas de majestade" (*Majestätsformeln*) e "imagens-modelo" (*Bildmodel*), o livro é, de fato, um imenso poema dedicado aos signos do poder. Nas quase 1.200 páginas em que se articula a investigação, nada ou quase nada escapa à minuciosa paixão ecfrástica* do autor e ao rigor catalográfico de seus colaboradores: da *trabea* triunfal do imperador romano à mitra e à tiara dos pontífices e dos soberanos; da santa lança dos reis germânicos e longobardos às campainhas (*tintinnabula*) que adornam as vestes dos clérigos e do rei; das infindas formas das coroas régias e imperiais à rica fenomenologia do trono em todas as suas variantes; da *cathedra Petri* aos tronos dos reis ingleses, aragoneses, poloneses, suecos e sicilianos.

É especialmente interessante a seção sobre os monogramas e seus carimbos, como o de Teodorico, a propósito do qual, com uma observação que merecia ter sido desenvolvida, Schramm escreve: "O *nomen regium* monogramático [...] representa a força e o direito tão bem quanto uma efígie: o monograma não se limita a explicar a imagem, mas por si só torna presente o rei [*stellt... den König dar*]"[33]. No segundo volume, a seção sobre as bandeiras (*bandum, vandum, banière*) e os estandartes merece atenção particular. Aqui o caráter e a força performativa especial das insígnias surgem com uma evidência que, infelizmente, o autor não parece perceber. Ele lembra os trabalhos de um historiador do direito, Carl Erdmann, que havia mostrado que o poder específico da bandeira não está nos distintivos ou nas cores que ostenta, mas emana da própria coisa. Por isso, "assim como a coroa, também a bandeira do rei não deve ser perdida; assim como a honra do rei pode ser ferida na coroa, também na bandeira [...] a bandeira pode substituir o soberano; ela mostra onde reina sua paz e até onde chega seu poder"[34].

No início de sua pesquisa, o autor enuncia o desejo de que, "do tratamento até agora arbitrário e subjetivista dos signos do poder", pudesse nascer

---

[32] Idem.

* Ecfrástica, do grego *ékphrasis*, é, de modo geral, o nome dado ao estudo da relação entre palavras e imagem. (N. T.)

[33] Ernst Percy Schramm, *Herrschaftszeichen und Staatssymbolik*, cit., v. 1, p. 226.

[34] Ibidem, v. 2, p. 653.

uma ciência tão exata e rigorosa como aquelas com que nos acostumou a investigação histórica. No final do livro, a conclusão com que Schramm procura precisar os *Grundbegriffe* [conceitos básicos][35] que guiaram seu trabalho fica, sem dúvida, aquém desse objetivo. Assim como no frontispício do primeiro volume havia colocado sua investigação sob o signo da definição goethiana do símbolo ("O símbolo é a coisa, sem ser a coisa, e contudo é a coisa, uma imagem contraída no espelho espiritual e contudo idêntica ao seu objeto"), ele também lembra agora uma passagem de Hegel, que define a simbólica como "algo obscuro, que se torna tanto mais obscuro quanto mais formas aprendemos a conhecer"[36]. Schramm quase nunca consegue superar as obscuridades e as ambiguidades desses conceitos. A ciência dos signos do poder ainda espera por sua fundação.

7.7. Uma ciência denominada "arqueologia do direito" foi proposta por Karl von Amira, historiador que viria a se comprometer com o nazismo e cujo nome Schramm cita em sua investigação. Exemplo evidente do método arqueológico de Amira é o ensaio sobre os gestos das mãos nas miniaturas do código medieval conhecido como *Sachsenspiegel* [espelho saxônico], cuja mímica exuberante foi comparada à gesticulação do povo napolitano já descrito por Andrea De Jorio. Na disputa entre aqueles que, como Jacob Grimm, viam as pequenas figuras miniaturizadas exclusivamente na perspectiva da história da arte, como uma "simbólica do artista" (*Simbolyk des Künstlers*), e os que, ao contrário, viam-nas como expressão de uma mímica jurídica genuína, Amira toma decididamente o caminho do meio, mobilizando os recursos de ambas as disciplinas. Assim, distingue gestos autênticos (*echte Handgebärden*), em que a mão é imediatamente símbolo de um processo espiritual, e gestos inautênticos, em que a mão é apenas "instrumento de um símbolo", destinado não à expressão eficaz de uma vontade, mas a tornar visível algum atributo social da pessoa[37]. É apenas nos primeiros que se concentra a atenção do estudioso para verificar em que medida, a cada vez, os gestos das miniaturas podem ser lidos com certeza como simbólica jurídica.

---

[35] Ibidem, v. 3, p. 1068.

[36] Ibidem, v. 3, p. 1065.

[37] Karl von Amira, "Die Handgebärden in der Bilderhandschriften de Sachsenspiegels", *Abhandlungen der Bayerischen Akademie der Wissenschaften, Philosophisch-Philologische und Historische Klasse*, v. 23, n. 2, 1905, p. 168.

A distinção entre gestos autênticos (ou puros) e gestos inautênticos sugere uma direção de busca conceitual, que Amira, preocupado apenas com a identificação dos usos jurídicos que neles se expressa, não aprofunda. Uma das categorias mímicas mais interessantes entre as repertoriadas no ensaio é o gesto que acompanha o discurso, o gesto linguístico (*Redegestus*). Aqui um gesto, que deriva da *ingens manus* que expressava a eficácia especial do poder imperial (a mão estendida e levantada com o antebraço de modo a formar um ângulo mais ou menos reto com o braço), funde-se com os gestos que, segundo a retórica antiga, deviam acompanhar a *actio* do orador, para depois, no final, fixar-se no gesto do *Logos* bendizente, que viria a assumir uma função tão importante na liturgia e na iconografia cristã (a *benedictio latina*, com polegar, indicador e médio esticados e os outros dois dedos dobrados sobre a palma da mão, ou a variante, conhecida como *benedictio graeca*, com o dedo mínimo esticado). Quintiliano, que descreve em detalhes em suas *Institutiones oratoriae* o gesto linguístico em todas as suas possíveis variantes, escreve, a respeito de sua indubitável eficácia, que aqui quem fala são as próprias mãos ("*ipsae loquuntur*"[38]). Não se poderia definir com mais precisão a potência do gesto linguístico, que não se esgota nem em uma escansão nem em uma simples enfatização do discurso: lá onde os gestos se tornam palavras, as palavras se tornam fatos. Estamos aqui frente a um fenômeno que corresponde – embora por um processo aparentemente inverso – àquele insolúvel enredamento de palavras e fatos, de realidade e significado, que define a esfera da linguagem que os linguistas chamam de performativa e que obteve cidadania filosófica pelo livro de Austin, *How to Do Things with Words*, de 1962. O performativo é de fato um enunciado linguístico que é também, em si próprio, imediatamente, um fato real, na medida em que seu significado coincide com uma realidade que ele mesmo produz.

De que maneira, no entanto, o performativo realiza sua especial eficácia? O que permite a determinado sintagma (por exemplo, "eu juro") adquirir o valor de um fato, desmentindo a antiga máxima que declara que a palavra e o fazer são separados por um abismo? Os linguistas não o dizem, como se estivessem aqui diante de um último estrato, propriamente mágico, da língua. Para responder a tais perguntas, é importante lembrar em primeiro lugar que o performativo se constitui sempre através de uma suspensão do caráter denotativo normal da linguagem. O verbo performativo constrói-se

---

[38] Quintiliano, *Institutiones oratoriae*, II, 3, 85.

necessariamente como um *dictum*, que, tomado em si mesmo, tem natureza puramente constativa e sem a qual permanece vazio e ineficaz ("eu juro" só tem valor se for seguido, ou precedido, de um *dictum*, por exemplo: "que ontem eu me encontrava em Roma"). É tal caráter denotativo normal do *dictum* que é suspenso e, de certo modo, transformado no mesmo momento que se torna objeto de um sintagma performativo.

Se pensarmos bem, isso significa que o enunciado performativo não é um signo, mas uma assinatura, que assina o *dictum* para suspender seu valor e deslocá-lo para uma nova esfera não denotativa, que vale em lugar da primeira. É assim que devemos entender os gestos e os signos do poder de que nos ocupamos aqui. Eles são assinaturas que se referem a outros signos ou a objetos para lhes conferir uma eficácia particular. Não é por acaso, portanto, que as esferas do direito e do performativo estejam sempre intimamente vinculadas e que os atos do soberano sejam aqueles em que o gesto e a palavra sejam imediatamente eficazes.

7.8. Insígnias do poder não existiram apenas na idade imperial. Aliás, a república romana conheceu um objeto em que a natureza particular da insígnia emerge fortemente à luz. Trata-se dos feixes lictórios [*fasces lictoriae*], que curiosamente não são mencionados nem por Alföldi nem por Schramm. Sua história, que começa com a monarquia, atinge o apogeu na idade republicana e sobrevive ainda na idade imperial, embora na sombra. Como se sabe, precisamente como *laudes regiae*, eles conheceram uma breve ressurreição no século XX. Os feixes eram varas de olmo ou de bétula de cerca de 1,3 metros, atadas por uma tira de couro de cor vermelha, à qual estava presa lateralmente uma machadinha. Eram confiados a uma corporação especial, formada metade por oficiais de justiça, metade por carrascos, chamados *lictores*, que carregavam os feixes sobre o ombro esquerdo. Na república, período sobre o qual temos mais informações, os feixes eram prerrogativa do cônsul e do magistrado munido de *imperium*. Os lictores, em número de doze, deviam acompanhar o magistrado em todas as circunstâncias, não só nas ocasiões públicas. Quando o cônsul estava em sua casa, os lictores ficavam no vestíbulo; quando saía, mesmo que fosse para ir às termas ou ao teatro, eles inevitavelmente o acompanhavam.

Definir os feixes, como se fez algumas vezes, como "símbolo do *imperium*" não diz nada sobre sua natureza e sua função específica. Eram tão pouco um símbolo que serviam até para infligir materialmente a pena capital, em suas duas formas: o açoite (as varas) e a decapitação (a machadinha). Começamos a nos dar conta da natureza dos feixes quando examinamos como se articulava, nos detalhes, o nexo que os ligava ao *imperium*. Ele define de imediato a natureza e a efetividade do *imperium*. Um cônsul que, por algum motivo, não exercesse seu *imperium* não tinha direito aos feixes. (Em 19 a. C., quando o senado concede a Augusto, que naquele momento estava privado do *imperium* consular, o direito aos feixes, é precisamente esse fato que marca o início de uma involução que só se completará na idade imperial.) É particularmente significativa a circunstância em que a machadinha devia ser retirada dos feixes do magistrado quando este se encontrava no interior do *pomerium*, porque aqui o *ius necis* [direito de matar] inerente ao *imperium* era limitado pelo direito que cabia a todo cidadão romano de apelar ao povo contra a pena de morte. Pelo mesmo motivo, o magistrado devia mandar baixar os feixes diante das assembleias populares.

Os feixes não simbolizam o *imperium*: apenas o efetuam e determinam de maneira tal que a cada uma de suas articulações jurídicas corresponde uma articulação material, e vice-versa. Por isso, *fasces attollere* [revestir de feixes] significa o ingresso do magistrado na função, assim como a quebra dos feixes corresponde à sua destituição. Tal vínculo entre o feixe e o *imperium* era tão imediato e absoluto que ninguém podia se interpor entre o magistrado e seu lictor (exceto o filho impúbere, que, segundo o direito romano, já estava submetido à *ius necisque potestas* [direito e potestade de morte] do pai). Pela mesma razão, em certo sentido o lictor não tem existência própria: não só sua vestimenta é regulada pela do magistrado que ele acompanha (*sagum* militar fora do *pomerium*, toga em seu interior), como o próprio termo *lictor* é sinônimo de *fasces*.

É especialmente instrutiva a relação dos feixes com um fenômeno que teve um significado decisivo na formação do poder imperial. Trata-se do triunfo, cuja conexão com as aclamações já tivemos a oportunidade de salientar. A proibição a que está sujeito o magistrado de exibir, no interior da urbe, os feixes com a machadinha tem, de fato, duas importantes exceções: o ditador e o general triunfante. Isso significa que o triunfo implica uma indeterminação da diferença *domi-militiae*, que distingue do ponto de vista do direito público entre o território da cidade e o da Itália e das províncias. Sabemos que o magistrado que pedia que lhe fosse conferido o triunfo tinha de esperar a decisão do senado fora do *pomerium*, no Campo de Marte; do contrário, perdia irrevogavelmente o direito ao triunfo, que competia apenas ao general vitorioso, efetivamente munido de *imperium*, ou seja, acompanhado dos feixes. Feixes e *imperium* mostram aqui, mais uma vez, sua consubstancialidade. E, ao mesmo tempo, o triunfo se revela o germe a partir do qual se desenvolverá o poder imperial. Se o triunfo pode ser definido tecnicamente como a extensão para o interior do *pomerium* de prerrogativas que competem ao *imperator* apenas fora dele, o novo poder imperial se definirá precisamente como a extensão e a fixação do direito triunfal em uma nova figura. E se, de acordo com a penetrante fórmula de Mommsen, a centralização do *imperium* nas mãos do príncipe transforma o triunfo em um direito reservado do imperador (*kaiserliches Reservatrecht*[39]), este, ao inverso, poderá ser definido como aquele que tem o monopólio do triunfo e não tem de maneira permanente suas insígnias e prerrogativas. Um fenômeno – o *ius triumphi* [direito de triunfo] – que costuma ser analisado como se dissesse respeito somente ao aparato formal e à pompa do poder revela-se, ao contrário, o núcleo jurídico original de uma transformação essencial do direito público romano. O que parecia apenas uma questão de vestuário e de fausto (a vestimenta purpúrea do general triunfante, a coroa de louros que lhe cinge a fronte, a machadinha como símbolo do poder de vida e de morte) torna-se a chave para entendermos mudanças decisivas na constituição. Com isso, o caminho fica aberto para uma compreensão mais exata do significado e da natureza das insígnias e das aclamações e, mais em geral, da esfera que definimos com o termo "glória".

7.9. Na primeira metade do século X, o imperador Constantino VII Porfirogeneta recolheu em um amplo tratado as tradições e as prescrições relativas ao cerimonial (*basileios taxis*) imperial. Na introdução, Constantino apresenta sua tarefa como "a mais íntima e desejável, porque, por meio de um cerimonial louvável, o poder imperial aparece mais ordenado e majestoso"[40]. Contudo, desde o início está claro que o objetivo dessa gigantesca coreografia do poder não é simplesmente estético. Trata-se, escreve o imperador, de inserir no centro do palácio imperial uma espécie de dispositivo ótico, "um espelho límpido e bem polido, de maneira que, nele contemplando atentamente a imagem do poder imperial [...] seja possível manter suas

---

[39] Theodor Mommsen, *Römisches Staatsrecht*, cit., v. 1, p. 135.

[40] Constantino VII Porfirogeneta, *Le livre des cérémonies* (Paris, Les Belles Lettres, 1935, v. 1), p. 1.

204 • O reino e a glória

rédeas com ordem e dignidade"[41]. Nunca, como nessas páginas, a loucura cerimonial do poder alcançou tão obsessiva e litúrgica sofisticação. Não há gesto, vestimenta, ornamento, palavra, silêncio ou lugar que não seja ritualmente cristalizado e minuciosamente catalogado. O *incipit* dos capítulos enuncia a cada momento "o que se deve observar" (*hosa dei paraphylattein*) nessa ou naquela ocasião, o que se deve "saber" (*isteon*) e quais aclamações (*aktalogia*) pronunciar em cada festa, em cada procissão, em cada assembleia. Uma hierarquia infinita de funcionários e ajudantes, divididos nas duas grandes classes de "barbudos" e "eunucos", cuida para que o protocolo seja observado e seguido em cada instante. Os ostiários fazem a chamada para que os dignitários entrem e os silenciários ditam os silêncios e as eufemias na presença do soberano; manglavites e heteriotes escoltam-no durante as procissões solenes; dietários e vestidores (*bestētores*) cuidam do serviço pessoal; cartorários e protonotários acompanham as assinaturas e a chancelaria. Assim começa a descrição do cerimonial para o coroamento[42]:

> Quando tudo está pronto, o imperador sai do *Augusteo*, vestindo seu *skaramangion* e o *sagion* purpúreo, escoltado pelos domésticos encarregados de sua pessoa, e vai ao vestíbulo chamado *Onopodion*; ali recebe as primeiras homenagens dos patrícios. O mestre de cerimônia diz: "Aclamai [*Keleusate*]!", e eles aclamam: "Muitos anos felizes [*Eis pollous kai agathous chronous*]!". Depois todos descem ao grande consistório, onde os cônsules e os outros senadores se reúnem em assembleia. Os soberanos ficam de pé diante do cibório, enquanto todos os senadores e patrícios se prosternam. Quando se levantam, os soberanos acenam ao prepósito do Sagrado Cubículo e o silenciário diz: "Aclamai!", e eles fazem votos: "Muitos anos felizes!". Depois o grupo das autoridades reais se dirige à catedral, passando entre as *Scholae*, enquanto as facções ficam de pé em seus lugares, em hábitos de cerimônia, fazendo o sinal da cruz.
>
> Quando o imperador chega ao Relógio, abre-se a cortina e ele entra no *mētatōrion*; veste o *divītision* e o *tzitzakion* e, sobre este, o *sagion*, e em seguida faz seu ingresso com o patriarca. Acende os círios nas portas de prata, percorre a nave central, avança ao longo da *sōlea*; reza diante das portas sagradas e, depois de ter acendido mais círios, sobe até o púlpito com o patriarca. Então o patriarca recita a oração sobre o manto e, quando termina, os domésticos da câmera erguem o manto e vestem com ele o soberano. O patriarca recita a oração sobre a coroa do soberano e, tendo-o feito, toma em suas mãos a coroa [*stemma*] e a põe na cabeça do imperador. No mesmo instante, o povo [*laos*] lança três vezes a aclamação [*anakrazeí*]: "Santo, Santo, Santo [*Hagios, Hagios,*

---

[41] Ibidem, p. 2.

[42] Ibidem, p. 47.

O poder e a glória • 205

*Hagios*]! Glória no alto dos céus [*Doxa en hypsistois*] a Deus e paz na terra!".
E depois ainda: "Muitos anos ao imperador [*autokratoros*] e ao grande rei!",
e o que segue. Cingido com a coroa, o soberano desce então ao *mētatórion*,
senta-se no trono real [*sellion*], enquanto fazem seu ingresso as dignidades
[*ta axiōmata*], que se prosternam e beijam seus joelhos. Em primeiro lugar,
entram os magistrados. Em segundo lugar, os patrícios e os estrategos. Em
terceiro lugar, os protospatários; em quarto lugar, o logoteta, os *domestikos*
dos excubitores, dos *hikanatoi* e dos *noumeroi**, os espatários membros do
senado e os cônsules. Em quinto, os espatários; em sexto, os escudeiros; em
sétimo, os condes [*komētes*] das *Scholae*; em oitavo, os candidatos da cavalaria; em nono, os *skriboni* e os domésticos; em décimo, os secretários, os
vestidores e os silenciários; em décimo primeiro, os mandatários imperiais
e os candidatos da infantaria; em décimo segundo, os condes dos *arithmos*,
dos *hikanatoi*, os tribunos e os condes da frota.
A todos o prepósito diz: "Aclamai!", e eles aclamam: "Muitos anos felizes!"...

7.10. O papel central que as aclamações cumprem nos cerimoniais imperiais e na liturgia não necessita ser salientado. No tratado de
Constantino VII, na medida em que constituem parte essencial de cada
cerimônia, quando não são da competência do cerimoniário ou do silenciá-
rio, são confiadas a funcionários especiais, denominados *kraktai* (literalmente "pregoeiro"), que, agindo como uma espécie de chefe de claque (ou,
antes, como os presbíteros que entoam os salmos na celebração litúrgica),
articulam-nas com o povo em forma de responsórios. Assim, na procissão de
Natal do Cristo, no momento em que os soberanos chegam aos Lychni:

os *kraktai* gritam: "*Polla, polla, polla*" ["Muitos, muitos, muitos", suben-
tendendo-se "anos"] e o povo [*laos*] responde: "*Polla etē, eis polla*" ["Muitos
anos por muitos anos]. E de novo os *kraktai*: "Muitos anos [*chronoi*] a vós, ó
divina soberania"; e o povo grita três vezes: "Muitos anos a vós!". Os *kraktai*
continuam: "Muitos anos a vós, fulano e sicrano, autocratas dos romanos";
e por três vezes o povo grita: "Muitos anos a vós!". Os *kraktai*: "Muitos anos
a vós, fulano e sicrano, augustos dos romanos", e por três vezes o povo:
"Muitos anos a vós!"...[43]

É significativo, ainda que desconcertante à primeira vista, que a própria
ritualização das aclamações aconteça nas corridas de cavalos nos hipódromos.

---

* Excubitores, *scholae*, *hikanatoi* e *arithmos* eram, entre outras, unidades de cavalaria
dos exércitos bizantinos. *Noumeroi* era um batalhão da infantaria. *Komètes*, tribunos
e *domestikós* eram cargos hierárquicos. (N. T.)

[43] Ibidem, v. 1, 2, p. 30.

206 • O reino e a glória

Também aqui os pregoeiros gritam: "Muitos, muitos, muitos", e o povo responde, exatamente como na cerimônia natalina: "Muitos anos por muitos anos", substituindo assim o nome do imperador pelo nome do vencedor da corrida. O fato é que em Bizâncio, já a partir da era de Justiniano, as duas facções em que se dividem os espectadores no hipódromo, os Azuis e os Verdes, têm uma forte caracterização política e constituem, por assim dizer, a única forma de expressão política que ainda resta ao povo. Portanto, não causa surpresa que as aclamações desportivas sejam investidas do mesmo processo de ritualização que define as aclamações dos imperadores, e que no reinado de Justiniano uma sublevação que abalou a cidade durante quase uma semana tivesse como palavra de ordem uma aclamação desportiva (*nika*, "vence!", exatamente como hoje, na Itália, uma facção política importante extrai seu nome de uma aclamação de estádio).

Alföldi mostra que a essas aclamações nos hipódromos bizantinos correspondem em Roma, em época anterior, aclamações análogas, descritas pormenorizadamente pelas fontes. Dião Cássio relata que, mesmo envolvendo de improviso milhares de homens aplaudindo, não aconteciam por acaso, mas antes se assemelhavam, segundo as palavras de uma testemunha atenta como Dião Cássio, a "um coro cuidadosamente preparado [*hōsper tis akribōs choros dedidagmenos*]"[44]. E é com aclamações do mesmo tipo que a multidão nos estádios se dirigiria mais tarde ao imperador e à imperatriz, em uma impressionante coreografia que parece percorrer e animar como uma onda colorida a massa de espectadores:

De improviso, ressoa um estrondo de júbilo: com mil vozes, a plebe deseja tempos áureos para os príncipes. "Vida para Justino e para a augusta Sofia", aclamam de todos os lados. Ressoam os aplausos e os clamores de alegria e os grupos respondem uns aos outros em vozes alternadas. Todos juntos erguem o braço direito e todos juntos o abaixam. Em todo o estádio, o povo *certatim micat* (lampeja, palpita) e produzem-se densas ondas de cândidas mãos (*manicis albentibus*). Entoam os cantos e os cantos se juntam ao movimento...[45]

Alföldi, que destina amplo espaço à análise do significado político das aclamações, não consegue, no entanto, definir sua natureza específica. Em geral, vê em ação, quando emerge o aspecto aclamatório e cerimonial do poder e ao elevar-se simultâneo do soberano acima da comunidade dos cida-

---

[44] Andreas Alföldi, *Die monarchische Repräsentation*, cit., p. 81.
[45] Ibidem, p. 82.

dãos, um elemento de certo modo antagônico ao direito: "Com a formulação jurídica do poder do príncipe, vemos em ação outro princípio formativo da onipotência imperial, que não é objetivo e racional, mas subjetivo e imaginário. Nele, não é a razão, mas o sentimento que vem à palavra"[46].

Contudo, admite pouco depois que não se compreendem corretamente fenômenos como as aclamações quando se vê neles apenas uma forma de adulação puramente subjetiva:

> É totalmente equivocado ver aqui algo como uma efêmera adulação individual, já que o louvor é, ao contrário, do início ao fim, objetivamente vinculado. Os discursos oficiais do príncipe, assim como as aclamações dirigidas a ele, revelam a mesma constrição formal das obras de poesia ou de arte.[47]

No final do estudo de 1935, Alföldi parece contrapor, no processo que conduz à constituição do Estado imperial, direito (*Recht*) e poder (*Macht*), "incorporados respectivamente no exército e no senado, que conferem ao império o poder [*Gewalt*] fático e a sanção formal"[48]. Mas a simples oposição entre violência e sanção formal deixa na penumbra precisamente o fato decisivo, ou seja, que estamos lidando aqui com dois procedimentos de legitimação que, em última instância, apresentam-se ambos na forma de uma aclamação. Também é insuficiente a contraposição entre um elemento jurídico e um religioso[49], porque a aclamação é precisamente o lugar em que eles parecem coincidir sem resíduos. A propósito da veste purpúrea do imperador, é mais pertinente a observação, que Alföldi não aprofunda, segundo a qual "o que funda juridicamente a soberania já não é a *auctoritas* dos optimates ou o *consensus* do povo, mas sim esse símbolo consagrado do poder [*dieses geheiligte Machtsymbol*]"[50].

A aclamação indica, portanto, para uma esfera mais arcaica, que lembra aquela que Gernet denominava, com um termo pouco feliz, pré-direito, em que fenômenos que costumamos considerar jurídicos parecem agir de maneira mágico-religiosa. Mais do que em um estágio cronologicamente mais antigo, devemos pensar aqui em algo como um limiar de indistinção sempre operante, em que o jurídico e o religioso se tornam indiscerníveis. Um limiar desse tipo é aquele que em outro lugar definimos como *sacertas*,

---

[46] Ibidem, p. 186-7.

[47] Ibidem, p. 188.

[48] Ibidem, p. 272.

[49] Ibidem, p. 186.

[50] Ibidem, p. 169.

208 • O reino e a glória

em que uma dupla exceção, tanto do direito humano quanto do divino, deixava entrever uma figura, o *homo sacer*, cuja relevância para o direito e a política ocidental temos procurado reconstruir. Se chamarmos agora de "glória" a zona incerta em que circulam aclamações, cerimônias, liturgia e insígnias, veremos abrir-se diante de nós um campo de investigação igualmente relevante e, ao menos em parte, ainda inexplorado.

7.11. Kantorowicz dedicou um estudo exemplar à história de uma aclamação litúrgica: as *Laudes regiae*, publicadas em 1946, mas escritas em grande parte entre 1934 e 1940, quando o estudioso, que, com vinte anos, havia combatido os conselhos revolucionários operários em Munique, já figurava entre os *displaced foreign scholars* [estudantes estrangeiros deslocados] (por esse motivo ele recebe um auxílio especial para acabar sua pesquisa em Berkeley). O livro reconstrói a história de uma aclamação – em particular uma ladainha ou *laetania*, que começa com a fórmula "*Christus vincit, Christus regnat, Christus imperat* [Cristo vence, Cristo reina, Cristo impera]" – em uso na Igreja galo-francesa a partir do século VIII e a partir daí difundida na Europa em diversificadas versões e variantes. A particularidade dessa longa aclamação, que se dirige a Cristo vencedor, rei e imperador, consiste no fato de que ela une à figura divina não apenas os nomes dos santos, mas também os dos pontífices e do imperador. Após ter invocado três vezes Cristo vencedor, o louvor passa à repetida fórmula aclamatória *exaudi* [atende] e aclama primeiro o pontífice e depois o imperador com uma fórmula do tipo *vita* ("*Leoni summo pontifici et universali pape vita/ Carolo excellentissimo et a deo coronato atque magno et pacifico regi Francorum et Longobardorum ac Patricio Romanorum vita et victoria* [Vida a Leão, sumo pontífice e papa universal, vida e vitória a Carlos, excelentíssimo e coroado por Deus como magno e pacífico rei dos francos e dos longobardos e patrício dos romanos]"). Depois de uma longa lista de nomes de anjos e de santos (aclamados com uma fórmula do tipo "*Sancte Gabrihel, Sancte Silvestre tu illum adiuva* [São Gabriel, São Silvestre, ajuda-o]"), a aclamação menciona inesperadamente os funcionários e o exército imperial ("*omnibus iudicibus vel cuncto exercitui Francorum vita et victoria* [vida e vitória a todos os juízes e ao exército dos francos]"). Nesse ponto, aparece o *tricolon**: "*Christus vincit... regnat... imperat*" é repetido mais três vezes e seguido logo depois de uma série de aclamações cristológicas

---

\* Hino em três partes. (N. T.)

de tipo "militar" ("*Rex regum, gloria nostra, fortitudo nostra, victoria nostra, arma nostra invictissima, murus noster inexpugnabilis*" etc.[Rei dos reis, nossa glória, nossa fortaleza, nossa vitória, nossa arma vitoriosíssima, nosso muro inexpugnável]), cuja origem é mostrada por Kantorowicz em aclamações imperiais pagãs confirmadas na *Historia Augusta*. Segue-se uma série de doxologias e de elogios hínicos à segunda pessoa da Trindade, seguidos no final da invocação *Christe eleison* e das aclamações de encerramento *Feliciter feliciter feliciter, tempora bona habeas, multos annos* [Felizmente, felizmente, felizmente, que tenhas bons tempos e muitos anos], que, como sabemos, faziam parte das aclamações apresentadas aos imperadores romanos.

A aclamação, que une em si, de modo promíscuo, céu e terra, anjos e funcionários, imperador e pontífice, estava destinada a cumprir papel importante no cruzamento entre poder profano e poder espiritual, protocolo cortesão e liturgia. É particularmente instrutivo seguir, com Kantorowicz, o interminável vaivém da aclamação entre as duas esferas. Ela nasce antes de tudo e só se torna plenamente compreensível no contexto daquela que Kantorowicz chama de "teologia política carolíngia"[51]. Esta se desenvolve, a partir de Pepino, como restauração da realeza bíblica (*Regnum Davidicum*) contra o império romano e culmina na introdução do rito bíblico da unção real. Dessa maneira, os soberanos carolíngios efetuam uma espécie de liturgização do poder secular, em cujo contexto deve ser situado o aparecimento das *Laudes regiae*. Estas "representam um dos primeiros e mais notáveis exemplos da nova tendência para uma teocracia hierárquica. Nesse canto, cuja composição é fruto de uma técnica artística refinada, a ordem das autoridades mundanas, tanto seculares quanto eclesiásticas, e a dos intercessores celestes refletem e fundam uma à outra"[52].

Seguindo o desenvolvimento sucessivo das *Laudes* na liturgia romana, Kantorowicz mostra que elas contêm elementos que provêm, sem dúvida alguma, das aclamações pagãs. O cerimonial imperial da Roma pagã havia sido pouco a pouco "litanizado" e transformado em uma espécie de serviço divino, do qual as aclamações eram parte integrante. No denso intercâmbio entre o religioso e o profano, as aclamações, que no início ainda conservavam elementos de improvisação, foram se formalizando, em um processo em que liturgia eclesiástica e protocolo profano fortaleceram um ao outro.

---

[51] Ernst Kantorowicz, *Laudes regiae*, cit., p. 59.

[52] Ibidem, p. 61-2.

210 • O reino e a glória

Quaisquer que fossem os empréstimos da linguagem da corte à litúrgica, a expressão do cerimonial imperial foi-se cristalizando à medida que sua terminologia se impregnava do espírito eclesiástico. A fórmula utilizada na corte para despedir os dignitários (*Ite missa est* [Ide, acabou]) adquiriu um tom mais solene na medida em que correspondia às palavras que anunciavam o fim da missa. Da mesma maneira, a transposição da forma invocatória *Exaudi Caesar* [Atende-nos, César] em *Exaudi Christe* [Atende-nos, Cristo] correspondia ao deslocamento do *hic et nunc* [aqui e agora] para uma ordem transcendente, fora do tempo e do movimento.[53]

Foi nesse contexto que as laudes se tornaram parte do ritual de coroação imperial no Ocidente. Em Bizâncio, em 450, Marciano já havia sido coroado com uma cerimônia em que, além da aclamação do senado e do exército, parte essencial era reservada à Igreja; no Ocidente, porém, a coroação do soberano passou para as mãos do clero apenas a partir de Pepino e Carlos Magno.

Dessa maneira, o reconhecimento por parte da Igreja adquiriu tanta importância e autoridade que o consenso dos outros poderes constitutivos, entre os quais, em primeiro lugar, o do povo, através de suas aclamações, passou a segundo plano no que diz respeito à função sacerdotal.[54]

Na solene cerimônia de coroação de Carlos Magno em Roma, no Natal de 800, as laudes tiveram um papel essencial, cujo significado técnico-jurídico Kantorowicz procura definir, não sem hesitação.

[Sem dúvida,] na grande missa após a coroação, o canto de louvor evocava inevitavelmente a ideia de que a Igreja não só aclamava, confirmava e reconhecia o novo soberano, mas além disso, por sua intercessão, os céus expressavam seu consentimento ao novo *a Deo coronatus* [por Deus coroado]. O canto implicava que o novo rei era aclamado pelo coro dos anjos e dos santos e, ao mesmo tempo, pelo próprio Cristo, que, na qualidade de vencedor, rei e imperador, reconhecia no novo *christus*, no ungido pela Igreja, seu par na soberania.[55]

Segundo Kantorowicz, não se trata de modo algum de uma simples alegoria, mas de uma concepção perfeitamente "realista" na medida em que se pode falar de "realismo" na cultura medieval. Nada melhor que a miniatura em um manuscrito das *Laudes* para mostrar como deve ser entendida a admirável eficácia destas: o artista representou o rei, com coroa, cetro e globo, sentado em um trono formado pelo grande X que constitui a inicial

---

[53] Ibidem, p. 66.

[54] Ibidem, p. 78-9.

[55] Ibidem, p. 81-2.

do *tricolon Xristus vincit* [Cristo vence]: o *regale carmen* [hino régio] é o próprio trono da majestade.

Por maior que seja a importância da aclamação, para Kantorowicz ela não tem valor constitutivo, mas apenas de reconhecimento.

> A aclamação das *laudes* expressava o reconhecimento da legitimidade do rei. Tratava-se, porém, de uma expressão acessória, impressionante por seu caráter solene e festivo, mas não indispensável: do ponto de vista jurídico, a aclamação litúrgica não trazia nenhum elemento e nenhum poder substancial que o rei já não tivesse recebido por sua eleição e consagração [...] Com esse canto, a Igreja aclamava e confirmava de maneira solene o soberano. Mas não é possível avaliar segundo critérios jurídicos o peso dessa confirmação.[56]

Além disso, com uma tácita, porém inequívoca referência polêmica a Peterson, Kantorowicz exclui que fosse o povo que proferisse tal reconhecimento:

> Não se deve confundir "povo" e "Cristo". As *laudes* representam o reconhecimento do soberano por parte da Igreja visível e invisível, e não podem ser reduzidas, portanto, a uma "aclamação por parte do povo" e, menos ainda, a um "consenso do povo" [...] De resto, as *laudes* eram cantadas pelo clero, não pelo povo.[57]

Existe, porém, uma exceção importante a essa restrição do valor jurídico das *laudes:* a coroação de Carlos Magno em Roma. Na descrição da cerimônia, Kantorowicz se aproxima, tanto quanto possível, da elaboração de uma verdadeira teoria do significado jurídico-constitucional das aclamações.

> Tratava-se de um evento excepcional sob todos os aspectos, e por isso também foi extraordinário o seu cerimonial [...] Apesar da imprecisão das fontes, parece que nele se podem distinguir duas aclamações diferentes: a primeira emanava do povo e a segunda, da Igreja. O problema consiste em estabelecer, a partir das duas fontes principais, se é ou não possível distinguir, de um lado, as aclamações dos "fiéis romanos", que, mal o pontífice pôs a coroa sobre a cabeça de Carlos Magno, gritaram: "*Karolo piissimo Augusto a Deo coronato magno et pacifico imperatori vita et victoria*", e, de outro lado, o canto de louvor propriamente dito, em que o clero reiterou a aclamação [...] o grito dos romanos e os louvores que o seguiram imediatamente parecem ter se confundido em uma só explosão vocal, e seria vão pretender distinguir nesse fragor qual das duas aclamações teve um efeito jurídico constitutivo.[58]

---

[56] Ibidem, p. 83.

[57] Ibidem,p. 82.

[58] Ibidem, p. 84.

212 • O reino e a glória

7.12. O que está em jogo na interpretação das *laudes regiae* feita por Kantorowicz é a teologia política. Ela vincula o livro de 1946 ao seguinte, de 1957, sobre os *Dois corpos do rei\**, que o subtítulo apresenta como "um estudo sobre a teologia política medieval". Assim como neste se tratava de reconstruir, através da história da ideia de um corpo místico do rei, a formação de um verdadeiro "mito do Estado", também naquele estava em jogo a reconstrução da ideologia imperial através da história de uma aclamação em que elementos litúrgicos e elementos profanos estavam indissoluvelmente entrelaçados.

Coerente com essas premissas, a análise do significado teológico-político das *laudes* prevalece sobre seu valor especificamente jurídico. Isso fica evidenciado no capítulo conclusivo do livro, dedicado aos "louvores na época contemporânea". Entre os séculos XIII e XVI, o uso dos louvores na liturgia e nas cerimônias de coroação começa a decair por toda parte. Mas ressurgem inesperadamente no decurso da década de 1920, ressuscitadas por teólogos e musicólogos no exato momento em que, "por uma daquelas ironias que a história parece amar"[59], o cenário político europeu é dominado pelo surgimento dos regimes totalitários. Os louvores têm um papel importante na tensão convergente entre Pio XI, eleito pontífice em fevereiro de 1922, e Benito Mussolini, que assume o poder em outubro do mesmo ano. "Ao desafio do fascismo, o papa, sem romper relações, replicou com outro desafio, instituindo em 1925, no fim do Ano Santo, a nova festividade do 'Cristo Rei'. Na missa solene da festa, o canto *Christus vincit... regnat... imperat* foi ressuscitado em uma versão nova e tornou-se imediatamente popular. A partir daquele momento, segundo a constante oscilação entre o sagrado e o profano que caracteriza a história da aclamação, o louvor passou dos fiéis aos militantes fascistas, que se serviram dele, entre outras ocasiões, durante a Guerra Civil espanhola. Ainda antes, em 1929, o ministério fascista da educação incluiu as *laudes regiae* em uma coletânea oficial de "cantos patrióticos", em que a aclamação *vita* do texto original assumia a forma "*Regi nostro Victorio Dei gratia feliciter regnante pax, vita et salus perpetua; Duci Benito Mussolini italicae gentis gloriae pax, vita et salus perpetua*" [Paz, vida e a saúde perpétua ao nosso rei Vitório, felizmente reinante por graça de Deus. Paz, vida e saúde perpétua ao *duce* Benito Mussolini da glória do povo italiano].

Ao reproduzir essa nova e extrema versão do louvor no fim do livro, Kantorowicz observa que "as aclamações são indispensáveis para a estratégia

---

\* São Paulo, Companhia das Letras, 1998. (N. E.)

[59] Ernst Kantorowicz, *Laudes regiae*, cit., p. 184.

O poder e a glória • 213

emotiva [*emotionalism*] própria dos regimes fascistas"[60]. E em nota de rodapé sobre as aclamações nazistas, lança uma última e irônica flechada contra Peterson, escrevendo que a aclamação *"Ein Reich, ein Volk, ein Führer"* [Um reino, um povo, um condutor], escandida em Viena, em 1938, por ocasião da anexação da Áustria, "remonta via Barba Roxa [...] à aclamação *Heis theos* [um Deus], tão brilhantemente analisada por Peterson"[61]. A tentativa de excluir a própria possibilidade de uma "teologia política" cristã, para fundar na glória a única dimensão política legítima da cristandade, confina perigosamente com a liturgia totalitária.

7.13. Tanto as investigações de Kantorowicz quanto as de Alföldi e de Schramm mostram que a relação entre o teológico e o político não é unívoca, mas corre sempre nos dois sentidos. Jan Assmann, egiptólogo que, depois de ter trabalhado com as doxologias egípcias, fez investigações, por sugestão de Jacob Taubes, sobre a teologia política no Egito e no judaísmo, reformulou o teorema de Carl Schmitt, segundo o qual "todos os conceitos significativos da teoria do Estado moderna [Schmitt havia escrito, para sermos mais precisos, *Staatslehre*, 'ciência do Estado'] são conceitos teológicos secularizados", trocou-o pelo axioma segundo o qual "os conceitos significativos da teologia são conceitos políticos teologizados"[62]. De certo modo, porém, toda inversão de uma tese continua secretamente solidária com a tese invertida. Portanto, mais interessante que tomar partido por uma ou outra é tentar compreender a relação funcional que, em ambas, liga estreitamente os dois princípios. A glória é precisamente o lugar em que esse caráter bilateral (ou biunívoco) da relação entre teologia e política aparece com mais evidência. Louis Bréhier, um dos primeiros estudiosos interessados no intercâmbio entre culto imperial e liturgia eclesiástica, observa não sem ironia que, "quando o papa, no decurso dos séculos VI e VII, vai a Constantinopla, o imperador o adora, mas ele, por sua vez, adora o imperador. Da mesma maneira, no século X, o imperador e o patriarca adoram-se um ao outro quando se encontram em Santa Sofia"[63].

---

[60]  Ibidem, p. 185.

[61]  Idem.

[62]  Jan Assmann, *Herrschaft und Heil: Politische theologie in Altägypten, Israel und Europa* (Munique, Hanser, 2000), p. 20.

[63]  Louis Bréhier e Pierre Batiffol, *Les survivances de culte impérial romain: à propos des rites shintoistes* (Paris, Picard, 1920), p. 59.

214 • O reino e a glória

Mais original – ou melhor, mais decisiva – do que a contraposição entre teologia e política, entre poder espiritual e poder profano, é a glória em que coincidem. Aquilo que na perspectiva da teologia política schmittiana (ou de sua inversão em Assmann) aparecia como clara distinção entre dois princípios, que encontram depois na secularização (ou na sacralização) seu ponto de contato, na perspectiva da glória – e da teologia econômica de que faz parte – ingressa em um limiar de indeterminação, em que nem sempre é fácil distinguir entre os dois elementos. Nesse sentido, a teologia da glória constitui o ponto de contato secreto pelo qual teologia e política incessantemente se comunicam e trocam seus papéis entre si.

No romance *José e seus irmãos**, que deu tanto trabalho aos estudiosos do mito, Thomas Mann observa a certa altura – com uma formulação que constitui o ponto de partida de Assmann – que religião e política não são duas coisas fundamentalmente diferentes, mas, ao contrário, "na verdade trocam as vestes entre si". É possível, porém, que essa troca possa acontecer precisamente porque sob a veste não há um corpo ou uma substância. Teologia e política são, nesse sentido, aquilo que resulta da troca e do movimento de algo como uma veste absoluta, que como tal, porém, tem implicações jurídico-políticas decisivas. Assim como muitos dos conceitos com que nos ocupamos em nossa investigação, essa veste de glória é uma assinatura que marca política e teologicamente os corpos e as substâncias, orientando-os e deslocando-os segundo uma economia que apenas começamos a entrever.

‫א‬ Em dois estudos exemplares, Albrecht Dieterich (*Eine Mithrasliturgie*, 1903) e Eduard Norden (*Agnostos theos*, 1913) elaboraram uma doutrina das formas da doxologia e da oração[64]. O trabalho de Norden mostra que nas fórmulas doxológicas cristãs convergem elementos e formas literárias provenientes de diferentes tradições, tanto profanas quanto religiosas (estoicas, judaicas, místico-herméticas etc.). Isso concorda, no plano formal, com os resultados das investigações que Alföldi, Schramm e Kantorowicz efetuaram no plano material. As doxologias, tanto profanas quanto religiosas, têm a mesma estrutura morfológica; mas isso ainda não diz nada sobre as estratégias que elas perseguem e a função que devem cumprir.

---

\* 2. ed., Rio de Janeiro, Nova Fronteira, 2000, 3 v. (N. E.)

[64] Eduard Norde, *Agnostos theos: Untersuchungen zur Formengeschichte religiöser Rede* (Leipzig, Teubner, 1913), p. 261.

## Limiar

Os estudiosos que se ocuparam dos aspectos cerimoniais do poder – e, entre eles, Kantorowicz é certamente o mais lúcido – parecem hesitar em formular a pergunta, ainda que dificilmente evitável: qual é a relação que liga tão intimamente o poder à glória? Se o poder é essencialmente força e ação eficaz, por que necessita receber aclamações rituais e cantos de louvor, vestir coroas e tiaras incômodas, submeter-se a um impraticável cerimonial e a um protocolo imutável, em suma, imobilizar-se hieraticamente na glória, ele que é essencialmente operatividade e *oikonomia*? Ammiano já havia observado estupefato a rigidez do imperador Constâncio II durante seu solene *adventus* a Roma, comparando-o não a uma criatura viva ou a um deus, mas a um *figmentum*, uma espécie de estátua "com o pescoço rígido, que mantinha o olhar fixo no vazio, sem olhar para a esquerda nem para a direita, como uma representação figurada em forma humana"[65]. A fácil explicação instrumental, segundo a qual se trataria de um estratagema dos poderosos para justificar sua ambição ou de uma encenação a fim de provocar temor reverencial e obediência nos súditos, por mais que possa ocorrer, não é capaz de explicar uma conexão tão profunda e original, que envolve não só a esfera política mas também a religiosa. Se levarmos em consideração a complicação coreográfica, o dispêndio econômico e o imponente aparato simbólico que foi preciso mobilizar tanto em Bizâncio, no século IX, quanto em Berlim, no século XX, a simples exibição das armas certamente teria sido mais funcional para o objetivo desejado. E com frequência a glória cerimonial é vivida por aquele que a recebe como uma penosa obrigação, a que também o soberano, embora esteja acima das leis, deve se submeter como a uma verdadeira *lex ceremoniarum*, segundo as palavras do pontífice a Carlos V, no momento que lhe oferece os pés para beijar: "Padeço contra minha vontade ao fazer-me beijar os pés, mas a lei do cerimonial me obriga [*invitus passus sum osculari pedes meos, sed lex ceremoniarum ita cogit*]"[66].

---

[65] Andreas Alföldi, *Die monarchische Repräsentation*, cit., p. 274.

[66] Ernst Kantorowicz, *Laudes regiae*, cit., p. 180.

216 • O reino e a glória

As explicações instrumentais – como as sociológicas, que veem nas cerimônias uma espécie de encenação simbólica de toda a sociedade[67] – não vão muito além, na realidade, daquelas dos estudiosos do barroco tardio, que viam nelas uma consequência do pecado original que produziu a desigualdade entre os homens e a criação de uma espécie de *theatrum ceremoniale*, em que os poderosos colocavam em cena os signos de sua maldade[68].

Nas páginas seguintes procuraremos captar a conexão entre o poder e a glória no caso exemplar da aclamação e das doxologias litúrgicas. Pondo em prática de modo estratégico a observação de Lutero de que a glória é o que deslumbra o olhar de quem quer penetrar a majestade, nosso objetivo não consistirá em responder às perguntas "o que é a glória?" e "o que é o poder?", mas em investigar os modos de suas relações e de suas operações – o que só aparentemente é mais modesto. Assim, interrogaremos não a glória, mas a glorificação, não a *doxa*, mas o *doxazein* e o *doxazestai*.

---

[67] Gerrit Jasper Schenk, *Zeremoniell und Politik. Herrschereinzuge im spätmittelalterlichen Reich* (Köhl, Böhlau, 2003), p. 506-7.

[68] Johann Christian Lünig, *Theatrum ceremoniale historico-politicum* (Leipzig, s. ed., 1719), p. 1-70.

# 8
## ARQUEOLOGIA DA GLÓRIA

8.1. Por um bom tempo, os estudos sobre a glória no âmbito teológico foram desviados do caminho correto pela obra, ao menos em aparência imponente, de Hans Urs von Balthasar, intitulada *Herrlichkeit: Eine theologische Aesthetik* [Glória: uma estética teológica]. Apesar da evidente vinculação etimológica do termo alemão *Herrlichkeit* com a esfera do domínio e do poder (*Herrschaft* [domínio], *herrschen* [dominar]), Balthasar optou por marcar sua abordagem sobre a glória nos termos de uma estética. "Esta obra", escreve ele no prólogo do primeiro volume, "constitui a tentativa de desenvolver a teologia cristã à luz do terceiro transcendental, completando assim a análise do *verum* [verdadeiro] e do *bonum* [bom] com a do *pulchrum* [belo]"[1]. Contra o protestantismo, que havia desestetizado a teologia, propõe-se devolver a dimensão estética que cabe a ela. Naturalmente, não pode deixar de reconhecer que o *kabod*, a glória em seu significado bíblico originário, continha antes de mais nada a ideia de um "senhorio" e de uma "soberania"; contudo, trata-se para ele justamente de transferir tais conceitos para a esfera da beleza – ou então de uma estética fortemente marcada por referências kantianas:

> Trata-se de ver a revelação de Deus, e Deus só pode ser realmente reconhecido em seu senhorio e em sua soberania, no que Israel chama de *kabod* e no que o Novo Testamento chama de glória, embora sob todas as incógnitas da natureza humana e da cruz. Isso significa: Deus vem primeiramente até nós como mestre ("verdadeiro"), não como redentor com múltiplos fins para nós ("bom"), mas para mostrar e irradiar a si mesmo, a glória de seu eterno

---

[1] Hans Urs von Balthasar, *Herrlichkeit: Eine theologische Ästhetik* (Einsiedeln, Johannes Verlag, 1961, v. 1), p. 3.

218 • O reino e a glória

amor trinitário, naquela "ausência de interesse" que o verdadeiro amor tem em comum com a beleza.[2]

Balthasar dá-se conta do risco, inerente ao projeto, de "estetizar a teologia", mas sustenta ser capaz de tomar cautelas suficientes, deslocando a ênfase do adjetivo para o substantivo e distinguindo nesse sentido uma "estética teológica" de uma "teologia estética", em que "é inevitável que o atributo seja entendido em um sentido mundano, limitado, e, portanto, pejorativo"[3].

É lícito duvidar que essa cautela, puramente verbal, tenha sido realmente suficiente. Na década de 1930, Walter Benjamin, reconhecendo no fascismo o projeto de uma "estetização da política", contrapunha a esta o projeto de uma "politização da arte" (não da estética). Com relação à tentativa de Balthasar de "estetizar a glória" e de transferir um conceito genuinamente "político" (na perspectiva de Peterson, ele definia precisamente o caráter "público" da liturgia) para a esfera da beleza, nós nos ateremos a uma leitura da glória que nunca esqueça o contexto a que ela pertence desde o início. Na Bíblia, jamais se fala de *kabod* e de *doxa* [glória] em sentido estético: eles têm a ver com a aparição terrível de YHWH, com o Reino, o Juízo, o trono – todas coisas que só podem ser definidas como "belas" sob uma perspectiva que é difícil não definir como estetizante.

8.2. O sintagma "glória de Deus" (*kabod YHWH*) é um conceito técnico fundamental do judaísmo. No *Guia dos perplexos*, logo depois de ocupar-se com os nomes de Deus, Maimônides define seu significado e, ao mesmo tempo, seu contexto problemático, através de uma tríplice articulação:

Às vezes *kabod* designa uma luz criada que Deus faz descer milagrosamente sobre um lugar para glorificá-lo, como, por exemplo: "E a glória do Eterno pairou sobre o monte Sinai e uma nuvem o cobriu" (Ex 24,16), ou: "E a glória do Eterno enchia a casa" (Ex 40,34). Outras vezes designa a essência de Deus e seu verdadeiro ser, por exemplo: "Faz-me ver tua glória", a que se respondeu: "O homem não pode ver-me e continuar vivo" (Ex 33,18), o que significa que a glória de que se fala é sua essência [...] Por fim, o termo *kabod* designa a glorificação de que Deus é objeto por parte de todos os homens, inclusive por parte de tudo aquilo que existe, pois tudo serve para glorificá-lo. Sua verdadeira glorificação consiste no conhecimento de sua grandeza, e quem conhece sua grandeza e sua perfeição glorifica-o

---

[2] Idem, *Rechenschaft* (Einsiedeln, Johannes Verlag, 1965), p. 27.

[3] Idem, *Herrlichkeit*, cit., p. 68.

segundo a medida de sua compreensão [...] Nesse último sentido, foi dito: "Toda a terra está cheia da sua glória" (Is 6,3), e também: "E a terra estava plena de seu louvor" (Hab 3,3), já que o louvor é chamado glória, segundo está escrito: "Dai glória a Deus, vosso Deus" (Jr 13,16). É necessário, para fugir da dificuldade, compreender essa homonímia do termo e interpretá-lo sempre de modo justo, segundo o contexto.[4]

Dos três pontos em que Maimônides articula o significado de *kabod*, o primeiro refere-se ao episódio do Êxodo, em que "a glória de YHWH" aparece aos hebreus como um fogo que consome, circundado por uma nuvem que só Moisés pode penetrar. O segundo, em que o termo designaria a essência de Deus, deriva na realidade do mesmo contexto. YHWH, enquanto fala com ele, cobre Moisés com a mão para impedi-lo de ver seu *kabod* deslumbrante; mas, ainda assim, a pele do rosto de Moisés recebe tal esplendor que os hebreus não podem olhá-lo e ele deve cobrir-se com um véu. Maimônides, com um gesto característico, extrai o segundo significado do termo – que a passagem bíblica não sugere – do fato de que o *kabod*, no primeiro significado de "luz criada", não revela simplesmente YHWH, mas também o esconde, exatamente na mesma medida. Tal impossibilidade de ver funda a pressuposição do segundo significado, ou seja, de um *kabod* "verdadeiro ser de Deus", escondido por trás do *kabod* "luz criada".

O terceiro significado, o de louvor por parte das criaturas, é o único significado concreto, na medida em que designa uma determinada prática humana (embora Maimônides estenda a glorificação às criaturas inanimadas, que "dizem" a seu modo o *kabod* de Deus); contudo, também dessa vez Maimônides o usa para extrair o segundo significado, na medida em que o louvor pressupõe a grandeza e a perfeição do ser divino. Assim, a *glorificação* deriva, de certo modo, da *glória*, que, na verdade, ela mesma fundamenta.

É curioso observar que a estratégia de Maimônides volta a estar presente sem variações significativas nos estudiosos modernos, quer judeus, quer cristãos. Tanto os trabalhos lexicográficos quanto as monografias acabam distinguindo mais ou menos os três significados presentes em Maimônides, algumas vezes precisando o segundo no sentido de "potência", "grandeza", "peso" (esse último é o significado etimológico da raiz semita *kbd*). A relação, instituída por Maimônides, entre o *kabod* – "luz criada" – e o *kabod* – ser

---

[4]   Maimônides, *La guida dei perplessi* (Turim, M. Zonta, 2003), 1, 64, p. 231-2. [Ed. bras.: *O guia dos perplexos*, São Paulo, Landy, 2003.]

220 • O reino e a glória

de Deus – é desenvolvida pelos teólogos modernos, tanto cristãos quanto judeus, no sentido de ligar a glória à "manifestação" de Deus, à essência divina enquanto visível e perceptível.

Esse significado do *kabod*, que se identifica afinal com o próprio YHWH, é depois oposto ao significado "objetivo" de "glorificação": "Mas há também um *kabod* que as criaturas oferecem a Deus. Pode ser chamado de *kabod* de YHWH 'objetivo'"[5] (com mais precisão, os teólogos medievais chamavam essa glória de "subjetiva"). Esse *kabod*, que se expressa em aclamações e hinos de louvor, às vezes é apresentado como a resposta natural e alegre dos homens à glória manifesta de Deus; outras vezes, ao contrário, assemelha-se mais à honra que se presta aos poderes profanos, não se deixando reconduzir com facilidade, como fez Maimônides, ao *kabod* – ser de Deus. Nesse caso, para os modernos, trata-se precisamente de deixar de lado esse significado objetivo[6].

A verdade é que, tanto para os antigos quanto para os modernos, o problema é exatamente justificar – ou, às vezes, dissimular – o duplo significado, a homonímia e a ambiguidade do *kabod*: ao mesmo tempo glória e glorificação, *kabod* subjetivo e objetivo, realidade divina e práxis humana.

א Na tradição rabínica, o *kabod YHWH* é relacionado à *Shekinah* (literalmente, "habitação, morada"), que exprime a presença de Deus entre os homens. Assim, quando o texto bíblico recita: "Deus está neste lugar" (Gn 28,16), o *targum* traduz: "A glória da *Shekinah* está neste lugar". E no *Alfabeto de Rabi Akiva* podemos ler: "Naquela hora Deus olhou e viu seu trono e seu *kabod* e sua *Shekinah*"[7]. Também Maimônides relaciona a glória ao verbo *shakan* (morar) e à *Shekinah*, que para ele não significa a manifestação, mas "a morada de Deus em um certo lugar"[8].

No mesmo sentido, Sa'adiah Ga'on – e com ele Yehudah Halewi e outros filósofos medievais – identifica *Shekinah* e *kabod*: "A aparição luminosa que prova para o profeta a autenticidade da revelação que lhe foi feita por Deus é uma luz criada: chama-se *kabod* na Bíblia e *Shekinah* na tradição rabínica"[9]. A *Shekinah* não é idêntica a Deus, mas, assim como o *kabod* no primeiro significado do termo segundo Maimônides, é uma livre criação sua, que precede a criação do mundo.

---

5    Bernhard Stein, *Der Begriff KEBOD JAHWEH und seine Bedeutung für die alttestamentliche Gotteserkenntnis* (Emsdetten, Heim, 1939), p. 318.

6    Ibidem, p. 323.

7    Citado em Gershom Scholem, *Von der mystischen Gestalt der Gottheit: Studien zu Grundbegriffen der Kabbala* (Frankfurt am Main, Suhrkamp, 1977), p. 151.

8    Maimônides, *La guida dei perplessi*, cit., 1, 25, p. 126.

9    Citado em Gershom Scholem, *Le origini della kabbalà* (Bolonha, Il Mulino, 1973), p. 207.

‭א‬ Tanto no Antigo Testamento quanto no judaísmo rabínico, o *kabod* assume um significado particular na escatologia. Esta coincidirá com a plena revelação da glória de Deus, que aparecerá sobre Sião como nuvem e como baldaquino (Is 4,5). No Dêutero-Isaías, ela aparecerá não só aos judeus, mas a "toda carne" ("Então a glória do Senhor se revelará e toda carne junta a verá" – diz Is 40,5). Segundo Hab 2,14: "Assim como as águas enchem o mar, assim também a terra se encherá do conhecimento da glória de YHWH". A visão terrível de Ezequiel, que, com seus "viventes" alados e seu trono de safira, influenciará de modo tão profundo a apocalíptica cristã, é apresentada pelo profeta como uma visão da glória: "Assim me apareceu o aspecto do *kabod* do Senhor. Quando o vi, caí com o rosto na terra..." (Ez 1,28).

8.3. A Septuaginta traduz o *kabod* por *doxa*, e esse termo grego (que a Vulgata trará como *glória*) torna-se assim a expressão técnica da glória no Novo Testamento. Contudo, como sempre acontece em qualquer tradução, nessa passagem o *kabod* bíblico sofre uma transformação profunda. O que era sobretudo um elemento externo a Deus, que significava sua presença, é agora, de acordo com o novo contexto teológico em que se situa, a expressão das relações internas à economia trinitária. Isso significa que há, entre *oikonomia* e *doxa*, um nexo constitutivo, e não é possível entender a teologia econômica se, ao mesmo tempo, não nos dermos conta dessa conexão. Assim como a teologia cristã havia transformado dinamicamente o monoteísmo bíblico, opondo dialeticamente, em seu interior, a unidade da substância e da ontologia (a *theologia*) à pluralidade das pessoas e das práxis (a *oikonomia*), assim também a *doxa theou* (glória de Deus) define agora a operação de glorificação recíproca entre o Pai e o Filho (e, mais em geral, entre as três pessoas). A economia trinitária é constitutivamente uma economia da glória.

Talvez em nenhum outro lugar essa economia gloriosa apareça com tanta evidência como no evangelho de João. Ela – que ressoa melodicamente de uma ponta a outra do texto, assim como ressoará em tom bastante diferente nas epístolas de Paulo – atinge sua formulação mais vibrante na oração de Jesus antes de ser preso: "Pai, chegou a hora. Glorifica [*doxason*] teu filho para que o filho te glorifique [*doxasēi*] [...] Eu te glorifiquei sobre a terra, cumprindo a obra que me encarregaste de fazer. Agora, Pai, glorifica-me junto de ti com a glória que eu tinha junto a ti antes que o mundo estivesse contigo" (Jo 17,1-5). Pouco antes, no momento da predição da traição, o mesmo tema é enunciado nas palavras de Jesus aos discípulos que estão sentados à mesa com ele: "Agora o filho do homem foi glorificado [*edoxasthē*] e Deus foi glorificado [*edoxasthē*] nele. Se Deus foi glorificado nele, também Deus o glorificará em si" (Jo 13,31-32).

O que impressiona nessas passagens é a perfeita circularidade da economia que descrevem. A obra – a economia da salvação – que Jesus realizou sobre a terra é, na verdade, a glorificação do Pai, ou seja, é uma economia da glória. Mas ela é, exatamente na mesma medida, glorificação do Filho por obra do Pai. E não só esse círculo doxológico é escandido na repetição insistente das formas do mesmo verbo, mas também parece cumprir-se perfeitamente na ideia de que a glória precede a própria criação do mundo, definindo, portanto, desde o início, a relação trinitária ("Glorifica-me junto de ti com a glória que eu tinha junto a ti antes que o mundo estivesse contigo"). No messianismo judaico, o nome (*chem*, um conceito intimamente vinculado à ideia da glória) faz parte das cinco (ou sete) coisas criadas antes do mundo; mas João, ao retomar esse tema judaico, transforma-o no núcleo doxológico da relação intradivina. E enquanto a economia da salvação que foi confiada ao Filho atinge seu cumprimento no tempo, a economia da glória não tem início nem fim.

No entanto, em João, a economia da glória inclui os homens. Referindo-se àqueles a quem revelou o nome (ou seja, a glória) do Pai, Jesus acrescenta: "Tudo aquilo que é teu é meu, e tudo o que é meu é teu, e eu fui glorificado [*dedoxasmai*] neles" (Jo 17,10). E logo depois precisa: "Eu lhe dei a glória" (Jo 17,22). À economia gloriosa da Trindade corresponde pontualmente a glorificação recíproca entre os homens e Deus.

א O termo que, no grego homérico, corresponde à esfera semântica da glória não é *doxa*, mas *kleos*. O *kleos*, etimologicamente vinculado à esfera da palavra e do "que é ouvido" (*klyō*), não só não é uma propriedade dos deuses, mas é algo que resulta da atividade de uma categoria especial de homens: os poetas. Estes com certeza necessitam da colaboração de seres divinos, as Musas, que os impelem "a cantar o *kleos* dos homens"[10]; mas a glória que outorgam e que pode "atingir os céus"[11] é sua zelosa e exclusiva competência. Precisamente por isso, não se trata de um saber, mas antes de algo que se consome todo na esfera da palavra. Homero declara: "Nós, os poetas, ouvimos o *kleos* e não sabemos nada"[12].

---

[10] Homero, *Od.*, 8, 73. [Ed. bras.: *Odisseia*, 5. ed., São Paulo, Cultrix, 1988.]

[11] Ibidem, 74.

[12] Idem, *Il.*, 2, 486. [Ed. bras.: *Ilíada*, 5. ed., São Paulo, Arx, 2004.]

Gregory Nagy mostrou que a *Ilíada* e a *Odisseia* são, antes de mais nada, os poemas do *kleos* de Aquiles e do Odisseu, e que é precisamente o tema da glória que une os dois poemas. Se Aquiles, o melhor dos aqueus, foi aquele que trocou o retorno e a vida pela glória ("Eu perdi o *nostos* [regresso], mas terei um *kleos* inconsumível"[13]), o Odisseu teve tanto o retorno quanto a glória[14]. Mas quem dá a glória são, mais uma vez, os poetas. Não só o cantor dos feácios na *Odisseia* (8, 72-82), mas também o poeta da *Teogonia* se apresenta como o mestre da glória, que se volta tanto para o passado quanto para o futuro ("de modo que eu possa celebrar [*kleioimi*] o passado e o futuro"[15]).

O mundo homérico conhece, portanto, uma figura da glória que é somente obra humana, somente glorificação. Por isso, muitos séculos depois, um poeta romano podia levar ao extremo esse caráter "glorificante" da poesia, escrevendo que não só os heróis, "mas também os deuses, se é lícito dizê-lo, são feitos com os poemas, também tão grande majestade precisa da boca de um cantor" ("*Di quoque carminibus, si fas est dicere, fiunt/ tantaque maiestas ore canentis eget*")[16].

8.4. Na segunda Epístola aos Coríntios, Paulo retoma o *kabod* de Ex 29 e seguintes para fundar nele, por meio de um meticuloso crescendo de imagens óticas, sua teoria da glória. A glória – provisória – que ilumina o rosto de Moisés depois de receber de Deus as tábuas da lei (definidas, de maneira coerente com a implacável crítica paulina da lei, como "serviço da morte" [*diakonia tou thanatou*] em 2Cor 3,7) é incomparavelmente menor do que aquela que resulta do "serviço da redenção" que o messias trouxe para os seres humanos. Contudo, os membros da comunidade messiânica (Paulo não conhece o termo "cristão") não têm necessidade, assim como Moisés, de colocar um véu (*kalymma*) sobre o rosto – aquele véu "que pesa ainda hoje no coração dos judeus quando leem Moisés" (2Cor 3,15). O messias significa, de fato, a desativação do véu [*hoti en Christōi katargeitai*] (2Cor 3,14). Quando os judeus se converterem, então o véu será tirado também para eles. "Assim, todos nós, com o rosto descoberto [*anakekalymmenōi prosōpōi*], olhando como em um espelho [*katoptrizomenoi*] a glória do Senhor, somos transformados na mesma imagem, de glória em glória [*apo doxēs eis doxan*], pelo espírito do Senhor" (2Cor 3,18).

---

[13] Ibidem, 9, 413.

[14] Gregory Nagy, *The Best of the Achaeans: Concepts of the Hero in Archaic Greek Poetry* (Baltimore/ Londres, The Johns Hopkins University Press, 1979), p. 29.

[15] Hesíodo, *Theog.*, 32. [Ed. bras.: *Teogonia*, 6. ed., São Paulo, Iluminuras, 2006.]

[16] Ovídio, *Pont.*, 4, 8, 55-6.

224 • O reino e a glória

A economia da glória é expressa aqui unicamente em termos óticos. E é a mesma imagem que Hb 1,3 depois acaba precisando. O Filho é *apaugasma,* ou seja, ao mesmo tempo reflexo e irradiação (o verbo *apaugazein* significa tanto "irradiar, emitir raios luminosos" quanto "refletir os raios irradiados") da glória de Deus. Por esse motivo, em 2Cor 4,6, Deus faz resplandecer sobre o rosto de Cristo (*en prosōpōi Christou*) "a luz do conhecimento de sua glória".

A fenomenologia ótica da glória desenvolve-se, pois, da seguinte maneira: Deus, "o pai da glória" (Ef 1,17), irradia sua glória sobre o rosto do Cristo, que a reflete e irradia como um espelho sobre os membros da comunidade messiânica. A célebre passagem escatológica de 1Cor 13,12 deve ser lida nessa perspectiva: a glória que agora vemos enigmaticamente em um espelho (*di' esoptrou en ainigmati*), nós a veremos então face a face (*prosōpon pros prosōpon*). No tempo presente, estamos à espera "da epifania da glória" (Tt 2,13), assim como toda a criação espera com impaciência ser "libertada da escravidão da corrupção para a liberdade dos filhos de Deus" (Rm 8,21).

Diferentemente do que acontece em João, aqui a ênfase não cai na glori-ficação recíproca entre Pai e Filho, mas na irradiação da glória do Pai sobre o Filho até os membros da comunidade messiânica. No centro do evangelho de Paulo não está a economia trinitária, mas a redenção messiânica.

8.5. É importante desfazer o lugar-comum, repetido com frequência nos léxicos, segundo o qual falta uma teoria da glória nos Padres dos pri-meiros séculos. O contrário é que é verdadeiro, isto é, como era previsível, precisamente os autores que elaboram a teologia da economia produzem contextualmente os elementos de uma teologia da glória. Isso vale sobretu-do para Ireneu. No quarto livro do *Contra haereses,* ele retoma pela citação canônica de Ex 33,20 ("Ninguém verá a Deus e viverá") o tema bíblico da incognoscibilidade do *kabod* (da "glória inenarrável", *anexēgētos doxa*[17]), mas, à incognoscibilidade do Deus bíblico, ele opõe sua revelação por obra do Espírito profético e, sobretudo, através do Filho, o verdadeiro "exegeta", "ecônomo" e cantor da glória:

> Assim, desde o princípio, o Filho é o exegeta [*exēgētēs*] do Pai, pois desde o princípio está com ele. Foi ele quem cantou harmoniosamente para os

---

[17] Ireneu de Lião, *Contre les hérésies* (ed. A. Rousseau, Paris, Cerf, 2002), 4, 20, 5. [Ed. bras.: *Contra as heresias,* São Paulo, Paulus, 1997, Patrística 4.]

homens, no momento oportuno e para sua utilidade, as visões dos profetas, a diversidade das graças e dos ministérios, a glorificação [*doxologia*] do Pai. Por isso, o *logos* se fez ecônomo da graça do Pai para o bem dos homens, pelos quais realizou tão grandes economias, mostrando Deus aos homens e apresentando o homem a Deus, cuidando do que é invisível em Deus para que os homens não o desprezassem e tivessem sempre como progredir em seu conhecimento e, ao mesmo tempo, tornando-o visível para os homens através de múltiplas economias, para que, privado completamente de Deus, o homem não deixasse de existir. Glória de Deus é, de fato, o homem vivo, e a vida do homem é a visão de Deus.[18]

Nessa extraordinária passagem, a glorificação efetuada pelo *Logos* é descrita nos mesmos termos "econômicos" com que Ireneu descreveu a economia da salvação. Não só a economia da salvação pressupõe a economia da glória, mas esta é a "exegese" daquilo que, tanto na vida divina quanto no mundo dos homens, permaneceria, do contrário, "inenarrável". A glória é, portanto, a economia das economias, aquilo que, enquanto interpreta as economias (*tas oikonomias exegeito*), desvela o que no *kabod YHWH* continuava incognoscível:

Se, portanto, nem Moisés, nem Elias, nem Ezequiel viram Deus, embora tenham visto tantas coisas celestes, e se aquilo que viam não era mais que uma "semelhança da glória do Senhor" (Ex 1,28) e profecia do futuro, é claro então que o Pai ficava invisível, como disse o Senhor: "Ninguém jamais o viu". Contudo, seu *Logos*, segundo sua vontade e para o bem daqueles que o viam, interpretou as economias, conforme está escrito: "O Deus unigênito, que está no seio do Pai, interpretou-o" (Jo 1,18).[19]

א Indícios coerentes de uma teologia da glória também podem ser encontrados no *Adversus Praxean* de Tertuliano, ou seja, precisamente no incunábulo da teologia econômica. Tertuliano sabe perfeitamente que aquilo que, na economia da salvação (*in ipsa oikonomia*[20]), era para o Filho um rebaixamento e uma diminuição teria significado uma economia da glória exatamente inversa ("*gloria tamen et honore coronaturus illum in caelos resumendo*"[21]), mas, pela citação estratégica de João, ele vislumbra na glória a relação incindível que liga o Pai ao Filho, a morada irrevogável do Filho no Pai: "Jesus diz: 'Deus o glorificará em si mesmo'. Isso significa que o Pai, que tem em si próprio o Filho, mesmo que o tenha levado à terra, o glorificará pela ressurreição"[22].

---

[18] Ibidem, 4, 20, 7.

[19] Ibidem, 4, 20, 11.

[20] Tertuliano, *Adversus Praxean* (ed. G. Scarpat, Turim, Loescher, 1959), 23, p. 117.

[21] Ibidem, p. 119.

[22] Ibidem, p. 121.

226 • O reino e a glória

8.6. A exposição mais densa de uma teologia da glória na patrologia dos primeiros séculos está na digressão – quase um pequeno tratado *peri doxēs* [sobre a glória] – que Orígenes insere no livro 32 de seu comentário ao Evangelho de João. O tema da glória lhe parece tão importante que, no fim da digressão, o autor se sente obrigado a agradecer a Deus, porque, apesar da inadequação do tratamento, aquilo que escreveu é "muito superior aos próprios méritos [*pollōi meizosin tēs hemeteras axias*]"[23]. Ele começa tomando distância do significado pagão e puramente aclamatório do termo (a glória como "louvor feita pela multidão"[24]), a que contrapõe não apenas a passagem canônica do Êxodo sobre o *kabod* de Deus que se revela a Moisés, mas também a leitura que Paulo faz da mesma passagem na segunda Epístola aos Coríntios (2Cor 3,7-11). A interpretação dessas passagens proposta por Orígenes é um exemplo perfeito de seu método exegético, que faz uma distinção entre o sentido literal e o sentido anagógico (ou espiritual).

> Se, do ponto de vista corpóreo, uma epifania divina se produziu sob a tenda, no templo e no rosto de Moisés depois que falou com Deus, do ponto de vista anagógico poderia ser denominado "visão da glória de Deus" o que se conhece e se contempla de Deus com um intelecto plenamente purificado. O intelecto, que se purificou e superou todas as coisas materiais para contemplar atentamente a Deus, deifica-se naquilo que contempla. E essa é a glorificação do rosto de quem viu Deus.[25]

Portanto, Orígenes interpreta a glória em termos de conhecimento e, logo depois, aplica essa exegese à passagem de João segundo a qual "o filho do homem foi glorificado e Deus foi glorificado nele". A contribuição específica do gênio de Orígenes é ler nessa passagem nada menos que o processo do autoconhecimento divino:

> Conhecendo o Pai, o Filho foi glorificado através de seu próprio conhecer, que é o bem maior e leva ao conhecimento perfeito, aquele com o qual o Filho conhece o Pai. Creio, porém, que ele foi glorificado pelo conhecimento, pois dessa maneira conhecia a si mesmo. [...] E toda essa glória, através da qual o filho do homem foi glorificado, foi glorificada por um dom do Pai. E de todos os elementos que conduzem à plenitude a glória do homem, o

---

[23] Orígenes, *Commentaire sur saint Jean* (Paris, Cerf, 1992, Sources Chrétiennes 385), 32, 29, 367, p. 344.

[24] Ibidem, 32, 26, 330.

[25] Ibidem, 32, 27, 338, p. 332.

principal é Deus enquanto não é glorificado simplesmente por ser conhecido *pelo* Filho, mas é glorificado *no* [*en*] Filho.[26]

O processo da glorificação recíproca entre Pai e Filho coincide com o autoconhecimento de Deus, entendido como uma *autosophia*[27], e tal processo é tão íntimo que não se pode dizer a respeito da glorificação que ela é produzida por obra do Filho, mas unicamente *no* Filho. Entendemos nessa altura porque a "economia da paixão" (*hē oikonomia tou pathos*) pode coincidir perfeitamente com a economia gloriosa, pela qual o Filho revela o Pai (*ek tēs oikonomias apokalyptein ton patera ho hyios*)[28].

Por isso, quando [Jesus] chegou à economia depois da qual devia ser elevado sobre o mundo e, uma vez reconhecido, devia ser glorificado para a glória daqueles que o teriam glorificado, ele proferiu estas palavras: "Agora o filho do homem foi glorificado". E dado que "ninguém conhece o Pai se o Filho não o revelar" e o Filho estava para desvelar o Pai com uma economia, por isso "também Deus foi glorificado nele".[29]

A economia da paixão e a economia da revelação coincidem na glória e esta (ou antes a glorificação) define o conjunto das relações trinitárias. A trindade é uma doxologia.

8.7. Conforme já vimos, os teólogos modernos distinguem "trindade econômica" (ou trindade de revelação) e "trindade imanente" (ou trindade de substância). A primeira define Deus em sua práxis salvífica, pela qual se revela aos homens. A trindade imanente, por sua vez, refere-se a Deus assim como é em si mesmo. Voltamos a encontrar aqui, na contraposição entre duas trindades, a fratura entre ontologia e práxis, teologia e economia, que já vimos marcar constitutivamente a formação da teologia econômica (ver 3.4). À trindade imanente correspondem ontologia e teologia, à econômica, práxis e *oikonomia*. Nossa investigação procurou mostrar como, a partir dessas polaridades originais, se desenvolveram em planos diferentes aquelas entre ordem transcendente e ordem imanente, entre Reino e Governo, entre providência geral e providência especial, que definem o funcionamento da máquina do governo divino do mundo. A

---

[26] Ibidem, 32, 28, 345-9, p. 335-6.

[27] Idem.

[28] Ibidem, 32, 29, 359, p. 341-2.

[29] Idem.

228 • O reino e a glória

trindade econômica (o Governo) pressupõe a trindade imanente (o Reino), que a justifica e funda.

Assim, não causa surpresa que trindade imanente e trindade econômica, distintas no início, apareçam mais tarde constantemente reunidas e articuladas pelos teólogos, e que essa articulação seja precisamente o que está em jogo na teologia. "A trindade econômica é a trindade imanente, e vice-versa" soa como o princípio que deve orientar qualquer tentativa de pensar a relação entre elas[30]. A obra do sacrifício e da salvação, que está em questão na teologia econômica, não pode ser cancelada na trindade imanente:

> Se o motivo fundamental do conhecimento da Trindade é a cruz, à qual o Pai, através do Espírito, entrega o Filho por nós, no fundamento transcendente desse acontecimento não se poderá então pensar uma trindade substancial na qual não estejam presentes a cruz e a entrega.[31]

Não existem, portanto, duas diferentes trindades, mas uma única trindade, que é, ao mesmo tempo, uma única história divina da salvação, uma única economia. Contudo, tal identidade não deve ser entendida como "uma dissolução de uma na outra"[32]. Segundo o complexo mecanismo que vimos marcar, desde o início, as relações entre teologia e economia – e depois o funcionamento da máquina governamental –, as duas trindades, embora intimamente vinculadas, continuam sendo distintas. O que está em questão é, antes de mais nada, a reciprocidade de suas relações. "A identidade deve servir para expressar a reciprocidade entre a essência e a revelação, entre o interior e o exterior de Deus uno e trino [...] Às *opera trinitatis ad extra* [obras da trindade para fora] correspondem, desde a criação do mundo, as *passiones trinitatis ad intra*" [paixões da trindade para dentro][33].

A glória é o lugar em que a teologia procura pensar a inacessível conciliação entre trindade imanente e trindade econômica, *theologia* e *oikonomia*, ser e práxis, Deus em si e Deus para nós. Por esse motivo, a doxologia, apesar de sua aparente rigidez cerimonial, é a parte mais dialética da teologia, em que deve alcançar a unidade o que não pode ser pensado senão como dividido.

---

[30] Jürgen Moltmann, *Trinität und Reich Gottes: Zur Gotteslehre* (Munique, Kaiser, 1980), p. 176-7.

[31] Idem.

[32] Idem.

[33] Idem.

Arqueologia da glória • 229

A verdadeira teologia, ou seja, o conhecimento de Deus, encontra sua expressão no agradecimento, no louvor e na adoração. E o que se exprime na doxologia é precisamente a verdadeira teologia. Não há nenhuma experiência de salvação que não seja acompanhada da experiência que se realiza no agradecimento, no louvor e na alegria. Só a doxologia resgata a experiência da salvação em uma experiência completa [...] Deus é amado, venerado e reconhecido não apenas pela salvação de que fazemos experiência, mas por si mesmo. O *louvor* transcende o agradecimento. Deus não é reconhecido somente por suas boas obras, mas em sua bondade. Por fim, a *adoração* transcende o agradecimento e o louvor.[34]

Na glória, trindade econômica e trindade imanente, a práxis salvífica de Deus e seu ser unem-se e movem-se uma através da outra. Disso nasce, na liturgia, o indissolúvel entrelaçamento entre elementos doxológicos em sentido estrito e mimese eucarística. O louvor e a adoração que se dirige à trindade imanente pressupõe a economia da salvação, assim como, em João, o Pai glorifica o Filho e o Filho glorifica o Pai. *A economia glorifica o ser, assim como o ser glorifica a economia.* E só no espelho da glória as duas trindades parecem refletir-se uma na outra, só em seu esplendor ser e economia, Reino e Governo parecem, por um instante, coincidir. Por isso, o Concílio de Niceia, com o objetivo de evitar qualquer risco de separar o Filho do Pai, a economia da substância, sentiu a necessidade de inserir no símbolo da fé a fórmula *phõs ek phõtos*, "luz da luz"; por isso, Agostinho, quando procura obsessivamente eliminar todo risco de subordinação da trindade, recorre à imagem da luz e da glória[35].

א Tendo em vista que a glória é o lugar em que o movimento da economia trinitária deve mostrar-se em sua plenitude, é também o lugar em que é mais forte o risco de uma não coincidência entre ser e práxis e de uma possível assimetria na relação entre as três pessoas divinas. Não nos surpreende, portanto, que precisamente em seu *excursus* sobre a glória Orígenes pareça assumir uma posição subordinacionista, que poderia fazê-lo aparecer como o precursor de Ário. Depois de ter comentado a recíproca glorificação entre Pai e Filho em João, ele avança com prudência a ideia de uma autoglorificação do Pai independente daquela que recebe pelo Filho:

Pergunto-me se Deus pode ser glorificado de maneira independente de seu ser glorificado no Filho, sendo mais glorificado em si mesmo quando, chegando à contemplação de si, regozija-se de seu próprio conhecimento e visão

---

[34] Ibidem, p. 166-7.

[35] Agostinho, *Trin.*, 4, 20, 27. [Ed. bras.: *A Trindade*, São Paulo, Paulus, 1994, Patrística 7.]

230 • O reino e a glória

com uma satisfação e uma alegria indizíveis, que são maiores que aquelas que tem no Filho, porque encontra em si mesmo a alegria e a satisfação – ao menos na medida em que podemos exprimir semelhantes ideias a respeito de Deus. De fato, sirvo-me desses termos sem que possam ser aplicados realmente a Deus, pois me faltam os nomes indizíveis...[36]

Se o subordinacionismo é rejeitado, desde o início, como uma heresia intolerável, isso não se deve tanto ou não só porque implica uma superioridade do Pai em relação ao Filho (nos Evangelhos, Jesus atribui com frequência ao Pai uma tal superioridade), mas também e sobretudo porque colocava em perigo o funcionamento do dispositivo trinitário, que se funda em uma perfeita circulação interpessoal da glória entre trindade imanente e trindade econômica.

É ainda em referência à passagem de João que Agostinho, no *De Trinitate*, adverte contra a tentativa de introduzir uma assimetria na glória para fundar nela a superioridade de uma pessoa sobre a outra:

Sejam cautelosos aqueles que acreditam poder valer-se, para demonstrar a superioridade do Pai sobre o Filho, também destas palavras do Filho: "Pai, glorifica-me!". Tenham-se em consideração que também o Espírito Santo o glorifica. Isso significa que também ele é superior ao Filho? [...] Tudo aquilo que o Pai tem pertence não só ao Filho, mas também ao Espírito Santo, pois o Espírito Santo tem o poder de glorificar o Filho, que também o Pai glorifica. Se aquele que glorifica é maior do que aquele que por ele é glorificado, conceda-se ao menos que são iguais aqueles que se glorificam reciprocamente [*invicem*].[37]

A economia da glória só pode funcionar se for perfeitamente simétrica e recíproca. Toda a economia deve tornar-se glória e toda a glória, economia.

8.8. No entanto, a teologia jamais consegue levar realmente a cabo a fratura entre trindade imanente e trindade econômica, entre *theologia* e *oikonomia*. Isso se manifesta precisamente na glória, que deveria celebrar sua reconciliação. Esta é marcada por uma dissimetria fundamental, pela qual não a trindade imanente, mas apenas a econômica se cumpre no fim dos tempos. Depois do Juízo Final, quando a economia da salvação será completada e "Deus será tudo em todos" (1Cor 15,28), a trindade econômica será reabsorvida na trindade imanente e "aquilo que restará será apenas o cântico eterno de Deus uno e trino em sua glória"[38]. A liturgia paradisíaca

---

[36] Orígenes, *Commentaire sur saint Jean*, cit., 32, 28, 350-1, p. 339.

[37] Agostinho, *Trin.*, 2, 4, 6.

[38] Jürgen Moltmann, *Trinität und Reich Gottes*, cit., p. 173.

reduz-se integralmente em doxologia, não conhece missa, mas apenas o hino de louvor. Nessa assimetria da glória, vem à luz o caráter "anárquico" – e, ao mesmo tempo, gerado – do Filho, que foi o ganho laborioso da secular e acerba disputa sobre o arianismo. A economia é anárquica e, como tal, não tem fundamento algum no ser de Deus; e, no entanto, o Pai gerou o Filho antes dos tempos eternos. É esse o "mistério da economia", cujas trevas a glória não consegue dissolver plenamente em sua luz. Ao paradoxo original de uma anarquia gerada corresponde, no fim dos tempos, aquele de uma economia anárquica e, no entanto, finita. (É precisamente a tentativa de pensar, ao mesmo tempo, um ser infinito e sua história finita – portanto, a figura do ser que sobrevive a sua economia – que constitui a herança teológica da filosofia moderna, que encontra no último Heidegger seu resultado extremo).

Sem dúvida, a função própria – ou ao menos pretensa – da glória é expressar a figura pleromática da trindade, em que trindade econômica e trindade imanente estão, de uma vez por todas, firmemente articuladas. Mas ela só pode cumprir essa tarefa dividindo sem cessar o que deve unir e reunindo a cada vez o que deve permanecer dividido. Por isso, assim como na esfera profana a glória era um atributo não do Governo, mas do Reino, não dos ministros, mas do soberano, assim também a doxologia se refere, em última instância, ao ser de Deus e não à sua economia. E, no entanto, assim como vimos que o Reino nada mais é que o que sobra quando se retira o Governo e o Governo é o que resulta da autodestruição do Reino, de maneira que a máquina governamental consiste sempre na articulação dessas duas polaridades, assim também se diria que a máquina teodoxológica resulta da correlação entre trindade imanente e trindade econômica, em que cada um dos dois aspectos glorifica o outro e resulta do outro. O Governo glorifica o Reino e o Reino glorifica o Governo. Mas o centro da máquina é vazio, e a glória nada mais é que o esplendor que emana desse vazio, o *kabod* inesgotável que revela e, ao mesmo tempo, vela a vacuidade central da máquina.

8.9. As aporias implícitas em cada teologia da glória são evidentes no teólogo protestante que está na origem da tentativa de Balthasar de estetizar a doxologia. Em uma articulação decisiva de sua *Kirchliche Dogmatik* [Dogmática eclesiástica], Karl Barth inseriu um breve tratado sobre a glória que o teólogo católico retomou e ampliou em sua obra monumental. Embora o gesto dos dois autores seja estilisticamente diferente, a intenção que os anima é substancialmente a mesma. Barth sabe perfeitamente que

232 • O reino e a glória

a glória se refere "à liberdade, à majestade e à soberania de Deus"[39]. Aliás, ela define para ele o modo como Deus "faz uso de sua onipotência e exerce seu domínio [*Herrschaft*]"[40]. A certa altura, deslocando bruscamente a abordagem da glória para a esfera "imediatamente próxima"[41] da beleza, ele se serve desse conceito como de um subsídio (*Hilfsbegriff*)[42] para enfrentar estrategicamente algo que lhe aparece como uma "mancha negra"[43] na concepção teológica da glória. Portanto, trata-se de nada menos que neutralizar a ideia de que a glória e a soberania de Deus são redutíveis ao *brutum factum* de sua onipotência e de sua força.

> É possível que sobre a glória e a autoglorificação de Deus só possamos dizer de positivo que ela tem atrás de si toda onipotência de Deus, que ela nos obriga a confessar [*überführt*, literalmente "nos sobreguia"] e nos convence [*überzeugt*], que ela domina [*herrscht*], atropela [*überwältigt*] e constringe com uma força absolutamente superior? [...] Com a palavra "glória", com que a Bíblia exprime a revelação e o conhecimento de Deus, não se diz realmente outra coisa senão a constatação de uma fatualidade brutal? [...] Sem dúvida, quando dizemos "glória" de Deus, dizemos também – e o dizemos com ênfase especial – "força" de Deus. E, no entanto, pelo conceito de glória dizemos algo mais, que o conceito de força não pode esgotar. Da mesma maneira, o conceito de "Reino", que precede os dois conceitos na doxologia do Pai Nosso, compreende algo mais amplo que aquilo que designamos com o termo "força". Deus tem luz e é também força, mas não é esta que o torna luminoso. Porventura Deus não tem e não é algo mais que aquilo que se chama força, se tem e é luz, se é glorioso?[44]

Também aqui, assim como na raiz oculta de todo esteticismo, está a exigência de cobrir e enobrecer o que é, em si, pura força e domínio. A beleza nomeia precisamente esse "a mais" que permite pensar a glória para além do *factum* da soberania e "despolitizar" o léxico da *Herrlichkeit* (que não por acaso Barth expressou desde então com os termos técnicos da soberania política e do governo: *herrschen*, *führen*, *walten*), transferindo-o para o âmbito da estética:

---

[39] Karl Barth, *Die Kirchliche Dogmatik* (Zollikon, s. ed., 1958), p. 722.

[40] Ibidem, p. 723.

[41] Ibidem, p. 732.

[42] Ibidem, p. 736.

[43] Ibidem, p. 733.

[44] Idem.

Se ousamos e devemos dizer que Deus é belo, então com isso dizemos também como Ele ilumina, obriga a confessar e persuade. Designamos então não apenas o fato nu de sua revelação e de seu poder [*Gewalt*] como tal, mas também a forma e a figura de seu ser um fato e de seu ter poder.[45]

Barth tem plena consciência da impropriedade e da inadequação do termo "beleza", que remete inevitavelmente à esfera profana "do prazer, do desejo e do gozo"[46]; contudo, o risco do esteticismo ("*drohende Ästhetizismus*"[47]) é precisamente o preço que se deve pagar para separar a teoria da glória da esfera da *Gewalt*, do poder. E o fato de a beleza tornar-se aqui a designação – ao mesmo tempo imprópria e absolutamente inevitável – da glória significa que também o problema da relação entre trindade imanente e trindade econômica, entre ontologia e *oikonomia* deverá ser reconduzido à esfera estética. A glória e a liberdade de Deus não são um "abstrato ser-livre e soberano"[48]. O ser de Deus não é "um ser que se libera em si mesmo em sua pureza"[49]; o que o torna divino e real é seu ser nada menos do que o ser do Pai, do Filho e do Espírito Santo. "Sua forma não é uma forma em si, mas a forma concreta do ser trinitário de Deus"[50]. A trindade de Deus é, nesse sentido, "o segredo de sua beleza"[51]. A transferência definitiva do *kabod* bíblico para a esfera neutra da estética, que Balthasar registrará alguns anos depois como um fato consumado, encontra aqui sua hora decisiva.

8.10. A estetização da glória também tem outra motivação. Ela permite enfrentar com novas armas um problema que esteve sempre presente na história da teologia e, ao mesmo tempo, sempre foi eludido. Trata-se da glória que os teólogos definem como *subiectiva*, s*eu formalis* [subjetiva ou formal] (ou também externa), ou seja, da glorificação que os homens (e, com eles, os anjos) devem a Deus. Enquanto constitui o núcleo doxológico da liturgia, goza de um prestígio e de uma evidência ofuscantes; e, no entanto,

---

[45] Idem.

[46] Ibidem, p. 734.

[47] Ibidem, p. 735.

[48] Ibidem, p. 743.

[49] Ibidem, p. 744.

[50] Idem.

[51] Ibidem, p. 745.

234 • O reino e a glória

apesar das glosas e das argumentações dos teólogos, certamente não se pode afirmar que suas razões sejam igualmente luminosas.

Desde que haja glória, há glorificação. E não só na esfera profana. O *kabod* que YHWH tem enquanto "rei da glória" (*melek ha-kabod*) é também algo que lhe é devido da parte dos homens. "Do *kabod* a YHWH, dê-lhe graças" é o grito que não cansa de ressoar entre os filhos de Israel. Ele culmina no *trisagion* de Is 6,3, em que "toda a terra é plena da glória de Deus". É esse *kabod* glorificante que a liturgia formaliza na doxologia em sentido próprio, e que na sinagoga assume a forma do *kaddish* que exalta, abençoa e louva o nome de YHWH.

Encontramos testemunhos precoces das doxologias cristãs, voltados também aqui para aquele que, como "senhor" ou "pai" da glória, está ou deveria estar já firmemente de posse dela, nas epístolas de Paulo (seja na forma da prescrição "Glorificai!", *doxasate*, de 1Cor 6,20, seja na forma das doxologias rituais do tipo de Hb 13,21: "A Ele a glória pelos séculos dos séculos, amém") e na grande doxologia escatológica de Ap 4,3, da qual nos ocuparemos em seguida. Também aqui a Igreja formaliza ritualmente a glorificação tanto na liturgia quanto na tarefa cotidiana da oração.

Em todo caso, é singular a explicação dos teólogos para essa dupla figura da glória. A glória subjetiva nada mais é que a alegre resposta do homem à glória objetiva de Deus. Nós não louvamos a Deus porque Ele tem necessidade disso (Ele já é pleno de glória). Tampouco o louvamos porque nos é útil. "O único motivo para louvar a Deus é que Ele é digno de louvor"[52]. Com uma argumentação perfeitamente circular, a glória subjetiva é devida à glória objetiva, porque esta é digna de glória. Ou então, a glorificação é devida à glória, porque de certo modo deriva dela.

É esse círculo vicioso que, no século XIII, acaba se cristalizando na definição escolástica de Guilherme de Alvérnia:

> Segundo um primeiro significado, a glória de Deus nada mais é que sua supereminentíssima magnificência ou nobreza, e essa é a glória de Deus em si ou junto de si, pela qual se devem a Ele louvor, glorificação e toda espécie de culto. Segundo outro significado, chama-se glória de Deus aquela por meio da qual Ele é glorificado, ou seja, honrado, louvado e adorado pelos eleitos e por todos os homens.[53]

---

[52] Eric L. Mascall, "Primauté de la louange", *Dieu vivant*, n. 19, 1951, p. 112.

[53] Guilherme de Alvérnia, "De retributionibus sanctorum", em *Opera omnia* (Paris, s. ed., 1570, v. 2), p. 320.

Como vimos a respeito do termo "ordem", que significa tanto uma relação transcendente com Deus (*ordo ad Deum*) quanto uma propriedade imanente nas criaturas (*ordo ad invicem*), a glória é um atributo essencial de Deus e, ao mesmo tempo, algo que lhe é devido pelas criaturas e expressa sua relação com Ele. E assim como o duplo significado do termo "ordem" faz dele algo que, em última instância, parece convir com a própria essência de Deus, assim também a ambiguidade do termo "glória" faz dele o nome que define sua natureza mais própria. Nesse sentido, ambos os termos não são conceitos, mas assinaturas.

8.11. Nem mesmo o tratado de Barth consegue evitar a circularidade da glória. Ao contrário, ela encontra nele uma formulação extrema, em que as reservas da tradição luterana contra a teologia da glória são deixadas de lado. Barth começa pela constatação de que a glória no Novo Testamento significa tanto a honra que o próprio Deus tem quanto o que ele recebe das criaturas. No entanto, essa coincidência de dois significados contraditórios no mesmo termo tem uma "suprema necessidade"[54]. A glória e o canto de louvor que as criaturas tributam a Deus são apenas o "eco" (*Widerhall*)[55] que responde à glória de Deus. Ou melhor, enquanto encontra nela seu fundamento, a glorificação "pode ser compreendida em sentido próprio e decisivo unicamente como obra da glória de Deus"[56]. E mais, o ser e a liberdade da criatura dependem essencialmente do ato de glorificar e dar graças. "A criatura torna-se livre pela glória de Deus, não porque pudesse ou quisesse tornar-se isso por si mesma, mas porque se tornou livre unicamente por meio da glória de Deus"[57]. E ela não agradece simplesmente, "é ela própria agradecimento [*Dank*]"[58]. A circularidade da glória chega aqui à sua formulação ontológica: ser livre para a glorificação de Deus significa reconhecer-se constituído no próprio ser pela glória com a qual celebramos a glória que nos concede celebrá-la. "A faculdade de glorificar a Deus não é um poder que pertence ao ser da criatura [...] essa faculdade pertence a Deus [...] Deus concede-se à criatura [...] e a criatura, a quem ele se concede, pode louvá-lo"[59]. A libertação

---

[54] Karl Barth, *Die Kirchliche Dogmatik*, cit., p. 756.

[55] Ibidem, p. 753.

[56] Idem.

[57] Ibidem, p. 735.

[58] Idem.

[59] Ibidem, p. 757.

236 • O reino e a glória

da criatura de sua "impotência" manifesta-se na glorificação, "desemboca no louvor de Deus"[60].

Se a criatura é essencialmente glorificação da glória, glória que a glória divina tributa a si mesma, torna-se evidente por que a vida da criatura alcança seu ápice na obediência (*Lebensgehorsam*)[61]. "Nada mais resta à criatura que agradecer e servir a Deus. Não tem nada – nada menos e nada mais – a oferecer nesse serviço e nesse agradecimento do que a si mesma"[62]. E o lugar eminente desse serviço é a Igreja. Com tons singularmente elevados, que parecem convir mais que tudo a um teólogo católico, Barth, no fim de seu tratado, celebra a Igreja como âmbito próprio da glória. É claro que a Igreja não se identifica, como em Peterson, com a comunidade dos anjos e dos bem-aventurados, que celebram a glória de Deus nos céus[63]. Contudo, a Igreja é a forma em que estamos "cercados pela glória de Deus e dela participamos"[64].

Deveria estar claro a esta altura em que sentido a exclusão preliminar da teoria da glória de toda referência à esfera da política pode nos desviar do caminho. Pois, assim como aconteceu em Peterson, à remoção da política da teologia segue-se – como depois de qualquer remoção – seu ressurgimento em forma imprópria na doxologia. Uma redução tão absoluta da criatura à sua função glorificante não pode deixar de lembrar o comportamento que os poderes profanos exigem de seus súditos, tanto em Bizâncio quanto na Alemanha dos anos 1930 (que Barth havia intencionalmente abandonado). Também aqui a dignidade mais elevada e a máxima liberdade consistem na glorificação do soberano. E, também aqui, a glorificação é devida ao soberano, não porque ele tenha necessidade disso, mas, como mostram as insígnias resplandecentes, o trono e a coroa, porque ele é em si mesmo glorioso. Nos dois casos, a circularidade do paradigma é a mesma.

8.12. O paradoxo da glória enuncia-se da seguinte maneira: a glória pertence exclusivamente a Deus desde a eternidade, e nele continuará idêntica pela eternidade afora, sem que nada ou ninguém possa aumentá-la

---

[60] Ibidem, p. 758.

[61] Ibidem, p. 760.

[62] Idem.

[63] Ibidem, p. 761.

[64] Idem.

ou diminuí-la; e, no entanto, a glória é glorificação, ou seja, algo que todas as criaturas devem sem cessar a Deus e que este exige delas. A partir desse paradoxo, surge outro, que a teologia procura apresentar como solução: a glória, o canto de louvor que as criaturas devem a Deus, deriva, na realidade, da própria glória de Deus, é apenas a necessária resposta e quase o eco que a glória de Deus desperta nelas. Ou então (e esta é a terceira formulação do paradoxo): tudo aquilo que Deus realiza, tanto as obras da criação quanto a economia da redenção, Ele as realiza unicamente para sua glória. Mesmo assim, e por isso, as criaturas lhe devem gratidão e glória.

O paradoxo, em sua tríplice declinação, atinge seu ápice na teologia pós-tridentina e barroca, ou seja, no momento em que a teoria da soberania profana obtém uma nova configuração. A primeira configuração do paradoxo implode, por assim dizer, no lema de Inácio de Loiola, que se tornou uma espécie de insígnia da Companhia de Jesus: *Ad maiorem Dei gloriam* [Para a maior glória de Deus]. Muito se discutiu sobre a origem e o sentido desse lema, que resume à perfeição a intenção de Inácio, no momento em que decide abandonar as honras do mundo a fim de honrar a Deus. O que é certo, em todo caso, é que ele leva ao extremo o paradoxo da glória, pois a atividade humana de glorificação consiste agora em uma tarefa impossível, a saber, o incessante acréscimo da glória de Deus, que não pode de modo algum ser aumentada. Por outras palavras, e esse talvez seja o verdadeiro sentido do lema, a impossibilidade de aumentar a glória interna de Deus se traduz em uma expansão ilimitada da atividade de glorificação externa por parte dos homens, em particular dos membros da Companhia de Jesus. O que não pode ser acrescido – a glória, no primeiro sentido do termo – exige o acréscimo infinito da glória no sentido exterior e subjetivo. Isso significa, de um lado, que o nexo entre a glória e a glorificação foi rompido, que a atividade mundana da glorificação agora sobrepuja a glória de Deus que deveria justificá-la; e, de outro, que a glorificação começa a reagir sobre a glória, que desponta a ideia de que a ação dos homens possa influenciar a glória divina e aumentá-la. Em outras palavras, enquanto a diferença entre glória e glorificação começa a indeterminar-se, a ênfase desloca-se pouco a pouco da primeira para a segunda.

O primado da glorificação sobre a glória tem seu manifesto no opúsculo *De perfectionibus moribusque divinis* [Sobre as perfeições e os costumes divinos], escrito em 1620 por Leonardo Lessius, teólogo jesuíta que influenciou fortemente a teologia da glória entre os séculos XVII e XVIII. Na rubrica *De*

238 • O reino e a glória

*ultimo fine* [Sobre o último fim], ele formula a seguinte pergunta: "Que benefício Deus poderia obter da criação e do governo do mundo?". A resposta, à primeira vista surpreendente, é muito coerente do ponto de vista lógico. Deus, "sendo infinitamente perfeito e em todos os aspectos beatíssimo", não pode obter por si mesmo nenhum benefício da multiplicidade, da variedade e da beleza das criaturas, que estão como que "suspensas sobre o nada pelo raio da luz divina"[65]. O objetivo que se propõe com a criação e o governo do mundo deve ser então "algo externo [*quid extrinsecum*], como poderia ser ter filhos semelhantes a si, partícipes de sua glória e beatitude"[66].

Na verdade, também Lessius conhece a distinção entre a glória interna, que coincide com o esplendor e a excelência da própria divindade (glória interior objetiva) e com o conhecimento, o amor e o gozo que Deus tem de si mesmo (glória interior formal) e a glória externa. Contudo, a contribuição específica de seu manifesto reside precisamente na inversão da relação entre as duas glórias. Deus não pode ter criado e governado o mundo para adquirir ou aumentar a glória interna, que já possui *plenissime* [plenissimamente]. Por conseguinte, seu objetivo só pode ser a aquisição e o acréscimo da glória externa.

> A glória não é necessariamente um bem intrínseco. A glória dos reis e dos príncipes, que os mortais tanto apreciam e desejam, consiste em coisas exteriores, no esplendor das cortes, na magnificência dos palácios, na potência militar e similares. Mesmo que nenhum incremento interno seja possível para a glória divina, pode haver um incremento extrínseco, mediante a adição daquelas coisas em que se diz que consiste a glória de uma pessoa: um maior número de filhos de Deus que a reconheçam, amem e louvem. Nesse sentido, é maior a glória de Deus; nesse sentido, pode-se afirmar que ela é aumentada. Esta é, portanto, a glória que Deus queria adquirir para si através de todas as suas obras externas.[67]

Lessius sacrifica sem escrúpulos inclusive a ideia do amor de Deus pelas criaturas à coerência lógica desse Deus vanglorioso. Já que toda criatura "é como um nada diante dele", e já que "a glória de Deus é mais importante que qualquer bem das criaturas", Deus, em seu agir, "deve necessariamente propor-se antes a sua glória que a perfeição das criaturas"[68]. É dessa glória externa que Deus é

---

[65] Leonardo Lessius, *De perfectionibus moribusque divinis libri 14* (Freiburg, s. ed., 1861), p. 513.

[66] Idem.

[67] Ibidem, p. 516-7.

[68] Ibidem, p. 538.

Arqueologia da glória • 239

ciumento, como assinala Is 48,11 ("Não darei minha glória a outros"); e é essa glória que o homem deve propor-se como fim de todas as suas ações[69].

Sem a compreensão preliminar dessa teoria da glória fica difícil entender, em todos os seus aspectos, a política pós-tridentina da Igreja, o fervor das ordens missionárias e a imponente atividade *ad maiorem Dei gloriam* – e, ao mesmo tempo, a má fama – da Companhia de Jesus. Mais uma vez, na dimensão da glória, a Igreja e o poder profano ingressam em um longo limiar de indeterminação, no qual é difícil avaliar as influências recíprocas e os intercâmbios conceituais. Enquanto o Estado territorial soberano se prepara para assumir a figura de um "governo dos homens", a Igreja, deixando de lado as preocupações escatológicas, identifica cada vez mais sua missão com o governo planetário das almas, não tanto para sua salvação, mas para "a maior glória de Deus". Daí nasce a reação indignada de um filósofo católico do século XX diante desse Deus que não é senão egoísmo, uma espécie de "César eterno", que recorre aos homens apenas "como a um instrumento a fim de mostrar a si mesmo sua glória e sua potência".

א É apenas no contexto da teoria da glória no período barroco que se pode compreender de que maneira mentes habitualmente sóbrias como Malebranche e Leibniz tenham podido pensar a glória de Deus em termos que não parecem diferir do autocomprazimento pela própria perfeição. Malebranche denomina glória "o amor que Deus tem por si próprio" e leva a tal ponto o princípio de que Deus age apenas para sua glória que chega a negar que as razões da encarnação devam ser buscadas unicamente na vontade de redimir a humanidade do pecado. Através da encarnação do Verbo, Deus recebe uma glória "de infinito esplendor", e é "por isso que nego que o pecado tenha sido a causa única da encarnação do Filho de Deus"[70].

Também é pouco edificante a ideia de glória que Leibniz, nas pegadas de Bayle, atribui a Deus em sua *Teodicea*:

> "Deus", disse [Bayle], "ser eterno e necessário, infinitamente bom, sábio e potente, possui desde a eternidade uma glória e uma beatitude que não podem nem crescer nem diminuir". Essa afirmação de Bayle é tanto filosófica quanto teológica. Dizer que Deus possui uma glória quando está só depende do significado que se dá ao termo. Pode-se dizer, como fazem alguns, que a glória é a satisfação que se encontra no conhecimento das próprias perfeições e, nesse sentido, Deus a possui de todos os tempos; mas se a glória significa que outros tomam conhecimento dela, então se

---

[69] Ibidem, p. 539.

[70] Nicola Malebranche, "Entretiens sur la métaphysique, sur la religion et sur la mort", em *Oeuvres* (Paris, Gallimard, 1979), 9, par. 5, p. 831.

240 • O reino e a glória

pode dizer que Deus só a consegue quando se dá a conhecer às criaturas inteligentes, embora seja verdade que Deus não obtém com isso um novo bem, mas são antes as criaturas que se beneficiam quando consideram como se deve a glória de Deus.[71]

É suficiente confrontar essas concepções da glória com o que Espinosa escreve no escólio à proposição 36 do livro quinto da *Ética* para medir o abismo que as separa.

8.13. O título do pequeno tratado de Lessius (*De ultimo fine*) refere-se à condição dos bem-aventurados após o Juízo. Na bem-aventurança paradisíaca, quando a obra da salvação será completada e estiverem desativados "todos os movimentos e os ministérios"[72], nada mais restará aos anjos e aos bem-aventurados senão a contemplação, o amor e a celebração da glória de Deus; nada mais farão do que "contemplar sua infinita beleza, exultar com inefável alegria por sua glória, em perpétuo louvor, bênção e ação de graças"[73].

Um dos lugares eminentes das discussões sobre a glória é precisamente a "glória dos eleitos", ou seja, a condição dos bem-aventurados no paraíso. Esta não implica apenas uma transformação do corpo, que, segundo o ensinamento paulino (ver 1Cor 15,44), torna-se um "corpo glorioso", mas toda criatura racional, com sua inteligência e vontade, deve participar do bem supremo da glória de Deus. A discussão calorosa, que divide os teólogos a partir da primeira Escolástica, tem a ver exatamente com o modo dessa participação. Segundo Tomás e os dominicanos, o elemento que define a beatitude paradisíaca é o intelecto, ou seja, o conhecimento ou "visão beatífica" de Deus. Segundo Boaventura e os franciscanos, o que define a beatitude é, sim, uma operação da vontade, ou seja, o amor.

Em 1951, um jovem teólogo da Universidade de Oxford, Eric L. Mascall, publicou em uma revista francesa que reunia teólogos como Jean Daniélou e intelectuais de várias proveniências (entre eles Maurice de Gandillac e Graham Green) um artigo que retomava a questão da beatitude em uma perspectiva que não poderia deixar de nos interessar aqui. Segundo Mascall, nem o conhecimento nem o amor podem definir de maneira satisfatória o fim supremo do ser humano. Não só o conhecimento é essencialmente

---

[71] Gottfried Wilhelm von Leibniz, *Essais de théodicée* (Paris, Aubier, 1962), 2, 109, p. 171.

[72] Leonardo Lessius, *De perfectionibus moribusque divinis libri 14*, cit., p. 549.

[73] Idem.

egoísta, porque tem a ver sobretudo com nosso gozo de Deus, como no fundo – ao menos na condição pós-juízo – não é útil nem aos homens nem a Deus. Quanto ao amor, nem mesmo ele pode ser realmente desinteressado, porque, conforme lembrava São Bernardo, amar a Deus sem pensar ao mesmo tempo em nossa felicidade é uma impossibilidade psicológica[74].

A única coisa que pode definir o elemento primeiro e essencial de nosso estado beatífico não é nem o amor nem o conhecimento de Deus, mas seu *louvor*. A única razão para amar a Deus é que Ele é digno de louvor. Não o louvamos porque nos faz bem, mesmo que nisso encontremos nosso bem. Não o louvamos porque lhe faz bem, porque de fato nosso louvor não pode beneficiá-lo.[75]

O louvor, que aqui está em questão, é naturalmente e sobretudo doxologia, glorificação.

O louvor é superior tanto ao amor quanto ao conhecimento, embora se possa incluí-los e transformá-los, pois o louvor não tem em vista o interesse, mas apenas a glória [...] Também no culto que prestamos a Deus na terra, o primeiro lugar cabe ao louvor [...] E o que a Escritura deixa vislumbrar do culto celeste mostra sempre o louvor. A visão de Isaías no templo, o canto dos anjos em Belém e a liturgia celeste do capítulo quarto do Apocalipse repetem a mesma coisa: *gloria in excelsis deo...* "Senhor e Deus nosso, sois digno de receber glória, honra e potência".[76]

Voltamos a encontrar aqui todos os elementos da teoria da glória que já nos devem ser familiares. O valor específico da glória, que a constitui como fim último do homem, reside curiosamente no fato de que nem Deus nem, no fundo, os homens têm necessidade dela ou obtêm dela alguma utilidade. Contudo, à diferença do que se vê em Lessius, aqui o louvor não é extrínseco a Deus. "O arquétipo de todo louvor encontra-se no interior da própria Trindade, na eterna resposta filial do verbo a Deus, seu Pai"[77]. Assim, Deus é literalmente feito de louvor e, glorificando-o, os homens são admitidos a participar de sua vida mais íntima. Se for assim, se o louvor que os homens lhe prestam lhe é tão íntimo e consubstancial, então a doxologia talvez seja, de alguma maneira, parte necessária da vida divina. Basílio usava o termo *homotimos* ("da mesma glória") como sinônimo de *homousios*, o termo técnico

---

[74] Eric L. Mascall, "Primauté de la louange", cit., p. 108.

[75] Ibidem, p. 112.

[76] Ibidem, p. 114.

[77] Ibidem, p. 115.

242 • O reino e a glória

que no símbolo niceno designava a consubstancialidade, sugerindo, dessa maneira, uma proximidade entre glória e ser de Deus. Talvez a distinção entre glória interna e glória externa sirva precisamente para encobrir essa intimidade da glorificação com a substância divina. E o que aparece em Deus quando a distinção desaparece é algo que a teologia não quer de modo algum ver, uma nudez que deve cobrir a todo custo com um manto de luz.

8.14. A liturgia católica conhece uma doxologia que traz o curioso nome de *improperia*, isto é, repreensões. Esta aparece pela primeira vez em textos litúrgicos do século IX, mas provavelmente é mais antiga. A particularidade dessa doxologia consiste em que é introduzida por uma antífona em que Deus se dirige a seu povo com repreensões: "*Popule meus, quid feci tibi aut in quo contristavi te? Responde mihi* [Povo meu, o que te fiz, em que te contristei? Responde]". Em outras versões, é o próprio Cristo que apresenta suas lamentações: "*Quid ultra debui facere tibi, et non feci?* [O que mais devia ter feito e não fiz?]". Só então os diáconos respondem do altar, entoando o grande canto de louvor em forma de *trisagion*: "*Agios ho Theos, agios ischyros, agios athanatos, eleēson hēmas*" [Deus santo, Deus forte, Deus imortal, tem misericórdia de nós].

É decisivo aqui que seja o próprio Deus que exija louvor. Na lenda apresentada no menológio grego, Ele não se limita a proferir repreensões, mas provoca um terremoto, que só termina quando o povo e o imperador entoam juntos a doxologia: "*Sanctus Deus, sanctus fortis, sanctus et immortalis, miserere nobis*" [Deus santo, santo forte, santo e imortal, tem piedade de nós]. A teoria de Lessius, que sugeria que o objetivo do agir divino só pode ser a glorificação, encontra aqui uma confirmação pontual. Não só, segundo a anáfora da liturgia de Basílio, "é coisa verdadeiramente digna, justa e conveniente à grandeza de tua santidade louvar-te, cantar-te, bendizer-te, adorar-te, dar-te graças, glorificar-te", como Deus parece ter necessidade desse louvor e dessa adoração, a ponto de pedir também aos homens a aclamação "três vezes santa" (*trisagios phonè*) com que os serafins o cantam nos céus. Se, como recita a liturgia de João Crisóstomo, a potência do Senhor é incomparável e irrepresentável (*aneikastos*) e sua glória vai além de toda compreensão (*akatalēptos*), por que enunciá-la e representá-la repetidamente nas doxologias? Por que chamá-lo de "soberano" (*despotēs*), por que invocar as "multidões e os exércitos" (*tagmata kai stratias*) dos anjos e dos arcanjos para "o serviço de sua glória" (*leitourgian tēs doxēs*)? A resposta, que na forma de uma aclamação do tipo *axios* escande monotonamente as anáforas *hoti prepei soi pasa doxa*

Arqueologia da glória • 243

("porque a ti pertence toda glória"), leva a pensar que o *prepei* ("convém, condiz") esconde uma necessidade mais íntima e que a aclamação tem um sentido e um valor que nos foge e que talvez valha a pena indagar.

8.15. Na Igreja ocidental, o canto de glória por excelência, a *doxologia maxima*, é o *Te Deum*, que a tradição manuscrita faz remontar – aparentemente sem nenhum fundamento – a Ambrósio e Agostinho. Os historiadores da liturgia, que durante muito tempo discutiram o autor, a época e a origem, estão mais ou menos de acordo em reconhecer nele a presença de três partes, reunidas a certa altura para perfazer os 29 versículos: a primeira (versículos 1-13), mais antiga, é um hino à Trindade, composta provavelmente antes do Concílio de Niceia; a segunda (versículos 14-21), inteiramente cristológica, talvez seja mais recente, pois parece testemunhar polêmicas antiarianas; e a última (versículos 22-29) conclui o louvor com uma série de citações extraídas dos Salmos.

O que os estudiosos, inteiramente preocupados, como sempre, com questões de cronologia e de autoria, omitem é o que parece mais evidente, para além de qualquer dúvida: seja qual for sua origem, o *Te Deum* é constituído do início ao fim de uma série de aclamações, em que os elementos trinitários e cristológicos estão inseridos em um contexto doxológico e laudatório substancialmente uniforme. Os versículos 1-10 não parecem ter outro objetivo senão garantir à divindade o louvor e a glória que o circunda de toda parte, na terra como no céu, no passado como no presente:

> *Te Deum laudamus te Dominum confitemur*
>
> *Te aeternum patrem omnis terra veneratur*
>
> *Tibi omnes angeli Tibi caeli et universae potestates*
>
> *Tibi Cherubim et Seraphim incessabili voce proclamant*
>
> *Sanctus sanctus sanctus Dominus Deus Sabaoth*
>
> *Pleni sunt caeli et terra maiestatis gloriae tuae*
>
> *Te gloriosum apostolorum chorus*
>
> *Te prophetarum laudabilis numerus*
>
> *Te martyrum candidatus laudat exercitus*
>
> *Te per orbem terrarum sancta confitetur Ecclesia.**

---

\* "A ti, Deus, louvamos, a ti proclamamos Senhor/ Ó eterno Pai, toda a terra te adora/ A ti cantam os anjos e todas as potestades celestes/ A ti os querubins e os serafins proclamam sem cessar/ Santo, santo, santo, Senhor, Deus dos exércitos/ Os céus e a terra estão cheios de tua glória/ A ti o coro dos gloriosos apóstolos/ A ti a multidão

244 • O reino e a glória

A menção das pessoas da Trindade, que vem logo depois dessa meticulosa enumeração dos nomes e das funções dos glorificantes, parece querer sobretudo especificar a quem o louvor é dirigido, reiterando-o na forma de uma caracterização doxológica: "*Patrem immensae maiestatis/ Venerandum tuum verum et unicum Filium/ Sanctum quoque paraclytum Spiritum*"\*.

Nos versículos cristológicos, que certamente contêm elementos doutrinais (por exemplo, na fórmula *hominem suscipere* [assumir ser um homem]), Cristo é invocado sobretudo em termos escatológicos como "rei da glória", e é como tal que os fiéis que o glorificam pedem em troca poder participar de sua glória eterna:

*Tu rex gloriae Christe*

*Tu patris sempiternus es filius*

*Tu ad liberandum suscepisti hominem non horruisti virginis uterum*

*Tu devicto mortis aculeo aperuisti credentibus regna caelorum*

*Tu ad dexteram Dei sedes in gloria patris*

*Iudex crederis esse venturus*

*Te ergo quaesumus tuis famulis subveni quos pretioso sanguine redimisti*

*Aeterna fac cum sanctis tuis in gloria numerari.*\*\*

Nas antífonas conclusivas, dentre as citações bíblicas sobressaem aquelas que asseguram que o serviço de glória será eterno e incessante, dia após dia, era após era: "*Per singulos dies benedicinus te/ Et laudamus nomen tuum in saeculum et in saeculi saeculum*" [Todos os dias te bendizemos/ E louvamos teu nome eternamente, pelos séculos dos séculos].

Ainda mais evidente é a estrutura aclamativa da outra grande doxologia, o *Gloria*, que os documentos mais antigos, assim como as *Constituições dos Apóstolos*, de 380 d. C., vinculam à liturgia matinal. Aqui o texto nada mais

---

admirável dos profetas/ A ti a cândida legião dos mártires louva/ A ti aclama a Igreja espalhada pelo orbe terrestre." (N. T.)

\* "Pai de imensa majestade/ Filho único e verdadeiro, digno de adoração/ Espírito Santo e consolador." (N. T.)

\*\* "Tu és o rei da glória, Cristo/ Tu és o filho sempiterno do Pai/ Tu, para libertar o homem, assumiste ser humano sem desdenhar o útero da Virgem/ Tu, rompidas as cadeias da morte, abriste aos que creem o reino do céu/ Tu estás sentado à direita de Deus na glória do Pai/ E como juiz cremos que voltarás/ Te rogamos, portanto, que venhas em ajuda de teus servos, a quem remiste com o sangue precioso/ Faz que na glória eterna sejamos enumerados com teus santos." (N. T.)

é que um ininterrupto *collage* de aclamações de todo tipo (louvor, bênção, agradecimento, súplica):

> *Gloria in excelsis Deo*
> *et in terra pax*
> *hominibus bonae voluntatis*
> *Laudamus te*
> *benedicimus te*
> *adoramus te*
> *glorificamus te*
> *gratias agimus tibi*
> *propter magnam gloriam tuam*
> *Domine Deus rex caelestis*
> *Deus pater omnipotens*
> *Domine Fili unigenite Jesu Christe*
> *Cum Sancto Spiritu*
> *Domine Deus agnus Dei*
> *Filius patris, qui tollis peccata mundi*
> *Miserere nobis...*\*

Peterson, Alföldi e Kantorowicz mostraram, conforme vimos, que as aclamações litúrgicas têm muitas vezes origem profana e as fórmulas da liturgia da glória derivam das aclamações dos cerimoniais imperiais. No entanto, é provável que o intercâmbio tenha ocorrido nos dois sentidos. Sabemos, por exemplo, que tanto o *Te Deum* quanto o *Gloria* tiveram um uso extralitúrgico: o primeiro nos campos de batalha (em Las Navas de Tolosa, em 1212, e em Liège, em 1213) e o segundo quando o corpo do mártir Mallosus foi encontrado e o papa Leão III chegou à corte de Carlos Magno. Em todos esses casos, tratava-se – como ocorre frequentemente com as aclamações – de uma explosão improvisada de triunfo ou júbilo. No entanto, como explicar, para além da relação entre cerimoniais profanos e religiosos, a presença maciça das aclamações na liturgia cristã? Por que Deus

---

\* "Glória a Deus nas alturas/ E na terra paz/ Aos homens de boa vontade/ Te louvamos/ Te bendizemos/ Te adoramos/ Te glorificamos/ Te damos graças/ Por tua imensa glória/ Senhor Deus, rei celeste/ Deus Pai onipotente/ Senhor Filho unigênito, Jesus Cristo/ Com o Espírito Santo/ Senhor Deus, cordeiro de Deus/ Filho do Pai, que tiras os pecados do mundo/ Tem piedade de nós." (N. T.)

246 • O reino e a glória

devia ser louvado sem cessar, embora os teólogos (ao menos até determinado momento) não cansassem de assegurar que Ele não tinha nenhuma necessidade disso? A distinção entre glória externa e interna, que se contrapõem uma à outra, constitui realmente uma explicação suficiente? Ou não revela, pelo contrário, a tentativa de explicar o inexplicável, de esconder o que seria embaraçoso demais deixar sem explicação?

8.16. A inacabada tese de doutorado de Marcel Mauss sobre a oração, publicada só em 1968, foi definida, com razão, como "um dos trabalhos mais importantes"[78] que o grande antropólogo francês nos legou. Mauss começa assinalando – e sua observação de 1909 lembra curiosamente considerações análogas de Kantorowicz a respeito da situação dos estudos sobre a liturgia quase quarenta anos depois – a pobreza singular da literatura científica sobre um fenômeno tão importante. Os filólogos, acostumados a analisar mais o significado das palavras do que sua eficácia, mantinham-se distantes do caráter indubitavelmente ritual da oração; os antropólogos, preocupados apenas com o estudo das culturas primitivas, menosprezavam o que lhes parecia um produto tardio da evolução das religiões. Assim, mais uma vez, o assunto foi deixado para teólogos e filósofos da religião, cujas teorias estão, por motivos óbvios, "muito longe de satisfazer as exigências científicas"[79].

A tese de Mauss interrompe-se bruscamente na página 175, justamente quando presumimos que iria tirar as últimas consequências da análise dos ritos orais de uma população australiana, os arandas, que ele havia escolhido como *terrain de recherche*; mas, tanto nas páginas precedentes quanto em uma série de artigos mais ou menos do mesmo período, ele não deixa dúvidas a respeito das hipóteses que dirigem sua investigação. A oração, mesmo quando tem a forma de louvor ou hosana, é, antes de mais nada, um rito oral e, portanto, como todo rito, um "ato eficaz" que diz respeito às coisas sagradas e age sobre elas. Como tal, ela é:

> dotada de uma eficácia *sui generis*, pois as palavras da oração podem causar os fenômenos mais extraordinários. Os rabinos dos primeiros tempos podiam, ao pronunciar no momento oportuno uma *berakah*, transformar a água em fogo, assim como os soberanos indianos podiam, por meio dos *mantra* rituais, transformar os brâmanes maus em insetos que devoravam as cidades.

---

[78] Marcel Mauss, "La prière", em *Oeuvres* (Paris, Minuit, 1968, v. 1), p. 356.

[79] Ibidem, p. 371.

Também quando toda eficácia parece desaparecer da oração que se tornou puro ato de adoração, quando todo poder parece já reservado a um deus, como acontece na oração católica, judaica ou islâmica, ela ainda continua eficaz, pois incita o deus a agir nessa ou naquela direção.[80]

Nem sempre é fácil, nessa perspectiva, fazer distinção entre magia e religião: "Entre os feitiços e as orações, como, em geral, entre os ritos mágicos e os religiosos, há uma espécie de gradação"[81]. Contudo, Mauss distingue os ritos mágicos em relação aos religiosos, porque, enquanto os primeiros parecem dotados de um poder que lhes é imanente, os segundos só produzem seus efeitos graças à intervenção de potências divinas, que existem fora do rito. "O índio cumpre um rito mágico quando, no momento de partir para a caçada, se considera capaz de parar o sol, colocando uma pedra a certa altura de uma árvore; por sua vez, Josué executava um rito religioso quando, para parar o sol, invocava a onipotência de YHWH"[82]. E enquanto nos feitiços e nos ritos mágicos o objetivo do ato não é a influência exercida sobre os seres sagrados, mas o efeito imediato sobre a realidade, a oração é, "ao contrário, um modo de agir sobre os seres sagrados, são eles que ela pretende influenciar, é sobre eles que produz suas modificações"[83]. A oração – é esta a primeira definição que Mauss registra antes de passar para a investigação de campo – "é um rito religioso, oral, que age diretamente sobre os seres sagrados"[84].

Uma obra que havia exercido influência relevante sobre o pensamento de Mauss, em especial sobre sua concepção dos ritos religiosos, foi *La doctrine du sacrifice dans les Brâhmanas* [A doutrina do sacrifício entre os brâmanes], de 1899, a respeito da qual ele escreveu uma resenha um ano depois de publicada. O autor, Sylvain Levi, que havia sido seu professor de indologia em Paris, procura mostrar que a religião brâmane mais antiga "não tinha nenhum caráter moral" e que o sacrifício é definido essencialmente por seus efeitos materiais: "Este reside integralmente no ato e termina com ele, e todo ele consiste na escrupulosa observação dos ritos"[85]. O resultado

---

[80] Ibidem, p. 410.

[81] Ibidem, p. 411.

[82] Ibidem, p. 407.

[83] Ibidem, p. 414.

[84] Idem.

[85] Ibidem, p. 353.

248 • O reino e a glória

mais surpreendente da investigação de Levi, porém, é que o sacrifício indiano não é simplesmente, como todo rito, um ato eficaz: ele não se limita a influenciar os deuses, mas cria-os:

> Segundo os teólogos do período védico, os deuses, assim como os demônios, nasceram do sacrifício. Foi graças a ele que subiram aos céus, assim como ainda sobe o sacrificante. É em torno do sacrifício que se reúnem, são os produtos do sacrifício que dividem entre si e é tal distribuição que determina o modo como dividem o mundo. Além disso, o sacrifício não é apenas o autor dos deuses, mas é ele próprio um deus, aliás, o deus por excelência. É o patrão, o deus indeterminado, infinito, o espírito de que tudo provém, que morre sem cessar e sem cessar renasce.[86]

Tanto o sacrifício quanto a oração nos levam a um confronto com uma dimensão teúrgica em que, mediante o cumprimento de uma série de rituais – mais gestuais, no caso do sacrifício, e mais orais, no caso da oração –, os homens agem sobre os deuses em medida mais ou menos eficaz. Se isso for verdadeiro, a hipótese do primado da glorificação sobre a glória deve ser tomada sob uma nova luz. Talvez a glorificação não seja simplesmente aquilo que melhor condiz com a glória de Deus, mas é ela própria, como rito eficaz, que produz a glória; e se a glória é a própria substância da divindade e o verdadeiro sentido de sua economia, então ela depende da glorificação de maneira essencial e tem, portanto, bons motivos para exigi-la com impropérios e injunções.

א Insistindo com determinação em sua tese sobre o caráter teúrgico da oração, Mauss retomava uma ideia que Émile Durkheim – com quem tinha estreitas relações tanto intelectuais quanto de parentesco – havia enunciado nas *Formas elementares da vida religiosa*. Durkheim escreve:

> Deve-se evitar de acreditar, como faz Smith, que o culto tenha sido instituído exclusivamente para a utilidade dos homens e que os deuses não saibam o que fazer com ela: eles não têm menos necessidade dele que seus fiéis. De fato, os homens não poderiam viver sem os deuses. Contudo, também é verdade que os deuses morreriam se não recebessem seu culto. Por isso, o culto não tem só por objetivo estabelecer a comunicação dos sujeitos profanos com os seres sacros, mas também manter vivos estes últimos, recriá-los e regenerá-los incessantemente.[87]

---

[86] Idem.

[87] Émile Durkheim, *Les formes élémentaires de la vie religieuse: le système totémique en Australie* (Paris, Alcan, 1912), p. 494. [Ed. bras.: *As formas elementares da vida religiosa*, São Paulo, Martins Fontes, 2003.]

8.17. A ideia de que existe uma íntima relação entre os comportamentos humanos e, em particular, os ritos orais e a glória de Deus está presente tanto na literatura rabínica quanto na cabala. Charles Mopsik dedicou a esse tema um estudo exemplar, cujo subtítulo afirma de maneira significativa: *Les rites qui font Dieu*, "os ritos que fazem Deus". Já se sabia que a cabala continha elementos teúrgicos; no entanto, Mopsik não só mostra, pela análise de uma quantidade impressionante de textos, que se trata de um motivo absolutamente central, mas que temas semelhantes já estão presentes de maneira consolidada na literatura rabínica dos primeiros séculos. Nesse caso, ao lado de textos que repetem o princípio que já se tornou familiar a nós pela tradição cristã, segundo o qual a observância do culto "não beneficia nem prejudica Deus", acham-se numerosos testemunhos que vão em sentido decididamente contrário. Já em *Midrash Lamentazioni Rabbah* [*Lamentações Midrash Rabbah*], podemos ler:

> quando os israelitas fazem a vontade do Santo, bendito seja ele, aumentam a força da Potência no alto, conforme está escrito: "Agora, pois, rogo-te que a força de YHWH aumente" (Nm 14,17). E quando não fazem a vontade do Santo, bendito seja ele, enfraquecem a força no alto e, dessa maneira, também caminham sem forças frente àquele que os persegue.[88]

Segundo outras fontes rabínicas, as orações e os louvores possuem o poder singular de coroar YHWH com um diadema real, que o arcanjo Sandalfon tece para Ele invocando seu nome durante o que parece ser uma verdadeira cerimônia de coroação em que Deus, como recita um *midrash*, "vê-se obrigado a receber uma coroa de seus servidores"; Mopsik, porém, acerta ao mostrar que a própria realeza de YHWH, nesse caso, parece depender de certo modo das orações dos justos[89].

Na cabala, essa concepção teúrgica alcança seu ápice. Uma relação direta entre o culto e a glória, identificada com a *sefirah* Malkut (o Reino), está no centro do pensamento tanto de Shem Tov ben Shem Tov quanto de Me'ir ibn Gabba'i, um cabalista espanhol que dedicou a essa relação sua obra principal, *O livro do culto sagrado*, de 1531. Retomando o texto da Midrash sobre as Lamentações, Shem Tov desenvolve a ideia de que as práticas rituais provocam um "extravasamento" do mundo celeste para o terrestre:

---

[88] Citado em Charles Mopsik, *Les grandes textes de la cabale: les rites qui font Dieu* (s. l., Verdier, 1993), p. 53.

[89] Ibidem, p. 58.

250 • O reino e a glória

As formas do mundo inferior fundam, de fato, sua raiz nas realidades superiores, pois o homem é uma árvore invertida, cujas raízes estão no alto; se o homem se unir à Glória do Nome, se santificar e se concentrar, poderá provocar um extravasamento na glória superior, exatamente como quando se acende um fogo ou uma lâmpada para iluminar a casa. Contudo, se o homem descuidar do culto divino e se deixar de ter esperança nele, isso causa a reabsorção da luz divina que irradiava sobre os seres debaixo.[90]

Ibn Gabba'i, por sua vez, alterando uma expressão rabínica que significa "para as necessidades do templo", chega a formular um verdadeiro teorema teúrgico na forma: "O culto é uma 'necessidade do Altíssimo'"[91]. Com uma metáfora musical audaciosa, a relação entre o culto e a glória é comparada àquela entre dois instrumentos musicais afinados segundo o mesmo diapasão, "pelo qual, ao fazer vibrar uma corda em um deles, se provoca uma vibração correspondente no outro"[92].

Nos grandes textos da cabala medieval, a afirmação do caráter teúrgico do culto gira em torno da interpretação de Sl 119,126, em que um versículo que pode significar "é tempo de agir para Deus" acaba interpretado como se significasse "é tempo de fazer Deus"[93]. Frente às consequências extremas dessa exegese, os estudiosos perguntaram-se como, justamente no interior de uma religião que não se cansava de denunciar a inutilidade dos deuses pagãos, fabricados pelos homens, tenha podido ser enunciada uma tese tão radical, que, em última análise, implicava que o homem era, por assim dizer, "o criador do criador" – ou, ao menos, aquele que o conserva no ser e sem cessar o "repara". E, no entanto, ela se encontra formulada na tríplice declinação "fazer o Nome", "fazer o sábado" e "fazer Deus", para além de qualquer dúvida possível, tanto nos cabalistas de Gerona e no *Zohar* quanto na cabala posterior à expulsão da Espanha: "Aquele que observa o mandamento embaixo o afirma e o faz no alto"[94].

Fazer não significa aqui, necessariamente, criar *ex novo*; a ideia é antes que, sem as práticas rituais, o pleroma divino perde sua força e decai e que, portanto, Deus tem necessidade de ser continuamente restaurado e reparado

---

[90] Ibidem, p. 260.

[91] Ibidem, p. 365.

[92] Ibidem, p. 367.

[93] Ibidem, p. 371.

[94] Ezra de Gerona, em ibidem, p. 558.

Arqueologia da glória • 251

pela piedade dos homens, assim como é enfraquecido pela impiedade dos mesmos. Seguindo a estreita vinculação entre culto e glória que já assinalamos, os cabalistas falam de uma "restauração da glória":

> Fazendo os mandamentos embaixo, os faz no alto e desperta seu arquétipo de maneira a restaurar a Glória superior [...] Trata-se da restauração da Glória, segredo do Nome glorioso [...] O justo embaixo desperta o justo no alto e juntos restauram e fazem a Glória superior e aumentam e intensificam sua energia...[95]

Essa concepção é tão sólida, difundida e coerente que, no final de sua investigação, Mopsik, evocando a tese de Durkheim sobre a necessidade divina de culto, sugere discretamente a hipótese de que este possa ter sido influenciado pela cabala: "Durkheim, que era filho de rabino, começou seus estudos na escola rabínica de Paris. Deixemos aos historiadores da sociologia a tarefa de tirar, se possível, conclusões daí"[96].

8.18. Não era nossa intenção formular hipóteses sobre a origem teúrgica das doxologias e das aclamações, ou mesmo enunciar mitologemas científicos sobre a gênese da glória. Conforme constatamos, sociólogos, antropólogos e historiadores das religiões já enfrentaram em parte o problema de forma eficaz. Para nós, trata-se sobretudo – e este era o sentido da arqueologia da glória que aqui esboçamos – de tentar mais uma vez compreender o funcionamento da máquina governamental, cuja estrutura bipolar procuramos definir no decurso desta investigação. A análise da teologia da glória é apenas a sombra que nossa interrogação a respeito da estrutura do poder lança sobre o passado. Naturalmente, não podemos deixar de nos interessar pelo fato de que doxologias e aclamações estejam voltadas, em última instância, para a produção e o acréscimo da glória. Não é preciso compartilhar da tese schmittiana sobre a secularização para afirmar que os problemas políticos se tornam mais inteligíveis e claros se forem relacionados com os paradigmas teológicos. Aliás, procuramos mostrar que isso acontece porque doxologias e aclamações são de certo modo um limiar de indiferença entre a política e a teologia. E, assim como as doxologias litúrgicas produzem e reforçam a glória de Deus, as aclamações profanas não são um ornamento do poder político, mas o fundam e justificam. E assim como trindade imanente e trindade

---

[95]  Gabba'i, em ibidem, p. 602.

[96]  Ibidem, p. 648.

252 • O reino e a glória

econômica, *theologia* e *oikonomia*, constituem no paradigma providencial uma máquina bipolar, de cuja distinção e correlação resulta o governo divino do mundo, assim também Reino e Governo constituem os dois elementos ou as duas faces da mesma máquina do poder.

Contudo, mais do que registrar tais correspondências, interessa-nos compreender sua função. De que maneira a liturgia "faz" o poder? E se a máquina governamental é dupla (Reino e Governo), que função a glória desempenha nela? Para os sociólogos e os antropólogos sempre é possível recorrer à magia, à esfera que, confinando com a racionalidade e precedendo-a imediatamente, permite explicar, em última análise, como um resquício mágico aquilo que não conseguimos compreender a respeito da sociedade em que vivemos. Não acreditamos em um poder mágico das aclamações e da liturgia e estamos convencidos de que nem mesmo os teólogos e os imperadores tenham alguma vez acreditado nisso. Se a glória é tão importante na teologia, é porque permite manter juntas, na máquina governamental, trindade imanente e trindade econômica, o ser de Deus e sua práxis, o Reino e o Governo. Ao definir o Reino e a essência, ela determina também o sentido da economia e do Governo. Permite, portanto, soldar a fratura entre teologia e economia da qual a doutrina trinitária nunca conseguiu dar cabo completamente e que só na figura deslumbrante da glória parece encontrar uma possível conciliação.

8.19. Na liturgia cristã, a aclamação por excelência é o *amen*. Já no uso bíblico, esse termo, que pertence à esfera semântica da estabilidade e da fidelidade, é empregado como aclamação de consenso ou como resposta a uma doxologia (*berakah*) e, mais tarde, na sinagoga, como responsório a uma bênção. Essa função anafórica do *amen* é essencial; deve sempre se referir a uma palavra anterior, que, via de regra, não deve ser pronunciada pela mesma pessoa que diz *amen*. A pronúncia dessa aclamação era tão importante no judaísmo que se lê no Talmude (b Shab. 119b): "Aquele que responde *amen* com toda sua força abre para si as portas do paraíso". O frequente uso paulino no final de uma doxologia (Rm 1,25: "Bendito nos séculos, amém") mantém perfeita coerência com essa tradição, encontrada na liturgia cristã mais antiga, em particular na aclamação no fim da oração eucarística (*omnes respondent: amen* [todos respondem: amém]). E, depois de tudo que vimos sobre a relação específica que une a glória à essência divina, não causará espanto que à pergunta: "O que significa amém?" o Talmude responda: "Deus, o rei fiel" (*el melek ne'eman*) (b Shab. 119b), e que uma identificação semelhante entre divindade e aclamação esteja presente em Ap 3,14, em que Cristo é definido como "o *Amen*, a testemunha fiel" (*ho Amēn, ho martys ho pistos*).

É interessante seguir a história da tradução desse termo, ou melhor, de sua não tradução para o grego e para o latim. A Septuaginta, que o transforma algumas vezes em *genoito* (assim seja) e outras em *alēthōs* (verdadeiramente), em geral o deixa sem traduzir (como em Ne 8,6*: "e todo o povo respondeu e disse *amen*"). O Novo Testamento limita-se na maioria das vezes a transcrevê-lo em caracteres gregos, embora em algumas passagens *alēthōs* e *nai* pareçam pressupor um *amēn*. As traduções latinas do Antigo Testamento, seguindo o *genoito* da Septuaginta, traduzem o *amen* por *fiat* [faça-se].

Agostinho volta várias vezes ao problema da maior ou menor conveniência de traduzir o termo para o latim. Dá-se perfeitamente conta do valor quase jurídico da aclamação, comparada por ele, de modo significativo, aos institutos do direito romano ("*Fratres mei, amen vestrum subscriptio vestra est, consensio vestra est, adstipulatio vestra est*", isto é, "Irmãos meus, vosso amém é vossa assinatura, vosso consenso, vossa adesão como garantes de um contrato")[97], e, no pequeno tratado sobre a tradução contido no *De doctrina christiana*, distingue os dois termos *amen* e *alleluia*, que não são traduzidos, mas poderiam sê-lo, por interjeições como *osanna* e *racha*, que, na medida em que expressam mais um movimento do ânimo do que um conceito, "não podem ser transferidas para o uso de outra língua"[98]. No entanto, observa que o termo *amen* continuou não traduzido "*propter sanctiorem auctoritatem*"[99], para tornar mais sagrada sua autoridade (mais um termo que deriva do léxico do direito). E Isidoro, a respeito das doxologias, retoma a observação de Agostinho, esclarecendo que "não é lícito nem aos gregos, nem aos latinos, nem aos bárbaros transpor essas duas palavras *amen* e *alleluia* para a própria língua"[100].

De fato, há uma tendência constante, tanto nas liturgias profanas quanto nas religiosas, em transformar as aclamações, que na origem também podiam

---

\* A passagem parece ser do livro de Neemias (Ne. 8,6), e não de "2Esr. 18,6", conforme assinala o autor (N. T.)

[97] Agostinho, *Serm.*, fr. 3.

[98] Idem, *De doutrina christiana*, 2, 11, 16. [Ed. bras.: *A doutrina cristã*, São Paulo, Paulus, 2002, Patrística 17.]

[99] Idem.

[100] Isidoro, *Or.*, 6, 19, 20.

254 • O reino e a glória

ser espontâneas, em fórmulas rituais. Vem acompanhada de uma dessemantização dos termos em que a aclamação é expressa, que, como o *amen*, são deixados muitas vezes intencionalmente na língua original. Assim, inúmeros testemunhos mostram que, já no século IV, os fiéis pareciam entender o *amen* simplesmente como uma fórmula que marca o final da oração, e não como uma aclamação que responde a uma doxologia.

Assim como acontece com toda aclamação, mais importante que a compreensão do significado são seu efeito e sua função. O público que, hoje, em uma sala de concerto na França ou nos Estados Unidos, pronuncia a aclamação *bravo* pode desconhecer o significado exato e a gramática do termo italiano (que, aliás, não varia, mesmo que seja dirigido a uma mulher ou a mais pessoas), mas conhece perfeitamente o efeito que a aclamação deve produzir. Ela recompensa o autor ou o virtuose e, ao mesmo tempo, obriga a retornar ao palco. Aliás, quem conhece o mundo do espetáculo defende que os atores precisam tanto do aplauso quanto do alimento. Isso significa que, na esfera das doxologias e das aclamações, o aspecto semântico da linguagem é desativado e, por um instante, os termos usados parecem girar no vazio; e, no entanto, é precisamente daí que tiram sua eficácia peculiar e quase mágica: produzir a glória.

℘ Muitas vezes se observou que, nos Evangelhos, Jesus usa o *amen* de uma maneira que não encontra similar nem no Antigo Testamento nem na literatura rabínica, ou seja, não como responsório, mas no início das afirmações, em expressões do tipo: "*Amēn amēn legō ymin*" (traduzido na Vulgata por "*Amen amen dico vobis*" [Amém amém vos digo]). É possível vislumbrar nesse uso particular algo como uma inversão messiânica consciente da aclamação em afirmação, da doxologia que aprova e repete em posição que, ao menos aparentemente, inova e transgride.

8.20. Entre os manuscritos que Mauss deixou incompletos ao morrer, acha-se um estudo sobre a noção de nutriente (*anna*) nos Brâmanas, a parte teológica dos Vedas. Entre as noções (ao mesmo tempo "curiosamente abstratas e surpreendentemente grosseiras"[101]) inventadas pelos brâmanes do período védico, a de nutrimento tem, segundo Mauss, um papel primordial. Já no Rigveda, um dos objetivos principais do sacrifício é obter o nutrimento, o sumo e a força contidos nos alimentos; e, entre os deuses, há dois que têm

---

[101] A citação refere-se à transcrição do manuscrito que me foi gentilmente oferecida por Claudio Rugafiori, p. 1.

como atributo principal precisamente o nutrir-se: "Agni, o deus do fogo, que se nutre de combustível, e Indra, o deus bebedor de *soma*, que se nutre do sacrifício dessa ambrosia (*amrita*), essência de imortalidade"[102]. Mas é nos Brâmanas que a doutrina do nutrimento adquire uma consistência teológica e "quase filosófica"[103]. O *anna* já não é mais o nutrimento deste ou daquele deus, mas "o nutrimento em geral, o *anna* em si, o *annadya*, o comestível e a posse do comestível"[104]. O *annadya* torna-se assim uma das qualidades que definem o *kshatra*, o poder geral. E não só o rei, a quem são ofertados os sacrifícios, torna-se "o senhor do nutrimento", como vemos nascer na Índia, pouco a pouco, um verdadeiro "culto do nutrimento", com caráter de culto público, no decurso do qual o nutrimento "se torna objeto de uma espécie de divinização"[105]. O *anna*, despojando-se de suas qualidades materiais, transforma-se no princípio da vida, na força que mantém e aumenta a vida: "quase poderíamos afirmar que o nutrimento é o sopro, o espírito vital"[106]. Enquanto princípio vivente e essência ativa e espiritual, o nutrimento pode ser comum aos homens e aos deuses, e "o próprio sacrifício nada mais é que o nutrimento dos deuses"[107], do qual também os homens participam e extraem nutrimento. E é precisamente ao desenvolver essa ideia de nutrimento que Mauss reconstrói, para além do panteão das pessoas divinas, a formação da ideia de Prajapati, de "uma existência única, cósmica, de um Deus, macho e primogênito, ao mesmo tempo sacrifício e oferenda"[108]. Na última página, pouco antes de o manuscrito se interromper de maneira brusca, ao descrever a função cultual de Prajapati, Mauss parece evocar de caso pensado, mas sem nunca o nomear, o sacrifício cristão: o corpo de Prajapati é "a matéria da refeição universal [...] a hóstia suprema de que vive todo este mundo", o deus-nutrimento que, ao dizer "não existe outro nutrimento senão eu", entrega-se em sacrifício pela vida de suas criaturas[109].

---

[102] Ibidem, p. 3-4.

[103] Ibidem, p. 18.

[104] Ibidem, p. 8.

[105] Ibidem, p. 14.

[106] Ibidem, p. 20.

[107] Ibidem, p. 24.

[108] Ibidem, p. 28.

[109] Ibidem, p. 29.

256 • O reino e a glória

"A essência divina", conclui Mauss, "era, portanto, desse ponto de vista, um alimento, o próprio alimento. O Deus era a comida"[110].

Entre os papéis que se referem ao estudo inacabado sobre o nutrimento nos Brâmanas encontra-se um breve artigo em que a teoria do *anna* é desenvolvida de maneira inesperada: *Anna-Viraj*. A *viraj* é uma forma métrica védica composta de três peças de dez sílabas (o título poderia ser lido, portanto, como "o hino-nutrimento"). Os Brâmanas reconhecem nessa forma métrica uma virtude nutritiva essencial e específica. "A ideia dos brâmanes era compor, com uma coletânea de hinos e cantos, um ser vivo, pássaro, animal ou homem do sexo masculino, e oferecer esse supremo alimento místico ao deus que come e cria o mundo."[111] É decisivo saber aqui que o hino, a *viraj*, não produz simplesmente o nutrimento, mas *é* em si mesmo nutrimento. Por isso, para assegurar a qualquer preço a presença do nutrimento, eles recorrem nos ritos a mantras compostos com essa métrica e, na falta de algum, transpõem prosodicamente versos e fórmulas para a forma de *viraj*. "Pausas arbitrárias depois de cada dez sílabas, interrupções com gritos musicais repetidos dez vezes e toda espécie de expedientes bárbaros ou refinados são usadas para obrigar, no leito de Procusto da *viraj*, cantos destinados a ser cantados de outras formas"[112]. A vinculação entre a forma métrica e seu caráter nutritivo é tão essencial que os teólogos brâmanes afirmam, sem reserva alguma, que, se cantam o hino na forma da *viraj*, "é porque a *viraj* tem dez sílabas, porque a *viraj* é nutrimento"[113]. Trata-se de uma vinculação tão íntima que Mauss, no escrito inacabado sobre a noção de nutrimento, parece sugerir que as especulações sobre o *anna*-nutrimento poderiam nos levar a compreender o sentido da estrutura prosódica dos Vedas:

> Esses hinos, cantos, metros, essas coisas expressas através de números, esses números, esses gestos ritmados, palavras eufemísticas, gritos que significam o nutrimento e estão dispostos, em relação aos outros, como o alimento está disposto no corpo ou próximo dele, tudo isso faz parte de um sistema cuja explicação só pode ser encontrada quando tivermos feito a história das ideias e dos símbolos relativos ao nutrimento.[114]

---

[110] Idem.

[111] Idem, "Anna-Viraj", em *Oeuvres* (Paris, Minuit, 1974, v. 2), p. 594.

[112] Ibidem, p. 595.

[113] Ibidem, p. 597.

[114] A citação refere-se à transcrição do manuscrito que me foi gentilmente oferecida por Claudio Rugafiori, p. 15-6.

Na teologia dos Brâmanas, os deuses nutrem-se de hinos e os homens, que entoam ritualmente a *viraj*, provendo assim ao nutrimento deles (e, de modo indireto, a si mesmos). Isso permite-nos, talvez, projetar uma luz inesperada sobre a essência da liturgia. Assim como no sacrifício eucarístico o deus que se oferece como alimento para os homens só pode fazê-lo no contexto de um cânone doxológico, assim também nos Brâmanas a forma métrica do hino deve ser ritualmente fixada para que constitua o nutrimento do deus. E vice-versa.

8.21. Que o fim último da palavra seja a celebração é um tema recorrente na tradição poética do Ocidente. E, nela, a forma específica da celebração é o hino. O termo grego *hymnos* deriva da aclamação ritual que se gritava no matrimônio: *hymēn* (muitas vezes seguida de *hymenaios*). Não corresponde a uma forma métrica definida; porém, desde os mais antigos testemunhos nos denominados hinos homéricos, refere-se sobretudo ao canto em honra aos deuses. Em todo caso, esse é seu conteúdo na hinologia cristã, que conheceu um florescimento imponente ao menos a partir do século IV, com Efrém na Síria, Ambrósio, Hilário e Prudêncio entre os latinos, Gregório di Nazianzo e Sinésio na Igreja oriental. Nesse sentido, Isidoro fixa sua definição com uma tríplice caracterização: o louvor, o objeto do louvor (Deus) e o canto:

> *Hymnus est canticus laudantium, quod de Graeco in Latino laus interpretatur, pro eo quod sit carmen laetitiae et laudis. Proprie autem hymni sunt continentes laudem Dei. Si ergo sit laus et non sit Dei, non est hymnus; si sit et laus et Dei laus, et non cantetur, non est hymnus. Si ergo et in laudem Dei dicitur et cantatur, tunc est hymnus.*[115]

A partir do final da Idade Média, a hinologia cristã entra em um processo de irreversível decadência. O *Cântico das criaturas*, de São Francisco, mesmo que não pertença de pleno direito à tradição hinológica, constitui seu último grande exemplo e, ao mesmo tempo, sela seu fim. A poesia moderna, embora com vistosas exceções (sobretudo na poesia alemã e na italiana, com os *Inni sacri* de Manzoni), é em geral mais elegíaca que hínica.

Na poesia do século XX, Rilke é um caso especial. De fato, ele disfarçou uma intenção inconfundivelmente hínica na forma da elegia e da

---

[115] Isidoro, *Or.*, 6, 19, 17. ["O hino é o canto de quem louva, que em grego significa 'louvor', porque é um carme de alegria e louvor. Mas são hinos em sentido próprio os que contêm o louvor a Deus. Se, portanto, há louvor, mas não a Deus, não é hino; se há louvor a Deus, mas não é cantado, não é hino. Se, porém, é em louvor a Deus e também é cantado, só então é hino". (N. T.)]

258 • O reino e a glória

lamentação. E é a essa contaminação, a essa tentativa espúria de aferrar uma forma poética morta, que se deve provavelmente a aura de sacralidade quase litúrgica que envolve desde sempre as *Elegias de Duino*\*. Seu caráter hinológico, em sentido técnico, é evidente desde o primeiro verso, que apela para as hierarquias angélicas ("Quem, se eu gritasse, me ouviria das ordens/ dos anjos?"), ou seja, precisamente para aqueles que devem compartilhar o hino com os homens ("Cantamos a doxologia para compartilhar a 'hinódia'" [*koinōnoi tēs hymnōdias... genōmetha*] com as fileiras angélicas", escreve Cirilo de Jerusalém em suas *Catequeses*[116]). Os anjos continuarão sendo até o fim os interlocutores privilegiados do poeta, aos quais dirige o canto de louvor ("O mundo louva o anjo"[117]) que eles cantam junto com ele ("Que eu [...] cante júbilo e glória aos anjos concordes [*zustimmenden Engeln*], que aderem ao canto"[118]). E nos *Sonetos a Orfeu*\*\*, considerados por Rilke "coessenciais" com as *Elegias* e quase uma espécie de exegese esotérica destas, ele enuncia com clareza a vocação hinológica (ou seja, celebrativa) de sua poesia: "*Rühmen, das ists!*" ("Celebrar, é isso!")[119]. Assim, o oitavo soneto oferece a chave do título elegíaco de seus hinos: o lamento (*Klage*) só pode existir na esfera da celebração ("*Nur im Raum der Rühmung darf die Klage/ gehn...*"[120]), e, na décima elegia, o hino passa com igual necessidade para a esfera do lamento.

Em um projeto de prefácio para a edição das *Elegias* que nunca veio à luz, Furio Jesi – que dedicou estudos exemplares à leitura de Rilke, invertendo a tendência habitual da crítica de entrever nas *Elegias* um conteúdo doutrinal excepcionalmente rico – pergunta-se se tem sentido falar de um "conteúdo". Propõe deixar entre parênteses o conteúdo doutrinal das *Elegias* (que, de resto, é uma espécie de compilação dos lugares-comuns da poesia rilkiana) e lê-las como uma série de ocasiões retóricas para manter o poeta aquém do silêncio. O poeta quer falar, mas o que nele deve falar é o incognoscível.

---

\* São Paulo, Globo, 2001. Ed. bilíngue. (N. E.)

[116] Cirilo, *Cat. m.*, p. 154.

[117] Rainer M. Rilke, *Poesie* (Turim, Einaudi-Gallimard, 1994-1995), 9, 53, p. 96.

[118] Ibidem, 10, 1-2, p. 98.

\*\* Rio de Janeiro, Record, 2002. (N. E.)

[119] Ibidem, 7, 1, p. 116.

[120] Ibidem, 8, 1-2, p. 118.

Arqueologia da glória • 259

[Por isso,] a fala que ressoa não tem nenhum conteúdo: é pura vontade de falar. O conteúdo da voz do segredo que enfim ressoa nada mais é que o fato de que "o segredo fala". Para que isso aconteça, é necessário que as modalidades de fala sejam esvaziadas de qualquer conteúdo, e que o sejam de maneira cabal, para fechar em um ponto toda a atividade passada, todas as palavras pronunciadas. Daí a organização no contexto das *Elegias* da multidão de lugares-comuns rilkianos, até os mais antigos. Mas daí também a necessidade de que exista alguma sede para fazer confluir para ela os conteúdos desses *topoi*, para que nas *Elegias* eles possam ecoar no vazio...[121]

A definição de Jesi das *Elegias* como poesia que nada tem a dizer, como pura "asseveração do núcleo assemântico da palavra"[122] é válida, na realidade, para o hino em geral: define a intenção mais própria de qualquer doxologia. No ponto em que coincide perfeitamente com a glória, o louvor é sem conteúdo, culmina no *amen* que não diz nada, apenas consente e conclui o que já foi dito. E aquilo que as *Elegias* lamentam e, ao mesmo tempo, celebram (segundo o princípio de que o lamento só pode ocorrer na esfera da celebração) é precisamente a irremediável ausência de conteúdo do hino, o girar em falso da língua como forma suprema da glorificação. O hino é a desativação radical da linguagem significante, a palavra que se faz absolutamente inoperante e que, no entanto, mantém-se como tal na forma da liturgia.

א Nos últimos anos de sua produção poética, entre 1800 e 1805, Hölderlin compôs uma série de poesias, muitas vezes fragmentadas e incompletas, que aparecem tradicionalmente sob o nome de "hinos". E são hinos no sentido técnico, pois seu conteúdo tem a ver essencialmente com os deuses e os semideuses (estes, de certo modo, assumem aqui o lugar dos anjos). Contudo, com um deslocamento decisivo, o que os hinos celebram não é a presença dos deuses, mas seu adeus. Os hinos tardios de Hölderlin são, portanto, o inverso simétrico das elegias rilkianas: enquanto estas são hinos disfarçados de elegias, Hölderlin escreve elegias na forma de hinos. Essa sóbria inversão, essa irrupção da elegia em um contexto estranho é visível na métrica, rompendo o ritmo próprio do hino. A fragmentação prosódica particular e feroz que marca os hinos de Hölderlin não passou despercebida pelos críticos. Foi precisamente para sublinhar essa quebra da estrutura sintática que Adorno denominou "Parataxis"* sua leitura da última produção poética de Hölderlin. Norbert von Hellingrath, que em 1913 publicou a primeira edição póstuma

---

[121] Furio Jesi, "Rilke, *Elegie di Duino*: scheda introduttiva", *Cultura tedesca*, n. 12, 1999, p. 118.

[122] Ibidem, p. 120.

\* Em *Notas de literatura*, São Paulo, Duas Cidades/ Editora 34, 2006. (N. E.)

260 • O reino e a glória

filologicamente acurada de Hölderlin, registrou essa fratura prosódica de maneira mais atenta. Toma emprestado da filologia alexandrina, e em especial de Dionísio de Halicarnasso, a distinção poetológica entre *armonia austera* e *armonia glaphyra* (conexão áspera, cujo modelo foi Píndaro, e conexão elegante ou, literalmente, cava, de *glaphy*, "gruta"), traduzindo-a em termos modernos como *harte* e *glatte Fügung*, articulação dura e articulação suave. Em seu comentário à tradução hölderliniana dos fragmentos de Píndaro, escreve:

> Podemos entender essa terminologia grega como articulação dura e articulação suave, e constatar que se efetiva pelo caráter duro ou suave da articulação sintática entre cada um dos elementos nos três estratos paralelos do poema: o ritmo das palavras, o *melos* e o som.[123]

Portanto, o que define a articulação dura não é tanto a parataxe em si mesma, mas o fato de que, nela, cada palavra se isola de seu contexto semântico até constituir uma espécie de unidade autônoma, enquanto, na articulação suave, as imagens e o contexto sintático subordinam a si e, ao mesmo tempo, conectam mais palavras. "A articulação dura faz tudo para exaltar a própria palavra, imprimindo-a no ouvido de quem a escuta e arrancando-a, na medida do possível, do contexto associativo das imagens e dos sentimentos a que pertencia"[124].

Não se poderia caracterizar de maneira mais eficaz a prosódia quebrada e a quase não prosódia dos últimos hinos de Hölderlin. Aqui, cada palavra – às vezes também simples conjunções, como *aber*, "mas" – isola-se e fecha-se com tanto zelo em si mesma que a leitura do verso e da estrofe nada mais é que uma sucessão de escansões e cesuras, em que todo discurso e todo significado parecem fazer-se em pedaços e contrair-se em uma espécie de paralisia, a um só tempo prosódica e semântica. Nesse "*staccato*" do ritmo e do pensamento, o hino exibe a elegia – ou seja, o lamento pela despedida dos deuses, ou melhor, pela impossibilidade do hino – justamente como único conteúdo. Pode ser definida como "hínica" essa tendência áspera da poesia ao isolamento das palavras, que os alexandrinos também chamavam de "estilo solto". Ela se apoia no fato de que toda doxologia está voltada, em última instância, para a celebração do nome, ou seja, para a pronunciação e para a repetição dos nomes divinos. No hino, todos os nomes tendem, assim, a isolar-se e a dessemantizar-se em nomes próprios divinos. Nesse sentido, toda poesia pressupõe o hino – por mais remota que seja a distância que a separa dele – e só é possível contra o fundo ou no horizonte dos nomes divinos. A poesia é, portanto, um campo de tensões percorrido pelas duas correntes da *armonia austera* e da *armonia glaphyra*, e em cujas extremidades polares estão, de um lado, o hino, que celebra o nome, e, de outro, a elegia, ou seja, o lamento pela impossibilidade de proferir os nomes divinos. Despedaçando o hino, Hölderlin despedaça os nomes divinos e, ao mesmo tempo, despede os deuses.

---

[123] Norbert von Hellingrath, *Hölderlin-Vermächtnis. Forschungen und Vorträge: Ein Gedenkbuch zum 14. Dezember 1936* (Munique, Bruckmann, 1936), p. 20-1.

[124] Ibidem, p. 23.

Na poesia moderna, o isolamento hínico da palavra encontrou sua formulação extrema em Mallarmé, que marcou longamente a poesia francesa, conferindo uma intenção hínica genuína a uma inaudita exasperação da *armonia austera*. Esta desarticula e rompe de tal maneira a estrutura métrica do poema que este literalmente explode em um punhado de nomes desligados e disseminados no papel. Isoladas em uma "suspensão vibrátil" em relação ao seu contexto sintático, as palavras, devolvidas ao *status* de *nomina sacra* [nomes sagrados], exibem-se agora, segundo Mallarmé, como "*ce qui ne se dit pas du discours*", como aquilo que na língua resiste com tenacidade ao discurso do sentido. Essa explosão hínica do poema é o *Coup de dés* [golpe de dados]. Nessa doxologia irrecitável, o poeta, com um gesto iniciático e, ao mesmo tempo, epilogador, constituiu a lírica moderna como liturgia ateológica (ou melhor, "teoalógica"), diante da qual a intenção celebrativa da elegia rilkiana aparece decididamente atrasada.

8.22. A relação especial que liga a glória à inoperosidade é um dos temas recorrentes da economia teológica que tentamos reconstruir. Na medida em que nomeia o fim último do homem e a condição que sucede ao Juízo Universal, a glória coincide com a cessação de toda atividade e de toda obra. Ela é o que permanece quando a máquina da *oikonomia* divina se cumpre e as hierarquias e os ministérios angélicos se tornam totalmente inoperosos. Enquanto no inferno ainda funciona algo como uma administração penal, o paraíso não só desconhece governo, como vê cessar também toda escritura, toda leitura, toda teologia e até mesmo toda celebração litúrgica – com exceção da doxologia e do hino de glória. A glória ocupa o lugar da inoperosidade pós-juízo, é o *amen* eterno em que se resolve toda obra e toda palavra humana e divina.

No judaísmo, a inoperosidade como dimensão mais própria tanto de Deus quanto do homem encontrou uma imagem grandiosa no sábado. A festa por excelência dos judeus tem seu fundamento teológico no fato de que é a cessação de toda obra no sétimo dia, e não a obra da criação, que é declarada sagrada (Gn 2,2-3; Ex 20,11). A inoperosidade nomeia assim o que é mais próprio de Deus ("Só a Deus realmente é próprio o ser inoperoso [*anapauesthai*]"[125]; "O sábado, que significa inoperosidade [*anapausis*], é de Deus"[126]), e, ao mesmo tempo, o objeto da espera escatológica ("não entrarão na minha inoperosidade [*eis tēn katapausin mou*]"[127]).

---

[125] PHIL., *Cher.*, 90.

[126] Ibidem, 87.

[127] Sl 95,11

262 • O reino e a glória

Nas epístolas paulinas, em particular naquela endereçada aos Hebreus, o tema escatológico da inoperosidade é introduzido exatamente por um *midrash* sobre o Sl 95,11. Paulo (ou quem quer que seja o autor da epístola) chama de "sabatismo" (*sabbatismos*, Hb 4,9) a inoperosidade e a beatitude que esperam o povo de Deus:

> Tememos que, enquanto permanecer ainda a promessa de ingressar em sua inoperosidade [*katapausis*], alguém de vós seja excluído dela. Também nós, assim como eles, recebemos a boa nova; mas a eles não beneficiou a palavra ouvida, porque não se uniram pela fé aos que a ouviram. Ingressamos na inoperosidade nós, que cremos, como foi dito: "Assim jurei na minha ira: não entrarão na minha inoperosidade", embora as obras estivessem concluídas desde a criação do mundo. Ele disse a respeito do sétimo dia: "E no sétimo dia Deus parou com todas as suas obras". E ainda: "Não entrarão na minha inoperosidade". Dado que alguns entram nela e aqueles que primeiro receberam o anúncio não entraram por causa de sua desobediência, Deus tornou a fixar um dia, hoje, dizendo pela boca de Davi: "Hoje, se ouvirdes minha voz, não endureçais vossos corações". Se Josué os tivesse introduzido na inoperosidade, Deus não teria falado de outro dia. Por isso, resta um sabatismo para o povo de Deus. Aquele que entra em sua inoperosidade, para com todas as suas obras, assim como Deus parou com as suas.[128]

O vínculo que Paulo, ao desenvolver um tema bíblico e rabínico, estabelece entre condição escatológica, sábado e inoperosidade marca profundamente a concepção cristã do Reino. Em seu comentário à Epístola aos Hebreus, João Crisóstomo identifica sem reservas inoperosidade, sabatismo e Reino dos céus: "Paulo não diz só inoperosidade, mas sabatismo, que é um nome próprio, chamando assim de sabatismo o reino"[129]. "O que é a inoperosidade [*katapausis*] senão o reino dos céus [*basileia tōn ouranōn*], cujas imagem e figura [*eikōn kai typos*] é o sábado?"[130] O sabatismo nomeia a glória escatológica, que é, em sua essência, inoperosidade. As *Homilias clementinas*, texto fortemente influenciado por tradições judaico-cristãs, definem o próprio Deus como sábado e como inoperosidade. Em uma passagem teologicamente muito densa, após ter atribuído a Deus o nome "nada" (*to ouden*) e tê-lo aproximado do vazio, o autor escreve: "Esse é o mistério do sábado [*hebdomados mystērion*]; ele é de fato a inoperosidade de todas as

---

[128] Hb 4,1-10.

[129] João Crisóstomo, *Hom. Heb.*, 6, 3, PG, 63.

[130] Ibidem, 6, 1.

coisas [*tōn holōn anapausis*]"[131]. E ainda, no Pseudo-Dionísio, na passagem que já citamos sobre a hinologia, glória, hinódia e inoperosidade são estreitamente vinculadas, e os hinos dos anjos são definidos como "lugares divinos da teárquica inoperosidade [*theioi topoi tēs thearchikēs... katapauseōs*]"[132].

É em Agostinho que essa temática se torna problema, aliás, problema teológico supremo, o do sábado eterno (*"sabbatum non habens vesperam"*, sábado sem ocaso), com o qual finaliza, em uma passagem sublime e ao mesmo tempo atormentada, a *Cidade de Deus*, ou seja, a obra em que realiza sua meditação mais profunda sobre a teologia e a política. O problema é enunciado com clareza em toda a sua simplicidade: "O que farão os bem-aventurados em seus corpos imortais e espirituais? [*Quid acturi sint in corporibus inmortalibus atque spiritualibus sancti?*]"[133]. Agostinho se dá conta de que não se pode falar propriamente nem de "ação" nem de *otium* e que o problema da inoperosidade final das criaturas supera não só a inteligência dos homens, mas também a dos anjos. O que está em questão é "a paz de Deus que, como declara o apóstolo, supera toda inteligência"[134].

Para Agostinho, a visão dessa "paz" é tão difícil de pensar que, por um lado, ele se preocupa em precisar que ela não será apenas intelectual, pois veremos Deus com os sentidos de nosso corpo glorioso, e, por outro, esquece que o que está em questão é precisamente a "paz" e parece julgar que no sábado eterno veremos Deus governar um novo céu e uma nova terra[135]. Logo depois, porém, retorna ao problema decisivo, isto é, a impensável natureza da inoperosidade dos bem-aventurados. Trata-se de um estado que não conhece nem acídia (*desidia*) nem necessidade (*indigentia*), e cujos movimentos, que também são impossíveis de imaginar, estarão de todo modo plenos de glória e decoro[136]. Por essa bem-aventurada inoperosidade, que não é nem um fazer nem um não fazer, ele não encontra expressão mais adequada que um "tornar-se sábado" dos ressuscitados, no qual eles se identificam com Deus:

---

[131] *Hom.*, 17, 10, 1, PG, 2, 9.

[132] Pseudo-Dionísio, *C. H.*, 7, 57, PG, 3, 211.

[133] Agostinho, *Civ.*, 22, 29. [Ed. bras.: *A cidade de Deus*, 12. ed., Petrópolis, Vozes, 2009.]

[134] Idem.

[135] Idem.

[136] Ibidem, 22, 30.

264 • O reino e a glória

Aí se realizará: "Sede inoperosos e vede que eu sou Deus [*vacate et videte quoniam ego sum Deus*]". E será realmente o sábado imenso, que não conhece ocaso [...] Também nós seremos sábado, quando formos saciados com sua bênção e santificação. Aí, inoperosos [*vacantes*], veremos que ele é Deus [...] Então, tornados perfeitos por uma graça mais elevada, seremos eternamente inoperosos [*vacabimus in aeterno*], vendo que é Deus, cheios dele porque Ele será tudo em todos.[137]

Aqui, na balbuciante tentativa de pensar o impensável, Agostinho define a condição final como um sabatismo elevado à potência, um fazer repousar o sábado no sábado, um resolver-se da inoperosidade na inoperosidade:

Então Deus será inoperoso no sábado quando tornar inoperoso em si mesmo aquele mesmo sábado que nós seremos [*cum eundem diem septimum, quod nos erimus, in se ipso Deo faciet requiescere*] [...] e esse será nosso sábado, cujo fim não conhecerá ocaso, mas só o dia do Senhor, quase um eterno oitavo dia [...] Aí seremos inoperosos [*vacabimus*] e veremos, veremos e amaremos, amaremos e louvaremos. Esse será o fim sem fim. Qual será nosso fim, senão alcançar o reino que não tem fim?[138]

Só nessa altura, na plena glória do sábado, em que nada é demais e nada pode faltar, Agostinho pode concluir a obra e pronunciar seu *amen*: "Com a ajuda de Deus, paguei a dívida desta longa obra. Aqueles para quem é pouco ou demasiado que me perdoem; aqueles para quem parece suficiente deem comigo graças a Deus. *Amen*"[139].

8.23. Se a condição pós-juízo coincide com a glória suprema ("*vera ibi gloria erit*"[140]) e se a glória nos séculos dos séculos tem a forma de um sábado eterno, o que resta esclarecer agora é precisamente o sentido dessa intimidade entre glória e sabatismo. No início e no fim do poder mais elevado está, segundo a teologia cristã, uma figura não da ação e do governo, mas da inoperosidade. O mistério inenarrável – que a glória, com sua luz deslumbrante, deve esconder do olhar dos *scrutatores maiestatis* [escrutadores da majestade] – é o da inoperosidade divina, daquilo que Deus faz antes de criar o mundo e depois que o governo providencial do mundo chegou ao seu fim. O que não se pode pensar e não se pode olhar não é o *kabod*, mas a

---

[137] Idem.

[138] Idem.

[139] Idem.

[140] Idem.

Arqueologia da glória • 265

majestade inoperosa que ele vela com a névoa de suas nuvens e o esplendor de suas insígnias. A glória, tanto na teologia quanto na política, é justamente aquilo que toma o lugar daquele vazio impensável que é a inoperosidade do poder; e, no entanto, é precisamente essa indizível vacuidade que nutre e alimenta o poder (ou melhor, o que a máquina do poder transforma em nutrimento). Isso significa que o centro do dispositivo governamental, o limiar em que Reino e Governo se comunicam e se distinguem sem cessar é, na verdade, vazio, é apenas sábado e *katapausis*. No entanto, essa inoperosidade é tão essencial para a máquina que deve ser assumida e mantida a qualquer preço em seu centro na forma de glória.

Na iconografia do poder, tanto profano quanto religioso, essa vacuidade central da glória, essa intimidade entre majestade e inoperosidade, encontrou um símbolo exemplar na *hetoimasia tou thronou*, isto é, na imagem do trono vazio.

A adoração de um trono vazio tem origens antigas e é mencionada nas Upanishad. Na Grécia micênica, o trono encontrado na chamada sala do trono, em Cnossos é, segundo os arqueólogos, um objeto de culto, não um assento destinado ao uso. O relevo da Vila Medici, em Roma, que representa um trono vazio visto de frente e encimado com uma coroa torreada, parece testemunhar um culto do trono relativo aos ritos da Magna Mater[141]. Um culto do trono com fins políticos do qual temos informações em época histórica é o do trono vazio de Alexandre, instituído em 319-312, em Cyinda, por Eumênio, comandante das tropas macedônias na Ásia. Dizendo-se inspirado pelo próprio Alexandre, que teria lhe aparecido em sonho, Eumênio mandou preparar a tenda real e, em seu centro, um trono dourado vazio, sobre o qual apoiou a coroa, o cetro e a espada do monarca morto. Na frente do trono vazio, havia um altar, sobre o qual os oficiais e os soldados espargiam incenso e mirra, antes de executar a *proskynēsis* [prosternação] ritual, como se Alexandre estivesse presente.

O primeiro testemunho desse costume oriental em Roma é a *sella curulis* (o assento que cabia aos magistrados republicanos no exercício de sua função), que o senado atribuía a César para que fosse exposta vazia durante os jogos, enfeitada com uma coroa dourada incrustada de pedras preciosas.

---

[141] Charles Picard, "Le trône vide d'Alexandre dans la cérémonie de Cyunda et le culte du trône vide à travers le monde gréco-romain", *Cahiers archéologiques*, n. 7, 1954, p. 11.

266 • O reino e a glória

Na época dos Augustos, tanto os testemunhos escritos quanto as imagens reproduzidas nas moedas mostram que o assento dourado do *divus Iulius* [divino Júlio] era constantemente exposto durante os jogos. Sabemos que Calígula mandou colocar um trono vazio no Capitólio romano diante do qual os senadores deviam executar a *proskynēsis*. Alföldi reproduz moedas que mostram com clareza que sob Tito e Domiciano as *sellae* vazias dos imperadores, encimadas com uma coroa, haviam se transformado em tronos cultuais muito similares aos *pulvinaria* e aos *lectisternia*, sobre os quais estavam representados os deuses. E Dião Cássio[142] informa que, nos teatros, preparava-se para Cômodo, estivesse presente ou não, um trono dourado com a pele de leão e a clava, símbolos de Hércules.

É, porém, no âmbito cristão, na grandiosa imagem escatológica da *hetoimasia tou thronou* que adorna os arcos triunfais e as absides das basílicas paleocristás e bizantinas, que o significado cultual do trono vazio atinge seu ápice. Assim, o mosaico do arco de Sixto III na Basílica de Santa Maria Maior, em Roma, datado do século V, apresenta um trono vazio incrustado de pedras multicoloridas, no qual estão apoiadas uma almofada e uma cruz; ao lado dele, vemos um leão, uma águia, uma figura humana alada, fragmentos de asas e uma coroa. Na igreja de São Prisco, em Cápua, outro mosaico representa, entre um touro alado e uma águia, o trono vazio, sobre o qual está um rolo fechado por sete selos. Na basílica bizantina da Assunta, em Torcello, a *hetoimasia* no mosaico do Juízo Universal exibe o trono com a cruz, a coroa e o livro secreto, rodeado no alto pelos serafins com as seis asas e nas laterais por duas grandes figuras de anjos. Em Mistra, na igreja de São Demétrio, um afresco do século XIII mostra o trono vazio suspenso no céu, coberto por um manto purpúreo e circundado por seis anjos aclamantes; um pouco acima, em um losango de transparência cristalina, um livro, uma ânfora, um pássaro branco e um touro preto.

Os historiadores costumam interpretar a imagem do trono vazio como símbolo da realeza tanto divina quanto profana. "O valor do trono", escreve Picard, "nunca aparece com tanta força como quando o trono está vazio"[143]. A interpretação, sem dúvida simplista em si mesma, poderia ser desenvolvida no sentido da teoria de Kantorowicz sobre "os dois corpos"

---

[142] Dião Cássio, 72, 17, 4.

[143] Charles Picard, "Le trône vide d'Alexandre", cit., p. 1.

Arqueologia da glória • 267

do rei, sugerindo que o trono, assim como as outras insígnias da realeza, se refere antes à função e à *dignitas* que à pessoa do soberano.

Contudo, uma explicação desse tipo não pode dar conta do trono vazio na *hetoimasia* cristã. Esta deve apelar antes de tudo para seu contexto escatológico, que deriva de Ap 4,1-11. Aqui, o apóstolo uniu de maneira inseparável o paradigma originário de toda doxologia litúrgica cristã a uma visão escatológica que retoma temas das alucinadas profecias de Is 6,1-4 e Ez 1,1-28. De ambas provém a imagem do trono em que, em Isaías, está sentado YHWH, e, em Ezequiel, uma "figura de feições humanas"; em Ezequiel, os quatro "seres vivos", com feições de leão, touro, homem e águia (que desde Ireneu são identificados com os quatro evangelistas), em Isaías, o canto do *trisagion* ("santo, santo, santo é o senhor Deus onipotente"), que aparece aqui pela primeira vez em uma doxologia cristã. É decisivo, porém, que, enquanto no texto apocalíptico esteja sentado sobre o trono um ser anônimo "de aspecto semelhante à pedra de jaspe e à coralina", nas representações da *hetoimasia tou thronou* o trono está totalmente vazio – afora o livro (que no texto "está à direita de quem está sentado"), a coroa e, mais tarde, os símbolos da crucificação.

No grego da Septuaginta, o termo *hetoimasia* aparece referido ao trono de YHWH: "O Senhor preparou no céu seu trono" (Sl 103,19); "justiça e juízo são a *hetoimasia* do teu trono" (Sl 89,15); "pronto [*hetoimos*] desde sempre está teu trono" (Sl 93,2). *Hetoimasia* não significa o ato de aprontar ou preparar algo, mas é o estar pronto do trono. O trono está pronto desde sempre e desde sempre espera a glória do Senhor. Segundo o judaísmo rabínico, o trono da glória é, como vimos, uma das sete coisas que YHWH criou antes da criação do mundo. No mesmo sentido, na teologia cristã o trono está pronto desde a eternidade, porque a glória de Deus é coeterna com ele. *Portanto, o trono vazio não é um símbolo da realeza, mas da glória.* A glória precede a criação do mundo e sobrevive ao seu fim. E o trono está vazio não só porque a glória, mesmo coincidindo com a essência divina, não se identifica com esta, mas também porque ela é, em seu íntimo, inoperosidade e sabatismo. O vazio é a figura soberana da glória.

8.24. O dispositivo da glória encontra na majestade do trono vazio sua cifra perfeita. Seu objetivo é capturar no interior da máquina governamental – para transformá-la no motor secreto desta – aquela impensável inoperosidade que constitui o último mistério da divindade. E a glória é tanto glória objetiva, que exibe a inoperosidade divina, quanto glorificação, em que também a

268 • O reino e a glória

inoperosidade humana celebra seu sábado eterno. O dispositivo teológico da glória coincide aqui com o profano e, segundo a intenção que guiou nossa investigação, podemos recorrer a ele como paradigma epistemológico que nos possibilitará penetrar no arcano central do poder.

Começamos a compreender agora por que doxologia e cerimonial são tão essenciais para o poder. Neles estão em questão a captura e a inscrição em uma esfera separada da inoperosidade central da vida humana. A *oikonomia* do poder põe firmemente em seu centro, na forma de festa e glória, aquilo que aparece diante dos seus olhos como a inoperosidade do homem e de Deus, inoperosidade que não se pode olhar. A vida humana é inoperosa e sem objetivo, mas é justamente essa *argia* e essa ausência de objetivo que tornam possível a operosidade incomparável da espécie humana. O homem se devotou à produção e ao trabalho, porque em sua essência é privado de obra, porque é por excelência um animal sabático. E assim como a máquina da *oikonomia* teológica só pode funcionar se inserir em seu centro um limiar doxológico em que trindade econômica e trindade imanente transitam litúrgica (ou seja, política) e incessantemente de uma para outra, assim também o dispositivo governamental funciona porque capturou em seu centro vazio a inoperosidade da essência humana. Essa inoperosidade é a substância política do Ocidente, o nutrimento glorioso de todo poder. Por isso, festa e ociosidade afloram sem cessar nos sonhos e nas utopias políticas do Ocidente e, da mesma maneira, neles naufragam continuamente. Esses sonhos e utopias são os restos enigmáticos que a máquina econômico-teológica abandona nos campos de batalha da civilização e sobre os quais os homens voltam de tempos em tempos a interrogar-se inútil e nostalgicamente. Nostalgicamente, porque parecem conter algo que pertence ciosamente à essência humana; e inutilmente, porque nada mais são, na realidade, do que resíduos do combustível imaterial e glorioso que o motor da máquina queimou em seu curso irreprimível.

‫א‬ A ideia de uma inoperosidade constitutiva da humanidade como tal foi apresentada brevemente por Aristóteles em uma passagem da *Ética a Nicômacos* (1097b)*. No momento de definir a felicidade como objeto último da ciência política, Aristóteles propõe o problema de qual seria "a obra do homem" (*to ergon tou anthropou*) e evoca a ideia de uma possível inoperosidade da espécie humana:

> Assim como para o flautista, para o escultor e para todo artesão, e em geral para todos os que têm uma obra [*ergon*] e uma atividade [*praxis*], o bom e o

---

\* 4. ed., Brasília, UnB, 2001. (N. E.)

Arqueologia da glória • 269

bem parecem consistir nessa obra, assim deveria ser também para o homem, supondo que haja para ele algo como uma obra. Ou acaso se deve dizer que para o carpinteiro e para o sapateiro há uma obra e uma atividade e não há nenhuma para o homem, porque nasceu sem obra [*argon*]?

A ideia é logo abandonada e a obra do homem passa a ser identificada nessa "operosidade" (*energeia*) particular que é a vida segundo o *logos*. Contudo, a relevância política do tema de uma inoperosidade essencial do homem como tal não fugiu da atenção de Averróis, que faz da potência e não do ato do pensamento a marca específica da espécie humana, nem a Dante, que, no *De monarchia* (1, 3), o coloca no centro de sua doutrina sobre a multidão.

8.25. Talvez possamos agora tentar responder às perguntas que, apesar de nunca terem sido formuladas de maneira explícita, acompanharam desde o início nossa arqueologia da glória. Por que o poder necessita da inoperosidade e da glória? O que há de tão essencial nelas que o poder tenha de inscrevê-las a todo custo no centro vazio de seu dispositivo governamental? De que se nutre o poder? E, além disso, é possível pensar a inoperosidade fora do dispositivo da glória?

Se, ao seguirmos a estratégia epistemológica que orientou nossa investigação, reformularmos as três primeiras perguntas no plano da teologia, a resposta que lhe dão tanto o judaísmo quanto o Novo Testamento é unívoca e concorde: *chayye 'olam, zōē aiōnios*, vida eterna. Esses sintagmas nomeiam, em primeiro lugar, aquilo que cabe aos justos como recompensa no éon futuro. Nesse sentido, *zōē aiōnios* aparece pela primeira vez na Septuaginta como tradução de *chayye ólam* em Dn 12,2, em que se lê que "muitos dos que dormem no pó despertarão, uns para a vida eterna, outros para a vergonha e a infâmia eterna". "Eterno", como é evidente tanto no hebraico *'olam* (que indica o mundo divino e a realidade escatológica) quanto no grego *aiōn* ("o *aión* foi criado antes do céu e do tempo", diz Damasceno), não tem aqui um significado apenas temporal, mas designa uma qualidade especial da vida e, mais especificamente, a transformação que a vida sofre no mundo por vir. O judaísmo helenístico define-a, assim, como "vida verdadeira" (*alēthinē zōē*)[144], "vida incorruptível" (*aphthartos zōē*)[145] ou "vida despreocupada" (*zoē amerimnos*). A tradição rabínica descreve essa vida futura em oposição à vida presente e, ao mesmo tempo, em singular contiguidade

---

[144] PHIL., *Leg.*, 1, 32.
[145] PHIL., *Gig.*, 15; *Fug.*, 59.

270 • O reino e a glória

com ela, ou seja, como uma desativação das funções biológicas e do instinto mau: "No mundo futuro não haverá o comer e o beber, ou mesmo geração e reprodução. Não haverá comércios e tráficos, brigas, inveja e hostilidade; os justos se sentarão com suas coroas sobre a cabeça e se confortarão no esplendor da *shekinah*"[146].

A coroa que os justos trazem sobre a cabeça deriva do diadema que cabe ao *imperator* triunfante e ao atleta como sinal de vitória e expressa a qualidade gloriosa da vida eterna. É esse mesmo símbolo de uma "coroa da glória" (*stephanos tēs doxēs*) ou de uma "coroa da vida" (*stephanos tēs zōēs*) que no Novo Testamento se torna um termo técnico para designar a glória dos bem-aventurados: "Sê fiel até a morte e te darei a coroa da vida" (Ap 2,10), "recebereis a coroa da glória que não fenece" (1Pd 5,4), "receberá a coroa da vida" (Tg 1,12).

Paulo recorre algumas vezes a esse símbolo a fim de descrever a condição escatológica dos justos, comparados aos atletas que correm em uma competição ("Eles receberão a coroa que fenece, nós, uma coroa incorruptível", em 1Cor 9,25; "Combati o bom combate, completei a corrida, conservei a fé. Aguarda-me a coroa da justiça que naquele dia me dará o Senhor", em 2Tm 4,7-8). No entanto, o tema da vida eterna não indica para ele somente uma condição futura, mas a qualidade especial da vida no tempo messiânico (*ho nyn kairos*, o tempo de agora), ou seja, a vida em Jesus messias ("a vida eterna através de Jesus messias, nosso Senhor", em Rm 5,21). Essa vida é marcada por um senso especial de inoperosidade que de certa maneira antecipa no presente o sabatismo do Reino: o *hōs mē*, o "como se não". Assim como o Messias cumpriu e, ao mesmo tempo, tornou inoperosa a lei (o verbo que Paulo utiliza para exprimir a relação entre o Messias e a lei – *katargein* – significa literalmente "tornar *argos*", inoperoso), assim também o *hōs mē* conserva e, ao mesmo tempo, desativa no tempo presente todas as condições jurídicas e todos os comportamentos sociais dos membros da comunidade messiânica:

> Isto então vos digo, irmãos: o tempo se contraiu; o que resta é que os casados sejam como se não [*hōs mē*] fossem casados, os que choram como se não chorassem, os que se alegram como se não se alegrassem, os que compram como se não possuíssem e os que usam o mundo como se não usassem. De fato, a figura deste mundo passa.[147]

---

[146] Talmude, b Ber. 17a.

[147] 1Cor 7,29-32.

Sob o signo do "como se não", a vida não pode coincidir com ela mesma e divide-se em uma vida que vivemos (*vitam quam vivimus*, o conjunto dos fatos e dos acontecimentos que definem nossa biografia) e uma vida para que e em que vivemos (*vita qua vivimus*, o que torna a vida vivível e dá a ela um sentido e uma forma). Viver no Messias significa justamente anular e tornar inoperosa em cada instante e em cada aspecto a vida que vivemos, fazer aparecer nela a vida pela qual vivemos, que Paulo chama de a "vida de Jesus" ("*zōē tou Iesou*", *zōē* e não *bios*!): "Porque nós, os seres vivos, estamos sempre entregues à morte por causa de Jesus, para que também a vida de Jesus se manifeste em nossa carne" (2Cor 4,11). A vida messiânica é a impossibilidade da vida de coincidir com uma forma predeterminada, a revogação de todo *bios* para abri-lo para a *zōē tou Iesou*. E a inoperosidade que aqui acontece não é simples inércia ou repouso, mas é, ao contrário, a operação messiânica por excelência.

Para Paulo, no éon futuro, quando os justos ingressarem na inoperosidade de Deus, a vida eterna se colocará decididamente sob o signo da glória. A célebre passagem de 1Cor 15,35-55 (cuja interpretação deu tanto trabalho aos teólogos, desde Orígenes até Tomás) não diz, na realidade, mais que isto: o corpo dos justos ressuscitará na glória e será transformado na glória e no espírito incorruptível. O que em Paulo é intencionalmente indeterminado e genérico ("Semeia-se na infâmia, ressurge na glória; semeia-se na fraqueza, ressuscita na força; semeia-se corpo animal, ressuscita corpo espiritual") é articulado e desenvolvido pelos teólogos em uma doutrina do corpo glorioso dos bem-aventurados. Por um dispositivo que já nos é familiar, a doutrina da vida messiânica acaba sendo substituída pela doutrina da vida gloriosa, que isola a vida eterna e sua inoperosidade em uma esfera privada. A vida, que tornava inoperosa toda forma, agora se torna ela mesma forma na glória. Impassibilidade, agilidade, sutileza e clareza tornam-se assim as características que identificam, segundo os teólogos, a vida do corpo glorioso.

8.26. No escólio à proposição 36 do livro quinto da *Ética*, Espinosa lembra inesperadamente a ideia da glória a propósito do amor da mente por Deus. A proposição havia mostrado que o amor intelectual da mente por Deus nada mais é que o próprio amor com que Deus ama a si mesmo e que, portanto, o amor da mente por Deus não difere do amor de Deus pelos homens. Nessa altura, a glosa desenvolve uma teoria da glória que mobiliza e condensa em poucas e vertiginosas linhas os motivos teológicos do *kabod* hebraico e da *doxa* cristã:

272 • O reino e a glória

Por tudo isso, compreendemos claramente em que consiste nossa salvação, beatitude ou liberdade: no amor constante e eterno para com Deus, ou seja, no amor de Deus para com os homens. Não sem razão, esse amor – ou essa beatitude – é chamado, nos livros sagrados, de glória. Pois, quer esteja referido a Deus, quer esteja referido à mente, esse amor pode ser corretamente chamado de satisfação do ânimo, a qual não se distingue, na realidade, da glória[...] Com efeito,enquanto está referido a Deus, trata-se [...] de uma alegria (que nos seja ainda permitido utilizar esta palavra), a qual vem acompanhada da ideia de si mesmo, tal como ocorre enquanto está referido à mente[148].

E não só isso. Levando ao extremo a correspondência entre glória e glorificação, glória interna e glória externa, a glória nomeia aqui um movimento interno ao ser de Deus, que procede tanto de Deus para os homens, quanto dos homens para Deus. Contudo, encontramos reafirmada com vigor, e em sentido especial, a conexão sabática entre glória e inoperosidade (*menuchah, anapausis, katapausis* – aparece com o termo, desconhecido no latim clássico, *acquiescentia*). Inoperosidade e glória são, aliás, a mesma coisa: "*acquiescentia* [...] *revera a gloria* [...] *non distinguitur*".

Para compreendermos melhor o sentido dessa radicalização do tema da glória e da inoperosidade, é importante voltar à definição da *aquiescentia* contida na demonstração da proposição 52 do livro quarto. "A aquiescência a si próprios", escreve Espinosa, "é uma alegria que nasce do fato de o homem contemplar a si mesmo e a sua potência de agir." O que significa nesse caso o homem "contemplar a si mesmo e a sua potência de agir"? E como entender nessa perspectiva a inoperosidade "que não se distingue da glória"?

Filon de Alexandria escreveu que a inoperosidade de Deus não significa inércia ou apraxia, mas uma forma do agir que não implica sofrimento nem fadiga:

> Com efeito, só Deus, entre todos os seres, é inoperoso [*anapauomenon*], chamando de inoperosidade não a apraxia – dado que, por natureza, a causa de todas as coisas é ativa e nunca cessa de fazer as coisas mais belas –, mas a atividade [*energeian*] sem sofrimento, com muita facilidade [*eumareias*] e sem nenhuma fadiga [*aponōtatēn*]. Do sol, da lua, do céu inteiro e do cosmo, na medida em que não são senhores de si e são movidos e transportados continuamente, é lícito dizer que sofrem. A prova mais clara de sua fadiga são as estações do ano [...] Deus, por sua natureza, não está sujeito à fadiga. Quem não participa da fraqueza, mesmo que faça todas

---

[148] Bento de Espinosa, *Ética* (Belo Horizonte, Autêntica, 2007), p. 401, 403.

Arqueologia da glória • 273

as coisas, por toda a eternidade nunca deixará de ser inoperoso; por isso, só de Deus é próprio o ser inoperoso.[149]

Espinosa chama de "contemplação da potência" uma inoperosidade interna, por assim dizer, à própria operação, uma "práxis" *sui generis* que consiste em tornar inoperosa toda potência de agir e de fazer específica. A vida, que contempla a (própria) potência de agir, torna-se inoperosa em todas as suas operações, vivendo apenas a (sua) vivibilidade. Escrevemos "própria" e "sua" entre parênteses, porque somente pela contemplação da potência, que torna inoperosa toda *energeia* específica, algo como a experiência de um "próprio" e de um "si" é possível. O si, a subjetividade, é aquilo que se abre como uma inoperosidade central em cada operação, como a viv-*ibilidade* de toda vida. Nessa inoperosidade, a vida que vivemos é apenas a vida através da qual vivemos, apenas nossa potência de agir e de viver, nossa ag-*ibilidade* e nossa viv-*ibilidade*. O *bios* coincide nesse caso, sem resíduos, com a *zōē*.

Compreende-se agora a função essencial que a tradição da filosofia ocidental atribuiu à vida contemplativa e à inoperosidade: a práxis propriamente humana é um sabatismo, que, tornando inoperosas as funções específicas do ser vivo, abre-as em suas possibilidades. Contemplação e inoperosidade são, nesse sentido, os operadores metafísicos da antropogênese, que, libertando o vivente homem de seu destino biológico ou social, destinam-no àquela dimensão indefinível que estamos habituados a chamar de política. Contrapondo a vida contemplativa à vida política como "dois *bioi*"[150], Aristóteles fez com que, por muito tempo, tanto a política quanto a filosofia perdessem o rumo e, ao mesmo tempo, delineou o paradigma sobre o qual se modelaria o dispositivo economia-glória. O político não é nem *bios* nem *zōē*, mas a dimensão que a inoperosidade da contemplação, ao desativar as práticas linguísticas e corpóreas, materiais e imateriais, incessantemente abre e confere ao ser vivo. Por isso, na perspectiva da *oikonomia* teológica, cuja genealogia traçamos aqui, nada é mais urgente que a inclusão da inoperosidade nos próprios dispositivos. *Zōē aiōnios*, vida eterna, é o nome desse centro inoperoso do humano, dessa "substância" política do Ocidente que a máquina da economia e da glória busca continuamente capturar em seu próprio interior.

---

[149] Phil., *Cher.*, 26, 87-90.

[150] Aristóteles, *Pol.*, 1324a. [Ed. bras.: *Política*, 3. ed., São Paulo, Martins, Fontes, 2006.]

274 • O reino e a glória

✳ Um modelo dessa operação que consiste em tornar inoperosas todas as obras humanas e divinas é o poema. A poesia é justamente a operação linguística que torna inoperosa a língua – ou, nos termos de Espinosa, o ponto em que a língua, que desativou suas funções comunicativas e informativas, repousa em si mesma, contempla sua potência de dizer e abre-se, dessa maneira, para um novo, possível uso. Assim, *La vita nuova* ou os *Canti* de Dante são a contemplação da língua italiana, a sextina de Arnauld Daniel é a contemplação na língua provençal, os hinos de Hölderlin ou as poesias de Bachmann são a contemplação na língua alemã, as *Illuminations* são a contemplação da língua francesa... E o sujeito poético é não o indivíduo que escreveu essas poesias, mas o sujeito que se produz no ponto em que a língua foi tornada inoperosa, ou seja, em que se tornou, nele e por ele, puramente dizível.

O que a poesia realiza em favor da potência de dizer, a política e a filosofia devem realizar em favor da potência do agir. Tornando inoperosas as operações econômicas e biológicas, elas mostram o que *pode* o corpo humano, abrindo-o para um novo, possível uso.

✳ É só na perspectiva aberta por essa genealogia do governo e da glória que a decisão de Heidegger de propor como problema metafísico extremo a questão da técnica adquire seu significado próprio e, ao mesmo tempo, mostra seus limites. O *Ge-stell*, que Heidegger define como a essência da técnica, a "completa ordenabilidade de tudo que está presente"[151], a atividade que dispõe e acumula as coisas e os próprios homens como recursos (*Bestand*), não é, de fato, senão aquilo que, no horizonte de nossa investigação, apareceu como a *oikonomia*, ou melhor, o dispositivo teológico do governo do mundo. Ordenabilidade (*Bestellbarkeit*) não é senão governamentalidade, e aquilo que, no plano teológico, se apresenta como o que deve ser ordenado e guiado para a salvação, dispõe-se, no plano da técnica, como recurso subsistente para o *Ge-stell*. O termo *Ge-stell* corresponde de maneira perfeita (não apenas em sua forma: o alemão *stellen* equivale a *pôr*) ao termo latino *dispositio*, que traduz o grego *oikonomia*. O *Ge-stell* é o dispositivo do governo absoluto e integral do mundo.

Contudo, aqui se percebe a insuficiência da tentativa heideggeriana de resolver o problema da técnica. Na medida em que a técnica não é em si "nada técnico"[152], mas a figura epocal do desvelamento-velamento do ser, ela repousa, em última análise, sobre a diferença ontológica, precisamente assim como, na teologia, a economia-governo funda-se na economia trinitária. O problema da técnica não é, portanto, algo que possa ser decidido pelos homens, e a rejeição do mundo que ocorre no *Ge-stell* é o "mistério supremo do ser"[153], assim como o "mistério da economia" é o mais íntimo mistério de Deus. Por isso, os homens não podem deixar de corres-

---

[151] Martin Heidegger, *Bremer und Freiburger Vorträge* (Frankfurt am Main, Klostermann, 1994), p. 54.

[152] Ibidem, p. 57.

[153] Ibidem, p. 107.

ponder (*entsprechen*) a esse mistério em uma dimensão em que a filosofia parece converter-se em religião e que repete em seu próprio nome (*Kehre*) o termo técnico "conversão" (em alemão, *Bekehrung*). A salvação (*Rettung*), que cresce no perigo da técnica, significa não uma ação, mas um retornar à essência, um custodiar (*in die Hut nehmen*), um salvaguardar (*wahren*)[154].

Heidegger não pôde resolver o problema da técnica porque não conseguiu restituí-lo ao seu *locus* político. A economia do ser, seu desvelar-se epocalmente em um velar-se é – como a economia teológica – um arcano político, que corresponde ao ingresso do poder na figura do Governo. E política é a operação que resolve esse mistério, que desativa e torna inoperoso o dispositivo técnico-ontológico. A política não é custódia do ser e do divino, mas, nesse ser e nesse divino, a operação que desativa e cumpre sua economia.

---

[154] Ibidem, p. 102.

## Limiar

A investigação que nos levou da *oikonomia* para a glória pode agora, ao menos provisoriamente, parar. Ela nos trouxe perto do centro da máquina que a glória cobre com seu esplendor e com seus cânticos. A função política essencial da glória, das aclamações e das doxologias parece superada hoje. Cerimônias, protocolos e liturgias ainda existem em todo lugar, e não apenas onde sobrevivem as instituições monárquicas. Nas recepções e nas cerimônias solenes, o presidente da república continua seguindo regras protocolares, cuja observância é delegada a funcionários especiais, e o pontífice romano ainda se senta na *cathedra Petri* ou na cadeira gestatória, com paramentos e tiaras, de cujo significado os fiéis em geral perderam a memória.

Em linhas gerais, no entanto, cerimônias e liturgias tendem hoje à simplificação, as insígnias do poder são reduzidas ao mínimo, as coroas, os tronos e os cetros são conservados nas vitrines dos museus ou dos tesouros, e as aclamações, que tiveram tanta importância para a função gloriosa do poder, parecem ter quase desaparecido. Certamente não vão longe os tempos em que, no âmbito do que Kantorowicz denominava *the emotionalism* [o emocionalismo] dos regimes fascistas, as aclamações cumpriam uma função decisiva na vida política de alguns grandes Estados europeus: talvez nunca uma aclamação em sentido técnico tenha sido pronunciada com tanta força e eficácia como o *Heil Hitler* na Alemanha nazista ou *Duce duce* na Itália fascista. Esses gritos fragorosos e unânimes que ontem ressoavam nas praças de nossas cidades parecem hoje fazer parte de um passado longínquo e irrevogável.

Mas é realmente assim? Em 1928, quando retoma em sua *Dottrina della costituzione* [Teoria da Constituição] o tema do ensaio *Referendum e proposta di legge a iniziativa popolare* [Referendo e proposta de lei de iniciativa popular], Carl Schmitt procura esclarecer o significado constitutivo das aclamações no *direito* público, e faz isso justamente no capítulo dedicado à análise da "doutrina da democracia".

> Povo é um conceito que só passa a existir na esfera da publicidade [*Öffentlichkeit*]. O povo só aparece na publicidade, ele produz, aliás, a esfera pública. Povo e publicidade coexistem: não há povo sem publicidade e não há publicidade sem povo. É precisamente o povo que produz a publicidade com sua presença. Só o povo efetivamente reunido e presente é povo e produz a publicidade. Nessa verdade baseia-se a justa opinião implícita na célebre tese

Arqueologia da glória • 277

de Rousseau, segundo a qual o povo não pode ser representado. Não pode ser representado, porque deve estar presente e só algo ausente, não presente, pode ser representado. Como povo presente, efetivamente reunido, ele existe na democracia pura com o máximo grau possível de identidade; na democracia grega, como *ekklēsia* no mercado; no foro romano, como tropa reunida ou exército; como assembleia dos eleitores suíços [...] Só o povo efetivamente reunido é povo e só o povo efetivamente reunido pode fazer aquilo que é especificamente próprio da atividade desse povo: pode aclamar, isto é, pode exprimir com um simples grito sua aprovação ou repulsa, gritar viva ou abaixo, saudar com júbilo um chefe ou um projeto, dar um viva ao rei ou a qualquer outro, rejeitar a aclamação com o silêncio ou com o murmúrio [...] Basta o povo se reunir efetivamente, não importa o objetivo (desde que não apareça como um grupo de interesses organizados), mais ou menos como ocorre nas manifestações de rua, nas festas públicas, nos teatros, no hipódromo, no estádio, para que esse povo aclamante esteja presente e seja, ao menos em potencial, uma grandeza política.[155]

A contribuição específica de Schmitt não consiste aqui apenas no fato de vincular de modo indissolúvel a aclamação à democracia e à esfera pública, mas também no de identificar as formas em que pode existir nas democracias contemporâneas, nas quais "a assembleia do povo presente e todo tipo de aclamação se tornaram impossíveis". Nas democracias contemporâneas, a aclamação sobrevive, segundo Schmitt, na esfera da opinião pública, e só partindo do vínculo constitutivo entre povo, aclamação e opinião pública é possível reintegrar em seus direitos o conceito de publicidade, hoje "bastante ofuscado, mas essencial para toda a vida política e, em particular, para a democracia moderna"[156].

*A opinião pública é a forma moderna da aclamação.* É talvez uma forma difusa e seu problema não é resolvido nem do ponto de vista sociológico nem do ponto de vista do direito público. Mas é precisamente no fato de poder ser entendida como aclamação que se encontra sua essência e seu significado político. Não há nenhuma democracia e nenhum Estado sem opinião pública, assim como não há Estado sem aclamação.[157]

Certamente Schmitt tem consciência dos riscos essenciais que, em semelhante perspectiva, a manipulação da opinião pública pode acarretar à democracia, mas, segundo o princípio pelo qual o critério último da

---

[155] Carl Schmitt, *Verfassungslehre* (Berlim, Duncker & Humblot, 1938), p. 319-20.

[156] Ibidem, p. 320.

[157] Ibidem, p. 323.

278 • O reino e a glória

existência política de um povo é sua capacidade de distinguir entre amigo e inimigo, ele considera que, enquanto existir essa capacidade, tais riscos não são decisivos:

> Em toda democracia sempre há partidos, oradores e demagogos, desde os *prostatai* da democracia ateniense até os *bosses* da democracia norte-americana, além de imprensa, *films* e outros métodos de manipulação psicotécnica das grandes massas. Tudo isso se subtrai a uma disciplina completa. Por conseguinte, existe sempre o perigo de que forças sociais invisíveis e irresponsáveis dirijam a opinião pública e a vontade do povo.[158]

Mais que a anexação singular (já presente no ensaio de 1927) à tradição genuinamente democrática de um elemento, a aclamação, que parece pertencer sobretudo à tradição do autoritarismo, o que nos interessa aqui é a indicação de que a esfera da glória – cujo significado e cuja arqueologia procuramos reconstruir – não desaparece nas democracias modernas, mas desloca-se simplesmente para outro âmbito, o da opinião pública. Se isso é verdadeiro, o problema hoje tão debatido da função política da mídia nas sociedades contemporâneas assume novo significado e nova urgência.

Em 1967, com um diagnóstico cuja precisão nos parece, hoje, mais que evidente, Guy Debord constatava a transformação, em escala planetária, da política e da economia capitalista em um "imenso acúmulo de espetáculos", em que a mercadoria e o próprio capital assumem a forma midiática da imagem. Se juntarmos as análises de Debord à tese schmittiana da opinião pública como forma moderna da aclamação, todo o problema do atual domínio espetacular da mídia sobre qualquer outro aspecto da vida social aparecerá em uma nova dimensão... O que está em questão é nada menos que uma nova e inaudita concentração, multiplicação e disseminação da função da glória como centro do sistema político. O que ficava confinado às esferas da liturgia e dos cerimoniais concentra-se agora na mídia e, por meio dela, difunde-se e penetra em cada instante e em cada âmbito, tanto público quanto privado, da sociedade A democracia contemporânea é uma democracia inteiramente fundada na glória, ou seja, na eficácia da aclamação, multiplicada e disseminada pela mídia além do que se possa imaginar (que o termo grego para glória – *doxa* – seja o mesmo que designa hoje a opinião pública é, desse ponto de vista, mais que mera coincidência). E, como já havia ocorrido nas liturgias profanas e eclesiásticas, esse suposto "fenômeno

---

[158] Ibidem, p. 324.

Arqueologia da glória • 279

democrático originário" é mais uma vez capturado, orientado e manipulado nas formas e segundo as estratégias do poder espetacular.

Começamos assim a compreender melhor o sentido das atuais definições da democracia como *government by consent* ou *consensus democracy*, e a decisiva transformação das instituições democráticas que está em questão. Em 1994, na Alemanha, por ocasião da sentença do Tribunal Federal alemão que rejeitava um recurso por inconstitucionalidade contra a ratificação do Tratado de Maastricht, houve um debate entre um ilustre constitucionalista, Dieter Grimm, e Jürgen Habermas. Em um breve ensaio (com um título significativamente interrogativo: *Braucht Europa eine Verfassung?* [A Europa precisa de uma constituição?]) que intervinha na discussão, então bastante viva na Alemanha, entre os que julgavam já com valor de constituição formal os tratados que haviam levado à integração europeia e os que, ao contrário, sustentavam a necessidade de um documento constitucional em sentido próprio, o jurista sublinhava a heterogeneidade insuperável entre tratados internacionais, que têm seu fundamento jurídico nos acordos entre Estados, e constituição, que pressupõe um ato constituinte do povo. Assim, Grimm escreve:

> Uma constituição no sentido pleno do termo deve necessariamente provir de um ato do povo ou, ao menos, atribuído ao povo, mediante o qual este confere a si mesmo a capacidade de agir politicamente. Falta completamente tal fonte ao direito comunitário primário, que não provém de um povo europeu, mas de cada Estado membro em particular e depende destes também para entrar em vigor.[159]

Grimm não sente nenhuma nostalgia pelo modelo do Estado nacional ou de comunidade nacional, cuja unidade é pressuposta, de certo modo, de maneira substancial ou "radicada em uma etnia"[160]; mas não pode deixar de salientar que a ausência de uma opinião pública europeia e de uma língua comum tornam, ao menos por agora, impossível a formação quando muito de uma cultura política comum.

Essa tese, que reflete de modo coerente os princípios do direito público moderno, coincide substancialmente com a posição de sociólogos como Lepsius, que, mesmo distinguindo entre *ethnos* (a coletividade nacional

---

[159] Dieter Grimm, *Braucht Europa eine Verfassung: Vortrag gehalten in der Carl Friedrich von Siemens Stiftung am 19. Januar 1994* (Munique, Carl Friedrich von Siemens Stiftung, 1995), p. 353.

[160] Ibidem, p. 365.

280 • O reino e a glória

baseada na descendência e na homogeneidade) e *dēmos* (o povo como "nação dos cidadãos"), afirmavam mais ou menos na mesma época que a Europa ainda não possuía um *dēmos* comum e, por isso, não podia constituir um poder europeu politicamente legítimo.

A essa concepção da relação necessária entre povo e constituição, Habermas opõe a tese de uma soberania popular totalmente emancipada de um sujeito-povo substancial (constituído por "membros de uma coletividade fisicamente presentes, participantes e implicados") e integralmente resolvida nas formas comunicativas privadas de sujeito que, segundo sua ideia da publicidade, "regulam o fluxo da formação política da opinião e da vontade"[161]. Uma vez que a soberania popular se dissolve e liquefaz nesses procedimentos comunicativos, não apenas o lugar simbólico do poder não pode ser ocupado por novos símbolos identitários, como também diminuem as objeções dos constitucionalistas à possibilidade de que algo como um "povo europeu" – entendido de maneira correta, ou seja, comunicativa – possa existir.

Sabemos que, nos anos seguintes, houve de fato a redação de uma "constituição europeia", com a inesperada consequência – que, no entanto, deveria ter sido prevista – de ter sido rejeitada pelo "povo dos cidadãos" que deveria ratificá-la e de cujo poder constituinte ela certamente não era expressão. O fato é que, se a Grimm e aos teóricos do vínculo povo-constituição se podia objetar que eles ainda remetiam a pressupostos comuns (língua, opinião pública), a Habermas e aos teóricos do povo-comunicação se pôde objetar, não sem bons argumentos, que eles entregavam o poder político nas mãos dos especialistas e da mídia.

O que nossa investigação mostrou é que o Estado holístico fundado na presença imediata do povo aclamante e o Estado neutralizado resolvido nas formas comunicativas sem sujeito contrapõem-se apenas em aparência. Eles nada mais são que as duas faces do mesmo dispositivo glorioso em suas duas formas: a glória imediata e subjetiva do povo aclamante e a glória midiática e objetiva da comunicação social. Como já deve ser evidente, povo-nação e povo-comunicação, apesar da diversidade de comportamentos e figuras, são as duas faces da *doxa*, que, como tais, entrelaçam-se e separam--se sem cessar nas sociedades contemporâneas. Nesse entrelaçamento, os

---

[161] Jürgen Habermas, *Storia e critica dell'opinione pubblica* (Roma-Bari, Laterza, 1990), p. XXXIX. [Ed. bras.: *Mudança estrutural da esfera pública: investigações quanto a uma categoria da sociedade burguesa*, Rio de Janeiro, Tempo Brasileiro, 1984.]

teóricos "democráticos" e laicos do agir comunicativo correm o risco de encontrar-se lado a lado com os pensadores conservadores da aclamação, como Schmitt e Peterson, mas esse é precisamente o preço que sempre devem pagar as elaborações teóricas que acreditam poder prescindir das precauções arqueológicas.

O que também uma investigação genealógica sumária é capaz de mostrar é que o *government by consent* e a comunicação social – em que, em última instância, o consenso repousa – remetem, na realidade, às aclamações. A primeira vez que o conceito de *consensus* aparece em um contexto técnico de direito público é uma passagem crucial das *Res gestae Augusti*, em que Augusto resume brevemente a concentração dos poderes constitucionais em sua pessoa: "*In consulatu sexto et septimo, postquam bella civilia extinxeram, per consensum universorum potitus rerum omnium*" ("Em meus sexto e sétimo consulados, depois de ter aplacado as guerras civis, pelo consenso de todos assumi todo o poder"). Os historiadores do direito romano questionaram o fundamento juspublicístico dessa extraordinária concentração de poderes; Mommsen e Kornemann, por exemplo, defendem que ela não se fundava mais na função de triúnviro, mas em uma espécie de estado de exceção (*Notsstandkommando*)[162]. É estranho, no entanto, que não só Augusto a funde de modo inequívoco no consenso ("*per consensum universorum*"), como precise logo antes como esse consenso se manifestou: "*Bis ovans trium-phavi, tris egi curulis triumphos et appellatus sum viciens et semel imperator*" ("Duas vezes recebi a honra da ovação, três vezes celebrei o triunfo curul e vinte e uma vezes fui aclamado imperador"). Para um historiador como Mommsen, que nunca havia ouvido falar de "agir comunicativo", decerto não era fácil remeter a noção de consenso a um fundamento juspublicístico; mas se entendemos o vínculo essencial que o liga à aclamação, o consenso pode ser definido sem dificuldades, parafraseando a tese schmittiana sobre a opinião pública, como "a forma moderna da aclamação" (pouco importa se a aclamação é expressa por uma multidão fisicamente presente, como em Schmitt, ou pelo fluxo dos procedimentos comunicativos, como em Habermas). De todo modo, a democracia consensual – que Debord cha-mava de "sociedade do espetáculo" e que é tão cara aos teóricos do agir

---

[162] Ernst Kornemann, "Zum Streit um die Entstehung des Monumentum Ancyranum", *Klio*, n. 5, 1905, p. 336.

comunicativo – é uma democracia gloriosa, em que a *oikonomia* se resolve integralmente na glória e a função doxológica, emancipando-se da liturgia e dos cerimoniais, absolutiza-se em medida inaudita e penetra em cada âmbito da vida social.

A filosofia e a ciência da política deixaram de formular as perguntas que, sempre que se analisam em uma perspectiva genealógica e funcional as técnicas e as estratégias do governo e do poder, são decisivas em todos os sentidos: de onde nossa cultura extrai mitológica e facticiamente o critério da politicidade? Qual é a substância – o procedimento ou o limiar – que permite conferir a alguma coisa um caráter propriamente político? A resposta que nossa investigação sugere é: a glória, em seu duplo aspecto, divino e humano, ontológico e econômico, do Pai e do Filho, do povo-substância ou do povo-comunicação. O povo, real ou comunicacional, a que de certo modo o *government by consent* e a *oikonomia* das democracias contemporâneas devem remeter, é, em sua essência, aclamação e *doxa*. Se depois, como procuramos mostrar *in limine*, a glória cobre e captura como "vida eterna" aquela práxis particular do homem vivente que definimos como inoperosidade e se é possível, como anunciamos no final do *Homo Sacer I*, pensar a política – para além da economia e da glória – a partir de uma desarticulação inoperosa tanto do *bios* quanto da *zōē*, isso ficará como tarefa para uma investigação futura.

# APÊNDICE

## A ECONOMIA DOS MODERNOS

## 1. A lei e o milagre

1.1. Na segunda metade do século XVII, a questão da providência assumiu na França as formas que Pascal havia ridicularizado em suas *Provinciales*. Nas pegadas do crescente interesse em todos os âmbitos pelas práticas governamentais e pela teoria do poder, também entre os teólogos o debate versa agora sobre os modos pelos quais a providência exerce seu governo (e, portanto, sobre a natureza e a graça, que são seus principais instrumentos) e a relação entre o governo e os governados (em que medida a providência obriga as criaturas racionais e em que sentido estas permanecem livres em relação à graça que recebem). Segundo o testemunho de Pascal, o que divide entre si de maneira irredutível jesuítas, molinistas, tomistas e jansenistas é justamente a questão da graça "suficiente" e da graça "eficaz", ou seja, o modo como Deus intervém no governo das causas segundas. Pascal escreve:

> O desacordo entre eles, a respeito da graça suficiente, consiste em que os jesuítas defendem que há uma graça dada de modo geral a todos os homens, submetida de tal maneira ao livre-arbítrio que este a torna, por sua escolha, eficaz ou ineficaz, sem qualquer outra intervenção de Deus e sem que, contudo, de sua parte, nada falte para uma ação efetiva; por esse motivo, denominamos essa graça suficiente, porque basta por si mesma para agir. Os jansenistas, ao contrário, acreditam que não há nenhuma graça atualmente suficiente que não seja ao mesmo tempo eficaz, o que significa que todas as graças que não determinam de fato a vontade a agir são insuficientes, porque – dizem eles – nunca se age sem graça eficaz.[1]

---

[1] Blaise Pascal, "Les provinciales", em *Oeuvres complètes* (Paris, Gallimard, 1954), 2, p. 675-6.

284 • O reino e a glória

Ainda que jesuítas e tomistas estejam de acordo quanto à condenação dos jansenistas, também entre eles reina a maior confusão quanto à definição do instrumento do governo providencial por excelência, que é a graça (seja suficiente, seja eficaz). Os tomistas chamam de suficiente uma graça que não é tal, porque não basta para determinar a ação. "Mas isso significa", insiste Pascal, "que todos têm bastante graça e ninguém a tem de maneira suficiente; isto é, que tal graça é suficiente, embora não o seja; que é suficiente de nome, mas não de fato."[2] "Mas onde fomos parar?", pergunta ironicamente Pascal.

> Que partido devo tomar? Se nego a graça suficiente, sou jansenista. Mas se a admito, como fazem os jesuítas, de modo que a graça eficaz já não seja necessária, sou herético, segundo vós. E se, como vós, eu a admito, de maneira que a graça eficaz seja necessária, peco contra o senso comum e sou um extravagante, dizem os jesuítas. O que fazer dessa necessidade inevitável em que me encontro, de ser extravagante, herético ou jansenista?[3]

Na verdade, o que se esconde por trás de uma aparente questão terminológica é a própria maneira de conceber o governo divino do mundo e, de modo mais ou menos consciente, os teólogos estão de fato discutindo política. O governo providencial do mundo é resultado de um difícil equilíbrio entre a ação do governante (a graça, em suas diferentes figuras) e o livre-arbítrio dos indivíduos governados. Se a posição de Jansênio é inaceitável para a Igreja, é porque, ao afirmar que a graça é sempre eficaz e, por isso, invencível, ele destrói a liberdade dos homens e transforma a ação da providência em um governo absoluto e impenetrável, que – sendo semelhante nisso aos governos dos grandes Estados barrocos, com seus arcanos e suas "razões" – salva por seu arbítrio os eleitos, condenando os outros ao castigo eterno.

1.2. Nesse contexto, Malebranche publica em 1680 – ou seja, cerca de quinze anos depois do inflamado debate suscitado pelas *Provinciales* – seu *Traité de la nature et de la grace* [Tratado sobre a natureza e sobre a graça]. Nessa obra, ele dá à doutrina da providência geral e da providência especial, das causas primeiras e das causas segundas, uma nova formulação, que haveria de exercer uma influência duradoura não apenas entre os teólogos, mas

---

2    Ibidem, p. 678.

3    Ibidem, p. 679.

Apêndice • 285

também e sobretudo entre os filósofos, aos quais o tratado era dirigido de forma explícita ("*pour lesquels j'ai écrit le* Traité"[4]). Por se tratar de nada menos que uma absolutização do governo divino, que transforma radicalmente o sentido das causas segundas (concebidas agora como causas ocasionais), é conveniente seguirmos a exposição sucinta que Malebranche faz de sua doutrina nos *Éclaircissements* [Esclarecimentos] anexados ao tratado. O sujeito da ação providencial é a vontade divina. Assim, Malebranche começa distinguindo vontade geral e vontade particular:

> Digo que Deus age mediante vontades gerais quando age em consequência das leis gerais que Ele estabeleceu. Por exemplo, digo que Deus age em mim mediante as vontades gerais quando me faz sentir dor no momento em que sou picado: é por causa das consequências das leis gerais e eficazes da união da alma e do corpo por Ele estabelecidas que sou levado a sentir dor toda vez que meu corpo está indisposto. No mesmo sentido, quando uma bola de bilhar se choca contra outra, digo que Deus move a segunda bola com uma vontade geral, porque a move em consequência das leis gerais e eficazes da comunicação dos movimentos. Tendo, pois, estabelecido de maneira geral que, no momento em que dois corpos se chocam, o movimento se dividiria entre eles de acordo com determinadas proporções, é por efeito dessa vontade geral que os corpos têm a força de mover um ao outro.[5]

Diríamos, em contrapartida, que Deus age com uma vontade particular quando esta produz seus efeitos independentemente de uma lei geral. Se Deus me faz provar a dor de uma picada sem que nenhuma causa, dentro ou fora de mim, tenha agido sobre meu corpo, e se um corpo começa a se movimentar sem receber o choque de outro, isso pode ser efeito de uma vontade particular, ou seja, de um milagre.

A estratégia de Malebranche consiste em excluir da providência, de maneira mais ou menos completa, as vontades particulares e reduzir o problema do governo divino do mundo aos termos da relação entre a vontade geral e as causas que ele define como ocasionais (ele transforma, portanto, as causas segundas em causas ocasionais).

> Quando se vê que um efeito é produzido imediatamente após a ação de uma causa *ocasional*, deve-se julgar que o efeito é produzido por eficácia de uma vontade geral. Um corpo move-se depois de receber um choque: o choque dos corpos é a ação da causa *ocasional*; portanto, o corpo move-se

---

[4]   Nicolas Malebranche, "Traité de la nature et de la grâce", em *Oeuvres* (Paris, Gallimard, 1979, v. 2), p. 146.

[5]   Ibidem, p. 137.

286 • O reino e a glória

por uma vontade geral. Uma pedra cai na cabeça de um homem e mata-o; e essa pedra cai como todas as outras, ou seja, seu movimento se desenrola praticamente segundo uma progressão aritmética 1, 3, 5, 7, 9 etc. Digo então que a pedra se move por efeito de uma vontade geral, ou melhor, segundo as leis da comunicação dos movimentos, como se pode demonstrar com facilidade.[6]

No entanto, mesmo quando um efeito se produz sem que pareça existir uma causa ocasional (se, por exemplo, um corpo se move sem ter recebido o choque de um outro), não podemos ter certeza de que tenha havido a intervenção de uma vontade particular ou milagrosa. De fato, podemos supor que Deus estabeleceu uma lei geral segundo a qual os anjos têm o poder de mover os corpos por sua própria vontade; a vontade angelical particular agirá então como causa ocasional da vontade geral de Deus, e o mecanismo do governo providencial será o mesmo em todos os casos. "Portanto, podemos com frequência ter certeza de que Deus age mediante vontades gerais; mas inclusive nos milagres mais proclamados não se pode ter certeza de que Ele aja segundo vontades particulares"[7].

O fato é que, segundo Malebranche, é mais conforme à sabedoria divina agir por vias simples e gerais que por uma multiplicidade de vontades particulares. Ele acaba formulando assim uma espécie de navalha de Ockham com relação aos milagres: os milagres, assim como os entes, *non sunt multiplicanda extra necessitatem* [não devem ser multiplicados para além da necessidade]. Se vemos a chuva cair sobre um campo que tenha grande necessidade disso, não é preciso verificar se choveu também sobre os campos próximos ou nas estradas que não precisam de chuva, "pois não se deve recorrer aos milagres sem necessidade"[8].

Dado que há maior sabedoria em cumprir os próprios desígnios por meios simples e gerais que por vias compostas e particulares [...] devemos prestar a Deus a honra de acreditar que seu modo de agir é geral, uniforme, constante e proporcional à ideia que temos de uma sabedoria infinita.[9]

O paradigma do governo providencial não é o milagre, mas a lei, não a vontade particular, mas a geral.

---

[6] Ibidem, p. 139.
[7] Idem.
[8] Ibidem, p. 142.
[9] Ibidem, p. 143.

Apêndice • 287

E esse é também o único modo razoável para darmos conta dos males que nos parecem inconciliáveis com aqueles que supomos ser os desígnios da providência. Deus estabeleceu como lei geral que tenhamos uma sensação agradável quando degustamos as frutas capazes de alimentar nosso corpo. Se experimentamos essa mesma sensação quando comemos frutas envenenadas, isso não significa que Deus derrogue com uma vontade particular a lei que estabeleceu.

[Ao contrário,] dado que uma fruta envenenada provoca em nosso cérebro movimentos similares aos produzidos pelas frutas não envenenadas, Deus nos proporciona a mesma sensação, em conformidade com as leis gerais que estabeleceu para a união da alma e do corpo. Da mesma maneira, é por uma vontade geral que Deus faz com que aqueles que perderam um braço provem sensações dolorosas naquele braço [...] Assim, é certo que as chuvas inúteis ou nocivas para os frutos da terra são consequências necessárias das leis gerais da comunicação dos movimentos, que Deus estabeleceu para produzir no mundo os melhores efeitos possíveis.[10]

A teoria estoica dos efeitos colaterais é aqui retomada e inscrita no interior de um governo divino do mundo dominado por leis gerais, cuja ordem corresponde perfeitamente ao que as ciências da natureza começavam a decifrar naquele momento:

Um ser sábio deve agir sabiamente; Deus não pode desmentir a si mesmo: seus modos de agir devem ter as mesmas características de seus atributos. Assim, Deus conhece e prevê tudo: sua inteligência não tem limites; seu modo de agir deverá trazer a marca de uma inteligência infinita. Eleger as causas ocasionais e estabelecer leis gerais a fim de realizar uma obra qualquer manifesta um conhecimento infinitamente mais vasto para mudar a cada instante a própria vontade e agir mediante vontades particulares. Portanto, Deus executa seus desígnios por meio de leis gerais, cuja eficácia é determinada por causas ocasionais. É necessária uma mente mais ampla para construir um relógio que funcione sozinho de maneira regular – quer o carreguemos conosco, quer o suspendamos ou o sacudamos – que para fabricar um que não pode funcionar se quem o fez não mudar a cada momento alguma coisa nele segundo a situação em que se encontra [...] Estabelecer leis gerais, escolhendo as mais simples e, ao mesmo tempo, as mais fecundas, é o modo de agir digno daquele cuja sabedoria não conhece limites; ao contrário, agir com vontades particulares é prova de uma inteligência limitada.[11]

---

[10] Ibidem, p. 141.

[11] Ibidem, p. 154.

288 • O reino e a glória

Isso não equivale, para Malebranche, a negar ou reduzir o poder da providência; ao contrário, ela agora coincide de modo tão perfeito com a ordem do mundo que já não é necessário distingui-la da natureza; a natureza nada mais é "que as leis gerais que Deus estabeleceu para construir e conservar sua obra nos modos mais simples, por meio de uma ação sempre uniforme e constante"[12]. Qualquer outra concepção da natureza, por exemplo a dos filósofos pagãos, é uma "quimera"[13]. Mas essa natureza, em que "Deus faz tudo em todas as coisas"[14], na medida em que Ele age apenas por vontade e leis gerais, não se distingue em nada daquela da ciência moderna. Por isso, ao ler o tratado de Malebranche, Fénelon observa com perspicácia que "seu Deus deve coincidir com a ordem do mundo" e "não poderia violar essa ordem sem deixar de ser Deus"[15].

1.3. É decisiva, em todos os sentidos, a função que Malebranche atribui à cristologia no governo providencial. Ele interpreta a *oikonomia* trinitária no sentido de que Jesus Cristo, depois de seu sacrifício, em que agiu como causa *meritória* da redenção, foi constituído pelo Pai como causa *ocasional* da graça e, como tal, cumpre e torna eficaz a graça que Deus estabeleceu através de leis gerais. "Assim, ele aplica e distribui, ele próprio, seus dons, agindo como causa *ocasional*. Dispõe tudo na casa de Deus, assim como um filho predileto na casa do pai"[16]. Ele é, portanto, parte integrante da máquina governamental da providência, e nela ocupa o ponto nodal determinante que articula sua execução em todos os âmbitos e para todos os indivíduos. Nesse sentido é que se deve compreender, segundo Malebranche, não só a afirmação do Evangelho de que foi dado a Cristo "*omnis potestas in coelo et in terra*" [todo poder no céu e na terra], mas também a de Paulo, segundo a qual Cristo é a cabeça da Igreja de que os fiéis são os membros (Ef 4,6).

[As palavras de Paulo] não dizem apenas que Jesus Cristo é a causa *meritória* de todas as graças: significam distintamente que os cristãos são os membros do corpo de que Jesus Cristo é a cabeça, que é nele que crescemos e vivemos

---

[12] Ibidem, p. 138.

[13] Idem.

[14] Idem.

[15] François Fénelon, "Réfutation du système du père Malebranche", em *Oeuvres* (Paris, Gallimard, 1997), p. 342.

[16] Nicolas Malebranche, "Traité de la nature et de la grâce", cit., v. 2, p. 144.

Apêndice • 289

uma vida inteiramente nova, que é por meio de sua operação interior, *kat'* *energeian*, que se forma sua Igreja e que, dessa maneira, ele foi estabelecido por Deus como única causa *ocasional*, que, por seus diferentes desejos e suas diversas aplicações, distribui as graças que Deus, como causa verdadeira, distribui aos homens.[17]

Dessa maneira, Cristo age como chefe do executivo de uma *gubernatio* cujo supremo legislador é Deus. Mas, assim como a *oikonomia* não implicava uma divisão da divindade, assim também a potência concedida a Cristo não implica uma divisão da soberania. Por isso, Malebranche pode falar, com relação a Cristo, de uma "potência soberana" ("*puissance souveraine de cause occasionnelle*"[18], embora dada pelo Pai) e, ao mesmo tempo, definir simplesmente sua função como "ministério":

É Jesus Cristo enquanto homem o chefe da Igreja, e é ele que difunde sobre seus membros a graça que os santifica. Mas como só tem esse poder como consequência da lei geral que Deus estabeleceu nele a fim de executar seu grande desígnio, o Templo eterno, pode-se afirmar realmente que é Deus, e só Deus, que dá a graça interior, mesmo que não a dê senão pelo *ministério* de Jesus Cristo, que determina, como homem, com suas orações e seus desejos, a eficácia das vontades divinas.[19]

Nesse sentido, Cristo é comparado aos anjos, que, na Bíblia, agem como "ministros de Deus"[20]. Assim como os anjos deram a Antiga Lei, de que eram ministros, também Cristo "é o anjo da Nova Lei"[21] e, na qualidade de "ministro" desta, foi elevado acima dos anjos[22].

א Também em Malebranche a definição do papel providencial dos anjos indica uma preocupação "ministerial", isto é, genuinamente governamental. Não só os anjos são os enviados e os ministros de Deus, como sua ação – que coincide com o âmbito tradicional conferido ao milagre – fornece, no sistema das leis ou das vontades gerais, algo como o paradigma do estado de exceção, permitindo assim que Malebranche reformule sua crítica dos milagres em novos termos. Segundo ele, o Antigo Testamento apresenta muitos testemunhos de eventos milagrosos, mas estes não devem ser interpretados como causados por vontades particulares de Deus, contrárias às suas leis gerais, mas sim como consequência de uma vontade

---

[17] Ibidem, p. 141.
[18] Ibidem, p. 148.
[19] Ibidem, p. 185.
[20] Ibidem, p. 183.
[21] Ibidem, p. 186.
[22] Ibidem, p. 187.

290 • O reino e a glória

geral, com a qual Ele comunicou sua potência aos anjos: "Creio poder demonstrar com a autoridade da Sagrada Escritura que os anjos receberam de Deus um poder sobre o mundo presente; que Deus executa a vontade deles e, por meio dela, seus desígnios, segundo certas leis gerais, de maneira que tudo que parece milagroso no Antigo Testamento não prova, de modo algum, que Deus age por meio de vontades particulares"[23]. Os assim chamados milagres são, portanto, consequência de uma lei geral, com a qual Deus concedeu aos seus ministros angélicos o poder de agir em aparente violação de outra lei geral (por exemplo, a da comunicação dos movimentos). Dessa forma, a exceção não é um milagre (uma vontade particular fora do sistema das leis gerais), mas o efeito de uma lei geral que confere aos anjos um poder especial de governo. O milagre não está fora do sistema legal, mas representa um caso particular em que uma lei vem a ser desaplicada a fim de permitir a aplicação de outra lei, com que Deus, com o objetivo de atingir o melhor governo possível, delegou aos anjos seu poder soberano.

A teoria schmittiana do estado de exceção – que, mesmo suspendendo a aplicação de algumas normas, não se situa fora da ordem jurídica global – corresponde perfeitamente ao modelo do poder angelical segundo o *Traité*.


1.4. O que está em jogo no tratado é a definição do melhor governo possível. A dificuldade com a qual a tarefa esbarra (a mesma que cansa a mente de Jansênio) é a conciliação de duas proposições aparentemente contraditórias: "Deus quer que todos os seres humanos sejam salvos" e "Nem todos os seres humanos são salvos". Trata-se de nada menos que um contraste, em Deus, entre a vontade, que quer que todos os seres humanos sejam salvos, inclusive os maus, e a sabedoria, que só pode escolher, com esse objetivo, as leis mais simples e gerais. O melhor governo será, por conseguinte, aquele que conseguir encontrar a relação mais econômica entre vontade e sabedoria ou, conforme escreve Malebranche, entre a sabedoria (que visa à ordem e à constância) e a fecundidade (que exige que a Igreja seja mais ampla e numerosa):

> Deus ama os homens e quer que todos sejam salvos, quer santificá-los todos, quer que sua obra seja bela, que sua Igreja seja a mais ampla e a mais perfeita. Mas Deus ama infinitamente mais sua sabedoria, pois a ama de maneira invencível, com um amor natural e necessário. Não pode, portanto, dispensar-se de agir do modo mais sábio e mais digno dele, não pode deixar de seguir a conduta que melhor corresponde aos seus atributos. Contudo, agindo segundo as vias mais simples e mais dignas de sua sabedoria, sua obra não pode ser mais bela e maior que aquela

---

[23] Ibidem, p. 182-3.

que é. Se Deus, seguindo vias igualmente simples, tivesse podido tornar sua Igreja maior e mais perfeita do que é, isso significaria que, ao agir como agiu, não pretendia fazer a obra mais digna de si [...] A sabedoria de Deus, impedindo-lhe de complicar suas vias e efetuar milagres a todo instante, obriga-o a agir de maneira geral, constante e uniforme; por isso não salva todos os homens, mesmo querendo verdadeiramente que sejam salvos. Mesmo amando suas criaturas, não faz por elas mais do que sua sabedoria lhe permite fazer; e embora queira uma Igreja grande e perfeita, não a torna a maior e a mais perfeita em absoluto, mas a maior e mais perfeita com relação às vias que são as mais dignas dele. E, mais uma vez, Deus não forma seus desígnios a não ser comparando os meios com a obra que estes podem executar. E quando sabe que há uma relação melhor de sabedoria e fecundidade entre certos meios e certas obras, então, para falarmos de maneira humana, Ele toma sua decisão, escolhe suas vias, estabelece seus decretos.[24]

Bayle já se perguntava como tais afirmações poderiam concordar com as noções comumente aceitas sobre a natureza e a onipotência do ser supremo. Em sua *Réponse aux questions d'un provincial* [Resposta às perguntas de um provincial], que Leibniz cita em sua *Teodicea*, ele escreve:

Essas noções ensinam-nos que tudo que não implica contradição é possível para Deus e que, em consequência, Ele pode salvar aqueles homens que não salva. Qual contradição poderia resultar do fato de que o número dos eleitos fosse maior do que é? Essas noções nos ensinam [...] que não há vontade que Ele não possa cumprir. Como explicar, então, que queira salvar todos os homens e não consiga?[25]

Na realidade, as teses de Malebranche só se tornam plenamente compreensíveis quando situadas em seu verdadeiro terreno, o do governo do mundo. O que está em questão não é o problema abstrato da onipotência ou da impotência de Deus, mas a possibilidade de um governo do mundo, ou seja, de *uma relação ordenada entre leis gerais e causas ocasionais particulares*. Se Deus, como titular da soberania, agisse do início ao fim segundo vontades particulares, multiplicando ao infinito suas intervenções milagrosas, não haveria nem governo nem ordem, mas apenas um caos e, por assim dizer, um pandemônio de milagres. Por isso, como soberano, Ele deve *reinar* e não *governar*, fixar as leis e as vontades gerais e deixar ao

---

[24] Ibidem, p. 171.

[25] Gottfried Wilhelm von Leibniz, *Essais de théodicée* (Paris, Aubier, 1962), 2, 223, p. 63.

jogo contingente das causas ocasionais e das vontades particulares sua mais econômica execução:

> Um Deus que conhece tudo não deve perturbar a simplicidade de suas vias. Um ser imutável deve ter sempre uma conduta uniforme. Uma causa geral não deve agir mediante vontades particulares. O governo de Deus deve trazer a marca de seus atributos, a não ser que a ordem imutável e necessária o obrigue a mudá-la. Porque, com respeito a Deus, a ordem é uma lei inviolável: Ele a ama de maneira invencível e sempre a preferirá às leis arbitrárias com as quais executa seus desígnios.[26]

Contudo, o que resulta da relação entre vontade geral e causas ocasionais, entre Reino e Governo, entre Deus e Cristo é uma *oikonomia* na qual o que está em jogo não é se os homens são bons ou maus, mas como a condenação de muitos se concilia de maneira ordenada com a salvação de poucos e a maldade de uns não seja mais que o efeito colateral da bondade de outros.

‌ℵ Na polêmica com Bayle, da qual deveriam surgir seus *Essais de Théodicée sur la bonté de Dieu, la liberté de l'homme et l'origine du mal*, Leibniz evoca algumas vezes o nome de Malebranche e declara-se de acordo com sua teoria das vontades gerais, da qual, aliás, com ou sem razão, reivindica a paternidade. Ele escreve:

> O excelente autor da *Recherche de la vérité*, tendo passado da filosofia à teologia, publicou um belíssimo *Traité de la nature et de la grâce*, em que mostra à sua maneira [...] que os acontecimentos nascidos da execução das leis gerais não são objeto de uma vontade particular de Deus [...] Estou de acordo com o reverendo padre Malebranche, que diz que Deus faz as coisas do modo mais digno dele; mas vou um pouco mais longe no que diz respeito às vontades gerais e particulares. Dado que Deus nunca faz nada sem razão, mesmo quando age milagrosamente, segue-se daí que Ele não tem vontade alguma sobre os acontecimentos individuais, que nada mais são que consequência de uma vontade geral.[27]

A proximidade entre sua teoria da harmonia preestabelecida e do melhor dos mundos possíveis e o sistema de Malebranche parecia tal que ele teve de recordar seu direito de precedência:

> Enquanto me achava na França, comuniquei a Arnauld um diálogo que havia escrito em latim sobre a causa do mal e a justiça de Deus [trata-se da *Confessio philosophi*]; e isso aconteceu não só antes de suas disputas com o reverendo padre Malebranche, mas também antes que o livro sobre a *Recherche de la vérité* fosse publicado.[28]

---

[26] Nicolas Malebranche, "Traité de la nature et de la grâce", cit., v. 2, p. 188.

[27] Gottfried Wilhelm von Leibniz, *Essais de théodicée*, cit., 2, 204-6, p. 249-52.

[28] Ibidem, 2, 211, p. 255.

Apêndice • 293

Aliás, a própria ideia de uma "teodiceia" já está presente em Malebranche: "Não basta fazer compreender que Deus é potente e que faz de suas criaturas o que quer. Importa, se possível, justificar sua sabedoria e sua bondade"[29]. Assim como Malebranche, Leibniz também afirma que Deus sempre escolhe as vias mais simples e gerais,

> das quais é mais fácil dar conta e que, além disso, servem melhor para dar conta das outras coisas [...] e mesmo que o sistema da harmonia preestabelecida não fosse necessária por outros motivos, eliminando os milagres supérfluos, Deus o teria eleito, porque é o mais harmonioso [...] É como se disséssemos que uma casa é a melhor que se poderia fazer pelo mesmo custo. Podemos até reduzir estas duas condições, a simplicidade e a fecundidade, a uma só vantagem, que é a de produzir a maior perfeição possível; dessa maneira, o sistema do reverendo padre Malebranche se reduz ao meu.[30]

São conhecidas as consequências que Leibniz extrai de seu sistema no que diz respeito ao problema da origem e da necessidade do mal. A sabedoria divina abraça todos os mundos possíveis, compara-os e avalia-os a fim de penetrar seu maior ou menor grau de perfeição. Ela os dispõe e distribui em uma infinidade de universos possíveis, cada um com uma infinidade de criaturas: "O resultado de todas essas comparações e reflexões é a escolha do melhor dentre todos os sistemas possíveis, que a sabedoria opera para satisfazer sua bondade e que é justamente o plano do mundo atual"[31].

Mas a escolha do melhor dos mundos possíveis tem um preço, que é a quantidade de mal, sofrimento e condenação contida nele como necessário efeito concomitante. Mais uma vez, Malebranche é lembrado para justificar a eleição providencial em nome das leis gerais:

> Deve-se afirmar que também os sofrimentos e os monstros entram na ordem; e é justo considerar que era melhor admitir esses defeitos e esses monstros do que violar as leis gerais, como às vezes diz o reverendo padre Malebranche; mas também que esses mesmos monstros estão em regra e conformes às vontades gerais, embora não sejam capazes de perceber essa conformidade. Assim como na matemática há às vezes aparência de irregularidade, assim também eu já observei que, segundo meus princípios, todos os acontecimentos individuais, sem exceção, são consequências das vontades gerais.[32]

Até as mentes mais belas apresentam zonas de opacidade, em que se perdem a tal ponto que uma mente muito inferior pode levá-las ao ridículo. Foi o que aconteceu com Leibniz com a caricatura que Voltaire fez dele em seu *Cândido*. No caso de

---

[29]  Nicolas Malebranche, "Traité de la nature et de la grâce", cit., p. 174.

[30]  Gottfried Wilhelm von Leibniz, *Essais de théodicée*, cit., 2, 208, p. 253.

[31]  Ibidem, 2, 225, p. 264.

[32]  Ibidem, 3, 241, p. 273.

294 • O reino e a glória

Leibniz, essa derrota tem dois motivos. O primeiro é de ordem jurídico-moral, e tem a ver com a tentativa de justificação que se exprime no próprio título *Teodiceia*. O mundo, assim como é, não pede para ser justificado, mas para ser salvo; e se não tem necessidade de ser salvo, menos ainda tem de ser justificado. Mas querer justificar Deus porque o mundo é como é é o pior mal-entendido do cristianismo que se possa imaginar. O segundo e mais importante motivo tem caráter político e diz respeito à fé cega na necessidade da lei (da vontade geral) como instrumento do governo do mundo. De acordo com essa ideia aberrante, se a lei geral pede como consequência necessária que Auschwitz aconteça, então também "os monstros estão em regra" e a regra não se torna, por isso, monstruosa.

1.5. A influência do pensamento de Malebranche sobre as teorias políticas de Rousseau foi amplamente documentada[33]. Os estudiosos limitaram-se, porém, a reconstruir as dívidas terminológicas evidentes e as influências pontuais não desprezáveis entre os dois pensadores, mas nem sempre investigaram as analogias estruturais que acompanhavam e tornavam possível o deslocamento do contexto teológico para o político. Foi em especial a monografia de Patrick Riley, *The general will before Rousseau* [A vontade geral antes de Rousseau], que traçou uma vasta genealogia das noções de *volonté générale* [vontade geral] e de *volonté particulière* [vontade particular], que nos leva da teologia do século XVIII até o *Contrato social*\*. Rousseau não inventou essas noções, mas as extraiu dos debates teológicos sobre a graça, onde, como vimos, cumpriam uma função estratégica na concepção do governo providencial do mundo. Riley mostra que a vontade geral em Rousseau pode ser definida sem sombra de dúvida como uma secularização da categoria correspondente em Malebranche e que, mais em geral, o pensamento teológico francês, de Arnaud a Pascal, de Malebranche a Fénelon, deixou marcas consistentes em toda a obra de Rousseau; mas em que medida isso pudesse determinar o deslocamento de um paradigma teológico inteiro para o âmbito político é algo que parece ter ficado longe de suas preocupações. No entanto, não escapou a Alberto Postigliola que o deslocamento de uma noção do âmbito teológico para o político pudesse

---

[33] Ver Émile Bréhier, "Les lectures malebranchistes de J.-J. Rousseau", *Révue internationale de philosophie*, 1938-1939; Patrick Riley, *The General Will Before Rousseau: The Transformation of the Divine Into the Civic* (Princeton, Princeton University Press, 1988); Alberto Postigliola, *La città della ragione: per una storia filosofica del settecento francese* (Roma, Bulzoni, 1992).

\* Porto Alegre, L&PM, 2009. (N. E.)

Apêndice • 295

ter consequências imprevistas e, portanto, levar Rousseau a algo semelhante a um "imperdoável esquecimento"[34]. Contudo, ele se restringe a mostrar que a noção de "vontade geral" em Malebranche é sinônimo do atributo divino da infinidade, o que torna problemático, senão contraditório, seu deslocamento para a esfera profana da cidade rousseauniana, em que a generalidade só pode ser finita. Tentaremos mostrar, ao contrário, que com as noções de *volonté générale* e *volonté particulière* é toda a máquina governamental da providência que se transfere do campo teológico para o político, comprometendo não apenas pontos específicos da *économie publique* rousseauniana, mas determinando sua estrutura fundamental, a saber, a relação entre soberania e governo, entre lei e poder executivo. Por meio do *Contrato social*, a tradição republicana herdou sem benefício de inventário um paradigma teológico e uma máquina governamental dos quais ela ainda está longe de ter tomado consciência.

1.6. No curso de 1977-1978 sobre *Sécurité, territoire, population* [Segurança, território, população], Foucault definiu em poucas mas densas linhas a estrutura fundamental do projeto político rousseauniano[35]. Ele procura mostrar aí que o problema da soberania não saiu de cena no momento em que a arte de governar aparece em primeiro plano na política europeia; ao contrário, ele nunca se colocou com tanta urgência como nesse momento, pois se, até o século XVII, era tido como suficiente deduzir da teoria da soberania um paradigma de governo, agora se trata do processo inverso: dado o primado crescente das artes de governo, encontrar a forma jurídica e a teoria da soberania capazes de sustentar e fundar esse paradigma. Nesse ponto, ele exemplifica sua tese com uma leitura de Rousseau e, em especial, da relação entre o verbete "Economia política" da *Enciclopédia*, de 1755, e o *Contrato social*. Segundo Foucault, o problema do verbete é, na verdade, a definição de uma "economia" ou de uma arte de governo que já não tem seu modelo na família, mas tem em comum com esta o objetivo de governar da melhor maneira possível e com a máxima eficácia para tornar

---

[34] Alberto Postigliola, *La città della ragione*, cit., p. 224.

[35] Michel Foucault, *Sécurité, territoire, population: cours au Collège de France (1977-1978)* (Paris, Seuil/ Gallimard, 2004), p. 110-1. [Ed. bras.: *Segurança, território, população: curso dado no Collège de France (1977-1978)*, São Paulo, Martins Fontes, 2008.]

296 • O reino e a glória

os homens felizes. Quando Rousseau escreve o *Contrato social*, o problema
será, ao contrário:

> saber de que maneira, com noções como "natureza", "contrato" e "vontade
> geral", se pode definir um princípio geral de governo que dê lugar, ao mesmo
> tempo, ao princípio jurídico da soberania e aos elementos pelos quais se pode
> definir e caracterizar uma arte de governo [...] O problema da soberania não
> é eliminado; ao contrário, torna-se mais agudo.[36]

Tentemos aprofundar o diagnóstico de Foucault à luz dos resultados
de nossa investigação. Antes de mais nada, ele se aproximou aqui, na máxima medida possível para ele, da intuição do caráter bipolar da máquina
governamental, embora a escolha metodológica de não fazer a análise
dos universais jurídicos não lhe permita articulá-la plenamente. A teoria
rousseauniana da soberania certamente é função de uma teoria do governo
(ou da "economia pública", como ele às vezes a define); mas a correlação
entre os dois elementos é, em Rousseau, ainda mais íntima e estreita do
que aquela que surge da breve análise de Foucault e funda-se inteiramente
no modelo teológico que ele recebe através de Malebranche e dos teóricos
franceses da providência.

Nessa perspectiva, é decisiva a distinção e a articulação entre soberania
e governo, que serve de base para o pensamento político de Rousseau.
"Peço aos meus leitores", inicia o verbete sobre a economia política, "que
distingam com cuidado a *economia pública*, que aqui está em questão e
que chamo de *governo*, e a autoridade suprema, que chamo de *soberania*. A
distinção consiste em que esta tem o direito legislativo e obriga o próprio
corpo da nação, enquanto o outro tem apenas a potência executora e só pode
obrigar os particulares"[37]. No *Contrato social*, a distinção é retomada como
articulação entre vontade geral e poder legislativo, de um lado, e governo e
poder executivo, de outro. Que a distinção tenha uma relevância estratégica
para Rousseau é provado pelo fato de que ele nega com veemência que se
trate de uma divisão, apresentando-a mais como uma articulação interna
do único e indivisível poder supremo:

> A soberania é indivisível pela mesma razão por que é inalienável, pois a
> vontade é geral ou não é; é a vontade do corpo do povo ou somente de uma
> parte dele. No primeiro caso, essa vontade declarada é um ato de soberania

---

[36] Ibidem, p. 110.

[37] Jean-Jacques Rousseau, *Oeuvres complètes* (Paris, Gallimard, 1964, v. 3), p. 244.

Apêndice • 297

e faz lei; no segundo, não passa de uma vontade particular ou de um ato de magistratura, quando muito de um decreto. Nossos políticos, porém, não podendo dividir a soberania em seu princípio, fazem-no em seu objeto; dividem-na em força e em vontade, em potência legislativa e em potência executiva, em direitos de impostos, de justiça e de guerra, em administração interna e em poder de tratar com o estrangeiro; algumas vezes, confundem todas essas partes e, em outras, separam-nas e fazem do soberano um ser imaginário, formado de peças postas juntas, como se compusessem o homem com inúmeros corpos, e um dos quais tivesse os olhos, outro os braços, e outro os pés e nada mais além disso. Contam que os charlatães do Japão despedaçam uma criança diante dos olhos dos espectadores, depois jogam pelo ar, um após outro, os membros divididos e fazem voltar ao chão a criança viva e recomposta. São mais ou menos assim os passes de mágica de nossos pensadores políticos depois de desmembrarem o corpo social com um truque de feira, tornam a juntar os seus pedaços, não se sabe como. Esse erro provém do fato de que são incapazes de formar uma noção exata da autoridade soberana e trocam por partes desta o que não passa, na realidade, de emanações suas.[38]

Assim como, no paradigma providencial, providência geral e providência especial não estão em contraste nem representam uma divisão da única vontade divina, e assim como, em Malebranche, as causas ocasionais nada mais são que a realização particular da vontade geral de Deus, assim também, em Rousseau, o governo ou poder executivo tem a pretensão de coincidir com a soberania das leis, das quais, no entanto, se distingue como emanação e realização sua nos particulares. O conceito de emanação a que recorre Rousseau não deixou de surpreender os comentadores; mas a escolha do termo é muito mais significativa se restituído ao seu contexto de origem, que é o das causas emanativas de origem neoplatônica, incorporadas na teoria da criação e da providência por intermédio de Boécio, de Eriúgena, do *Liber de causis* e da teologia judaica. Precisamente por essa origem, o termo não gozava de boa fama na época de Rousseau. No verbete "Cabala" da *Enciclopédia*, escrito por Diderot, o paradigma emanativo era definido como "o eixo em torno do qual gira toda a cabala filosófica e todo o sistema das emanações, segundo o qual é necessário que todas as coisas emanem da essência divina"; e juízos ainda mais críticos podiam ser lidos no verbete "Emanação", que, após ressaltar o vínculo com a cabala, advertia que "essa teoria leva diretamente ao panteísmo". Ao introduzir o termo próprio em

---

[38] Ibidem, p. 369-70.

298 • O reino e a glória

um ponto delicado de seu sistema, Rousseau não podia deixar de medir as implicações de sua escolha. Estas não remetiam à cabala, mas à teologia cristã, em que o termo se referia sobretudo à processão das pessoas na economia trinitária (até o século XVII, esse é o único significado do termo francês *émanation*) e à teoria das causas no paradigma criacionista e providencial. Nesse contexto, o termo implicava que o princípio divino não é diminuído nem dividido por sua articulação trinitária e por sua atividade de criação e conservação do mundo. Nesse sentido, Rousseau serve-se do termo para excluir, contra os pensadores que chama ironicamente de *les politiques*, que a soberania seja de algum modo divisível. Contudo, exatamente como acontecia na economia trinitária e na teoria da providência, aquilo que não pode ser dividido é articulado através das distinções *potência soberana/ governo, vontade geral/vontade particular, poder legislativo/poder executivo* que marcam nele as cesuras cujo alcance Rousseau procura minimizar com todo cuidado.

1.7. Por essas distinções, é todo o dispositivo econômico-providencial (com suas polaridades *ordinatio/executio*, providência/destino, Reino/ Governo) que acaba sendo transmitido como herança direta à política moderna. O que servia para garantir a unidade tanto do ser como da ação divina, conciliando a unidade da substância com a trindade das pessoas e o governo dos particulares com a universalidade da providência, exerce aqui a função estratégica de conciliar a soberania e a generalidade da lei com a economia pública e o governo eficaz de cada indivíduo. A consequência mais nefasta desse dispositivo teológico travestido de legitimação política é que, durante muito tempo, ela tornou a tradição democrática incapaz de pensar o governo e sua economia (hoje diríamos a economia e seu governo, mas os dois termos são substancialmente sinônimos). Por um lado, Rousseau concebe o governo como o problema político essencial; por outro, minimiza o problema de sua natureza e de seu fundamento, reduzindo-o a atividade de execução da autoridade soberana. O equívoco que liquida o problema do governo, apresentando-o como mera execução de uma vontade e de uma lei geral, pesou negativamente não só sobre a teoria, mas também sobre a história da democracia moderna. De fato, essa história nada mais é que o progressivo vir à luz da substancial não verdade do primado do poder legislativo e da consequente irredutibilidade do governo a simples execução. Se hoje assistimos ao domínio arrasador do governo e da economia sobre

Apêndice • 299

uma soberania popular esvaziada de qualquer sentido, isso significa talvez que as democracias ocidentais estejam pagando as consequências políticas de uma herança teológica que, por intermédio de Rousseau, assumiram sem se dar conta.

O equívoco que consiste em conceber o governo como poder executivo é um dos erros mais carregados de consequências na história do pensamento político ocidental. Isso fez com que a reflexão política moderna se extraviasse por detrás de abstrações e mitologemas vazios como a Lei, a vontade geral e a soberania popular, deixando sem resposta precisamente o problema político decisivo. *O que nossa investigação mostrou é que o verdadeiro problema, o arcano central da política, não é a soberania, mas o governo, não é Deus, mas o anjo, não é o rei, mas o ministro, não é a lei, mas a polícia – ou seja, a máquina governamental que eles formam e mantêm em movimento.*

℧ As duas soberanias, a dinástica e a democrático-popular, remetem a duas genealogias realmente distintas. A soberania dinástica de direito divino deriva do paradigma teológico-político; a soberania popular-democrática, por sua vez, deriva do paradigma teológico-econômico-providencial.

℧ O próprio Rousseau dá a entender, sem nenhuma reserva, que as articulações fundamentais de seu sistema político derivam de um paradigma teológico. No verbete sobre a economia política, afirma que a principal dificuldade do sistema proposto por ele é conseguir conciliar "a liberdade pública com a autoridade do governo"[39]. Essa dificuldade, escreve ele, foi eliminada pela "mais sublime das instituições humanas, ou melhor, por uma inspiração celeste que ensinou os homens a imitarem os decretos imutáveis da divindade"[40]. A soberania da lei a que Rousseau se refere imita e reproduz a estrutura do governo providencial do mundo. Exatamente como a vontade geral em Malebranche, a lei em Rousseau submete os homens só para torná-los mais livres e, governando de forma imutável suas ações, nada mais faz que exprimir sua natureza. E assim como, deixando-se governar por Deus, eles apenas deixam agir a própria natureza, assim também a soberania indivisível da Lei garante a coincidência de governantes e governados.

A solidariedade com o pensamento de Malebranche aparece com vigor também na terceira carta da montanha, a propósito da crítica dos milagres. Rousseau vincula estreitamente o milagre à exceção (é "uma exceção real e visível das Leis divinas"[41]), e critica de maneira contundente a necessidade dos milagres para a fé e para a revelação. Não está em questão se Deus "pode" fazer milagres, mas, retomando talvez

---

[39] Ibidem, p. 248.

[40] Idem.

[41] Ibidem, p. 737.

300 • O reino e a glória

de modo consciente a distinção entre potência absoluta e potência ordenada, se Deus "quer" realizá-los[42]. É interessante observar que Rousseau, mesmo negando a necessidade dos milagres, não os exclui de todo e considera-os precisamente à maneira de exceção. A teoria schmittiana, que vê no milagre o paradigma teológico do estado de exceção[43], encontra aqui uma confirmação.

---

[42] Idem.

[43] Carl Schmitt, *Politische Theologie: Vier Kapitel zur Lehre von der Souveränität* (Munique/ Leipzig, Duncker & Humblot, 1922), p. 49. [Ed. bras.: *Teologia política*, Belo Horizonte, Del Rey, 2008. [A edição brasileira inclui também o texto schmittiano de 1970. (N. T.)]

Apêndice • 301

# 2. A mão invisível

2.1. O termo *oikonomia* desaparece da linguagem teológica do Ocidente latino durante a Idade Média. Seus equivalentes *dispositio* e *dispensatio* continuam sendo utilizados, mas perdem pouco a pouco o significado técnico, passando a designar, de maneira genérica, apenas a atividade divina de governo do mundo. Os humanistas e os eruditos seiscentistas não ignoram o significado teológico do termo grego, que é definido com clareza suficiente nos léxicos de Estêvão e de Suicerius, de 1682 (em particular no significado de "encarnação do verbo de Deus"), e nos compêndios teológicos, como o *De theologicis dogmatibus*, de Petavius (1644-1650). Contudo, quando o termo reaparece no século XVIII na forma latinizada *oeconomia* e, sobretudo, em seus equivalentes nas línguas europeias, com o significado que nos é familiar ("atividade de gestão e de governo das coisas e das pessoas"), ele parece surgir *ex novo*, já formado na cabeça dos *philosophes* e dos *économistes*, sem nenhuma relação essencial com a economia clássica ou com o próprio passado teológico. É sabido que a economia dos modernos não deriva da economia aristotélica nem dos tratados medievais de *Oeconomica* que a ela remetem, e muito menos da tradição moralizante de obras como a *Oeconomia christiana* de Menius (Wittenberg, 1529) ou de Battus (Antuérpia, 1558), que têm por objeto a conduta da família cristã. Contudo, as conexões mais ou menos subterrâneas que poderiam ligá-la ao paradigma da *oikonomia* teológica e do governo divino do mundo quase não merecem atenção. Não é nossa intenção reconstruir essas conexões em detalhes, mas tudo leva a pensar que uma investigação genealógica sobre a economia poderia orientar-se de maneira muito útil para a relação com o paradigma teológico cujos traços essenciais procuramos delinear. Apresentamos nesse caso apenas algumas sumárias indicações, que outros poderão complementar.

2.2. Em 1749, Lineu publica em Uppsala o *Specimen academicum de oeconomia naturae* [Ensaio acadêmico de economia da natureza]. Tendo em vista a função estratégica que o sintagma "economia da natureza" viria a cumprir no nascimento da economia moderna, é oportuno deter-nos na definição que ele dá a seu respeito no início da obra:

> Por "economia da natureza" entendemos a sapientíssima disposição [*dispositio*] dos seres naturais, instituída pelo Criador soberano, segundo a qual

302 • O reino e a glória

estes tendem a fins comuns e exercem funções recíprocas. Todas as coisas contidas nos limites desse universo celebram em alta voz a sabedoria do criador. Tudo que cai sob nossos sentidos, tudo que se apresenta à nossa mente e merece ser observado, concorre, mediante sua disposição, para manifestar a glória de Deus, ou seja, produzir o fim que Deus quis como objetivo de todas as suas obras.

Por mais surpreendente que tal conceituação possa parecer em um autor que estamos habituados a considerar o fundador da taxonomia científica moderna, a derivação do sintagma da tradição econômico-providencial aparece aqui de maneira evidente e está acima de qualquer dúvida. Em perfeita coerência com o paradigma teológico que nos é familiar, *oeconomia naturae* significa simplesmente a sábia e providencial *dispositio* que o Criador imprimiu em sua criação e por intermédio da qual Ele a governa e a conduz para seus fins, de tal modo que um mal aparente acaba concorrendo, na realidade, para o bem geral. A partir do fim da década de 1740, Lineu compõe toda uma série de obras breves em cujo centro se encontra essa ideia. Em *Curiositas naturalis*, de 1748, um habitante da lua cai de improviso na terra e observa estupefato a terrível e desordenada luta de todos contra todos que parece reinar neste planeta. À medida que sua observação se precisa, porém, o cidadão da lua começa a decifrar, sob aquele caos aparente e cruel, a ordem imutável de leis gerais, em que reconhece a intenção e a mão de um criador divino. O experimento é retomado em 1760, na mais ampla e estudada *Dissertatio academica de politia naturae* [Dissertação acadêmica sobre a política da natureza]. Aqui a "economia da natureza" cede lugar a uma *politia naturae*, mas esta, segundo a terminologia já consolidada da contemporânea *Policeywissenschaft* [ciência da polícia], significa apenas o conhecimento e o governo da ordem e da constituição interna da sociedade humana. Também nesse livro, um habitante da Lua acaba jogado na Terra, nu como Adão, em meio a guerras e inauditas carnificinas; mais uma vez, porém, consegue compreender pouco a pouco a ordem oculta que governa a relação recíproca entre as criaturas e as move, segundo um movimento circular perfeito.

A partir daí, pode-se concluir com razão uma necessária *politia* no reino da natureza. Um reino sem governo, sem ordem e sem controle acabaria aos poucos em ruína. Em um Estado, chamamos de *politia* a direção e a justa administração do todo; e essa concepção só pode ser confirmada, se seguirmos, na medida do possível, a cadeia da natureza.

E a verdadeira vocação do homem consiste no conhecimento dessa "polícia natural":"De sua parte, o homem, que é o olho e a mente da terra, sempre

Apêndice • 303

atento em observar com assombro a economia do Criador, descobre que é o único ser que deve venerar a Deus, admirando a perfeição de sua obra".

2.3. É totalmente coerente com essas premissas o conceito de "economia da natureza" naquela que os contemporâneos denominavam *la secte économiste*, ou seja, os fisiocratas. A influência de Malebranche sobre Quesnay é bem documentada[44] e, em geral, a influência do modelo da ordem providencial sobre o pensamento dos fisiocratas não tem necessidade de ser provada. Contudo, não se refletiu suficientemente sobre as implicações da curiosa circunstância que fez com que a ciência moderna da economia e do governo tivesse sido construída a partir de um paradigma que havia sido elaborado no horizonte da *oikonomia* teológica e cujos conceitos e assinaturas é possível identificar pontualmente.

Nessa perspectiva, tem relevância especial o conceito de "ordem", que vimos desempenhar um papel essencial na constituição do governo divino do mundo. Aparece no centro do pensamento de Quesnay já antes dos anos 1750, quando ele escreveu, em 1758, o célebre *Tableau économique* [Quadro econômico] e, em 1756, os verbetes "Agricultores" [*fermiers*] e "Grãos" [*grains*] da *Enciclopédia*. Muito antes de assumir a fisionomia que nos é familiar, o termo "economia" já aparece na primeira metade do século XVIII no sintagma "economia animal"; esta, no entanto, não era uma ciência social, mas um ramo da medicina que, grosso modo, correspondia à fisiologia. Em 1736, Quesnay, que era e continuou sendo médico até o fim, compôs o *Essay physique sur l'économie animale* [Ensaio físico sobre a economia animal], em que esta é definida nos termos de uma ordem imanente que remete vigorosamente a um paradigma de governo. Segundo ele, a economia animal não designa o animal como tal, mas:

> a ordem, o mecanismo, o conjunto das funções e dos movimentos que mantêm a vida dos animais, cujo exercício perfeito, universal, executado com confiança, prontidão e facilidade constitui o estado mais florescente da saúde, em que o menor distúrbio é, por si mesmo, uma enfermidade.

Basta transferir essa ordem do "estado da saúde" para o Estado político, da natureza para a sociedade, para que isso se converta de imediato em um paradigma de governo. O *gouvernement économique d'un royaume* [governo

---

[44] Kubova, em *François Quesnay et la physiocratie* (Paris, Institut National d'Études Démographiques, 1968, v. 1), p. 169-96.

304 • O reino e a glória

econômico de um reino] nada mais é que a *ordre naturel plus avantageux* [ordem natural mais vantajosa], e isso resulta das leis imutáveis que o Ser supremo instituiu para a formação e a conservação de sua obra. Para Quesnay, economia significa ordem e a ordem funda o governo. Por isso, a edição de 1762 do *Dictionnaire de l'Académie* registrou como significado do termo *économie* "a ordem pela qual subsiste principalmente um corpo político" (a edição de 1798-1799 irá acrescentar: "nesse caso, chama-se economia política"). Aqui, assim como em Tomás, a ordem funciona como uma assinatura que serve para estabelecer uma relação entre a ordem teológica do universo e a ordem imanente das sociedades humanas, entre as leis gerais da providência e da natureza e o conjunto dos fenômenos particulares. Quesnay escreve:

> Os homens não podem penetrar os desígnios do Ser supremo na construção do universo, não podem elevar-se à destinação das regras imutáveis que Ele instituiu para a formação e a conservação de sua obra. Contudo, examinando essas regras com atenção, damo-nos conta de que as causas físicas do mal físico são elas próprias as causas do bem físico, que a chuva que incomoda os viajantes fertiliza a terra.[45]

(O exemplo da chuva benéfica e, ao mesmo tempo, destruidora também é usado, não por acaso, por Malebranche para definir os mecanismos da providência).

Essa ideia – substancialmente teológica – de uma ordem natural impressa nas coisas está tão presente no pensamento dos *économistes* que a ciência que denominamos "economia política" correu o risco de ser chamada "ciência da ordem". Esse é o nome com que Le Trosne a define constantemente em seu tratado *De l'ordre social* [Da ordem social], de 1777, cuja epígrafe bíblica extraída dos Salmos não deixa dúvidas sobre a origem do conceito. Embora tenha sido o primeiro entre os *économistes* a desenvolver uma teoria do valor que parece superar os limites da fisiocracia, seu sistema se apoia em fundamentos inequivocamente teológicos. Com o conceito (ou melhor, assinatura) de "ordem" e com as "verdades econômicas" que este implica, ele procura tornar compreensível e governável a política que "parecia ter sido estudada a ponto de parecer impenetrável"[46]. "A ciência da administração

---

[45] Ibidem, v. 2, p. 73.

[46] Guillaume Le Trosne, *De l'ordre social: ouvrage suivi d'un traité élémentaire sur la valeur, l'argent, la circulation, l'industrie et le commerce intérieur et extérieur* (Paris, s. ed., 1777), p. VIII.

Apêndice • 305

só apresentava verdades factícias, arbitrárias e variáveis; parecia assumir a obscuridade misteriosa dos oráculos para atrair o respeito, já que não podia conquistar a confiança"[47].

Basta que os homens vislumbrem a "ciência da ordem" para que os mistérios se dissipem e surja em seu lugar o conhecimento da economia pela qual as sociedades humanas foram instituídas, segundo as mesmas regras que regem o mundo físico:

Existe *uma ordem natural, imutável e essencial*, instituída por Deus para governar as sociedades civis da maneira mais vantajosa para os soberanos e para os súditos; os homens necessariamente se conformaram em parte; se não fosse assim, toda associação entre eles teria sido impossível. E se as sociedades não são tão felizes como deveriam ser e como deveriam desejar ser, é porque as desordens e os males que suportam provêm do fato de que conhecem dessa ordem apenas algum princípio geral, sem perceber o conjunto e sem tirar as consequências práticas que dele derivam, e afastando-se dele em alguns pontos essenciais. Essa ordem, cuja observação e cuja descoberta são tão importantes, tem uma *base física* e deriva, mediante uma concatenação de relações necessárias, das leis da ordem física, das quais somente pode resultar o acréscimo das subsistências, das riquezas e das populações e, consequentemente, a prosperidade dos impérios e a medida da felicidade que o Estado social comporta.[48]

A "ciência econômica" dos fisiocratas nada mais é que a "aplicação" e a transposição da ordem natural para o "governo das sociedades"[49]; mas a *physis* em questão é aquela que resulta do paradigma do governo divino do mundo, ou seja, do conjunto das relações entre leis gerais e casos particulares, entre causas primeiras e causas segundas, entre fins e meios, cujo cálculo é o objeto daquela "invenção ao mesmo tempo importante e engenhosa"[50] que é o *tableau économique*. É decisivo, no tratado de Le Trosne, o uso do sintagma *gouvernement de l'ordre*, a que é dedicado o oitavo discurso (*De l'évidence et la possibilité du gouvernement de l'ordre* [Da evidência e da possibilidade do governo da ordem]). Aqui o genitivo é subjetivo e, ao mesmo tempo, objetivo: assim como em Tomás, a ordem não é um esquema imposto de fora, mas é o próprio ser de Deus, que funda o governo do mundo e, ao

---

[47] Ibidem, p. IX.
[48] Ibidem, p. 302-3.
[49] Ibidem, p. 318.
[50] Ibidem, p. 320.

306 • O reino e a glória

mesmo tempo, a espessa rede de relações imanentes que, ligando as criaturas entre si, as torna governáveis.

A economia política constitui-se, portanto, como racionalização social da *oikonomia* providencial. Assim, não é por acaso que a epígrafe no frontispício do tratado de Le Mercier de la Rivière, *Ordre naturel et essentiel des sociétés politiques* [Ordem natural e essencial das sociedades políticas], de 1767, situe a nova ciência sob a invocação de uma citação de Malebranche: "A ordem é a lei inviolável dos Espíritos e nada é regulado, se não se conforma a ele".

2.4. Christian Marouby evidenciou a importância do conceito de "economia da natureza" em Adam Smith[51]. Quando ele aparece pela primeira vez na *Teoria dos sentimentos morais*, de 1759, seu vínculo com o paradigma providencial é totalmente explícito. Smith não apenas recorre a ele para expressar o nexo que o "Autor da natureza" estabeleceu entre causas finais e causas segundas, fins e meios[52], como também, de maneira mais geral, sublinha várias vezes a afinidade entre sua concepção e o paradigma providencial. Smith evoca os "antigos estoicos":

> Os antigos estoicos defendiam que o mundo era governado pela providência onipotente de um Deus sábio, potente e bom, de modo que cada acontecimento deve ser considerado parte necessária do plano do universo, tendente a promover a ordem e a felicidade geral do todo; que os vícios e as loucuras do gênero humano são parte necessária desse plano, da mesma maneira que sua sabedoria e sua virtude; que, pela arte imorredoura que faz surgir o bem do mal, vício e virtude contribuem em igual medida para a prosperidade e perfeição do grande sistema da natureza.[53]

Perrot, no entanto, mostrou a influência que sobretudo os autores franceses, como Mandeville, Malebranche, Pierre Nicole e Pascal, exerceram sobre o pensamento de Smith[54]. A famosa passagem segundo a qual "não é da benevolência do açougueiro, do cervejeiro e do padeiro que esperamos

---

[51] Christian Marouby, *L'économie de la nature: essai sur Adam Smith et l'anthropologie de la croissance* (Paris, Seuil, 2004), p. 232-4.

[52] Adam Smith, *The Theory of Moral Sentiments* (Oxford, Clarendon Press, 1976), parte 1, s. 2, cap. 5, nota 2, p. 77. [Ed. bras.: *Teoria dos sentimentos morais*, São Paulo, Martins Fontes, 2002.]

[53] Ibidem, parte 1, s. 2, cap. 3, p. 36.

[54] Jean-Claude Perrot, *Une histoire intellectuelle de l'économie politique, 17-18ème siècles* (Paris, Éditions de l'École des Hautes Études en Sciences Sociales, 1992), p. 348.

Apêndice • 307

nossa refeição, mas do zelo que têm por seus próprios interesses" deriva, segundo Perrot, de Nicole e de Pascal; e é nessa perspectiva que deveria ser investigada a genealogia da célebre imagem da "mão invisível".

Como se sabe, ela aparece duas vezes na obra de Smith: a primeira, na *Teoria dos sentimentos morais*, e a segunda, no capítulo 2 do livro IV da *Riqueza das nações*:

> Todo indivíduo [...] dirigindo sua indústria para aumentar tanto quanto possível o valor de seu produto, não pensa senão em seu próprio interesse; mas nisso, como acontece amiúde, é conduzido por uma mão invisível para um fim que não estava absolutamente entre suas intenções; e não está dito que seja um mal para a sociedade que ele ignore esse fim.[55]

Não há dúvida alguma de que a metáfora tenha origem teológica. Ainda que a derivação imediata deva ser procurada com toda probabilidade em autores cronologicamente mais próximos dele, nossa investigação sobre a genealogia do paradigma econômico providencial levou-nos a cruzar casualmente e várias vezes com a mesma imagem. Em Agostinho, Deus governa e administra o mundo, desde as coisas grandes até as pequenas, com um gesto oculto da mão (*"omnia, maxima et minima, occulto nutu administranti"*, Gn 3,17,26); no tratado sobre o governo do mundo de Salviano, não só os impérios e as províncias, mas também os mínimos detalhes das casas privadas são guiados *"quasi quadam manu et gubernaculo"* [como por uma mão e com governo][56]; Tomás de Aquino fala no mesmo sentido de uma *manus gubernatoris* [mão de governante][57], que, sem ser vista, governa o criado; em Lutero, no *De servo arbitrio*, a própria criatura é mão (*Hand*) do Deus escondido; por fim, em Bossuet, *"Dieu tient du plus haut des cieux les rênes de tous les royaumes; il a tous les coeurs en sa main* [Deus tem do mais alto dos céus as rédeas de todos os reinos; tem todos os corações em sua mão]"[58].

Mas a analogia é ainda mais forte e profunda que a imagem da "mão invisível" permite inferir. Didier Deleule analisou de forma magistral o vínculo entre o pensamento de Hume e de Smith e o nascimento do liberalismo econômico.

---

[55] Adam Smith, *Ricchezza delle nazioni*, livro IV, cap. 2, par. 9. [Ed. bras.: *Riqueza das nações*, 3. ed., São Paulo, Hemus, 2008.]

[56] Salvianus Presbyter Massiliensis, "De gubernatione dei", em *Opera omnia* (Vindobonae, s. ed., 1883), p. II.

[57] Tomás de Aquino, *S. Th.*, I, q. 103, a.1, ad 2.

[58] Jacques Bénigne Bossuet, "Discours sur l'histoire universelle", em *Oeuvres* (ed. B. Velat e Y. Champailler, Paris, Gallimard, 1936), parte 3, cap 7, p. 1024-5.

308 • O reino e a glória

Ele opõe o "naturalismo" de Hume e de Smith ao "providencialismo" dos fisiocratas, diretamente tributários, como vimos, de um paradigma teológico. À ideia de um desígnio divino originário, comparável a um projeto elaborado por um cérebro, Hume contrapõe, como vimos, a de um princípio de ordem absolutamente imanente, que funciona mais como um "ventre" do que como um cérebro. "Por que" – faz perguntar a Filon – "um sistema ordenado não pode ser tecido por um ventre, em vez de sê-lo por um cérebro?"[59] Se é provável que a imagem smithiana da mão invisível deva ser entendida, nesse sentido, como ação de um princípio imanente, nossa reconstrução da máquina bipolar da *oikonomia* teológica mostrou que, nela, não há conflito entre "providencialismo" e "naturalismo", pois a máquina funciona precisamente pondo em relação um princípio transcendente e uma ordem imanente. Assim como o Reino e o Governo, a Trindade intradivina e a Trindade econômica, o "cérebro" e o "ventre" não são mais que duas faces de um mesmo dispositivo, de uma mesma *oikonomia*, no interior da qual, de cada vez, um dos dois polos pode prevalecer sobre o outro.

O liberalismo representa uma tendência que leva ao extremo a supremacia do polo "ordem imanente-governo-ventre", até quase eliminar o polo "Deus transcendente-reino-cérebro"; mas, fazendo assim, apenas joga uma metade da máquina teológica contra a outra. E quando a modernidade abolir o polo divino, a economia que derivar daí nem por isso se emancipará de seu paradigma providencial. No mesmo sentido, na teologia cristã moderna entram em ação forças que impelem a cristologia para um desvio quase ateológico; mesmo nesse caso, porém, o modelo teológico não é superado.

2.5. Leibniz, na *Teodiceia*, lembra a opinião de alguns cabalistas, segundo a qual o pecado de Adão teria consistido em separar o Reino divino de seus outros atributos, constituindo assim um império dentro do império:

> Segundo os cabalistas judeus, *Malkuth* ou o reino, a última das *sefirot*, significava que Deus governa tudo de maneira irresistível, mas com doçura e sem violência, de modo que o homem acredite estar seguindo a própria vontade, enquanto cumpre a de Deus. Eles declaravam que o pecado de Adão foi *truncatio malcuth a caeteris plantis*, ou seja, que o pecado de Adão havia separado a última das *sefirot*, constituindo para si um império dentro do império de Deus [...] mas que sua queda lhe havia ensinado no fim que

---

[59] Didier Deleule, *Hume et la naissance du liberalisme économique* (Paris, Aubier Montaigne, 1979), p. 259 e 305.

ele não podia subsistir por si mesmo e os homens precisam ser redimidos pelo messias.[60]

Segundo Leibniz, Espinosa (que retoma no *Tratado teológico-político* a imagem do *imperium in imperio* a fim de criticar a ideia moderna de liberdade) nada mais teria feito senão levar ao extremo, em seu sistema, a tese dos cabalistas.

A *oikonomia* dos modernos é essa *truncatio Malkuth*, que, assumindo como própria uma soberania separada de sua origem divina, mantém, na realidade, o modelo teológico do governo do mundo. Ela estabelece uma *oikonomia* na *oikonomia*, deixando intacto o conceito de governo que era solidário com aquele modelo. Por esse motivo, não tem sentido opor à teologia e ao seu paradigma providencial o laicismo e a vontade geral, mas uma operação arqueológica como a que tentamos aqui, que, remontando à cisão que os produziu como irmãos rivais, mas inseparáveis, desmonte e torne inoperoso todo o dispositivo econômico-teológico.

O fato de que os dois polos desse dispositivo não sejam antagonistas, mas permaneçam secretamente solidários até o fim é evidente no pensamento do teólogo que levou a tal extremo o modelo providencial que este parece se resolver por inteiro na imagem do mundo da modernidade. Em seu *Traité du libre arbitre*, Bossuet tenta conciliar a todo custo a liberdade humana e o governo divino do mundo. Segundo ele, Deus quer, desde toda a eternidade, que o homem seja livre, e não só em potência, mas no exercício atual e concreto de sua liberdade.

> O que há de mais absurdo que dizer que o homem não é livre, porque Deus quer que o seja? Não se deve dizer, ao contrário, que o é, porque Deus o quer; e que, assim como somos livres por força do decreto que quer que sejamos livres, da mesma maneira realizamos livremente este ou aquele ato por força do mesmo decreto que se estende até os detalhes?[61]

O governo divino do mundo é tão absoluto e penetra tão profundamente nas criaturas que a vontade divina se anula na liberdade dos homens (e esta, naquela):

> Não é necessário que, para nos tornar conformes a seu decreto, Deus ponha em nós algo mais que nossa própria determinação ou que no-lo ponha por

---

[60] Gottfried Wilhelm von Leibniz, *Essais de théodicée*, cit., 3, 372, p. 351.

[61] Jacques Bénigne Bossuet, "Traité du libre arbitre", em *Oeuvres choisies* (Paris, s. ed., 1871, v. 4), cap. 8, p. 64.

310 • O reino e a glória

intermédio de outrem. Da mesma maneira que seria absurdo afirmar que nossa própria determinação tira de nós nossa liberdade, seria igualmente absurdo afirmar que Deus no-la tira com seu decreto; e assim como nossa vontade, decidindo-se a escolher uma coisa ao invés de outra, não se tira por isso o poder de eleger entre elas, deve-se concluir do mesmo modo que Deus tampouco no-lo tira.[62]

Nessa altura, a teologia pode acabar em ateísmo e o providencialismo, em democracia, porque *Deus fez o mundo como se este fosse sem Deus e o governa como se este governasse a si mesmo*:

De fato, pode-se dizer que Deus nos torna tais quais seríamos se pudéssemos ser por nós mesmos; porque nos faz em todos os princípios e em todo o estado de nosso ser. Pois, para dizer a verdade, o estado de nosso ser é ser tudo que Deus quer que sejamos. Assim, Ele faz ser homem aquele que é homem; e corpo aquele que é corpo; e pensamento o que é pensamento; e paixão o que é paixão; e ação o que é ação; e necessário o que é necessário; e livre o que é livre; e livre em ato e em exercício aquele que é livre em ato e em exercício...[63]

Nessa imagem grandiosa, em que o mundo criado por Deus se identifica com o mundo sem Deus, e contingência e necessidade, liberdade e servidão se esfumam uma na outra, o centro glorioso da máquina governamental aparece em plena luz. A modernidade, eliminando Deus do mundo, não só não saiu da teologia, mas, em certo sentido, nada mais fez que levar a cabo o projeto da *oikonomia* providencial.

---

[62] Ibidem, p. 65.
[63] Idem.

# BIBLIOGRAFIA

AGOSTINHO. *Genesi alla lettera*. Ed. L. Carrozzi. Roma, Città Nuova, 1989.

ALEXANDRE DE AFRODÍSIA. *Traité du destin*. Ed. P. Thilliet. Paris, Les Belles Lettres, 1984.

_____. *La provvidenza*: questioni sulla provvidenza. Ed. S. Fazzo e M. Zonta. Milão, Rizzoli, 1999.

ALEXANDRE DE HALES. *Glosa in quatuor libros Sententiarum Petri Lombardi*. Florentiae, Quaracchi, 1952.

ALFÖLDI, Andreas. *Die monarchische Repräsentation im römischen Kaiserreiche*. Darmstadt, Wissenschaftliche Buchgesellschaft, 1970.

AMIRA, Karl von. Die Handgebärden in der Bilderhandschriften de Sachsenspiegels. *Abhandlungen der Bayerischen Akademie der Wissenschaften, Philosophisch-Philologische und Historische Klasse*, v. 23, n. 2, 1905.

ARNIM, Hans von (ed.). *Stoicorum veterum fragmenta*. Leipzig, Teubner, 1903. v. 2-3.

ASSMANN, Jan. *Herrschaft und Heil*: Politische theologie in Altägypten, Israel und Europa. Munique, Hanser, 2000.

ATENÁGORAS. *Supplique au sujet des chrétiens*. Ed. B. Pouderon. Paris, Cerf, 1992. Sources Chrétiennes 379.

AUBIN, Paul. *Le problème de la conversion*: étude sur un terme commun à l'hellénisme et au christianisme des trois premiers siècles. Paris, Beauchesne, 1963.

AUSTIN, John L. *How to Do Things with Words*: the William James Lectures Delivered at Harvard University in 1995. Oxford, Clarendon, 1962.

BALL, Hugo. *Byzantinisches Christentum*: Drei Heiligenleben. Munique/ Leipzig, s. ed., 1923.

BALTHASAR, Hans Urs von. *Herrlichkeit*: Eine theologische Ästhetik. Einsiedeln, Johannes Verlag, 1961. v. 1.

_____. *Rechenschaft*. Einsiedeln, Johannes Verlag, 1965.

BARTH, Karl. *Die Kirchliche Dogmatik*. Zollikon, s. ed., 1958.

BAYLE, Pierre. *Réponse aux questions d'un provincial*. Roterdã, s. ed., 1704-1707. 5 v.

312 • O reino e a glória

BENGSCH, Alfred. *Heilsgeschichte und Heilswissen*: Eine Untersuchung zur Struktur und Entfaltung des theologischen Denkens im Werk "Adversus haereses" des heiligen Irenäus. Leipzig, St. Benno Verlag, 1957.

BENZ, Ernst. *Marius Victorinus und die Entwicklung der abendländischen Willenmetaphysik*. Stuttgart, Kohlahmmer, 1932.

BLATT, Franz. Ministerium-Mysterium. *Archivium Latinitatis Medii Aevi*, n. 4, 1928. p. 80-1.

BLUMENBERG, Hans. *Die Legitimität der Neuzeit*. Frankfurt am Main, Suhrkamp, 1966.

BOSSUET, Jacques Bénigne. Discours sur l'histoire universelle. In: _____. *Oeuvres*. Ed. de B. Velat e Y. Champailler. Paris, Gallimard, 1936.

_____. Traité du libre arbitre. In: _____. *Oeuvres choisies*. Paris, s. ed., 1871. v. 4.

BRÉHIER, Émile. Les lectures malebranchistes de J.-J. Rousseau. *Révue internationale de philosophie*, 1938-1939.

BRÉHIER, Louis; BATIFFOL, Pierre. *Les survivances de culte impérial romain*: à propos des rites shintoistes. Paris, Picard, 1920.

CABASILAS, Nicolas. *Explication de la divine liturgie*. Paris, Cerf, 1967. Sources Chrétiennes 4bis.

CAIRD, George B. *Principalities and Powers: A Study in Pauline Theology. The Chancellor's Lectures for 1954 at Queen's University, Kingston, Ontario*. Oxford, Clarendon Press, 1956.

CARCHIA, Gianni. Elaborazione della fine: mito, gnosi, modernità. *Contro tempo*, n. 2, 1997. p. 18-28.

CHRIST, Felix (ed.). *Oikonomia*: Heilsgeschichte als Thema der Theologie. Hamburgo/ Bergstedt, Herbert Reich, 1967. Oscar Cullmann zum 65. Geburtstag gewidmet.

CIRILO DE JERUSALÉM. *Catéchèses mystagogiques*. Ed. A. Piédagnel. Paris, Cerf, 1988. Sources Chrétiennes 126.

CLEMENTE DE ALEXANDRIA. *Werke*. Ed. O. Stählin. Leipzig, 1905-1909. v. 1-3. Die Griechischen Christlichen Schriftsteller der ersten drei Jahrhunderte 39. (Os índices constam do v. 4, publicado em 1936.)

_____. *Extraits de Théodote*. Ed. F. Sagnard. Paris, Cerf, 1970.

COCCIA, Emanuele. Il bene e le sue opera in un trattato anonimo della fine del sec. XIII. In: ZAVATTERO, Irene (ed.). *Etica e conoscenza nel XIII e XIV secolo*. Arezzo, Università degli Studi di Siena, 2006.

CONSTANTINO VII PORFIROGENETA. *Le livre des cérémonies*. Paris, Les Belles Lettres, 1935. v. 1.

COSTA, Pietro. *Iurisdictio: semantica del potere politico nella pubblicistica medievale (1100-1433)*. Milão, Giuffrè, 1969.

COURTENAY, William J. *Capacity and Volition*: A History of the Distinction of Absolute and Ordained Power. Bérgamo, P. Lubrina, 1990.

D'ALÈS, Adhémar. Le mot "oikonomia" dans la langue théologique de saint Irénée. *Revue des études grecques*, n. 32, 1919.

DANIÉLOU, Jean. *Gli angeli e la loro missione secondo i Padri della Chiesa*. Milão, Gribaudi, 1998.

DELEULE, Didier. *Hume et la naissance du liberalisme économique*. Paris, Aubier Montaigne, 1979.

Bibliografia • 313

DIETERICH, Albrecht. *Eine Mithrasliturgie*. Leipzig, Teubner, 1903.

DÖRRIE, Heinrich. Der König: Ein platonische Schlüsselwort, von Plotin mit neuem Sinn erfüllt. *Révue internationale de philosophie*, n. 24, 1970. p. 217-35.

DURANT, Will. *The Story of Philosophy*: The Lives and Opinions of the Greater Philosophers. Nova York, Simon and Schuster, 1962. [Ed. bras.: *História da filosofia*: vida e ideias dos grandes filósofos. 11. ed. São Paulo, Nacional, 1962.]

DURKHEIM. Émile. *Les formes élémentaires de la vie religieuse*: le système totémique en Australie. Paris, Alcan, 1912. [Ed. bras.: *As formas elementares da vida religiosa*. São Paulo, Martins Fontes, 2003.]

DYSON, Roberto W. (ed.). *Giles of Rome's on Ecclesiastical Power*: a Medieval Theory of World Government. Nova York, Columbia University Press, 2004.

ESTEVÃO DE TOURNAI. *Die Summa über das Decretum Gratiani*. Ed. J. F. Schulte. Giessen, s. ed., 1891.

FÉNELON, François. *Réfutation du système du père Malebranche*. In: _____. *Oeuvres*. Paris, Gallimard, 1997.

FILIPE, O CHANCELER DE PARIS. *Summa de bono*. Ed.. N. Wicki. Berna, Francke, 1985.

FILON DE ALEXANDRIA. *De providentia*. Ed. M. Hadas-Lebel. Paris, Cerf, 1973.

FLASCH, Kurt. *"Ordo dicitur multipliciter"*: Eine Studie zur Philosophie des "ordo" bei Thomas von Aquin. Frankfurt am Main, Phil. Dissert., 1956.

FÓCIO. *Photii Epistulae et Amphilochia*. Ed. L. G. Westerink. Leipzig, Teubner, 1986. v. 4.

FOUCAULT, Michel. *Sécurité, territoire, population*: cours au Collège de France (1977-1978). Paris, Seuil/ Gallimard, 2004. [Ed. bras.: *Segurança, território, população: curso dado no Collège de France (1977-1978)*. São Paulo, Martins Fontes, 2008.]

GASS, Wilhelm. Das Patristiche Wort "oikonomia". *Zeitschrift für wissenschaftliche Theologie*, 1874.

GERNET, Louis. Droits et prédroit en Grèce ancienne. In: _____. *Anthropologie de la Grèce antique*. Paris, Maspero, 1968.

GOGARTEN, Friedrich. *Verhängnis und Hoffnung der Neuzeit*: Die Säkularisierung als theologisches Problem. Stuttgart, Vorwerk, 1953.

GREGÓRIO DI NAZIANZO. *Tutte le orazioni*. Ed. C. Moreschini. Milão, Bompiani, 2000.

GREGÓRIO DE NISSA. *Discours catéchétique*. Ed. R. Winling. Paris, Cerf, 2000. Sources Chrétiennes 453.

GRIMM, Dieter. *Braucht Europa eine Verfassung*: Vortrag gehalten in der Carl Friedrich von Siemens Stiftung am 19. Januar 1994. Munique, Carl Friedrich von Siemens Stiftung, 1995.

GUILHERME DE ALVÉRNIA. *De retributionibus sanctorum*. In: _____. *Opera omnia*. Paris, 1570. v. 2.

HABERMAS, Jürgen. *Storia e critica dell'opinione pubblica*. Roma/ Bari, Laterza, 1990. [Ed. bras.: *Mudança estrutural da esfera pública: investigações quanto a uma categoria da sociedade burguesa*. Rio de Janeiro, Tempo Brasileiro, 1984.]

HARDT, Michel; NEGRI, Antonio. *Impero*. Milão, Rizzoli, 2002. [Ed. bras.: *Império*. Rio de Janeiro, Record, 2001.]

314 • O reino e a glória

HARNACK, Adolf von. *Marcion*: Das Evangelium vom fremden Gott. Eine Monographie zur Geschichte der Grundlegung der katholischen Kirche. Leipzig, Hinrichs, 1924.

HARRIS. *The Apology of Aristides on Behalf of the Christians*. Ed. J. R. Harris. Cambridge, The University Press, 1891.

HEIDEGGER, Martin. *Kant und das Problem der Metaphysik*. Frankfurt am Main, Klostermann, 1951.

_____. *Bremer und Freiburger Vorträge*. Frankfurt am Main, Klostermann, 1994.

HELLINGRATH, Norbert. *Hölderlin-Vermächtnis*: Forschungen und Vorträge. Ein Gedenkbuch zum 14. Dezember 1936. Munique, Bruckmann, 1936.

HIPÓLITO. *Contre les hérésies: fragment*. Ed. P. Nautin. Paris, Cerf, 1949.

INÁCIO DE ANTIOQUIA; POLICARPO DE ESMIRNA. *Lettres: martyre de Polycarpe*. Paris, Cerf, 1969. Sources Chrétiennes 79.

IRENEU DE LIÃO. *Contre les hérésies*. Ed. A. Rousseau. Paris, Cerf, 1965-2002. 9 v. Sources Chrétiennes 100, 152, 153, 210, 211, 263, 264, 293 e 294. [Ed. bras.: *Contra as heresias*. São Paulo, Paulus, 1997, Patrística 4.]

JESI, Furio. Rilke, *Elegie di Duino*: scheda introduttiva. *Cultura tedesca*, n. 12, 1999.

JOÃO CRISÓSTOMO. *Sur la providence de Dieu*. Ed. A.-M. Malingrey. Paris, Cerf, 1961. Sources Chrétiennes 79. [Ed. bras.: *Da providência de Deus*. São Paulo, Paulus, 2007, Patrística 23.]

JUSTINO. *Iustini philosophi et martyris opera quae feruntur omnia*. Ed. J. C. T. Otto. Jenae, s. ed., 1881, v. 3: *Opera Iustini subditicia*: fragmenta Pseudo-Iustini, t. 2: "Corpus apologetarum christianorum saeculi secundi".

_____. *Dialogues avec Tryphon*. Ed. G. Archambault. Paris, Picard, 1909. [Ed. bras.: *Diálogos com Trifão*. 2. ed. São Paulo, Paulus, 1997, Patrística 3.]

KANTOROWICZ, Ernst. *I misteri dello Stato*. Gênova, Marietti 1820, 2005.

_____. *Laudes regiae*: A Study in Liturgical Acclamations and Medieval Ruler Worship. Berkeley/ Los Angeles, University of California Press, 1946.

_____. *The King's Two Bodies: A Study in Medieval Political Theology*. Princeton, Princeton University Press, 1957. [Ed. bras.: *Os dois corpos do rei: um estudo sobre teologia medieval*. São Paulo, Companhia das Letras, 2000.]

KOLPING, Adolf. *Sacramentum Tertullianeum. Erster Teil*: Untersuchungen über die Anfänge des christlichen Gebrauches der Vokabel "sacramentum". Münster, Regensberg, 1948.

KORNEMANN, Ernst. Zum Streit um die Entstehung des Monumentum Ancyranum. *Klio*, n. 5, 1905. p. 317-32.

KRINGS, Hermann. Das Sein und die Ordnung: Eine Skizze zur Ontologie des Mittelalters. *Deutsche Vierteljahrsschrift für Literaturwissenschaft und Geistesgeschichte*, n. 18, 1940. p. 233-49.

_____. *Ordo*: Philosophisch-historische Grundlegung einer abendländischen Idee. Halle, Niemeyer, 1941.

LEIBNIZ, Gottfried Wilhelm von. *Essais de théodicée*. Paris, Aubier, 1962.

LESSIUS, Leonardo. *De perfectionibus moribusque divinis libri 14*. Freiburg, s. ed., 1861.

LE TROSNE, Guillaume François. *De l'ordre social*: ouvrage suivi d'un traité élémentaire sur la valeur, l'argent, la circulation, l'industrie & le commerce intérieur & extérieur. Paris, s. ed., 1777.

Bibliografia • 315

LILLGE, Otto. *Das patristische Wort "oikonomia"*: seine Geschichte und seine Bedeutung bis auf Origenes. Erlangen, 1955.

LINDEMANN, Andreas; PAULSEN, Henning (eds.). *Die apostolischen Vätern*. Tübingen, Mohr, 1992.

LÖWITH, Karl. *Weltgeschichte und Heilgeschehen*: Die theologischen Voraussetzungen der Geschichtsphilosophie. Stuttgart, W. Kohlhammer, 1953.

LÜBBE, Hermann. *Säkularisierung*: Geschichte eines ideenpolitischen Begriffs. Freiburg, Alber, 1965.

LÜNIG, Johann Christian. *Theatrum ceremoniale historico-politicum*. Leipzig, s. ed., 1719.

MACCARRONE, Michele. *Il sovrano "Vicarius Dei" nell'Alto Medioevo*. Leiden, Brill, 2003.

MAIMÔNIDES. *La guida dei perplessi*. Ed. M. Zonta. Turim, Utet, 2003. [Ed. bras.: *O guia dos perplexos*. São Paulo, Landy, 2003.]

MALEBRANCHE, Nicolas. Entretiens sur la métaphysique, sur la religion et sur la mort. In: _____. *Oeuvres*. Paris, Gallimard, 1979. v. 1.

_____. Traité de la nature et de la grâce. In: _____. *Oeuvres*. Paris, Gallimard, 1979. v. 2.

MARKUS, Robert A. Pleroma and Fulfilment: the Significance of History in St. Irenaues' Opposition to Gnosticism. *Vigiliae Christianae*, v. 8, n. 4, 1954.

_____. Trinitarian Theology and the Economy. *Journal of Theological Studies*, n. 9, 1958. p. 99.

MAROUBY, Christian. *L'économie de la nature*: essai sur Adam Smith et l'anthropologie de la croissance. Paris, Seuil, 2004.

MASCALL, Eric. Primauté de la louange. *Dieu vivant*, n. 19, 1951.

MATEUS DE ACQUASPARTA. *Quaestiones disputatae de productione rerum et de providentia*. Florença, Quaracchi, 1956. Bibliotheca Franciscana 17.

MAUSS, Marcel. La prière. In: _____. *Oeuvres*. Paris, Minuit, 1968, p. 357-477.

_____. Anna-Viraj. In: _____. *Oeuvres*. Paris, Minuit, 1974. v. 2.

MELANDRI, Enzo. *La línea e il circolo*. Macerata, Quodlibet, 2004.

MIGNE, Jacques-Paul (ed.). *Patrologiae cursus completus. Series Graeca*. Paris, s. ed., 1857-1866.

MOINGT, Joseph. *Théologie trinitaire de Tertullien*. Paris, Aubier, 1966. 3 v.

MOLTMANN, Jürgen. *Trinität und Reich Gottes*: Zur Gotteslehre. Munique, Kaiser, 1980.

MOMMSEN, Theodor. *Römisches Staatsrecht*. Graz, Akademische Druck, 1969. 5 v.

MONDZAIN, Marie-José. *Image, icône, économie*: les sources byzantines de l'imaginaire contemporain. Paris, Seuil, 1996.

MOPSIK, Charles. *Les grandes textes de la cabale*: les rites qui font Dieu. s.l., Verdier, 1993.

NAGY, Gregory. *The Best of the Achaeans*: Concepts of the Hero in Archaic Greek Poetry. Baltimore/ Londres, The Johns Hopkins University Press, 1979.

NAPOLI, Paolo. *Naissance de la police moderne*: pouvoir, normes, société. Paris, La Découverte, 2003.

316 • O reino e a glória

NORDEN, Eduard. *Agnostos theos*: Untersuchungen zur Formengeschichte religiöser Rede. Leipzig, Teubner, 1913.

NUMÊNIO. *Fragments*. Ed. E. Des Places. Paris, Les Belles Lettres, 1973.

ORÍGENES. *Philocalie, 1-20 sur les écritures et la lettre à Africanus sur l'histoire de Suzanne*. Ed. M. Harl e N. De Lange. Paris, Cerf, 1983. Sources Chrétiennes 302.

_____. *Traité des principes*. Ed. H. Crouzel e M. Simonetti. Paris, Cerf, 1980. Sources chrétiennes 252 e 268.

_____. *Commentaire sur saint Jean*. Ed. C. Blanc. Paris, Cerf, 1992. Sources Chrétiennes 385.

PASCAL, Blaise. *Les provinciales*. In: _____. *Oeuvres complètes*. Paris, Gallimard, 1954.

_____. *Pensées*. Ed. Lafuma. Paris, Seuil, 1962. [Ed. bras.: *Pensamentos*. 2. ed. São Paulo, Martins Fontes, 2005.]

PERROT, Jean-Claude. *Une histoire intellectuelle de l'économie politique (17-18ème siècles)*. Paris, Éditions de l'École des Hautes Études en Sciences Sociales, 1992.

PETERS, Edward. *Limits of Thought and Power in Medieval Europe*. Aldershot, Ashgate, 2001.

PETERSON, Erik. *HEIS THEOS*: Epigraphische, formgeschichtliche und religionsgeschichtliche Untersuchungen. Göttingen, Vandenhoeck und Ruprecht, 1926.

_____. *Ausgewählte Schriften*. Würzburg, Echter, 1994. v. 1: *Theologische Traktate*.

_____. *Ausgewählte Schriften*. Würzburg, Echter, 1995. v. 2: *Marginalien zur Theologie und andere Schrifte*.

PICARD, Charles. Le trône vide d'Alexandre dans la cérémonie de Cyunda et le culte du trône vide à travers le monde gréco-romain. *Cahiers archéologiques*, n. 7, 1954. p. 1-18.

PLUTARCO. *Oeuvres morales*. Ed. Jean Hani. Paris, Les Belles Lettres, 1980. v. 8.

POHLENZ, Max. *La Stoa: storia di un movimento spirituale*. Florença, La Nuova Italia, 1967. 2 v.

POSTIGLIOLA, Alberto. *La città della ragione: per una storia filosofica del settecento francese*. Roma, Bulzoni, 1992.

PRESTIGE, George L. *God in Patristic Thought*. Londres, SPCK, 1952.

PRÓCLO. *Tria opuscula: provvidenza, libertà, male*. Ed. F. D. Paparella. Milão, Bompiani, 2004.

PUECH, Henri C. *Sulle tracce della gnosi*. Milão, Adelphi, 1985.

QUIDORT. *Fratis Johannis de Parisiis… de potestate regia et papali*. In: GOLDAST, Melchior. *Monarchiae sacri Romani imperii, sive Tractatuum de iurisdictione imperiali seu regia et pontificia seu sacerdotalis*. Francofordiae ad Moenum, s. ed., 1614. v. 2. [Ed. bras.: *Sobre o poder régio e papal*. Petrópolis, Vozes, 1989.]

RADÓ, Polycarpus. *Enchiridion liturgicum complectens theologiae sacramentalis et dogmata et leges*. Romae/ Friburgi Brisg./ Barginone, Herder, 1966.

RICHTER, Gerhard. *Oikonomia: Der Gebrauch des Wortes Oikonomia im Neuen Testament, bei den Kirchenvätern und in der theologischen Literatur bis ins 20. Jahrundert*. Berlim/ Nova York, de Gruyter, 2005.

RIGO, Antonio (ed.). *Gregorio Palamas e oltre: studi e documenti sulle controversie teologiche del XIV secolo bizantino*. Florença, Olschki, 2004.

Bibliografia • 317

RILEY, Patrick. *The General Will Before Rousseau: The Transformation of the Divine Into the Civic*. Princeton, Princeton University Press, 1988.

RILKE, Rainer M. *Poesie*. Ed. G. Baioni. Turim, Einaudi/ Gallimard, 1994-1995. 2 v.

ROSS, William D. *Aristotle's Metaphysics*. Oxford, Clarendon Press, 1953.

ROUSSEAU, Jean-Jacques. *Oeuvres complètes*. Paris, Gallimard, 1964. v. 3.

SALVIANUS PRESBYTER MASSILIENSIS. *De gubernatione dei*. In: _____. *Opera omnia*. Vindobonae, s. ed., 1883.

SANTILLANA, Giorgio de. Fato antico e fato moderno. *Tempo presente*, v. 8, n. 9-10, 1963.

SCHELLING, Friedrich Wilheim Joseph. *Philosophie der Offenbarung*. Ed. M. Frank. Frankfurt am Main, Suhrkamp, 1977.

SCHENK, Gerrit Jasper. *Zeremoniell und Politik: Herrschereinzuge im spätmittelalterlichen Reich*. Köhl, Böhlau, 2003.

SCHMITT, Carl. *Politische Theologie*: Vier Kapitel zur Lehre von der Souveränität. Munique/ Leipzig, Duncker & Humblot, 1922. [Ed. bras.: *O conceito do político*. Petrópolis, Vozes, 1992.]

_____. *Staat, Bewegung, Volk*: Die Dreigliederung der politischen Einheit, Hamburg 1933.

_____. *Verfassungslehre*. Berlim, Duncker & Humblot, 1938.

_____. *Politische Theologie II*: Die Legende von der Erledingung jeder Politischen Theologie. Berlim, Duncker & Humblot, 1954. [Ed. bras.: *Teologia política*. Belo Horizonte, Del Rey, 2006.]

_____. *Der Nomos der Erde im Völkerrecht des Jus Publicum Europaeum*. Berlim, Duncker & Humblot, 1974.

_____. *Gespräche mit Carl Schmitt*. Berlim, Merve, 1993.

_____. Referendum e proposta di legge d'iniziativa popolare. In: _____. *Democrazia e liberalismo*: referendum e iniziativa popolare. Hugo Preuss e la dottrina tedesca dello Stato. Ed. M. Alessio. Milão, Giuffrè, 2001.

SCHOLEM, Gershom. *Von der mystischen Gestalt der Gottheit*: Studien zu Grundbegriffen der Kabbala. Frankfurt am Main, Suhrkamp, 1977.

_____. *Le origini della kabbalà*. Bolonha, Il Mulino, 1973.

SCHRAMM, Ernst Percy. *Herrschaftszeichen und Staatssymbolik*: Beiträge zu ihrer Geschichte vom dritten bis zum sechzehnten Jahrhundert. Stuttgart, Anton Hiersemann, 1954-1956. 3 v.

SCHÜRMANN, Reiner. *Le principe d'anarchie*: Heidegger et la question de l'agir. Paris, Seuil, 1982.

SEIBT, Klaus. *Die Theologie des Markell von Ankyra*. Berlim/ Nova York, de Gruyter, 1994.

SENELLART, Michel. *Les arts de gouverner: du "regimen" médiéval au concept de gouvernement*. Paris, Seuil, 1995. [Ed. bras.: *As artes de governar: do regimen medieval ao conceito de governo*. São Paulo, Editora 34, 2006.]

SILVA TAROUCA, Amadeo. L'idée d'ordre dans la philosophie de Saint Thomas d'Aquin. *Révue néoscholastique de philosophie*, n. 40, 1937. p. 341-84.

SIMONETTI, Manlio (ed.). *Il Cristo*: testi teologici e spirituali in língua greca dal IV al VII secolo. s.l., Fondazione Valla/Mondadori, 1986. v. 2.

318 • O reino e a glória

SMITH, Adam. *The Theory of Moral Sentiments*. Oxford, Clarendon Press, 1976. [Ed. bras.: *Teoria dos sentimentos morais*. São Paulo, Martins Fontes, 2002.]

SPINOZA, Benedictus de. *Ética*. Belo Horizonte, Autêntica Editora, 2007.

STEIN, Bernhard. *Der Begriff KEBOD JAHWEH und seine Bedeutung für die alttestamentliche Gotteserkenntnis*. Emsdetten, Heim, 1939.

SUÁREZ, Francisco. *Opera omnia*. Paris, Vives, 1858. v. 3.

TACIANO. *Oratio ad Graecos and fragments*. Ed. M. Whittaker, Oxford, Clarendon Press, 1982.

TAUBES, Jacob. *Ad Carl Schmitt*: Gegenstrebige Fügung. Berlim, Merve, 1987.

TEODORETO DE CIRO. Interpretatio in XIV epistulas sancti Pauli. In: MIGNE, Jacques-Paul (ed.). *Patrologiae cursus completus*. *Series Graeca*. Paris, s. ed., 1857-1866. v. 82, p. 36-877.

_____. *Eranistēs*. Ed. G. H. Ettlinger. Oxford, Clarendon Press, 1975.

TEÓFILO DE ANTIOQUIA. *Trois livres à Autolycus*. Paris, Cerf, 1948. Sources Chrètiennes 20.

TERTULIANO. *Adversus Praxean*. Ed. G. Scarpat. Turim, Loescher, 1959.

_____. *Contre Marcion*. Paris, Cerf, 1990. v. 1. Sources Chrétiennes 365.

TOMÁS DE AQUINO: *In omnes S. Pauli... epistulas commentaria*. Turim, Marietti, 1896.

_____. *Super librum de causis expositio*. Ed. H. D. Saffrey. Paris, Vrin, 2002.

TORRANCE, Thomas F. *The Implications of Oikonomia for Knowledge and Speech of God in Early Christian Theology*. In: CHRIST, Felix (ed.). *Oikonomia*: Heilsgeschichte als Thema der Theologie. Hamburgo/ Bergstedt, Herbert Reich, 1967. Oscar Cullmann zum 65. Geburtstag gewidmet.

TROELTSCH, Ernst. *Glaubenslehre*: Nach Heidelberger Vorlesungen aus den Jahren 1911 und 1912. Munique/ Leipzig, Duncker & Humblot, 1925.

VÁRIOS. *François Quesnay et la physiocratie*. Paris, Institut National d'Études Démographiques, 1968. 2 v.

VERHOEVEN, Theodorus L. *Studiën over Tertullianus' "Adversus Praxean"*: Voornamelijk betrekking hebbend op Monarchia, Oikonomia, Probola in verband met de Triniteit. Amsterdã, N. V. Noord-Hollandsche Uitgevers Maatschappij, 1948.

VERNANT, Jean-Pierre. Ébauches de la volonté dans la tragédie grecque. In: VÁRIOS. *Psychologie comparative et art*: Hommage à Ignace Meyerson. Paris, PUF, 1972.

WESTON, Jessie L. *From Ritual to Romance*. Cambridge, Cambridge University Press, 1920.

WOLFF, Christian. *Natürliche Gottesgelahrheit nach beweisender Lehrart abgefasset*. In: _____. *Gesammelte Werke*. Hildesheim/ Nova York, Olms, 1995. s. 1, v. 23-5.

# ÍNDICE ONOMÁSTICO

Abel, C. 66

Abel 42

Achamot 46, 48

Adão 74, 302, 308

Adônis 84

Adorno, T. 259

Agamenão 43

Agostinho 29, 70, 71, 100, 103, 105-7, 120,
150, 162, 180, 188, 194, 229-31, 243,
253, 263, 264, 307

Alberto Magno 103, 106

Alexandre 265-6

Alexandre de Afrodísia 62, 99, 131-5,
138-40

Alexandre de Hales 166

Alföldi, A. 10, 186, 194-7, 201, 206-7,
213-5, 245, 266

Afonso de Boulogne 114, 122

Ambrósio 23, 166, 243, 257

Ambrosiaster 156

Amira, K. Von 199, 200

Ammiano 215

Anastásio 118

Anfilóquio 64

Anônimo normando 156

Apuleio 92, 94

Aquiles 43, 223

Ário 71-2, 229

Aristides de Atenas 41

Aristóbulo 85

Aristóteles 21, 31, 35, 38, 57, 67, 84, 85,
94-102, 108, 131, 138, 268, 273

Arnauld, A. 292

Arnauld, Daniel 274

Arnim, J. von 38

Artur 119

Assmann, J. 213-4

Atenágoras 44-5, 57, 174

Aubin, P. 48

Augusto 22, 155-6, 188, 202, 211, 266,
281

Austin, J. L. 200

Averróis 99, 269

Bachmann, I. 274

Ball, H. 174

Balthasar, Hans Urs von 180, 217-8, 231,
233

Barlaão 41, 74

Barth, K. 231-3, 235-6

Basílio de Cesareia 25, 64, 241, 242

Batiffol, P. 213

Battus, B. 301

Bayle, P. 130, 239, 291, 292

# 320 • O reino e a glória

Beda 116
Bengel, J. A. 18
Bengsch, A. 46
Benjamin, W. 16, 20, 79, 91, 218
Benz, E. 70-1, 176
Beurlier, É. 186
Blatt, F. 175-6
Blumenberg, H. 17
Boaventura 166-7, 240
Boécio, S., 100, 143, 145, 152, 297
Boll, F. 186
Bonifácio VIII 115
Bossuet, J. B. 307, 309
Bréhier, É. 294
Bréhier, L. 213

Cabasilas, N. 191
Cagin, P. 189
Caim 42
Caird, G. B. 184
Calígula 196, 266
Carchia, G. 17
Carlos Magno 113, 210-1, 245
Carlos V 215
Carlos VI 119
Cerdão 69
César 23, 117, 188, 210, 239, 265
Chrétien de Troyes 83
Cícero 33, 34, 146, 187, 193
Cirilo de Alexandria 192
Cirilo de Jerusalém 258
Clemente de Alexandria 49, 60-2, 75, 93, 174
Coccia, E. 70
Cômodo 44, 195, 266
Constantino 22, 24, 73
Constantino VII Porfirogeneta 203, 205
Constâncio 72, 215
Copérnico, N. 127

Costa, P. 115
Courtenay, W. J. 121, 123
Crisipo 38, 52, 130-1
Cullmann, O. 14, 62

D'Alès, A. 45-6, 48
Dâmaso 179
Daniel 165
Daniel, A. 274
Daniélou, J. 177, 240
Dante Alighieri 166, 269, 274
Davi 39, 41, 262
Debord, G. 278, 281
Deleule, D. 138-9, 307-8
Derrida, J. 16
Diderot, D. 297
Dieterich. A. 214
Diodoro Sículo 34
Diógenes Laércio 43
Dião Cássio 206, 266
Dionísio de Halicarnasso 260
Dionísio, o Areopagita, pseudo 167, 169, 170-2, 174, 187, 197, 263
Dioniso 187
Dodd, C. H. 21
Domiciano 266
Dörrie, H. 92-3
Duns Escoto 124
Durant, W. 99
Durkheim, É. 248, 251

Egídio Romano 115-7, 119
Elias 225
Efrém da Síria 257
Epicuro 69
Erdmann, C. 198
Eriugena, João Escoto 297
Espeusipo 21
Espinosa 240, 271-4, 309

Índice Onomástico • 321

Estêvão 301
Estêvão de Tournai 115
Eumênio 265
Eusébio 18, 22-3, 52, 72, 75, 91-2
Evans, E. 64
Ezequiel 221, 225, 267
Ezra de Gerona 250

Fénelon, F. 288, 294
Filipe, o Chanceler 166
Filon 22, 38-9, 85, 135, 272, 308
Flasch, K. 102
Foucault, M. 9, 16, 90-1, 122, 125-8, 130, 182, 295-6
Fócio 63
Frazer, J. 84

Galaad 83
Galileu 127-8
Gandillac, M. de 240
Gass, W. 14, 35-6, 39, 76
Gelásio 118
Gernet, L. 207
Gilson, É. 54
Godofredo de Viterbo 113
Gogarten, F. 16
Gordiano 189
Graco 83
Graciano 113
Green, G. 240
Gregório di Nazianzo 24-5, 58, 73-6, 126, 257
Gregório de Nissa 25, 74
Gregório Magno 165
Gregório Palamas 74
Gregório VII 113
Grimm, D. 279, 280
Grimm, J. 199
Guilherme de Alvérnia 234
Guilherme de Moerbeke 142

Habermas, J. 279-81
Hardt, M. 24
Harnack, A. Von 94
Hegel, G. F. W. 17, 60, 181, 199
Heidegger, M. 70, 97-8, 181, 231, 274-5
Heitor 43
Helena 43
Hellingrath, N. Von 259-60
Henrique III da França 119
Henrique III da Inglaterra 119
Henrique VI 119
Heráclio 188
Hércules 266
Hermágoras 33, 43
Hermann von Metz 113
Hilário 257
Hilderico III 113
Hipólito 22, 26, 35, 40, 49-52, 54-5, 63, 67, 75, 176
Hitler, A. 90, 197, 276
Hobbes, T. 7
Hölderlin, F. 259-60, 274
Homero 222
Hostiensis 121
Hugúcio de Pisa 113, 122
Hume, D. 138-9, 307-8

Inácio de Antioquia 39-40
Inácio de Loiola 237
Inocêncio IV 114, 121-2
Ireneu 22, 26, 38, 42, 45-50, 69, 180, 224-5, 267
Isaac Sebastocrator 142
Isaías 179, 221, 241, 267
Isidoro 253, 257

Jabir ibn Hayyan 134
Jacó 41, 59, 166
Jansênio 284, 290

# 322 • O reino e a glória

Jerônimo 23, 135-6, 175-6, 179

Jesi, F. 258-9

Jesus Cristo 14, 18-20, 22-3, 34, 37-41, 46-52, 58, 68-9, 72-5, 77-8, 83, 89, 120, 154-6, 163, 176-7, 184, 187-8, 192-4, 205, 208, 210-2, 224-5, 227, 230, 237, 239, 244-5, 253, 254, 270-1, 288-9, 292

João 53, 221-6, 229, 230

João Crisóstomo 23, 63, 242, 262

João Damasceno 76

João de Viterbo 128

João XXII 122

Jonas 41

Jorio, A. 199

Josué 247, 262

Judas 120

Justiniano 122, 206

Justino 22, 26, 40-3, 70, 194, 206

Kafka, F. 184

Kantorowicz, E. H. 10, 154, 156, 170, 175, 185-6, 208-15, 245-6, 266, 276

Kepler, J. 127-8

Kolping, A. 54

Kornemann, E. 281

Krings, H. 100, 103-4, 106

Kubova, A. 303

Leão III 245

Leão VI 63

Leibniz, G. W. von 7, 130, 239-40, 291-4, 308-9

Lepsius, M. R. 279

Lessius, L. 237-8, 240-2

Le Trosne, G. F. 148, 304-5

Levi, S. 247-48

Licencio 107

Licínio 22

Lillge, O. 14

Lineu, C. 301-2

Loisy, A. F. 20

Lot 59

Löwith, K. 17

Lübbe, H. 15

Lucas 194

Luís VI 119

Lünig, J. C. 216

Lutero, M. 180-1, 216, 307

Maccarrone, M. 154

Maimônides, M. 218-20

Maius, J. H. 7

Malebranche, N. 239, 284-6, 288-97, 299, 303-4, 306

Mallarmé, S. 261

Mandeville, B. de 306

Mann, T. 214

Manzoni, A. 257

Marcelo de Ancira 74

Marcião 69, 94

Marciano 210

Marcos 71

Marco Aurélio 33, 44, 55

Maria 39-41

Mário Vitorino 71

Markus, R. A. 35, 45-6, 48, 50, 65-6

Marouby, C. 306

Marquard, O. 17

Marx, K. 106

Mascall, E. L. 234, 240-1

Mateus de Acquasparta, 121, 179

Máximo, o Confessor 77-8

Mauss, M. 246-8, 254-6

Me'ir ibn Gabba'i 249-51

Melandri, E. 16

Menius, J. 301

Mercier de la Rivière, P.-P. 148, 306

Meyerson, I. 71

Mezeray, F.-E. 119

Índice Onomástico • 323

Michel, O. 37
Miguel 172
Moingt, J. 14, 35, 50-1, 66, 81
Moisés 219, 223, 225-6
Moltmann, J. 20, 228, 230
Mommsen, T. 186, 188, 195-6, 203, 281
Mondzain, M.-J. 14
Mopsik, C. 249, 251
Mussolini, B. 212

Nagy, G. 223
Napoli, P. 55
Nautin, P. 50
Negri, A. 24
Nicole, P. 306-7
Nietzsche, F. 16, 70
Nino 108
Noeto 50-1
Norden, E. 186, 214
Numênio 91-3

Ockham, G. de 122-3, 286
Odisseu 223
Oetinger, F. C. 18
Orígenes 22, 58-60, 70, 92-3, 177, 226, 229-30, 271
Orósio 23
Oseias 194
Overbeck, F. 22
Ovídio 223

Paulo 18, 35-7, 39-41, 47-8, 51-3, 63, 65, 155, 177, 183-4, 194, 221, 223-4, 226, 234, 262, 270-1, 288
Páris 43
Pascal, B. 7, 68, 283, 284, 294, 306-7
Pasolini, P. P. 79
Pedro 116, 120, 123, 155
Pepino 113, 209-10

Perrot, J.-C. 306-7
Petavius, D. 301
Peters, E. 113-4, 119, 122
Peterson, E. 10, 18-29, 84-5, 87-89, 92, 94, 125, 161-5, 173, 180, 185-90, 193-4, 211, 213, 218, 236, 245, 281
Picard, C. 265-6
Píndaro 260
Pio XI 212
Pio XII 29
Pirro 77
Pitágoras 146
Platão 35, 90, 92, 141, 146
Plotino 71, 93
Plutarco 136-8, 143
Pohlenz, M. 52, 55
Pôncio Pilatos 40
Postigliola, A. 294-5
Prajapati 255
Práxeas 26, 50, 54, 67
Prestige, G. L. 50, 65
Proclo, 108, 111, 140-3, 170-1
Prócoro 74
Prudêncio 23, 257
Ptolomeu 46
Puech, H.-C. 58

Quesnay, F. 303-4
Quidort, J. 119, 155
Quintiliano 33-4, 43, 200

Radó, P. 193
Ray, J. 127-8
Reitzenstein, R. 186
Richter, G. 14, 35, 37, 45, 51, 63, 65
Rigo, A. 74
Riley, P. 294
Rilke, R. M. 257-9
Rômulo 108

324 • O reino e a glória

Ross, D. 95
Rousseau, J.-J. 190, 277, 294-300

Sa'adiah Ga'on 220
Salviano 127, 146-7, 307
Sancho II 114, 122
Santillana, G. 69
Scarpat, G. 27, 50, 54, 225
Schelling, F. W. J. 17-8, 60, 70
Schenk, G. J. 216
Schmitt, C. 14-20, 22-4, 28, 82, 87, 89-93, 108, 125, 152, 163, 174, 186, 189-90, 213-4, 251, 276-8, 281, 290, 300
Scholem, G. 220
Schramm, E. P. 10, 197-9, 201, 213-4
Schürmann, R. 79
Schwartz, E. 44
Seibt, K. 74
Senellart, M. 128
Seydel, M. von 91, 114
Shem Tov ben Shem Tov 249
Sigismundo III 78
Silva Tarouca, A. 100-2
Simão 123
Simonetti, M. 59, 72, 77
Sinésio 257
Sixto III 266
Smith, A. 138, 248, 306-8
Stählin, O. 60
Stein, B. 220
Suárez, F. 154
Suicerius 301

Tamuz 84
Taubes, J. 15, 18, 213
Taciano 22, 26, 42-5, 53
Teodoreto de Ciro 53, 76
Teodorico 198
Teodoro 49, 141
Teófilo de Antioquia 22, 42
Tertuliano 14, 22, 26-7, 40, 45, 49-57, 63, 66, 67, 69, 75, 81-6, 174-6, 225
Thiers, A. 88
Tito 266
Tomás de Aquino 70, 94, 100-1, 106-8, 112, 120, 127, 147, 155, 167-8, 170, 174, 177-8, 182, 307
Torrance, T. F. 62
Troeltsch, E. 16, 20
Tucídides 11, 24

Valentim 46
Verhoeven, T. L. 66
Vernant, J. P. 73
Virgílio 146
Voltaire 293

Weber, M. 15-6
Weston, J. L. 83
Wolff, C. 129

Yehudah Halewi 220

Xenofonte 31-2

Zacarias 113

# LISTA DE ABREVIATURAS

1Cor – Primeira Epístola de Paulo aos Coríntios

1Pd – Primeira Epístola de Pedro

1Tm – Primeira Epístola de Paulo a Timóteo

2Cor – Segunda Epístola de Paulo aos Coríntios

Agostinho, *Civ.* – *De civitate Dei* / A cidade de Deus

Agostinho, *Conf.* – *Confessiones* / Confissões

Agostinho, *De nat. et grat.* – *De natura et gratia* / Sobre a natureza e a graça

Agostinho, *Ep.* – *Epistolae* / Cartas

Agostinho, *Gen. Man.* – *De Genesi contra Manichaeos* / Sobre o Gênesis contra os maniqueus

Agostinho, *Sermones* / Sermões

Agostinho, *Trin.* – *De Trinitate* / Sobre a Trindade

Alberto Magno, *S. theol.* – *Summa Theologiae* / Suma de Teologia

Ambrósio, *Exp. Super Psalm.* – *Explanatio super Psalmos* / Explanação sobre [o livro dos] Salmos

Ap – Apocalipse de João

Apuleio, *Apol.* – *Apologia* / Apologia

Aristóteles, *Met.* – *Metaphysica* / Metafísica

Aristóteles, *Mund.* – *De mundo* / Sobre o mundo

Aristóteles, *Oec.* – *Oeconomia* / Economia

Aristóteles, *Pol.* – *Política* / Política

Basílio, *Epist.* – *Epistolae* / Cartas

*bBer* – Talmude babilônico, [Tratado] *Berachot* / Bênçãos

Boaventura, *De div.*, *De sanctis angelis* / Sobre os santos anjos

Boaventura, *In sent.* – *In librum Sententiarum* / Sobre o livro das Sentenças [de Pedro Lombardo]

*bShab* – Talmude Babilônico, [Tratado] *Shabbat* / Descanso

Cabasilas, *Comm.* – Comentário sobre a divina liturgia

Chrysip. – Crisipo [SVF – *Stoicorum Veterum Fragmenta*, edição clássica dos fragmentos de textos dos filósofos estóicos]

Cícero, *Att.* – *Epistulae ad Atticum* / Cartas a Ático

Cícero, *Inv.* – *De inventione* / Sobre a invenção

Cirilo, *Cat. m.* – *Catechesi mystagogiche* / Catequeses mistagógicas

Cl – Epístola de Paulo aos Colossenses

Clemente de Alexandria, *Prot.* – *Protreptikos pros Ellenas* / Exortação aos gregos

Clemente de Alexandria, Str. – *Stromateis* / Miscelânia

Diog. = Diógenes Laércio [também retirado dos SVF = *Stoicorum Veterum Fragmenta*, v. acima Crisipo]

326 • O reino e a glória

Dn – Livro de Daniel

Ef – Epístola de Paulo aos Efésios

Eusébio de Cesareia, *Praep. evang.* – *Praeparatio evangelica* / Preparação evangélica

Eusébio de Cesareia, *Ps.* – *Peri Psalmoi* / Comentário aos Salmos

Ex – Livro do Êxodo

Ez – Livro de Ezequiel

Fílon, *Cher.* – *De cherubinis* / Sobre os querubins

Fílon, *Gig.* – *De gigantibus* / Sobre os gigantes

Fílon, *Leg.* – *De legibus* / Sobre as leis

Fl – Epístola de Paulo aos Filipenses

fr. – fragmentos [de autores diferentes mencionados no texto principal]

Gelásio, *Ep.* – *Epistola Duo sunt* / Epístola Duo Sunt [de Gelásio ao Imperador Anastácio I]

Gl – Epístola de Paulo aos Gálatas

Gn – Livro do Gênesis

Gregório Magno, *Evang.* – *Homelia in Evangelium* / Homilia sobre o Evangelho

Hab – Livro de Habacuque

Hb – Epístola aos Hebreus

Hesíodo, *Theog.* – *Theogonía* / Teogonia

Hipócrates, *Epid.* – *Epidemías* / Epidemias

*Hom.* – *Homilias Clementinas* / Homilias Clementinas

Homero, *Il.* – *Ilias* / Ilíada

Homero, *Od.* = *Odissea* / Odisseia

Is – Livro de Isaías

Isidoro [de Sevilha], *Or.* – *Origenes* / Origens

Jerônimo, *Ep.* – *Epistulae* / Cartas

Jerônimo, *Hab.* – [Comentário sobre] Habacuque

Jo – Evangelho de João

João Crisóstomo, *Hom. Heb.* – *Homelia ad Hebreos* / Homilia sobre hebreus

João Damasceno, *De fid. orth.* – *De fide Orthodoxa* / Sobre a fé ortodoxa

Jr – Livro de Jeremias

Justino, *Apol.* – *Apología* / Apologia

Lc – Evangelho de Lucas

Mt – Evangelho de Mateus

Nm – Livro dos Números

Orígenes, *In lib. I Reg. hom.* – *In librum I Regnorum homiliae* / Homilias sobre o Primeiro Livro dos Reis

Ovídio, *Pont.* – *Epistulae ex Ponto* / Cartas do Mar Negro

Platão, *Epist.* – *Epistola* / Carta

Proclo, *El. theol.* – *Elementa theologica* [*Stoicheiôsis theologikê*] / Elementos de teologia [*prop.* – *propositio* / proposição 144 e 151]

Pseudo-Dionísio, *C. H.* – *De coelesti hierarchia* / Da hierarquia celeste

Pseudo-Dionísio, *D. N.* – *De divinis nominibus* / Dos nomes divinos

Pseudo-Dionísio, *E. H.* – *De ecclesiastica hierarchia* / Da hierarquia eclesiástica

Rm – Epístola de Paulo aos Romanos

Sl – Livro dos Salmos

Teodoreto de Ciro, *ad Heb.* – Ad Hebreos / [Comentário à epístola] aos hebreus

Tg – Epístola de Tiago

Tomás de Aquino, *Contra gent.* – Summa contra Gentiles / Suma contra os gentios

Tomás de Aquino, *S. Th.* – Summa theologiae / Suma teológica

Tomás de Aquino, *S. Th.*, *Suppl.* = *Summa Theologiae* / Suma Teológica + Suplementos

Tomás de Aquino, *Sent. Metaph.* – *Sententia libri Metaphysicae* / Sentença sobre os livros da Metafísica [de Aristóteles])

Tomás de Aquino, *Super Sent.* – *Scriptum super Sententiis* / Escrito sobre as Sentenças [de Pedro Lombardo]

Tt – Epístola de Paulo a Tito

Xenofonte, *Oec.* – *Oeconomia* [*Oikonomikos*] / Economia

COLEÇÃO

ESTADO de SÍTIO

coordenação Paulo Arantes

*Até o último homem*
**Felipe Brito** e
**Pedro Rocha de Oliveira** (orgs.)

*Bem-vindo ao deserto do Real!*
**Slavoj Žižek**

*Brasil delivery*
**Leda Paulani**

*Cidades sitiadas*
**Stephen Graham**

*Cinismo e falência da crítica*
**Vladimir Safatle**

*Comum*
**Pierre Dardot e Christian Laval**

*As contradições do lulismo*
**André Singer** e
**Isabel Loureiro** (orgs.)

*Ditadura: o que resta da transição*
**Milton Pinheiro** (org.)

*A era da indeterminação*
**Francisco de Oliveira** e
**Cibele Rizek** (orgs.)

*A escola não é uma empresa*
**Christian Laval**

*Estado de exceção*
**Giorgio Agamben**

*Evidências do real*
**Susan Willis**

*Extinção*
**Paulo Arantes**

*Fluxos em cadeia*
**Rafael Godoi**

*Guerra e cinema*
**Paul Virilio**

*Hegemonia às avessas*
**Chico de Oliveira, Ruy Braga** e
**Cibele Rizek** (orgs.)

*A hipótese comunista*
**Alain Badiou**

*Mal-estar, sofrimento e sintoma*
**Christian Ingo Lenz Dunker**

*A nova razão do mundo*
**Pierre Dardot e Christian Laval**

*O novo tempo do mundo*
**Paulo Arantes**

*Opus Dei*
**Giorgio Agamben**

*Poder e desaparecimento*
**Pilar Calveiro**

*O poder global*
**José Luís Fiori**

*O que resta da ditadura*
**Edson Teles** e
**Vladimir Safatle** (orgs.)

*O que resta de Auschwitz*
**Giorgio Agamben**

*O reino e a glória*
**Giorgio Agamben**

*Rituais de sofrimento*
**Silvia Viana**

*Saídas de emergência*
**Robert Cabanes, Isabel Georges,
Cibele Rizek e Vera S. Telles** (orgs.)

*São Paulo*
**Alain Badiou**

*Tecnopolíticas da vigilância*
**Fernando Bruno, Bruno Cardoso,
Marta Kanashiro, Luciana Guilhon** e
**Lucas Melgaço** (orgs.)

*O uso dos corpos*
**Giorgio Agamben**

*Videologias*
**Maria Rita Kehl** e **Eugênio Bucci**

Este livro foi composto em Adobe Garamond,
corpo 10,5/13,5, e reimpresso em papel Avena
70 g/m² pela gráfica Rettec para a Boitempo, em
junho de 2021, com tiragem de 500 exemplares.